# OS TRÊS OLHOS DO CONHECIMENTO

**Dados Internacionais de Catalogação na Publicação (CIP)**
**(Câmara Brasileira do Livro, SP, Brasil)**

Wilber, Ken
Os três olhos do conhecimento : a busca pelo novo paradigma / Ken Wilber ; tradução de Ari Raynsford. – Petrópolis, RJ : Vozes ; Hidrolândia, GO : Vida Integral, 2022.

Título original: Eye to eye Bibliografia.
ISBN 978-65-5713-694-2

1. Consciência 2. Religião 3. Teoria do conhecimento I. Título.

22-111307 CDD-121

Índices para catálogo sistemático:
1. Teoria do conhecimento : Filosofia 121
Cibele Maria Dias – Bibliotecária – CRB-8/9427

KEN WILBER

# OS TRÊS OLHOS DO CONHECIMENTO

A BUSCA
PELO NOVO
PARADIGMA

Tradução de Ari Raynsford

editora
vida integral

EDITORA
VOZES
Petrópolis

Tradução realizada a partir do original em inglês intitulado
*Eye to Eye. The Quest for the New Paradigm.*

Direitos de publicação em
língua portuguesa – Brasil:
2022, Editora Vozes Ltda.
Rua Frei Luís, 100
25689-900 Petrópolis, RJ
www.vozes.com.br
Brasil

Em coedição com:
Editora Vida Integral
Av. Goiânia, Q. 54, Lt. 03
Centro
75340-000 – Hidrolândia, GO
www.editoravidaintegral.com.br



*Diagramação*: Sheilandre Desenv. Gráfico
*Revisão gráfica*: Anna Carolina Guimarães
*Revisão da tradução*: Darcy Brega e Simone Oliveira Zahran
*Capa*: Érico Lebedenco

ISBN 978-65-5713-694-2 (Vozes – Brasil)
ISBN 978-65-990987-4-1 (Vida Integral – Brasil)
ISBN 978-0-8348-2223-8 (Estados Unidos)

Este livro foi composto e impresso pela Editora Vozes Ltda.

*Para Frances e Roger, Judy e Whit,*
*Bob, Bill e Ken*

# Sumário

# Prefácio do tradutor

Dentre os diversos títulos de Ken Wilber publicados no Brasil, até hoje não constava este. Eu não conseguia compreender o porquê, já que este é um livro essencial para a compreensão da Metateoria Integral. Para minha alegria, esta lacuna foi preenchida, agora, graças à visão e arrojo das editoras Vida Integral e Vozes.

Traduzir esta obra foi uma experiência inefável. Houve momentos em que me senti adentrando domínios e vivenciando sentimentos impossíveis de serem postos em palavras. Espero que vocês, queridos leitores, também vivam experiências maravilhosas ao lê-la. E, para estimular essa empreitada valiosa, gostaria de proporcionar uma degustação do que irão encontrar em cada capítulo:

1. *Olho a olho*
Apresenta o "modelo dos três olhos do conhecimento", de São Boaventura, além do conceito de "erro de categoria" e suas implicações.

2. *O problema da prova*
Trata daquilo que Wilber chama "um empirismo de espectro total" (experiência sensorial, experiência mental e experiência espiritual).

3. *Um mapa mandálico da consciência*
Oferece um resumo do espectro geral da consciência.

4. *Desenvolvimento, meditação e o inconsciente*
Descreve o modelo wilberiano de "inconsciente" (com cinco tipos) e o relaciona ao desenvolvimento e à meditação.

5. *Física, misticismo e o novo paradigma holográfico*

*6. Reflexões sobre o paradigma da nova era – Uma entrevista*
Nestes capítulos, Wilber ressalta certas falácias contidas em abordagens populares, a maioria delas também cometidas por ele em algum momento de sua trajetória.

*7. A falácia pré/trans*
O autor descreve de forma extensiva e bem detalhada um dos conceitos seminais do seu pensamento: "a falácia pré/trans".

*8. Legitimidade, autenticidade e autoridade nas novas religiões*
Este capítulo examina três conceitos fundamentais para uma análise mais acurada de novas religiões e cultos que vêm surgindo nos últimos tempos.

*9. Estrutura, estágio e o eu*
Marca o início da Fase 3 da obra wilberiana.

*10. O estado de consciência supremo*
Aborda um tema fundamental e recorrente no pensamento de Wilber: "a verdade do sempre já".

Integralmente,
*Ari Raynsford*

# Apresentação

Por muitos anos, venho dizendo aos estudantes de psicologia transpessoal que eles devem ler Ken Wilber se quiserem saber como a teoria transpessoal integra a psicologia e os ensinamentos espirituais das religiões do mundo. Ninguém deve concordar com tudo o que ele diz, mas precisa entender por que sua perspectiva é importante.

A profundidade e o alcance da visão de Ken Wilber não são fáceis de ser percebidos pela maioria. Muitos de seus críticos discordam dos detalhes de um pequeno segmento ou outro, mas nunca abordam sua posição filosófica como um todo. Parece que há poucas pessoas que podem desafiar a visão abrangente que integra tantas disciplinas e perspectivas.

Meu conhecimento do trabalho de Wilber remonta a 1975, quando eu era editora associada do *Journal of Transpersonal Psychology* e tivemos o privilégio de ser o primeiro veículo a publicar seu artigo "O espectro da consciência". Quando seu livro, com o mesmo título, foi lançado logo depois, percebi que grande serviço ele estava prestando a todos nós. Sua capacidade de articular de maneira clara e coerente a visão global que muitos de nós tentamos formular, com sucesso limitado, expandiu o campo da investigação psicológica e espiritual, descortinando uma visão verdadeiramente abrangente da busca espiritual.

Wilber é, sem dúvida, um dos maiores pensadores do nosso tempo. Suas sínteses transdisciplinares abrangem a psicologia, a filosofia e a religião do Oriente e do Ocidente, bem como a sociologia, a antropologia e o pensamento pós-moderno. Nas últimas duas décadas, ele tem sido amplamente reconhecido como um filósofo notável. Algumas pessoas o compararam a Hegel, mas, em minha opinião, ele é muito mais fácil de ler! Ele foi saudado como o Einstein dos estudos da consciência, e seu trabalho oferece um antídoto saudável ao dogmático pensamento reducionista de muitas disciplinas. Sua contribuição para a psicologia foi comparada à de Sigmund Freud, Carl Jung e William James. Sua brilhante e fundamental reformulação de teorias do desenvolvimento humano e da evolução da consciência lhe valeu uma reputação internacional e o respeito de estudiosos de uma ampla gama de campos. Creio que ele oferece uma visão de mundo que, com o tempo, afetará todas as nossas instituições acadêmicas, sociais, médicas, religiosas e científicas.

Em sua obra, Wilber demonstra um indomável espírito de guerreiro que enfrenta qualquer adversário com destemida integridade. Sua dedicação ao serviço é evidente em seu intransigente compromisso de realizar o trabalho que se sente chamado a fazer, apesar da árdua disciplina exigida. Por tudo isso, ele permanece aberto a comentários e mantém um alegre senso de humor sobre suas próprias fraquezas humanas nos relacionamentos pessoais. Ele também revela sua disposição de revisar suas ideias em resposta a novas informações, como evidenciado pela evolução de seu próprio pensamento, cujas fases ele chama de Wilber 1, 2 e 3.

Quando responde aos críticos, Wilber geralmente reflete o tom das observações deles, e isso leva alguns observadores a acharem que ele se torna excessivamente mordaz. No entanto, parece-me que ele demonstra sabedoria e compaixão em sua disposição de responder aos críticos que conhecem apenas uma pequena parte de seu trabalho. Sua compaixão pode parecer implacável às vezes, mas sei que seu coração está aberto e ele escreve a partir da experiência, bem como de uma quantidade prodigiosa de leitura. Sou estudante de psicologia, religião e filosofia há quase 40 anos e, com a possível exceção do Dalai Lama, ainda não encontrei nem li ninguém capaz de igualar a qualidade do seu intelecto.

O raro gênio intelectual de Wilber é acompanhado por uma intensidade emocional que podemos sentir lendo o relato de sua apaixonada relação de amor com sua falecida esposa, Treya Kilham Wilber, retratada no livro sobre sua vida e morte, intitulado *Grace and Grit*[1].

---

1 Graça e coragem, na edição brasileira [N.T.].

Conheço muitas pessoas, cujas vidas foram profundamente afetadas pela leitura deste livro e diversas outras, as quais ele ajudou a lidar com a própria doença ou a perda de um ente querido.

Eu tenho o privilégio de conhecer Ken muito bem por quase duas décadas. Ele tem sido um amigo espiritual, um professor e uma brilhante estrela de inspiração. O que mais valorizo em seu trabalho é o fato de que o vejo sempre visando à liberação e à iluminação. Seu requintado domínio da linguagem sempre aponta para além do mistério inefável. Para aqueles inclinados à *jnana yoga*, um estudo completo do trabalho de Wilber pode ser profundamente recompensador. Para aqueles que se sentem confusos no caminho espiritual, sua clareza é incomparável. Para aqueles que estão familiarizados com as realizações mais profundas da prática espiritual, suas instruções orientadoras são uma delícia. Em cada um dos doze livros que ele escreveu até hoje, sua penetrante visão lógica gera um caleidoscópio de ideias com um expressivo padrão, oferecendo-nos uma janela para a sabedoria das eras.

*Frances Vaughan*

# Prefácio da terceira edição, revisada

Por conveniência, dividi meu trabalho global em quatro fases gerais. A Fase 1 foi romântica (um modelo de "bondade recapturada"), postulando um espectro de consciência que se estendia do subconsciente ao autoconsciente ao superconsciente (ou do id ao ego a Deus), com os estágios mais elevados vistos como um retorno e recaptura dos potenciais originais, mas perdidos. A Fase 2 foi mais especificamente evolucionária ou desenvolvimental (um modelo de "crescimento para a bondade"), com o espectro de consciência desdobrando-se em estágios ou níveis de desenvolvimento. A Fase 3 adicionou linhas de desenvolvimento a esses níveis de desenvolvimento, isto é, numerosas linhas de desenvolvimento diferentes (cognitiva, afetiva, moral, psicológica, espiritual etc.) progredindo de maneira relativamente independente pelos níveis básicos do espectro global da consciência. A Fase 4 acrescentou a ideia dos quatro quadrantes – as dimensões subjetivas (intencional), objetiva (comportamental), intersubjetiva (cultural) e interobjetiva (social) – de cada um desses níveis e linhas, sendo o resultado, ou pelo menos tentando ser, uma filosofia abrangente ou integral.

As obras dessas fases formam um todo bastante coerente. Não tanto porque um período foi rejeitado e substituído por seu sucessor, mas porque as obras de cada período permanecem, em minha opinião, amplamente válidas, e as seguintes simplesmente acrescentam novo material, não descartam o antigo. Cada fase foi relativamente verdadeira, mas parcial, e teve muito de sua parcialidade corrigida por adições subsequentes (ou assim eu creio). Mesmo os trabalhos da Fase 1, se forem removidos os romantismos ocasionais, contribuem com úteis pedras fundamentais para este edifício específico.

O material deste volume é da Fase 2 completa. Uma das principais tarefas da Fase 2 foi explorar as implicações de uma visão evolucionária e desenvolvimental da psicologia, religião, filosofia e condição humana em geral; e expor certas falácias que resultam de uma falha em levar em conta uma visão suficientemente desenvolvimental. Como tal, os textos deste volume ainda são, em minha opinião, alguns dos mais importantes que fiz, e só posso esperar que eles continuem a resistir ao teste do tempo, como, em geral, tem acontecido até agora.

## Revendo meus próprios erros

Nenhum deles recebeu mais atenção, ou causou tanta controvérsia, do que "A falácia pré/trans"; portanto, talvez eu deva começar meu comentário por ele. Descobri a falácia pré/trans revendo meus próprios erros. Isto é, observando por que o ponto de vista romântico, a princípio, parece fazer tanto sentido – já que quase todo mundo começa seu estudo da espiritualidade com uma visão romântica – e, ainda assim, ele não consegue lidar com os dados e evidências reais do desenvolvimento filogenético e ontogenético.

A visão romântica comum é bastante simples: bebês e seres humanos primitivos nascem imersos em uma união inconsciente com o mundo em geral (e com o Eu puro) – inseridos pacificamente em um tipo de paraíso original (seja um Éden terrestre literal, uma sabedoria ecológica de caça e coleta ou uma fusão infantil "com a mãe e o mundo em bem-aventurança"). Por intermédio do desenvolvimento subsequente, esse paraíso primitivo é, necessariamente, perdido, à medida que o ego racional emerge dessa Essência primordial, rompe e fragmenta esse estado "não dissociado" e cria, desse modo, um mundo de pecado, sofrimento, catástrofe ecológica, brutalidade patriarcal e malevolência geral. Mas o eu (e a humanidade) pode abandonar sua postura excessivamente analítica, divisora e fragmentada, retornando à totalidade da imersão original e a recapturando (mas agora de forma madura e consciente, ou em um nível mais elevado). A inteireza original, combinada com capacidades analíticas, resultará em um renovado Céu na Terra, ecologicamente sadio e equilibrado, e conduzirá a uma consciência não dissociada, liberada, que é espiritual no sentido mais profundo e verdadeiro.

Como expliquei na introdução do volume 2 de *Collected Works*, comecei a escrever *The Atman Project*[2] e *Up from Eden*[3] para provar essa concepção romântica. Portanto, não se pode dizer que não entendo essa visão ou que nunca tive simpatia por ela. Na Fase 1, eu era o seu fã mais ardente. Mas, quanto mais tentava fazer a orientação romântica explicar as evidências reais, mais terrivelmente ela falhava. Após um longo período de angústia intelectual, abandonei lentamente uma postura estritamente romântica (mantendo algumas de suas verdades mais duradouras) e adotei a única visão que me parecia ser capaz de lidar imparcialmente com a grande preponderância das evidências – e essa visão foi um modelo desenvolvimental ou evolucionário.

Ao rastrear minha inicial e fervorosa adoção do Romantismo, pude reconstruir o que acredito serem erros intelectuais que me levaram a esse abraço – e todos eles se resumem à "falácia pré/trans" (FPT). A FPT diz simplesmente: em qualquer sequência de desenvolvimento reconhecida, na qual o desenvolvimento procede de pré-x para x para trans-x, os estados pré e trans, já que ambos são estados não x, tendem a ser confundidos e igualados simplesmente porque eles parecem, à primeira vista, ser bem similares. Pré-racional e transracional são ambos não racionais; pré-convencional e pós-convencional são ambos não convencionais; pré-pessoal e transpessoal são ambos não pessoais, e assim por diante. E uma vez que confundimos *pré* e *trans*, uma de duas coisas lamentáveis tende a acontecer: ou reduzimos os estados superconscientes, transracionais e espirituais à fusão oceânica, infantil, pré-racional (como fez Freud); ou elevamos os estados infantis, imaturos e pré-racionais à glória transcendental, transracional e transpessoal (como os românticos costumam fazer). Nós reduzimos *trans* a *pré* ou elevamos *pré* a *trans*. O reducionismo é bem compreendido; o elevacionismo foi a grande província dos românticos.

Os românticos e eu na Fase 1. Qualificarei isto em um momento, mas a esmagadora preponderância de evidências aponta para o fato de que os bebês (e os primeiros hominídeos) em geral não existiam em um céu transracional,

2 *O Projeto Atman*, na edição brasileira [N.T.].

3 *Éden: queda ou ascensão?*, na edição brasileira [N.T.].

mas em um sono pré-racional. O despertar do ego racional e autoconsciente desse sono pré-racional e pré-reflexivo envolveu, na verdade, um doloroso despertar para os horrores do mundo manifesto, mas ele não foi uma queda de um estado superconsciente prévio e, sim, o crescimento a partir de uma imersão subconsciente. A imersão subconsciente *já* é decaída – *já* existe no mundo manifesto da fome, da dor, da finitude e da mortalidade –, apenas ela não tem consciência para registrar plenamente esses fatos dolorosos. Da mesma forma, o ego racional, longe de ser o auge da alienação ontológica, está na metade do caminho do crescimento até o despertar superconsciente. (O ego não está realmente no inferno mais baixo; parece que sim, do mesmo modo que um membro congelado não dói até que a parte afetada comece a aquecer.)

Mas os românticos, percebendo *corretamente* que o Espírito está além da mera racionalidade, e percebendo *corretamente* que o ego racional se mantém fora da, e até resiste à, consciência espiritual não dual, fizeram o clássico movimento da FPT elevacionista: eles assumiram que o sono pré-histórico no paraíso era o todo primordial do qual a humanidade decaiu e para o qual deve retornar, a fim de adentrar um céu transracional. E essa visão profundamente *regressiva* dos potenciais humanos prepararia o palco para todos os problemas conhecidos, até mesmo horrores, do Romantismo, desde uma obsessão com o eu e sentimentos egoicos (regredindo do mundicêntrico para o sociocêntrico até o egocêntrico) a uma amoralidade impulsiva (regredindo da compaixão pós-convencional para o cuidado convencional até impulso pré-convencional) – todos alegando estar "além da razão", quando a maior parte está simplesmente aquém dela.

Isso ficou óbvio para mim quando revi meus próprios erros. E eu trabalhei tudo isso com o conceito da falácia pré/trans (ou pré/pós). A ideia em si foi inicialmente apresentada em *The Atman Project*, sendo a primeira importante afirmação da Fase 2; e foi detalhada no ensaio "A falácia pré/trans", que está incluído neste volume.

## O estado infantil

Nos quase 20 anos desde sua publicação, dois tipos de críticas têm sido constantemente apresentados a respeito da falácia pré/trans. Os reducionistas atacam-na agressivamente por permitir a existência de quaisquer estados transracionais, transpessoais (eles ainda estão muito ocupados reduzindo todos os estados *trans* a insurreições sorrateiras de tolices infantis e pré-racionais). E os elevacionistas atacam-na indignadamente por afirmar que bebês e crianças (e seres humanos primitivos) são apenas pré-racionais, sem acesso a qualquer tipo de estados espirituais ou transpessoais. Ambos os ataques são exatamente o que se esperaria que acontecesse se a FPT fosse verdadeira; além disso, ambos os lados têm apresentado minha visão como muito mais rígida do que sempre foi.

Primeiro, para os reducionistas: não creio que todos, ou mesmo a maioria, dos estados que se dizem transpessoais ou espirituais sejam realmente isso. A capacidade humana de autoilusão é por demais imensa para se levar em conta todas as afirmações desse tipo. Uma atitude altamente crítica, ocasionalmente cética e, algumas vezes, até polêmica deve ser nossa companhia constante no caminho para qualquer tipo de verdade. A mercadoria que falta nos círculos espirituais parece ser, de fato, um saudável ceticismo, possivelmente porque é confundida com falta de fé, uma postura que, embora compreensível, é certamente equivocada. Não obstante, contra os reducionistas, eu – e uma quantidade colossal de evidências transculturais – me recuso a rejeitar e negar todos os estados transpessoais, transracionais e místicos, como se eles fossem apenas irrupções irritantes de um lodo infantil e primordial.

Para os elevacionistas: posso concordar, até certo ponto, que vários tipos de estados espirituais ou transpessoais estão disponíveis para bebês (e para humanos primitivos); eu nunca neguei isso. Primeiramente, abordarei bebês e depois os primeiros estágios da evolução humana.

Em particular, vejo dois tipos principais de acesso espiritual em bebês. Um é o que chamei de "trilhando nuvens de glória"[4], que se refere à consciência psíquica (ou alma) mais profunda que o indivíduo traz para esta vida e que, portanto, está presente em algum sentido desde a concepção (talvez você deseje interpretar isso como reencarnação ou, simplesmente, como potenciais mais profundos presentes desde o início). Hazrat Inayat Khan provavelmente disse de uma forma melhor: "O choro de uma criança é muitas

---

4 Do poema *Ode on Intimations of Immortality from Recollections of Early Childhood*, de William Wordsworth [N.T.].

vezes a expressão de sua saudade dos céus angélicos [através dos quais acaba de passar em seu caminho para o nascimento terrestre – o que os tibetanos chamam de bardo do renascimento]; os sorrisos de uma criança são uma narrativa de suas memórias do céu e das esferas acima". Observe que esses potenciais não são algo que fazem parte do estágio infantil propriamente dito – são impressões remanescentes de esferas superiores. (E, portanto, o que é *recapturado* na iluminação não é a estrutura infantil, mas as esferas superiores reais! Desse modo, a noção romântica de que o eu infantil é *em si* um paraíso primordial permanece profundamente equivocada.)

Em segundo lugar, o bebê também tem acesso ao que chamo de os três principais estados de consciência: denso (vigília), sutil (sonho e psíquico mais profundo) e causal (sono profundo, Testemunha pura, Eu primordial). O eu inicial ou infantil (pré-natal, perinatal, neonatal, primeira infância e meninice) tem vários tipos de acesso a todos esses estados espirituais, pela simples razão de que o bebê (ou a criança) fica acordado, sonha e dorme profundamente. Mas o mesmo acontece com o adulto. Em outras palavras, o estado infantil, nesse ponto, não tem acesso a algo espiritual que é depois *perdido* ou negado ao adulto. (De novo, a visão estritamente romântica é, significativamente, sem sentido.)

Portanto, o eu infantil tem acesso a algum tipo de "consciência espiritual" que é realmente perdido no desenvolvimento subsequente, mas pode ser *recuperado* em estados mais elevados de despertar espiritual? De certa forma, sim: o "trilhando nuvens de glória" (seja nas formas pré-natal, perinatal, neonatal ou posterior). Mas, repetindo, esse "trilhando nuvens" é, basicamente, um contato ou impressão envolvente de níveis superiores, transpessoais, transracionais; *não* são potenciais que fazem parte, estruturalmente, do eu infantil, de modo que, ao recontatar esses níveis mais elevados no desenvolvimento subsequente, não é uma *regressão* à infância que está ocorrendo, mas uma *progressão* e uma redescoberta dos próprios níveis mais elevados. O eu fetal e infantil normal não vive em perfeito *nirvana*, além de qualquer sofrimento, dor e decadência; vive imerso em *samsara*, com toda a sua fome, dor, prazer passageiro, gritos e sorrisos ocasionais, mas carrega consigo, enterrados em seu seio, os níveis mais elevados de sua própria evolução potencial (e os estados mais elevados da consciência sutil e causal), que ele pode contatar *permanentemente* e trazer para a consciência plena *apenas* quando seu próprio desenvolvimento passar de pré-racional para racional para transracional.

É claro que qualquer um dos potenciais inferiores, *pré-racionais* (p. ex., várias protoemoções, prana, impulsos emocional-sexuais), pode ser reprimido durante o desenvolvimento da primeira infância e, se isso ocorrer, como fortemente sustento, uma terapia bem-sucedida geralmente envolve regressão a serviço do ego (a fim de recontatar e reintegrar essas facetas perdidas ou reprimidas). Além disso, se essa repressão é severa, ela pode retardar, ou mesmo incapacitar completamente, o desenvolvimento superior para estados transpessoais e superconscientes. Nesse caso, é necessário que ocorra um retorno em espiral a estruturas iniciais: uma regressão a serviço do ego (para reparar o trauma inicial, pré-racional) e, em seguida, uma progressão na transcendência do ego (tendo reparado o dano pré-racional, o eu pode, mais facilmente, passar da adaptação racional à transracional). Então, mais uma vez, mesmo nessa espiral de retorno e transcendência, o que está sendo contatado não é em si um estado mais elevado, mas um estado mais baixo, muito danificado e precisando de cura. A visão romântica é, novamente, consideravelmente imprecisa.

Finalmente, a falácia pré/trans afirma que, *em qualquer sequência de desenvolvimento reconhecida, pré* e *trans* são frequentemente confundidos. Não diz que a infância é somente *pré*. Como acabei de explicar, há tipos de acesso transitório a estados espirituais, mesmo no eu infantil. Ao contrário, a falácia pré/trans pretende chamar a atenção para os maciços tipos de confusão que ocorrem mesmo em sequências de desenvolvimento plenamente reconhecidas. Por exemplo, pesquisadores de Kegan a Graves a Gilligan concordam que o julgamento moral se move dos modos pré-convencional para convencional e pós-convencional. A falácia pré/trans simplesmente diz que, dada esta reconhecida sequência, o pré-convencional e o pós-convencional são muitas vezes confundidos, simplesmente porque ambos são não convencionais. E não precisamos ir além do movimento geral da Nova Era para encontrar abundantes evidências de que o impulso pré-convencional é confundido com a liberação pós-convencional; a autoabsorção pré-racional é confundida com a liberdade pós-racional; o hedonismo pré-verbal é confundido com a sabedoria transverbal. Infelizmente, é quase sempre a orientação romântica, com seu sincero, mas confuso, elevacionismo que impulsiona a exposição completa, com auto-obsessão elevada à realização do Eu, divino egoísmo exaltado como liberação divina e narcisismo desenfreado exibido como liberdade transcendental. Mas a importante pepita de verdade contida na intuição romântica é que, de fato, nós decaímos de uma união com o Espírito (uma união encontrada, não nos resíduos de um passado infantil, mas nas profundezas do presente intemporal), e podemos *recuperar* essa união espiritual – mas *somente* se crescermos para uma transcendência do ego, e não simplesmente recapturarmos um eu infantil. (Para uma extensa discussão sobre espiritualidade na infância, cf. *Psicologia Integral*.)

## Primeiros humanos e tribos primitivas

O que dizer, então, dos primeiros estágios da evolução humana? Incluindo o estado primitivo de talvez um milhão de anos atrás e os estágios iniciais de caça e coleta tribal e hortícola das aldeias? Estamos arrogantemente declarando-os "inferiores" ou em um "nível mais baixo" de desenvolvimento? E estamos realmente afirmando que eles não tinham nenhum acesso à espiritualidade transracional e transpessoal? Teorizadores românticos arrepiam-se com o pensamento de que alguém, tão ousadamente, possa definir épocas inteiras como "inferiores" ou "carentes de genuína espiritualidade". E com razão. Mas eu, nunca, nem mesmo remotamente, afirmei isso.

Entretanto, para começar, notemos que os românticos, que ficam tão indignados com essas duas afirmações ("inferioridade" e "carência de genuína espiritualidade"), fazem exatamente essas afirmações – não sobre tribos de caça e coleta, mas sobre você e sobre mim. A afirmação antropológica romântica geral é que a consciência tribal original (durante o período que Gebser chama de "mágico") era "não dissociada", um tipo de harmonia e inteireza do eu, cultura e natureza. Os teorizadores românticos concordam que essa estrutura mágica era pré-reflexiva e pré-racional (no sentido de cognição pré-operacional-formal); em vez disso, a sociedade organizava-se em torno da consciência pré-reflexiva não dissociada. Mas eles afirmam que, longe de ser um desenvolvimento "inferior", essa consciência pré-reflexiva era equilibrada, holística, ecologicamente correta e profundamente espiritual. Porém, eles continuam, com a eventual ascensão da racionalidade egoica por meio de vários estágios), esse estado não dissociado foi brutalmente reprimido, fragmentado e destruído e, em seu lugar, surgiu um pesadelo chamado modernidade, que é marcado, basicamente, por uma *consciência dissociada*, que carrega alienação, fragmentação e (se alguma) espiritualidade superficial. Em outras palavras, em seu lugar, estamos você e eu: nós, modernos, somos todos, com poucas exceções, considerados como vivendo em consciência dissociada, um estado inferior, fragmentado, sem uma espiritualidade genuína. Assim, essa visão romântica condena, literalmente, *centenas de milhões* de pessoas modernas como tendo consciência inferior e carecendo de espiritualidade profunda. Portanto, a primeira coisa que devemos notar é que as acusações de "inferioridade" e "carência de espiritualidade" jorram dos lábios dos românticos com uma facilidade e frequência alarmantes. É um sistema de classificação e juízo de valor bem duro que esses românticos abraçaram, e seria bom para todos nós suavizar esses golpes brutais.

Creio que minha visão sobre a estrutura mágica tribal inicial é mais nuançada. Mas, primeiro, quero enfatizar que estou falando sobre o modo de caça e coleta original, pré-histórico, tribal, talvez de 200.000 a 20.000 anos atrás (um caso semelhante pode ser considerado com o modo hortícola de 10.000 a 3.000 anos atrás). Os povos indígenas atuais são pessoas *que vivem hoje*; eles continuaram a passar pelo seu próprio desenvolvimento por centenas de milhares de anos e sua relação exata com as tribos pré-históricas está longe de ser clara; além disso, geralmente estão inextricavelmente misturados com outras culturas e modos. Assim, estou me referindo à estrutura do modo original, pré-histórico, mágico, de caça e coleta, até a extensão em que conseguimos reconstruí-lo.

Para começar, qualquer sociedade é uma coleção de indivíduos que estão em níveis de desenvolvimento muito diferentes. Uma cultura tem algo parecido com um "centro de gravidade", ou um *modo médio* de consciência, mas algumas pessoas estão acima da média, outras estão abaixo. Os românticos concordam que o modo médio das tribos primitivas era "mágico" (no sentido não pejorativo de pré-reflexivo e não dissociado) e o modo médio da Modernidade é egoico-racional (de forma geralmente pejorativa, mas que não afeta nosso ponto principal sobre o modo médio). Em *Up from Eden*, sugeri que, além do modo médio, há um *modo mais avançado*, o modo exibido pelas almas mais desenvolvidas em algum domínio específico. Durante os tempos mágicos de caça e coleta, esse modo, definitivamente, parece ter incluído os xamãs, que, afirmo enfaticamente, foram os primeiros grandes exploradores dos domínios genuinamente transpessoais e espirituais. No mínimo, essas almas experienciaram diretamente a dimensão psíquica mais profunda do potencial humano, evidenciada em um misticismo da natureza extraordinariamente sofisticado, viagens para domínios superiores e inferiores do mundo, capacidades psíquicas reais e – novamente, no mínimo – uma consciência unitiva com todo o reino da natureza. Ainda em *Up from Eden*, passei um capítulo inteiro (chamado "Viagem ao superconsciente") exaltando esses feitos notáveis, autênticos e profundamente espirituais.

Ao mesmo tempo, estudiosos do estado xamânico ressaltaram que, embora possa ter havido exceções, a típica viagem xamânica não incluiu, por exemplo, longos períodos de absorção no domínio puramente informe (cessação causal). Em outras palavras, por critérios aceitáveis até para os advogados do xamanismo, a viagem xamânica não incluiu o domínio causal. E, portanto, no mínimo, a espiritualidade xamânica não foi um caminho que percorresse todo o domínio transpessoal.

Se, por outro lado, é feita (como *Up from Eden* fez) uma análise histórica sobre a sucessão ou emergência de estados espirituais acessados pelas formas típicas da consciência mais avançada em cada época geral (mágica a mítica a mental), normalmente encontra-se uma sucessão de estados transpessoais que se estendem do xamânico (psíquico) ao santo (sutil) e ao sábio (causal), com cada um dos estados sucessivos tendo acesso aos seus predecessores, mas não vice-versa – verdadeira marca de uma holarquia de desenvolvimento.

Portanto, o modo avançado da era de caça e coleta/mágica, com certeza, esteve vivo para domínios profundos de autêntico desenvolvimento espiritual, embora não possamos afirmar que o xamanismo exauriu o terreno completo. Voltando, então, ao modo médio: o que dizer da natureza real da consciência pré-reflexiva, não dissociada, ou da "estrutura mágica" do *modo médio* da consciência de caça e coleta? Foi um todo verdadeiramente integrado, holístico e harmonioso?

A estrutura mágica, sem dúvida, era um modo extraordinário de consciência. Se nada mais habitou os primeiros homens e mulheres que evoluíram dos grandes macacos e hominídeos e, embora algumas pessoas insistam em ver isso como um insulto aos macacos, foi um avanço evolucionário colossal por quase todos os critérios de julgamento. Mesmo assim, a questão é se ela realmente *integrou* o eu, a cultura e a natureza, ou se ainda nem sequer os diferenciara. Ao chamar essa estrutura mágica de "não dissociada", os românticos não fazem essa pergunta, evitam o assunto. O famoso advérbio "não", que serve para tudo, sempre se apresenta como um alerta de uma falácia pré/trans pedindo para ser cometida. Pois a verdadeira questão é não se essa estrutura era "não diferenciada", mas se era pré-diferenciada ou verdadeiramente transdiferenciada. "Não dissociada" pode ser aplicada facilmente a ambas (precisamente aí se oculta a FPT).

Abordando a questão dessa maneira mais cuidadosa, a resposta é óbvia. A estrutura mágica era, em grande parte, pré-diferenciada. Sobre isso, estudiosos de todo um amplo espectro de abordagens estão de acordo. Jean Houston, seguindo Gerald Heard, chama esses períodos de pré-individual e protoindividual (i. é, arcaico e mágico). Duane Elgin se refere a eles como consciência constrita e despertar da (proto)consciência. Jürgen Habermas e seus colegas, que conduziram exaustivas revisões de pesquisas, os chamam de pré-convencional e pré-diferenciado. Robert Bellah, rastreando a evolução religiosa, os chama de primitivo e arcaico (sistemas de ação pré-diferenciada). Erich Neumann chamou-os de pleromático, urobórico e pré-individuado. Isto não significa estúpido, confuso ou imbecil; significa que vários domínios subjetivos, objetivos e intersubjetivos não foram abordados em termos totalmente diferenciados. Alguns veem isso como uma coisa boa, outros como um problema; mas há consenso sobre a natureza real da estrutura mágica em si.

A conclusão ampla: com a estrutura mágica, o *eu*, a *cultura* e a *natureza* ainda estavam fundidos. Eles não estavam integrados, pois ainda não haviam se separado, diferenciado e cristalizado uns dos outros. Essa pré-diferenciação é o que dá à estrutura mágica seu charme mágico e a torna um ímã malcompreendido para aqueles que realmente desejam uma integração transdiferenciada para o mundo moderno. Mas a situação real do modo de caça e coleta era, além de suas muitas maravilhas, algo menos que um paraíso integrado. Uma vez que o *eu*, o *nós* e o *isto* ainda eram pobremente diferenciados, os avanços em cada domínio ficaram prejudicados. A expectativa média de vida era inferior a três décadas; os sistemas políticos focavam-se em linhagens de parentesco ligadas ao corpo; a escravidão era esporádica, mas de modo algum inexistente; a guerra já havia começado; e a exploração sexual, com certeza, não era inédita. *Em seus contornos completos*, é uma consciência que nenhum romântico que conheço gostaria de habitar.

O fato de que o mágico pôde seguir para o mítico, e o mítico para o mental, é um desenvolvimento que, idealmente, levou adiante as extraordinárias realizações de cada modo, sustentando-se em suas forças, reduzindo sua parcialidade e construindo juntos um futuro mais abrangente, inclusivo e integrado. O ideal, claro, nunca é atingido, e a evolução cultural tem sido, com frequência, a história de brutalidades, repressões, opressões e, pior, à medida que a evolução humana progride, às vezes brutaliza seu caminho rumo ao amanhã.

Mas o ponto geral da evolução filogenética, bem como da ontogenética, é que, *sempre que a sabedoria de um estágio prévio é esquecida, resulta em uma patologia*. Em *A Brief History of Everything*[5], delineei as principais "lições" que cada era da humanidade conseguiu aprender, e o ponto aqui é que a grande lição da caça e coleta foi: *o Espírito está entrelaçado com o corpo terrestre*, que é nosso sangue, nossos ossos, nossa fundação, nosso apoio. Nós, do Ocidente moderno, esquecemos essa lição e, portanto, estamos nas garras de uma patologia global que pode muito bem nos destruir.

Que os românticos queiram nos lembrar essa lição incrivelmente importante conta muito a seu favor e, nesse aspecto específico, sou um romântico convicto. Mas quando eles vão além e injetam características dúbias na estrutura mágica – quando alegam integração transdiferenciada para o que a maioria dos estudiosos vê como estruturas pré-diferenciadas; quando afirmam que a viagem xamânica foi um caminho completo pelo transpessoal; quando asseveram que a estrutura mental em si é intrinsecamente patológica; e quando condenam milhões e milhões de pessoas por viver em um

5 *Uma breve história do universo*, na edição brasileira [N.T.].

estado inferior em comparação à indissociação mágica – então, talvez, não desejemos segui-los.

## Sempre já

Além de "A falácia pré/trans", esta obra apresenta nove importantes ensaios que exploram as implicações de um modelo de amplo espectro do crescimento e desenvolvimento humanos. O espectro geral da consciência, conforme descrito em *The Atman Project*, contém quase duas dezenas de níveis básicos (que são, simplesmente, uma elaboração do Grande Ninho do Ser: matéria, corpo, mente, alma, espírito). Eu costumo condensá-los em nove ou dez níveis principais; às vezes, uso ainda menos, como os cinco tradicionais que acabei de dar (que são, em essência, os mesmos cinco que o Vedanta usa) e, outras vezes, apenas três: corpo, mente e espírito (ou denso, sutil e causal).

O ensaio "Olho a olho", que abre o livro, usa três olhos (o olho da carne, o olho da mente e o olho da contemplação) e sugere como até mesmo esse simples esquema pode lançar considerável luz sobre muitos recalcitrantes dilemas filosóficos e psicológicos. "Olho a olho" ainda é um dos meus ensaios favoritos; acredito que os pontos que ele apresenta continuam cruciais, ou talvez mais agora, já que a mente ortodoxa, embora imersa no materialismo científico, está, em geral, apta a verdades mais elevadas ou mais profundas (cf. *The marriage of sense and soul*[6] para mais detalhes sobre esse tema).

"O problema da prova" leva adiante essa discussão e apresenta o que equivale a um empirismo de espectro total: experiência sensorial, experiência mental e experiência espiritual, todas igualmente experienciais e, portanto, todas podendo ser cuidadosamente validadas usando evidências que estão abertas à confirmação ou à rejeição por uma comunidade adequada. É padrão na filosofia fazer uma distinção entre ideias e experiência. Ideias são consideradas como meras formas cujos conteúdos são dados pela experiência; as primeiras são, na maioria das vezes, *a priori*; os últimos são, sobretudo, *a posteriori*; as ideias são ideais, os conteúdos são empíricos. Esse é um dualismo que rejeito categoricamente. Com a posterior evolução da consciência, torna-se perfeitamente óbvio que ideias e sensações podem ser experiencia-

6 *A união da alma e dos sentidos*, na edição brasileira [N.T.].

das como objetos de consciência e, assim, há uma experiência mental, bem como uma experiência sensorial. E ainda mais, os domínios sutil e causal (alma e espírito) também podem ser experienciados, adicionando experiência espiritual à experiência mental e sensorial – e, portanto, tornando os três principais domínios (denso, sutil e causal) objetos da investigação fenomenológica. Isto não corresponde a reduzir os domínios mais elevados ao empirismo sensorial ou à experiência sensorial (como faz o positivismo), mas, sim, expandir a consciência e a experiência para os domínios superiores. (Para uma discussão mais aprofundada sobre esse tema, consultar *A Theory of Everything: An Integral Vision for Business, Politics, Science, and Spirituality.*[7])

"Um mapa mandálico da consciência" apresenta um resumo do espectro geral da consciência (seus principais níveis básicos ou estruturas fundamentais) e "Desenvolvimento, meditação e o inconsciente" delineia cinco tipos principais de "o" inconsciente e ressalta por que essas distinções são cruciais para entender tudo, desde a natureza do desenvolvimento até a forma e o conteúdo da meditação. Em minha opinião, esse esboço de cinco diferentes tipos de processos inconscientes é uma contribuição importante. Uma das principais conclusões é que a meditação não é, basicamente, uma forma de escavar ou desvelar impulsos pré-racionais, mas, sim, um modo de levar o desenvolvimento ou a evolução adiante para estados transracionais e superconscientes.

Os dois ensaios seguintes ("Física, misticismo e o novo paradigma holográfico" e "Reflexões sobre o paradigma da nova era – Uma entrevista") são tentativas de ressaltar o que acredito ser certas falácias contidas nessas abordagens populares; falácias que, uma vez mais, eu entendo bem, porque cometi a maioria delas. Ao tentar entender outros teorizadores, creio ser de suma importância começar por entrar em estado de *forte ressonância empática* com o que eles estão dizendo. Sempre tento assumir a posição do outro até sentir que posso argumentar com sucesso em um debate. Então, e só então, dou um passo atrás e realizo um intenso escrutínio. Se ele falha de algum modo importante, conforme qualquer saber que eu consiga reunir, tento criticá-lo a partir de uma posição de simpatia pretérita. Mesmo nos

---

7 *Uma teoria de tudo*, na edição brasileira [N.T.].

ocasionais textos polêmicos que escrevo, raramente o faço polemicamente contra qualquer visão que eu mesmo não tenha adotado uma vez; e, como um fumante reformado, sou ocasionalmente insuportável em minhas condenações. Desse modo, muitos críticos assumiram que eu simplesmente tinha um preconceito cego contra essas ideias e não nutria a menor compaixão por sua existência, enquanto, na verdade, essas críticas vinham de um desejo urgente de compartilhar erros que eu mesmo cometi. Esses dois ensaios são exemplos claros disso. Mantenho todas as conclusões de ambos, e só espero que eles possam ajudar a conter uma certa maré regressiva e elevacionista que continua a dominar, como sempre aconteceu, os estudos espirituais.

"Legitimidade, autenticidade e autoridade nas novas religiões" surgiu de uma série de seminários sobre as novas religiões, lidando com maneiras pelas quais poderíamos ser capazes de discriminar os cultos perigosos (como Jonestown e Synanon) dos movimentos mais benéficos (como Zen ou Cabala). Esse texto foi elaborado ao mesmo tempo que escrevia *A Sociable God*[8] e sugere por que e como uma visão desenvolvimental pode ajudar a julgar o envolvimento religioso autêntico *versus* o inautêntico. "Estrutura, estágio e o eu" marcou a primeira posição importante da teorização da Fase 3; por isso, vou abordá-la a seguir. E "O estado de consciência supremo" retornou, mais uma vez, ao monotema de todos os meus escritos: a Verdade do sempre já. Uma vez que dediquei mais de um livro à importância do desenvolvimento, não me é estranho terminar com o tema daquilo que *nunca* pode ser alcançado pelo desenvolvimento ou evolução, e isto é a primordial Essência do Ser, uma Essência que, sendo a Condição de todas as condições e a Natureza de todas as naturezas, está sempre presente e, portanto, não pode ser obtida da mesma forma que não podemos obter nossos pés.

## Estruturas e estados

Como sugerido anteriormente na seção "O estado infantil", um indivíduo em praticamente qualquer nível ou estágio de desenvolvimento pode vivenciar um *estado alterado* ou *experiência de pico* de certos domínios superiores (como o sutil ou o causal), simplesmente porque todo mundo, até mesmo

8 *Um Deus social*, na edição brasileira [N.T.].

um bebê, tem acesso aos estados de vigília, sonho e sono profundo. É claro que, para que esses *estados temporários* se tornem *características permanentes* ou estruturas, eles têm de entrar no fluxo de desenvolvimento que passa do pré-convencional para o convencional para o pós-convencional e estágios superiores. Mas isso não impede que certos tipos de experiências de pico temporárias estejam disponíveis para indivíduos em praticamente qualquer estágio de desenvolvimento. Mais uma vez, a ideia de que estados espirituais ou transpessoais estão disponíveis apenas para estágios de desenvolvimento mais elevados é incorreta.

Essa ideia foi apresentada, pela primeira vez, durante o período da Fase 2 (por volta de 1981). Especificamente, foi introduzida em *A Sociable God* (agora disponível no volume 3 dos *Collected Works*), que delineou um modelo psicológico de *estruturas, estados* e *domínios*. As estruturas ou estágios eram, na maior parte, lineares (como são todos os estágios verdadeiros), mas também se entendia que, em qualquer estágio, uma pessoa poderia ter um estado alterado ou experiência de pico de domínios mais elevados (o que não implica pular estágios, porque os domínios mais elevados estão sempre disponíveis temporariamente como estados alterados, que são variações dos estados de vigília, sonho e sono profundo). Isso também permitiu que fosse realizada uma série de análises interníveis (e. g., a mente pode formar teorias do domínio material, mental e espiritual, com um tipo diferente de conhecimento gerado em cada caso, como é explicado em vários dos ensaios a seguir. (Cf. tb. *Integral psychology*[9] e *A theory of everything* para mais detalhes sobre a importância de análises interníveis).

Para o desenvolvimento individual, isso significa que uma pessoa em quase qualquer estágio ou estrutura de desenvolvimento (como mágica, mítica, racional) pode ter uma experiência de pico temporária de qualquer um dos domínios transpessoais (psíquico, sutil, causal), e isso nos dá uma grade de nove ou mais tipos de experiências espirituais. *A Sociable God* delineou esses diferentes tipos de estados alterados ou experiências espirituais (e. g., uma experiência de pico mágica, mítica ou racional de um domínio psíquico, sutil ou causal) e ressaltou por que essas distinções são cruciais para entender

9 *Psicologia integral*, na edição brasileira [N.T.].

religião e experiência religiosa. Esse modelo "tridimensional" foi, na época, uma integração original da pesquisa de estruturas psicológicas (e. g., Piaget, Kohlberg, Gebser) e de estados de consciência (e. g., Grof, Tart), e permanece como um aspecto central de todas as fases subsequentes do meu trabalho (Fases 2, 3 e 4). Uma conclusão crucial foi que o desenvolvimento superior envolve não apenas estados alterados, mas características permanentes – isto é, a necessidade de converter experiências de pico temporárias em estruturas transpessoais permanentes (cf. *Integral Psychology* para uma discussão aprofundada desse modelo).

## Ondas e correntes

Perto do final deste período da Fase 2, comecei a questionar não tanto o modelo evolucionista, mas a avaliar seus pontos fortes e suas fraquezas. Em particular, estudos em psicologia do desenvolvimento já começavam a sugerir que o desenvolvimento não ocorre apenas de forma linear por meio de uma série de estágios sequenciais (embora alguns desenvolvimentos o façam). Em vez disso, o desenvolvimento geral parece consistir em numerosas linhas ou correntes de desenvolvimento diferentes (como a cognitiva, a moral, a afetiva, a psicológica e a espiritual) que progridem de maneira relativamente independente pelos níveis ou ondas do espectro básico da consciência (matéria, corpo, mente, alma, espírito). Se simplificarmos o espectro da consciência como indo das ondas pré-convencional a convencional a pós-convencional a pós-pós-convencional, e se usarmos afetos ou sentimentos como exemplo de uma corrente particular, então teremos afetos pré-convencionais (e. g., raiva narcísica, gratificação impulsiva), afetos convencionais (pertencimento, cuidado, preocupação), afetos pós-convencionais (amor universal, altruísmo global) e afetos pós-pós-convencionais (compaixão transpessoal, amor-felicidade, *ananda*). O mesmo acontece com a cognição, moral, necessidades, autoidentidade, desenvolvimento psicológico e desenvolvimento espiritual (considerado como uma linha separada), entre muitas outras linhas.

Cada uma dessas linhas ou correntes de desenvolvimento atravessa os mesmos níveis ou ondas básicos, mas cada uma o faz de forma relativamente independente, de modo que, por exemplo, uma pessoa pode estar em um nível muito elevado de desenvolvimento cognitivo, em um nível médio de desenvolvimento interpessoal e em um nível baixo de desenvolvimento moral, tudo ao mesmo tempo. Isso mostra como o desenvolvimento global pode ser realmente desigual e não linear. Uma enorme quantidade de pesquisas continuou a demonstrar que as próprias linhas de desenvolvimento individual se desdobram de maneira sequencial – a importante verdade descoberta pelos estudos de desenvolvimento. Mas como há pelo menos duas dúzias de linhas de desenvolvimento diferentes, o crescimento geral em si não mostra tal desenvolvimento sequencial; ao contrário, é um processo radicalmente desigual e individual. Além disso, a qualquer momento, um indivíduo em particular pode mostrar muito crescimento em uma corrente (digamos, psicológica), enquanto mostra pouco ou nenhum crescimento em outras (digamos, espiritual). Nada disso poderia ser explicado por um modelo de Fase 2, mas passou a fazer perfeito sentido de acordo com a Fase 3. Assim, além dos níveis (estruturas), estados e domínios, acrescentei linhas. (E, com a Fase 4, colocaria todos eles nos quatro quadrantes; cf. *A Brief History of Everything*.)

Embora tenha abandonado a visão estrita de desenvolvimento linear ou "semelhante a uma escada" em 1981, sou criticado até hoje por apresentar uma visão rigidamente linear do desenvolvimento, na qual, supostamente, o desenvolvimento psicológico deve ser totalmente completado antes que o desenvolvimento espiritual possa começar. Nunca sustentei essa visão rígida, mesmo na Fase 1, e certamente abandonei algo remotamente parecido com isso há quase duas décadas. Assim, eu nunca sei exatamente como responder a essas acusações, além de indicar que elas são falsas.

De qualquer modo, apresentei pela primeira vez o modelo da Fase 3 em "Ontogenetic Development: Two Fundamental Patterns" (*Journal of Transpersonal Psychology*, 1981, e que aparece aqui como "Estrutura, estágio e o eu". Os "dois padrões" no título original referem-se à diferença entre as estruturas básicas duradouras (os principais níveis ou ondas no espectro da consciência) e as linhas ou correntes transitórias que percorrem os níveis básicos. Esse entendimento estava implícito até mesmo em *The Atman Project*, no qual, em várias ocasiões, afirmei que "embora eu tenha colocado lado a lado itens como desenvolvimento cognitivo, desenvolvimento moral e desenvolvimento do ego, eu não pretendo de modo algum equipará-los. Loevinger, por exemplo, acredita que o desenvolvimento do ego é independente do desenvolvimento psicossexual. Kohlberg mostra que o desenvolvimento intelectual [cognitivo] é necessário, mas não suficiente para o desenvolvimento moral. E assim vai, com todos os tipos de linhas de desenvolvimento correndo paralelas, independentes e/ou correlacionadas com todos os tipos de outras linhas de desenvolvimento". Isso foi escrito em 1978, durante a Fase 2; mas em 1981, com a Fase 3, tornei todas essas distinções muito explícitas e comecei a apresentar cuidadosamente essas diferentes linhas como correntes relativamente independentes, o que elas são, ao mesmo tempo que continuava a enfatizar a natureza universal das ondas gerais do espectro global da consciência.

Esta passagem para a Fase 3 invalidou muito poucas das proposições reais da Fase 2; simplesmente as colocou em um contexto mais amplo. A falácia pré/trans, por exemplo, continua tão verdadeira como sempre foi, creio eu. Mas agora podemos ver que existem muitas linhas de desenvolvimento, de modo que uma pessoa pode ser pré-convencional em uma linha, convencional em outra e pós-convencional em outra. A FPT ainda é válida, mas temos de nos assegurar que estamos tratando de uma única linha de desenvolvimento cada vez que a aplicamos. Isso alterou poucas conclusões da Fase 2 e as abriu para elaborações ainda mais ricas.

Do começo da Fase 1 até o final da Fase 2 – dos meus 23 aos 31 anos – morei em vários pequenos apartamentos em Lincoln, Nebraska; tinha abandonado a pós-graduação em bioquímica e trabalhava como lavador de pratos no *Red Rooster Restaurant*; meditava diariamente, com retiros frequentes; e lia/escrevia a um ritmo alucinante. Os últimos dois anos desse período testemunharam uma grande explosão de atividade – *The Atman Project*, *Up from Eden* e *A Sociable God* foram concluídos, além de muitos dos ensaios seminais de *Os três olhos do conhecimento*. No final desse período da Fase 2, estava a caminho de Boston para tentar salvar uma revista integrativa que Jack Crittenden e eu tínhamos fundado. A Fase 2 terminou, a Fase 3 estava prestes a começar. Mas sempre olharia para os anos de Lincoln como minha verdadeira formação em todas aquelas coisas que mais me importam.

## Uma escala holística de profundidade

O critério de profundidade – e *a escala de julgamento* usada em muitos dos ensaios deste livro – é o do *abraço holístico*: quanto do *Kosmos*[10] uma determinada estrutura pode conter internamente? Posto de forma objetiva, quantos tipos de *hólons*[11] um determinado sistema auto-organizador contém em sua própria composição? Posto subjetivamente, quanto amor (Ágape) está contido em uma estrutura? Um quark é incluído em um átomo; um átomo é incluído em uma molécula; uma molécula, em uma célula; uma célula, em um organismo. Em cada caso, o *hólon* ganha mais *profundidade*, porque abraça com carinho mais do *Kosmos* em sua própria composição. Da mesma forma com hólons humanos: quando minha identidade e simpatia se expandem de mim para minha família; da minha família para amigos, comunidades e até nações; das nações para toda a humanidade; e da humanidade para todos os seres sencientes sem exceção – o que faço é incluir mais e mais almas na minha própria alma, e aumentar minha própria profundidade, movendo-me cada vez mais de mim para o *Kosmos* em geral, até que o que chamo de meu "eu" e o que chamo de "*Kosmos*" sejam o mesmo e inegável fato, e o *Amor que move o sol e outras estrelas* agora também me move; e todos nós sejamos abraçados por uma gentil compaixão que não conhece estranhos, que recusa a fragmentação e não consegue recordar os muitos nomes da tristeza.

Essa escala – do egocêntrico ao etnocêntrico ao mundicêntrico ao kosmocêntrico – é uma escala de abraço holístico, e ela é usada, por exemplo, em "Legitimidade, autenticidade e autoridade nas novas religiões" para julgar a autenticidade de vários engajamentos culturais e religiosos. Cada abraço

---

10 No livro *Sex, Ecology, Spirituality* (*Sexo, ecologia, espiritualidade*, na edição brasileira), Wilber apresenta esta palavra da seguinte forma: "Os pitagóricos cunharam o termo *Kosmos* que, normalmente, traduzimos por 'cosmos'. Mas o significado original de *Kosmos* era a natureza ou processo padronizado de todos os domínios da existência, da matéria à matemática ao sagrado, e não meramente o universo físico, o que geralmente os termos 'cosmos' e 'universo' significam hoje... O *Kosmos* contém o cosmos (a fisiosfera), a vida (a biosfera), a mente (a noosfera) e o sagrado (a teosfera ou domínio divino)" [N.T.].

11 *Hólon*, termo cunhado por Arthur Koestler (1905-1983), é uma totalidade que faz parte de outras totalidades. Por exemplo, um átomo é uma totalidade que faz parte de uma molécula, que faz parte de uma célula, que faz parte de um tecido, e assim por diante. O primeiro dos "Vinte princípios", apresentados por Wilber em *Sex, Ecology, Spirituality*, afirma que tudo que existe no *Kosmos* são *hólons* [N.T.].

mais elevado não significa que a individualidade esteja sendo cada vez mais obliterada, mas, sim, que está sendo cada vez mais ampliada. Uma pessoa que estende simpatia e cuidado de seu próprio ego para sua família, e de sua família para sua comunidade, não empobrece seu eu, mas o enriquece. Da mesma forma, expandir a identidade e a simpatia de uma tribo para uma nação multitribal, e da nação para toda a humanidade, e da humanidade para todos os seres sencientes, é simplesmente encontrar um Eu mais profundo em meio a abraços mais amplos. A consciência kósmica não é a obliteração da individualidade, mas seu consumado cumprimento, quando, então, podemos falar de Eu ou não eu, não importa qual: o seu eu é o Eu do *Kosmos* inteiro, atemporal e, portanto, eterno, adimensional e infinito, movido apenas por um Amor radiante que desafia data ou duração.

*Ken Wilber*
Boulder, Colorado
Verão de 2000

# 1
# Olho a olho

Atualmente, nós ouvimos falar muito sobre "paradigmas" e, em especial, sobre paradigmas "novos e superiores" – "superteorias" que incluiriam, além das ciências físicas, as mais elevadas afirmações de conhecimento da filosofia-psicologia *e da* religião transcendental/mística – um tipo de visão de mundo verdadeiramente unificada. A visão em si é fascinante: enfim, um paradigma ou teoria geral que uniria ciência, filosofia-psicologia e religião-misticismo; afinal, uma genuína "teoria do campo unificado"; finalmente, uma abrangente visão global. Alguns estudiosos muito competentes, muito sóbrios e muito talentosos, de diferentes campos, estão falando hoje exatamente disso. Extraordinário.

Creio que as implicações e os significados precisos de tudo isso tornar-se-ão mais óbvios à medida que prosseguirmos; no momento, vamos simplesmente chamar tal paradigma, por mais inicial ou emergente (e supondo que seja possível), de um "paradigma integral", significando uma busca de conhecimento *global* que incluiria não apenas o hardware das ciências físicas, como também o software da filosofia e da psicologia e o "transcendentalware" da religião místico-espiritual. Se esse tipo de paradigma, novo, mais elevado e abrangente, está de fato começando a emergir – e eu acho que está –, provavelmente é verdade que a maior questão que ele deve enfrentar – uma questão que ainda *não* foi tratada adequadamente – é sua relação com a *ciência empírica*. Pois, argumenta-se, se qualquer tipo de paradigma "novo e superior" não for uma ciência empírica, então não terá uma epistemologia válida – nenhum meio legítimo de adquirir conhecimento – e, portanto, qualquer coisa que ele afirme ou proclame, não importa quão reconfortante possa ser, deverá ser inválida, absurda e sem sentido. Não adianta tentar perceber o alcance, o escopo ou os métodos de conhecimento do paradigma "novo e superior", que pretende incluir filosofia e misticismo, até que, para começar, possamos demonstrar que *temos* conhecimento real de qualquer tipo. Não nos enganemos:

> Não negamos *a priori* que o místico seja capaz de descobrir verdades com seus próprios métodos especiais. Aguardamos para ouvir quais são as proposições que incorporam suas descobertas, a fim de ver se elas são confirmadas ou refutadas por nossas observações empíricas. Mas o místico, longe de produzir proposições que sejam verificadas empiricamente, é incapaz de apresentar quaisquer proposições inteligíveis[3].

A afirmação é de A.J. Ayer, o célebre filósofo, e ele conclui que o fato de que o místico "não consegue revelar o que ele 'conhece', ou nem mesmo concebe um teste empírico para validar seu 'conhecimento', demonstra que seu estado de intuição mística não é um estado genuinamente cognitivo"[3].

Um novo paradigma integral seria uma ciência empírica? Se não, poderia alegar cognição e conhecimento genuínos? Ou, no que se refere a essa questão - e este é realmente o ponto crucial de nossa discussão -, qualquer tipo de verdade filosófica ou espiritual mais elevada pode ser adequadamente "validada"? Há uma imensa quantidade de textos sobre esse assunto, mas eu, pessoalmente, acho que a maioria apenas escorrega pelas principais questões, como mãos engorduradas tentando segurar um sabonete. Assim, neste capítulo e no próximo, gostaria de examinar brevemente a natureza da ciência empírica, o significado do conhecimento filosófico e a essência do conhecimento transcendental ou espiritual, bem como as relações entre eles - e isso poderá nos ajudar a conceber, mais facilmente, a natureza de um novo e verdadeiramente abrangente paradigma, se é que ele existe mesmo.

## Os três olhos da alma

São Boaventura, o eminente *Doctor Seraphicus* da Igreja e um dos filósofos favoritos dos místicos ocidentais, ensinou que homens e mulheres têm pelo menos três modos de obter conhecimento - "três olhos", como ele disse (seguindo Hugo de São Vítor, outro famoso místico): o *olho da carne*, através do qual percebemos o mundo exterior do espaço, tempo e objetos; o *olho da razão*, através do qual alcançamos o conhecimento da filosofia, da lógica e da própria mente; e o *olho da contemplação*, através do qual nos elevamos a um conhecimento de realidades transcendentes.

Além disso, afirmou São Boaventura, todo conhecimento é um tipo de luz. Há luz exterior e inferior (*lumen exterius* e *lumen inferius*), que ilumina o olho da carne e nos dá conhecimento dos objetos dos sentidos. Há a *lumen interius*, que ilumina o olho da razão e nos dá conhecimento de verdades filosóficas. E há a *lumen superius*, a luz do Ser transcendente, que ilumina o olho da contemplação e revela a verdade salutar, "verdade que leva à libertação".

No mundo exterior, disse São Boaventura, encontramos um *vestigium* ou "vestígio de Deus" – e o olho da carne percebe esse vestígio (que aparece como objetos separados no espaço e no tempo). Em nós mesmos, em nossa psique – especialmente na "tripla atividade da alma" (memória, razão e vontade) –, encontramos uma *imago* de Deus, revelada pelo olho da mente. E, finalmente, através do olho da contemplação, iluminado pela *lumen superius*, descobrimos o domínio transcendente completo, além dos sentidos e da razão – o Supremo Divino.

Tudo isso se encaixa precisamente com Hugo de São Vítor (primeiro dos grandes místicos da Abadia de São Vítor em Paris), que distinguia entre *cogitatio*, *meditatio* e *contemplatio*. *Cogitatio*, ou a simples cognição empírica, é uma busca pelos fatos do mundo material usando o olho da carne. *Meditatio* é uma busca pelas verdades no âmbito da própria psique (a *imago* de Deus) usando o olho da mente. *Contemplatio* é o conhecimento pelo qual a psique ou alma une-se instantaneamente à divindade em *insight* transcendente (revelado pelo olho da contemplação).

Ora, essa nomenclatura específica – olho de carne, mente e contemplação – é cristã; mas ideias semelhantes podem ser encontradas em todas as principais escolas tradicionais de psicologia, filosofia e religião. Os "três olhos" de um ser humano correspondem, na verdade, aos três grandes domínios descritos pela filosofia perene, que são o denso (carnal e material), o sutil (mental e anímico) e o causal (transcendente e contemplativo). Esses domínios foram descritos extensivamente em outros lugares, e desejo aqui apenas ressaltar sua unanimidade entre os psicólogos e filósofos tradicionais[107, 110, 136].

Ampliando os *insights* de São Boaventura, nós, modernos, podemos dizer que o olho da carne – o *cogitatio*, a *lumen inferius/exterius* – participa de um seleto mundo de experiência sensorial compartilhada, que ele parcialmente cria e parcialmente revela. Este é o "domínio denso", o domínio do espaço, tempo e matéria (o subconsciente). É o domínio *compartilhado* por todos aqueles que possuem um olho da carne similar. Assim, os humanos podem compartilhar esse reino, até certo ponto, com outros animais superiores (especialmente mamíferos), porque os olhos da carne de ambos são bastante semelhantes. Se uma pessoa segurar um bife na frente de um cão, este reagirá – uma pedra ou uma planta não. (O bife não existe para o organismo que carece do modo indispensável de conhecimento e percepção, o necessário olho da carne.) No domínio denso, um objeto nunca é A *e* não A; é A *ou* não A. Uma rocha nunca é uma árvore, uma árvore nunca é uma montanha, uma pedra não é outra pedra, e assim por diante. Esta é a inteligência sensório-motora básica – a constância do objeto –, o olho da carne. É o *olho empírico*, o olho da experiência sensorial. (Devo ressaltar que, por ora, estou usando o termo "empírico" como é empregado na filosofia: passível de detecção pelos cinco sentidos humanos ou suas extensões. Quando empiristas como Locke concluíram que todo conhecimento é experiencial, eles queriam dizer que todo conhecimento na mente passa primeiro pelos cinco sentidos. Quando os budistas dizem que "a meditação é experiencial" eles não estão dizendo a mesma coisa que Locke; ao contrário, eles usam a palavra "experiência" com o significado de "diretamente consciente, não mediado por formas ou símbolos". Voltaremos a esse tópico no próximo capítulo; enquanto isso, usarei "empírico" como os empiristas fazem: "experiência sensorial".)

O olho da razão, ou mais geralmente, o olho da mente – o *meditatio*, a *lumen interius* – participa de um mundo de ideias, imagens, lógica e conceitos. Este é o domínio sutil (ou, mais precisamente, a porção inferior do sutil, mas a única que discutirei aqui). Já que tanto do pensamento moderno é baseado apenas no olho empírico, o olho da carne, é importante lembrar que o olho da mente *não pode* ser reduzido ao olho da carne. O campo mental inclui, mas transcende o campo sensorial. Apesar de não excluí-lo, o olho da mente se eleva muito acima do olho da carne: com a imaginação, ele consegue *visualizar* objetos sensoriais não imediatamente presentes e, assim, transcender a prisão da carne no mundo simplesmente manifesto; na lógica, ele consegue operar internamente objetos sensório-motores e, desse modo, transcender sequências motoras reais; na vontade, consegue retardar descargas instintivas e impulsivas da carne e, portanto, transcender os aspectos meramente animais e sub-humanos do organismo.

Embora o olho da mente dependa do olho da carne para grande parte de sua informação, nem todo conhecimento mental provém estritamente do conhecimento da carne, nem trata apenas dos objetos da carne. Nosso conhecimento *não* é totalmente empírico e carnal. "De acordo com os sensualistas [i. é, empiristas]", diz Schuon, "todo conhecimento origina-se da experiência sensorial [o olho da carne]. Eles chegam a sustentar que o conhecimento humano não pode ter acesso a nenhum conhecimento suprassensorial e desconhecem o fato de que o suprassensível possa ser objeto de uma percepção genuína e, portanto, de uma experiência concreta [note que Schuon se recusa a igualar empírico e experiencial, já que existem experiências supraempíricas ou suprassensoriais]. Assim, esses pensadores constroem seus sistemas sobre um vício intelectual, sem que pareçam nem um pouco impressionados pelo fato de que inúmeros homens tão inteligentes quanto eles pensem diferente"[106].

O ponto é precisamente como Schumacher disse: "Em suma, nós 'vemos' não somente com os nossos olhos, mas também com uma grande parte do nosso equipamento mental [o olho da mente]... Com a luz do intelecto [a *lumen interius*] podemos ver coisas que são invisíveis aos nossos sentidos corporais... A verdade de ideias não pode ser vista pelos sentidos"[105]. Por exemplo, a matemática é um conhecimento não empírico ou supraempírico. Ela é descoberta, elucidada e implementada pelo olho da razão, não pelo olho da carne.

Até mesmo textos introdutórios de filosofia são bem assertivos sobre este ponto: "Se essas expressões [matemáticas] devem ser entendidas como referindo-se a algo físico não é preocupação do matemático, mas do físico. Para o matemático, afirmações são vistas como declarações de relações lógicas; ele não está interessado em seu significado empírico ou factual [se é que há algum]"[96]. A raiz quadrada de menos um [número imaginário] nunca poderá ser vista com o olho da carne. Esta é uma entidade transempírica e só pode ser vista com o olho da mente. A maior parte da matemática, como diz Whitehead, é transempírica e até *a priori* (no sentido pitagórico).

O mesmo ocorre com a lógica. A verdade de uma dedução lógica é alicerçada na consistência interna – não se baseia em sua relação com objetos sensoriais. Desse modo, um silogismo lógico válido pode dizer: "Todos os unicórnios são mortais. Tarnac é um unicórnio. Portanto, Tarnac é mortal". Logicamente, esse silogismo é válido; empiricamente, não faz sentido (não tem fundamento), pela simples razão que, em primeiro lugar, ninguém jamais viu um unicórnio. A lógica é transempírica. Assim, muitos filósofos, como Whitehead, sustentam que a esfera abstrata (ou mental) é necessária e *a priori* para a manifestação do domínio natural/sensorial; e isto é, aproximadamente, o que as tradições orientais querem dizer quando afirmam que o denso surge do sutil (que surge do causal).

Na matemática, na lógica – e mais: na imaginação, na compreensão conceitual, no *insight* psicológico, na criatividade –, *vemos* coisas com o olho da mente que não são totalmente visíveis ao olho da carne. Por isso, dizemos que o campo mental inclui, mas transcende grandemente o campo da carne.

O olho da contemplação está para o olho da razão como o olho da razão está para o olho da carne. Do mesmo modo como a razão transcende a carne, a contemplação transcende a razão. Portanto, como a razão não pode ser reduzida nem derivada apenas do conhecimento da carne, a contemplação não pode ser reduzida nem derivada da razão. Da mesma forma como o olho da razão é transempírico, o olho da contemplação é transracional, translógico e transmental. "A gnose [o olho da contemplação, o *lumen superius*] transcende o domínio mental e, *a fortiori*, o domínio das sensações [o domínio sensorial]. Esta transcendência resulta da função 'sobrenaturalmente natural' da [gnose], ou seja, a contemplação do Imutável, do Eu que é Realidade, Consciência e Bem-aventurança. A busca dos filósofos, portanto, não tem nada em comum com a dos contemplativos, já que seu princípio básico de exaustiva adequação verbal se opõe a qualquer finalidade libertadora, a qualquer transcendência da esfera das palavras"[106].

Retornaremos a esses três diferentes campos de conhecimento ao longo deste capítulo. Por enquanto, vamos simplesmente supor que todos os homens e mulheres possuem um olho da carne, um olho da razão e um olho da contemplação; que cada olho tem seus próprios objetos de conhecimento (sensorial, mental e transcendental); que um olho mais elevado não pode ser reduzido nem explicado somente em termos de um olho mais baixo; que cada olho é válido e útil em seu próprio campo, mas comete uma falácia quando tenta, por si só, compreender plenamente domínios superiores ou inferiores.

Nesse contexto, tentarei demonstrar que, embora um paradigma verdadeiramente abrangente possa se basear livremente no olho da carne e no olho da mente, ele também deverá basear-se expressivamente no olho da contemplação. Isso significa que um paradigma novo e integral – se é que ele um dia existirá – estaria na posição extremamente favorável de poder usar e integrar os três olhos – denso, sutil e causal. Argumentarei, também, que a ciência empírico-analítica pertence, em geral, ao olho da carne; a filosofia fenomenológica e a psicologia, ao olho da mente e a religião/meditação, ao olho da contemplação. Assim, um paradigma novo e integral seria, ideal e definitivamente, uma síntese e integração do empirismo, do racionalismo e do transcendentalismo (se esse esforço global pode ou deve ser chamado de "ciência superior" será tratado no próximo capítulo; neste, "ciência" irá se referir à ciência empírico-analítica clássica).

Mas, primeiro, há uma grande dificuldade e um enorme risco a serem superados: a tendência para o *erro de categoria*, que é a tentativa de um olho usurpar os papéis dos outros dois. Indicarei alguns dos principais erros de categoria cometidos pela religião, pela filosofia e pela ciência, e – como exemplo – discutirei os erros de categoria históricos que levaram ao surgimento do cientificismo moderno. Não pretendo demonizar a ciência a esse respeito – veremos que a religião e a filosofia têm sido tão culpadas quanto. No entanto, historicamente falando, o mais recente e mais difundido erro de categoria tem a ver com o papel da ciência empírica, e é importante tentar entender esse erro tão cuidadosamente quanto possível, não apenas porque, de todos os erros de categoria, ele provavelmente teve o maior impacto, mas também porque, de muitas maneiras sutis, ainda continua conosco.

Seguindo as suposições anteriormente apresentadas, podemos começar com um exame da ascensão e do significado da ciência empírica.

## A ascensão da ciência

Geralmente, não se percebe que a ciência – que, por ora, considero como aquilo que Kepler, Galileu e Newton fizeram – não era um sistema racionalista, mas empírico. Como vimos, esses dois não são iguais: o racionalismo enfatiza o olho da razão; o empirismo, o olho da carne. Na verdade, a ciência começou como um *antirracionalismo*, como uma revolta direta contra os sistemas racionais da era escolástica. Como disse Whitehead: "Galileu insistia em como as coisas aconteciam, enquanto seus adversários [com mente racional] tinham uma teoria completa de por que as coisas aconteciam. Infelizmente, as duas teorias não produziam os mesmos resultados. Galileu insistia em explicar 'fatos inflexíveis e irredutíveis' e Simplício, seu oponente, apresentava *razões*"[129].

Observe que o choque entre Galileu, com seus "fatos inflexíveis e irredutíveis", e Simplício, com suas "razões satisfatórias", é precisamente um choque entre o olho da carne e o olho da razão – entre o empirismo e o racionalismo. Whitehead insiste bastante nesse ponto: "É um grande erro conceber essa insurreição histórica [da ciência] como um apelo à razão. Pelo contrário, foi um movimento inteiramente anti-intelectualista. Foi um retorno à observação do fato bruto [o olho da carne; empirismo]; e baseou-se no recuo da racionalidade inflexível do pensamento medieval"[129]. Repetidamente, Whitehead volta a esse ponto crucial: "Cuidadosamente, não podemos deixar de perceber que a ciência começou com a organização de experiências comuns [sensoriais]. Foi assim que ela coalesceu tão prontamente, com o viés antirracionalista da insurreição histórica"[129]. A ciência era, como observou Bertrand Russell, nada mais do que *senso comum* consistente, o que na verdade significa: baseado no órgão mais trivial que todos possuímos – o olho da carne.

É muito fácil entender por que a ciência começou como uma revolta contra o racionalismo. Lembre-se de que a lógica, em si e por si, transcende tanto o sub-humano olho da carne a ponto de, às vezes, parecer quase desincorporada, totalmente alheia ao mundo dos objetos carnais. Isto, em si, não constitui uma falha da lógica, como muitos românticos parecem pensar; ao contrário, constitui sua própria força: raciocinar sobre uma atividade significa não ter que realmente levar a cabo essa atividade com a carne. O poder da lógica reside na sua transcendência de objetos sensoriais (como Piaget demonstrou, o pensamento operacional formal ou a lógica racional opera *sobre* e, portanto, transcende, a experiência concreta e sensório-motora).

Mas a lógica – ou, em geral, o olho da mente completo – pode ser seriamente mal-utilizada. O único teste final do "raciocínio correto" é se a sequência do pensamento lógico é, em si mesma, internamente consistente e não violou nenhum cânone da lógica no processo. Se satisfizer esses critérios, então o raciocínio é, em seu domínio próprio, totalmente válido. Começa com uma premissa inicial e, por meio de sutis processos de raciocínio abstrato (ou operacionais formais), extrai todas as implicações e deduções envolvidas nessa premissa.

A premissa propriamente dita – a proposição do ponto de partida – pode se originar em qualquer um dos três domínios: da carne, da mente ou da contemplação. Se o ponto de partida se origina no domínio do olho da carne e é válido, falamos de "fatos indubitáveis" (Russell), "fatos inflexíveis e irredutíveis" (Galileu) ou, simplesmente, fatos empírico-analíticos. Se o ponto de partida se origina no domínio do olho da mente, falamos de "princípios de referência indubitáveis" (Russell), "verdades intuitivamente autoevidentes" (Descartes) ou "apreensões fenomenológicas diretas" (Husserl), que podem ser tanto filosóficas quanto psicológicas. Se a proposição é influenciada pelo mais elevado olho da contemplação, falamos amplamente de revelação ou raciocínio mandálico (como explicaremos). De qualquer forma, notemos os três pontos de partida para o raciocínio: fatos irredutíveis (carne), verdades axiomáticas ou autoevidentes (mente) e *insights* reveladores (espírito).

Ora, mencionamos que a lógica pode ser seriamente mal-utilizada: na *seleção das premissas iniciais* para o raciocínio, todos os tipos de erros, e até mesmo fraudes, podem ser cometidos. Entre esses, destaca-se o "erro de categoria", que ocorre quando um dos três domínios é totalmente substituído por outro domínio – ou, poderíamos dizer, quando as coisas (carne) são confundidas com pensamentos (mente) que são confundidos com *insights* transcendentais (contemplação). Uma vez que isso ocorra, fatos tentam substituir princípios e princípios tentam substituir Deus.

Por exemplo, um legítimo racionalista é aquele que alega que todo conhecimento provém apenas do olho da razão e rejeita o olho da carne (sem mencionar o da contemplação) como sendo totalmente não confiável. Descartes foi um desses filósofos. Ele afirmou que "nunca deveríamos nos deixar persuadir, a não ser pela evidência de nossa razão", e com isso ele queria dizer, explicitamente, evidência "de nossa razão e não de nossos sentidos". Para Descartes, a razão – e somente a razão – poderia descobrir, em última instância, verdades autoevidentes, uma apreensão que ele denominou intuição (intuição racional, não intuição espiritual):

> Por *intuição*, eu entendo não o testemunho vacilante dos sentidos, mas a concepção que uma mente desanuviada e atenta nos proporciona, tão pronta e distintamente, a ponto de nos libertarmos completamente da dúvida sobre aquilo que compreendemos. Ou, o que vem a ser a mesma coisa, a intuição surge apenas da luz da razão [...][96].

"A intuição surge apenas da luz da razão..." E somente a intuição racional poderia descobrir verdades autoevidentes. Uma vez que cheguemos a verdades autoevidentes, então, segundo Descartes, podemos deduzir dessas verdades toda uma série de verdades secundárias. E, diz ele: "Esses dois métodos [a verdade racional inicial e a dedução] são as rotas mais corretas para o conhecimento, e a mente não deve admitir outras. Todo o resto deve ser rejeitado como suspeito de ser errôneo e perigoso"[96].

Eis a afirmação de um racionalista puro, alguém que acredita apenas no olho da razão e descarta o olho da carne e o olho da contemplação. Mas que grave limitação! Por ora, o olho da razão é forçado a tentar revelar verdades empíricas, bem como verdades contemplativas, uma tarefa para a qual simplesmente não está preparado e que, portanto, leva inexoravelmente a erros de categoria. É óbvio que o olho da razão não pode desvelar adequadamente o domínio da contemplação; e logo se tornou óbvio que o olho da razão não poderia, por si só, revelar as verdades que se encontram no domínio do mundo objetivo e sensorial. Como veremos em breve, foi papel da ciência moderna mostrar precisamente por que apenas o raciocínio não poderia revelar fatos empíricos. A verdade no domínio do olho da carne só pode ser verificada com o olho da carne.

O único ponto que desejo enfatizar aqui é que, quando um olho tenta usurpar o papel de qualquer um dos outros, ocorre um erro de categoria. E isso pode ocorrer em qualquer direção: o olho da contemplação é tão mal-

-equipado para revelar os fatos do olho da carne quanto o olho da carne é incapaz de captar as verdades do olho da contemplação. Sensação, razão e contemplação revelam suas próprias verdades em seus próprios domínios e se, a qualquer momento, um olho tenta enxergar por outro olho, resulta em uma visão embaçada.

Ora, esse tipo de erro de categoria tem sido *o* principal problema para quase todas as grandes religiões: os eminentes sábios do hinduísmo, budismo, cristianismo, islamismo etc. abriram, em maior ou menor grau, o olho da contemplação – o terceiro olho. Mas isso não significa, de modo algum, que eles, automaticamente, se tornaram especialistas nos domínios do primeiro e segundo olhos. A iluminação, por exemplo, não traz a informação de que a água é composta de dois átomos de hidrogênio e um de oxigênio. Se assim fosse, esse fato constaria de pelo menos um texto religioso, o que não acontece.

Infelizmente, a revelação – proporcionada pelo olho da contemplação – é assumida como o supremo árbitro da verdade para o olho da carne e o olho da razão. O Livro do Gênesis, por exemplo, é uma revelação da evolução do reino manifesto a partir do não manifesto, que ocorre em sete estágios (sete dias). É uma tradução de um *insight supramental* em imagens poéticas do olho da mente. Desventuradamente, aqueles cujo olho da contemplação permanece fechado assumem a revelação como um *fato empírico* e uma *verdade racional*. E isso é um erro de categoria. E a ciência descobriu esse erro – vingando-se da religião.

Assim, por exemplo, em 535 d.C., o monge cristão Cosmas escreveu um livro chamado *Topografia cristã*. Baseado inteiramente em uma leitura literal da Bíblia, Cosmas demonstrou, de uma vez por todas, que a Terra não tinha nem Polo Norte nem Polo Sul, mas, sim, que apresentava a forma de um paralelogramo plano cujo comprimento era o dobro de sua largura. A teologia dogmática está repleta desse tipo de erro gritante – e isso vale para as religiões orientais e ocidentais. Os hindus e os budistas, por exemplo, acreditavam que a Terra, já que precisava ser sustentada, apoiava-se em um elefante que, por sua vez, apoiava-se em uma tartaruga (e à pergunta: "Sobre o que, então, apoia-se a tartaruga?", respondiam: "Vamos mudar de assunto").

A questão é que o budismo, o cristianismo e outras religiões genuínas continham, em sua cúpula, *insights* fundamentais sobre a realidade suprema, mas esses *insights* transverbais eram, invariavelmente, confundidos com verdades racionais e fatos empíricos. A humanidade ainda não aprendera, por assim dizer, a diferenciar e separar os olhos da carne, da razão e da contemplação. E uma vez que a revelação foi confundida com a lógica e com o fato empírico, e todos os três foram apresentados como uma *verdade única*, duas coisas aconteceram: os filósofos entraram e destruíram o lado racional da religião, e a ciência entrou e destruiu o lado empírico. Eu argumentarei que isso foi como deveria ser. No entanto, a teologia – que no Ocidente tinha um olho da contemplação um tanto míope – era tão fortemente dependente de seu racionalismo e seus "fatos" empíricos (o Sol circunda a Terra, como diz a Bíblia), de forma que, quando esses dois olhos foram vendados pela filosofia e pela ciência, a espiritualidade ocidental ficou cega. A teologia não se sustentou no seu olho da contemplação – simplesmente ruiu e passou a usar seu tempo em discussões fúteis com os filósofos e cientistas. Desde então, a espiritualidade no Ocidente desmantelou-se e somente a filosofia e a ciência mantiveram-se seriamente.

Em um século, entretanto, a filosofia como sistema racional – sistema baseado no olho da mente – foi, por sua vez, dizimada pelo novo empirismo científico. Nesse ponto, o conhecimento humano foi *reduzido* apenas ao olho da carne. Foi-se o olho da contemplação; foi-se o olho da mente – e os seres humanos apresentaram uma autoestima coletiva suficientemente baixa para restringir seus meios de conhecimento válido ao olho da carne – o olho que compartilhamos com os animais. O conhecer tornou-se, em fonte e referência, essencialmente sub-humano.

## A nova ciência

Entenda que essa sombria restrição do conhecimento humano não foi culpa da ciência. A ciência empírico-analítica é, simplesmente, o corpo organizado de conhecimento verificável *baseado* no olho da carne. Dizer que não devemos ter esse conhecimento, nem confiar nele, é dizer que não devemos ter carne. Algo mais – quase sinistro – ocorreu, convertendo a ciência em cientificismo, e é isso que nos interessará.

Mas, primeiro, a ascensão da ciência propriamente dita. Conforme o relato histórico, estamos chegando agora ao ano de 1600 d.C. Antes disso, o conhecimento humano era dominado pela Igreja – por um dogma que confundia e misturava os olhos da contemplação, da razão e dos sentidos. Se a Bíblia dizia que a Terra foi criada em seis dias, que assim seja; se o dogma dizia que um objeto dez vezes mais pesado que outro cai no chão dez vezes mais rápido, que assim seja. Nessa confusa situação, ninguém se preocupou em exercitar cuidadosamente o olho da carne e *simplesmente olhar para o mundo natural.* É verdade que um objeto mais pesado cai mais rápido que um objeto mais leve, como a Igreja dizia? Por que não testar?

Se homens e mulheres civilizados estiveram na face da Terra por, digamos, dez mil anos, então levou dez mil anos para alguém pensar nessa ideia simples e realmente colocá-la em prática. Assim, por volta do ano 1600 d.C., um tal Galileu Galilei subiu na Torre de Pisa e soltou dois objetos – um pesado e outro leve – e eles atingiram o solo ao mesmo tempo. O mundo nunca, mas nunca mais, foi o mesmo.

O método científico foi inventado, independente e simultaneamente, por Galileu e Kepler por volta de 1600 d.C. Não seria muito errado dizer que eles simplesmente usaram o olho da carne para *olhar* para o domínio da carne, pois foi essencialmente isso que aconteceu. "Antes da época de Kepler e Galileu", diz L.L. Whyte, "os únicos sistemas de pensamento desenvolvidos eram as organizações de experiências subjetivas religiosas [o olho da contemplação] ou filosóficas [o olho da razão], enquanto as observações objetivas da natureza que foram coletadas permaneceram relativamente desorganizadas. O racionalismo medieval era subjetivo, não havia ainda uma filosofia racional da natureza [nenhum pensamento empírico-analítico] de comparável complexidade ou precisão"[130].

Mas o que Kepler e Galileu fizeram foi realmente muito mais brilhante do que apenas usar o olho da carne com cuidado e precisão. Muitos antes de eles olharem, cuidadosa e firmemente, para a natureza (e. g., Aristóteles), mas ninguém antes deles inventou o método científico. Por favor, observe bem esse ponto, porque muita gente parece não perceber este fato: se o termo "método científico" tem algum significado histórico, então se pode afirmar que ele foi inventado e praticado por Kepler e Galileu.

Kepler e Galileu usaram o olho da carne não apenas para olhar a natureza, mas para olhar a natureza de um modo particular, e esse modo particular constituiu uma nova descoberta: o método científico, a ciência moderna, a ciência empírica real. Hoje em dia é comum dizer que ciência significa apenas "conhecimento", ou que ela é, basicamente, "boa observação", mas isso não é verdade. Como Whyte ressalta: "Por dois mil anos o homem vinha observando, comparando e buscando classificar suas observações, mas ainda não havia nenhum sistema de pensamento concernente à natureza que fornecesse um método que pudesse ser sistematicamente usado para facilitar o processo de descoberta..."[130]. A ciência não se resumiu apenas a uma boa observação, que já existia há milhares de anos; foi um tipo peculiar de observação.

Antes de descrever o cerne desse tipo particular de observação, permita-me apresentar algumas de suas características auxiliares. Em primeiro lugar, o novo método científico era empírico-experimental. Suponha que tenhamos uma dúvida: "Um objeto duas vezes mais pesado que outro cai duas vezes mais rápido?" Um racionalista medieval poderia proceder da seguinte maneira: "Considerando todos os aspectos, sabemos que, à medida que um objeto natural cresce em uma quantidade física, ele cresce em todas as outras proporcionalmente. Por exemplo, uma tora de madeira duas vezes mais longa do que outra pesa o dobro. O peso é uma quantidade física e, também, a velocidade. Portanto, qualquer objeto duas vezes mais pesado que outro deve cair duas vezes mais rápido". Galileu, por outro lado, simplesmente fez o teste.

Observe que a lógica do racionalista era válida. Partindo de premissas iniciais, deduziu corretamente um conjunto de conclusões. O problema é que as premissas iniciais estavam erradas. A dedução é um modo de conhecimento sólido, desde que as premissas iniciais estejam corretas. Algumas premissas iniciais são, de fato, autoevidentes e verdadeiras; entretanto, como a história da filosofia tem demonstrado, outras são autoevidentes e falsas. No que diz respeito ao domínio sensorial, o que Galileu e Kepler precisavam era de um modo para decidir se uma proposição inicial era verdadeira ou falsa. *Não de um modo racional* – porque não há nenhum –, mas de um modo sensorial, um modo empírico. E esse modo, em suma, foi o experimento empírico: conceber uma situação tal que todas as variáveis fossem mantidas constantes, exceto uma. Executar a experiência várias vezes, alterando essa variável e, em cada caso, observar os resultados.

Para Galileu, significou reunir vários objetos – todos do *mesmo* tamanho, soltá-los da *mesma* altura, ao *mesmo* tempo; mas tendo pesos diferentes. Se os objetos caíssem em velocidades diferentes, a provável razão seria o peso dos objetos. Se eles caíssem com a mesma velocidade (na verdade, com a mesma aceleração), então o peso não seria importante. Acontece que eles caíram na mesma velocidade; portanto, a proposição de que "objetos mais pesados caem mais rápido" foi refutada. Todos os objetos (no vácuo) caem com a mesma taxa de aceleração – e esta é uma premissa inicial que se pode usar agora na lógica dedutiva.

Essa prova científica é empírica e indutiva; não é racional e dedutiva (embora, obviamente, a ciência use lógica e dedução, mas subordinando-as à indução empírica). A indução – sistematicamente proposta por Francis Bacon – é a formação de leis gerais com base em numerosos exemplos específicos (o oposto da dedução). Por exemplo, depois que Galileu fez seu experimento com objetos metálicos, ele poderia repeti-lo com objetos de madeira, de gesso, de papel e assim por diante, e ver se obtinha os mesmos resultados. Isto é indução: a proposição sugerida é testada sob todos os tipos de novas circunstâncias; se não for *refutada* em nenhuma delas, está confirmada para essas circunstâncias. A proposição em si é normalmente chamada de *hipótese*. Uma hipótese ainda não refutada (sem circunstâncias mitigadoras) é comumente chamada de *teoria*. E uma teoria que, na verdade, nunca pôde ser refutada (complementada, talvez, mas não fundamentalmente invalidada em seu próprio domínio) é geralmente chamada de *lei*. Galileu descobriu duas leis do movimento terrestre; Kepler descobriu três leis do movimento planetário; e a genialidade de Newton *juntou* essas leis para integrar as forças do Céu com as da Terra: ele mostrou que uma maçã cai no solo (Galileu) pela mesma razão que os planetas circundam o Sol (Kepler) – a saber, a gravidade.

O ponto é que o método científico clássico foi empírico e indutivo, não racional e dedutivo. O que Bacon, Kepler e Galileu fizeram foi simplesmente garantir a submissão do olho da razão ao olho da carne, quando a proposição em questão dissesse respeito ao domínio da carne. Por mais estranho que pareça hoje, foi um golpe de gênio: deixar o olho da carne verificar os fatos do domínio da carne e, assim, evitar os erros de categoria de confundir carne com razão e contemplação. Vou sugerir que isso não só foi um grande benefício para a ciência, como também um benefício potencialmente importante para a religião, porque atua para livrá-la de suas impurezas não essenciais e pseudocientíficas, que contaminaram todas as religiões sem exceção.

Mas há um outro ponto em relação a Galileu e Kepler, e é o ponto mais importante, o próprio cerne da questão. Vimos que outros antes deles usaram cuidadosamente o olho da carne; e, de uma forma rudimentar, usaram um tipo de indução, tentando validar suas teorias sob várias circunstâncias. Mas Galileu e Kepler encontraram o segredo real e essencial da prova empírico-indutiva: em um experimento científico, a pessoa deseja ver se um evento particular ocorre; se ele ocorrer, algo mudou. No mundo físico, a mudança envolve necessariamente algum tipo de deslocamento no espaço-tempo; o deslocamento pode ser *medido*. Por outro lado, se um evento não pode ser medido, ele não pode ser objeto de um experimento empírico-científico; e, no que diz respeito à *ciência empírica*, ele não existe.

Portanto, é apenas um pequeno exagero dizer que a ciência empírico-analítica se resume à mensuração. Mensuração, e praticamente só mensuração, fornece os dados de experimentos científicos. Galileu mediu. Kepler mediu. Newton mediu. *Aí* está a verdadeira genialidade de Kepler e Galileu. A razão pela qual, anteriormente, não se descobriu a ciência moderna foi que ninguém realmente mediu antes deles.

"Chegamos aqui a um momento de grande significado", diz L.L. Whyte. "Por volta de 1600, Kepler e Galileu, simultânea e independentemente, formularam o princípio de que as leis da natureza devem ser descobertas por mensuração e aplicaram esse princípio em seu próprio trabalho. Enquanto Aristóteles classificou, Kepler e Galileu procuraram medir"[130]. Whyte se esforça para enfatizar: "O processo de mensuração era a única abordagem objetivamente confiável para a estrutura da natureza e os números assim obtidos foram a chave para a ordem da natureza. Após 1600, a humanidade passou a ter um método sistemático de pesquisa sobre os aspectos da natureza que eram acessíveis à mensuração. Desde 1600, os séculos podem ser considerados como a era da quantidade. Antes dessa data, tal técnica nunca esteve disponível..."[130]

Whitehead está igualmente certo: Aristóteles, disse ele, tendia a confundir os físicos porque "na prática, essas doutrinas diziam ao físico para *classificar* em vez de medir". Pois, comenta Whitehead, "se ao menos os escolásticos tivessem medido, em vez de classificar, quanto poderiam ter aprendido!"[129] Whitehead resume a essência do novo método empírico-analítico: "procure por elementos mensuráveis entre seus fenômenos e busque relações entre essas medidas de grandezas físicas". Esse, diz ele, é um "preceito da ciência"[129].

Eu não vou me estender nesse argumento, mas assuma como óbvio que "o indicador científico é quantidade: espaço, tamanho e intensidade de forças podem ser computados numericamente... Um número é um número, e o número é a linguagem da ciência"[110]. A psicologia será considerada uma ciência empírica somente se oferecer padrões *mensuráveis*, e é por isso que o behaviorismo é uma ciência empírica e a psicanálise não. (Note que eu não disse que o behaviorismo é válido e a psicanálise não é; são dois conjuntos de dados reunidos por meio de dois olhos diferentes, ambos válidos, um dos quais é empírico e o outro, fenomenológico-mental.) Até mesmo a psicanálise percebeu isso imediatamente. Como disse a pioneira analista Melanie Klein:

> Deve-se ter em mente que as evidências que o analista pode apresentar diferem essencialmente daquelas que são requeridas nas ciências físicas, porque a natureza da psicanálise é diferente. A meu ver, os esforços para prover dados exatos comparáveis resultam em uma abordagem pseudocientífica, porque o funcionamento da mente inconsciente e a resposta do psicanalista a ele não podem ser submetidos à mensuração. [...][73]

Em resumo, temos o seguinte: a contribuição engenhosa e duradoura de Galileu e Kepler foi a demonstração de que, no que diz respeito ao mundo físico ou sensório-motor, o olho da razão pode e deve estar ligado e aterrado no olho da carne por meio de experimentação indutiva, cujo cerne é mensuração repetível (número). Deixe o olho da carne falar pelo olho da carne – e a ciência empírica foi inventada exatamente com esse propósito.

## Kant e o além

O epítome da verdade da carne é o fato empírico; o epítome da verdade da mente é o *insight* filosófico e psicológico; e o epítome da verdade da contemplação é a sabedoria espiritual. Vimos que, antes da era moderna, homens e mulheres não haviam diferenciado suficientemente os olhos da carne, da razão e da contemplação, e, portanto, tendiam a confundi-los. A religião tentava ser científica, a filosofia tentava ser religiosa, a ciência tentava ser filosófica – e todas, nessa medida, estavam erradas. Elas eram culpadas de erros de categoria.

Assim, Galileu e Kepler, ao delinear a genuína natureza da verdade empírico-científica, realmente prestaram à religião e à filosofia um grande serviço. Eles separaram o olho da carne de sua confusão com os olhos da mente e da contemplação. A ciência, cumprindo seu dever com fidelidade e honestidade, pôde liberar tanto a filosofia quanto a religião de tentarem ser pseudociência. O monge Cosmas não teria de gastar seu tempo tentando descobrir a forma da Terra; a ciência da geologia poderia fazer isso e liberar Cosmas para a busca da contemplação. Ao nos mostrar precisamente qual é a verdade no domínio do olho da carne, a ciência, por exclusão, nos ajudaria a redescobrir o olho da mente e o olho da contemplação.

Ora, o que Galileu e Kepler fizeram pelo olho da carne, em face da religião, Kant fez pelo olho da razão; ou seja, da mesma forma que Galileu e Kepler ajudaram a livrar a religião de suas impurezas "científicas" não essenciais, Kant ajudou a despojá-la de sua racionalização não essencial. E isso teria repercussões extraordinárias, embora quase totalmente incompreendidas.

Antes de Kant, os filósofos não tentavam apenas *deduzir* fatos científicos – o que vimos ser impossível –, eles também tentavam *deduzir* verdades contemplativas ou espirituais, o que é tão impossível quanto, mas duas vezes mais perigoso. Tanto os filósofos seculares quanto os religiosos faziam todo tipo de afirmações racionais que alegavam tratar-se de realidades e verdades supremas. Assim, Tomás de Aquino apresentou "provas" racionais para a existência de Deus; da mesma forma, Descartes também fez isto – e Aristóteles, Anselmo e outros. Seu erro comum foi tentar provar com o olho da razão aquilo que só pode ser visto com o olho da contemplação. E alguém, mais cedo ou mais tarde, estava destinado a descobrir isso.

Esse foi o brilhantismo de Kant. Ele acreditava realmente em Deus, em um Supremo Transcendente, no númeno. E, corretamente, acreditava que Deus era transempírico, transensorial. Mas ele demonstrou que sempre que tentamos *raciocinar* sobre essa realidade transempírica, descobrimos que *conseguimos criar argumentos para cada uma de duas visões completamente contraditórias com igual plausibilidade* – e isso mostra claramente que tal raciocínio é fútil (ou, pelo menos, não chega nem perto da importância a que tão generosamente se atribuiu sob o título de "metafísica"). Mas aqui estavam todos esses filósofos e teólogos dando declarações racionais sobre Deus (ou sobre Buda ou sobre o Tao) e sobre a realidade última como se estivessem falando direta e genuinamente da Realidade em si, enquanto, na verdade, como Kant demonstrou, eles estavam falando tolices. A razão pura é simplesmente incapaz de captar realidades transcendentes e, quando tenta, descobre que seu contraditório pode ser apresentado com a mesma plausibilidade. (Essa percepção não se limitou ao Ocidente. Quase 1.500 anos antes de Kant, o gênio budista Nagarjuna – fundador do budismo Madhyamaka – chegou praticamente à mesma conclusão, uma conclusão ecoada e amplificada em gerações sucessivas por todas as principais escolas de filosofia e psicologia do Oriente: a razão não consegue captar a essência da realidade absoluta e, quando tenta, gera apenas incompatibilidades dualistas.)

Uma das razões para isso – se posso falar poeticamente – é que, como revelado pela contemplação, o Supremo é uma "coincidência de opostos" (Nicolau de Cusa) ou, como o hinduísmo e o budismo afirmam, *advaita* ou *advaya*, que significam "não dual" ou "não dois", um fato que *não pode* ser retratado pela lógica. Você *não consegue*, por exemplo, imaginar uma coisa sendo ela e não sendo ela ao mesmo tempo. Você *não consegue* ver chover *e* não chover ao mesmo tempo no mesmo lugar. Você não pode imaginar nem raciocinar com precisão sobre a não dualidade, sobre a realidade última. Se você tentar traduzir a Realidade não dual pelo raciocínio dualista, criará dois opostos onde na verdade não há nenhum e, portanto, consegue argumentar sobre cada um desses opostos com plausibilidade absolutamente igual – e isso, retornando a Kant, mostra porque a razão só gera paradoxos quando tenta compreender Deus ou o Absoluto. Entregar-se à especulação metafísica (unicamente com o olho da razão pura) é, portanto, ceder ao absurdo. Afirmar "a Realidade é o sujeito absoluto" não é falacioso, é um disparate, não faz sentido, não é nem verdadeiro nem falso, mas vazio, porque seu oposto pode ser apresentado com igual força: "a Realidade é o objeto absoluto". No Oriente, existiu o mesmo absurdo ("a Realidade é *Atman*" *versus* "a Realidade é *Anatman*"), até ser totalmente desmontada por Nagarjuna da mesma forma seguida por Kant.

O que Kant demonstrou foi que – como Wittgenstein mais tarde diria – a maioria dos problemas metafísicos não são falsos, eles não fazem sentido. Não que a resposta esteja errada, mas que a pergunta é tola... Ela é sustentada por um erro de categoria: o olho da razão pura tentando enxergar o Céu. Ora, eu não quero dizer que Kant se iluminou (isto é, que abriu totalmente seu olho da contemplação). Claramente, ele não foi um iluminado. Uma excelente maneira de entender a posição de Kant é estudar o já mencionado gênio budista Nagarjuna, porque ele aplica a mesma filosofia crítica à razão, mas ele o faz não apenas para mostrar as limitações da razão, mas para ir além e ajudar a abrir o olho da contemplação (*prajna*), que conhece o Supremo diretamente, não conceitualmente, mas imediatamente. Kant, realmente não conhecia nada sobre *prajna* ou contemplação, mas uma vez que sabia que Deus está além dos sentidos e da razão, ele achou que Deus estaria sempre oculto para a consciência direta. Em seguida, Schopenhauer apontaria para essa deficiência em Kant.

Mas o único ponto que quero enfatizar é que Kant demonstrou corretamente que o olho da razão pura *não pode*, por sua própria natureza, enxergar o domínio do espírito. Isto é, a filosofia não consegue alcançar Deus – no máximo, pode postular Deus moralmente (praticamente). Na verdade, essa demonstração livrou a religião do fardo de racionalizar Deus, assim como Galileu e Kepler livraram a religião da necessidade de explorar moléculas. Como disse McPherson:

> Talvez a filosofia positivista tenha prestado um serviço à religião. Ao mostrar, à sua maneira, o absurdo do que os teólogos tentam expressar, os positivistas ajudaram a sugerir que a religião pertence à esfera do indizível... Os positivistas podem ser inimigos da teologia, mas são amigos da religião[85].

Assim, tanto o fato científico quanto a filosofia racional – além de serem corretos e excelentes usos de seus respectivos olhos da carne e da razão –, potencialmente, foram bastante benéficos para a religião, uma vez que puderam ajudar a livrar a espiritualidade de seus aspectos não essenciais e esclarecer seu papel específico no conhecimento humano e na iluminação. Pelo que aprendemos, juntando Galileu, Kepler, Kant e Cristo, a inteligência sensório-motora não é *insight* filosófico que não é sabedoria espiritual – nenhum deles pode ser reduzido aos outros nem pode ser dispensado.

Entretanto, algumas décadas após Kant, o olho da carne, cego pela luz de Newton, achou que ele, e somente ele, era digno de conhecimento. A ciência empírica, estimulada pelas preferências de Augusto Comte, transformou-se em cientificismo. Não falava apenas pelo olho da carne, mas também pelo olho da mente e pelo olho da contemplação. Ao fazê-lo, a ciência empírica foi vítima exatamente dos mesmos erros de categoria que descobriu na teologia dogmática, e pelos quais a religião pagou caro. Os cientificistas tentaram forçar a ciência empírica, com seu olho de carne, a trabalhar pelos três olhos. E isso é um erro de categoria. E por causa dele, o mundo, não a ciência, pagou caro.

## O novo cientificismo

A ciência empírico-analítica é um aspecto do conhecimento a ser adquirido no domínio do olho da carne (nem todo conhecimento sensorial é científico: o impacto estético, por exemplo). É claro que a ciência empírico-analítica usa o olho da razão e creio que até use o olho da contemplação no *insight* criativo, mas eles se subordinam ao olho da carne ou baseiam-se em seus dados. Porém, mesmo sendo uma expressão do olho mais baixo, nas mãos dos cientificistas, a ciência empírico-analítica passou a afirmar ser a expressão de todos os três olhos. O que aconteceu?

Existem muitas maneiras de exprimir a falácia do cientificismo. Desde "o que não pode ser visto pelo olho da carne não pode ser verificado empiricamente" para "o que não pode ser visto pelo olho da carne não existe". Ou: "há um método excelente para obter conhecimento no domínio dos cinco sentidos" para "o conhecimento adquirido pela mente e pela contemplação é inválido". Como Smith disse: "Com a ciência não pode haver discussão. O cientificismo é outra questão. Enquanto a ciência é positiva, contentando-se em relatar o que descobre, o cientificismo é negativo. Ele vai além das descobertas reais da ciência, negando que outras abordagens para o conhecimento sejam válidas e outras verdades, fidedignas"[110]. Ou mais precisamente: "Os triunfos da ciência moderna subiram à cabeça do homem da mesma forma que o rum, fazendo com que se perdesse em sua lógica. Ele chegou a pensar que o que a ciência descobre, de algum modo lança dúvidas sobre coisas que ela não descobre; que o sucesso alcançado em seu próprio domínio põe em xeque a realidade dos domínios que seus instrumentos não conseguem tocar"[110].

Lembre-se de que a extraordinária importância de Kepler e Galileu residiu na descoberta de um método para estabelecer, de uma vez por todas, o valor de verdade para uma proposição sensório-empírica. "Um objeto pesado cai mais rápido que um leve?" não deveria ser abordado com a *lumen interius* da razão, não deveria ser contemplado com a *lumen superius* em *contemplatio* – deveria ser testado com o olho da carne. Antes dessa época, simplesmente não havia uma metodologia aceita para resolver tais disputas, não havia um método pelo qual se pudesse demonstrar empiricamente que as ideias de um oponente estivessem erradas. Mas agora, com Galileu e Kepler, passou a existir um meio para decidir tais disputas empíricas – podia-se demonstrar se as proposições eram verdadeiras ou falsas de uma forma tal que todos os homens e mulheres razoáveis concordariam.

E, com isso, o impacto da ciência começou a confundir teólogos e filósofos (Deus não é uma proposição verificável, mas, sim, o fundamento de todas as proposições e, assim, Deus não pode passar no teste científico). O teste havia chegado, e milhares de filósofos, religiosos, teólogos, místicos e poetas não passaram nele. Na verdade, eles deveriam ter se recusado a fazer o teste – eles deveriam ter percebido que valores transcendentes não são fatos empíricos revelados pelo olho da carne, mas *insights* contemplativos e não verbais revelados pela *lumen superius* nas profundezas do Coração. Desse modo, eles simplesmente começaram uma longa série de recuos indignos, tentando pensar em formas de provar que Deus era um objeto, como uma pedra, ou uma proposição, como F = ma. O trabalho de Galileu e Kepler culminou no monumental *Principia* de Newton que, em muitos aspectos, representa (até hoje) o pináculo do método empírico-científico. O *Principia* está repleto de "fatos inflexíveis e irredutíveis" e de leis lógicas que se ajustam a eles. Foi uma esmagadora conquista para o olho da carne.

O impacto de Newton na filosofia foi, naturalmente, imenso. Os filósofos, simplesmente, queriam embarcar em algo bom. Dados os anos desastrosos de racionalismo não verificado e de contemplação não utilizada, os filósofos meramente transferiram sua fidelidade para o olho da carne e seu maior defensor, Newton. Até mesmo Kant, embora todo o seu brilhantismo, foi vítima dessa religião newtoniana. Sabe-se que Kant queria ser físico se não fosse filósofo, e sua filosofia crítica, apesar de sua importância em delinear a esfera da razão pura, foi arruinada por seu fisicismo. Como Gilson ressalta com precisão: "Kant não mudou da matemática para a filosofia, mas da matemática para a física. Como o próprio Kant concluiu imediatamente: 'O verdadeiro método da metafísica é fundamentalmente o mesmo que Newton introduziu na ciência natural, e que produziu resultados tão frutíferos'"... Em uma frase, Gilson conclui que "a *Crítica da razão pura* de Kant é uma descrição magistral de como a estrutura da mente humana deveria ser, a fim de explicar a existência de uma concepção newtoniana da natureza"[53].

Em outras palavras, o que começou a ocorrer é que os três olhos do conhecimento foram reduzidos ao mais baixo: todos foram modelados e colapsados no olho de carne de Newton. Por um lado, os filósofos tinham inveja do sucesso newtoniano: Adão pôde nomear as estrelas, Pitágoras pôde contá-las, mas Newton pôde dizer o quanto elas pesavam até o quilo mais próximo. Por outro lado, quanto mais a ciência avançava e mais indivíduos treinavam o olho da carne, menos relevantes pareciam os olhos da mente e da contemplação. A ciência via o mundo, em grande parte, como quantitativo e objetivo, e isso deixava pouco espaço para intervenções contemplativas ou até mesmo mentais. Como disse Whyte, a visão empírico-científica da natureza, por ser quantitativa e objetiva, "afastou a atenção dos aspectos organizadores da personalidade que são conhecidos subjetivamente [isto é, através da *lumen interius* ou do olho da mente] e isso estimulou o declínio da confiança nos poderes da mente subjetiva. Em vez de o sujeito ser dominante em relação ao objeto, agora o objeto dominava o sujeito, embora no novo quadro da natureza objetiva não houvesse elemento correspondente aos processos mentais construtivos do sujeito"[130]. Em linguagem clara, o olho da mente foi fechado, como o olho da contemplação antes dele. O cientificismo não estava apenas livrando a humanidade de Deus, estava livrando-a da responsabilidade de pensar.

Assim, efetivamente, o único critério de verdade passou a ser o critério empírico – isto é, um teste sensório-motor pelo olho da carne (ou suas extensões) usualmente baseado em mensuração. O princípio da verificação empírica passou a ser aplicado não apenas ao olho da carne, o que era válido, mas também ao olho da mente e ao olho da contemplação, que, como o próprio

William James disse, era pura tolice. Nas palavras de Thomas McPherson: "Já que os anúncios de observações do cientista são empiricamente verificáveis, o teste que faz sentido torna-se 'a acessibilidade à verificação pela experiência sensorial', e aquilo que não seja verificável desta forma é tolice"[85]. Entenda de uma vez por todas que *isso não significa verificável pela experiência direta em geral; significa verificável pela experiência sensorial.* Isto é, empiricamente verificável. Os filósofos científicos desaprovam as experiências diretas do místico/meditador, porque elas não são capazes de serem detectadas pelos cinco sentidos, embora o místico afirme que sejam diretas. (Este é um ponto ao qual retornaremos.)

Por enquanto, simplesmente observe que aquilo que não pode ser visto pelo olho da carne passou a significar irreal, e a nova safra de filósofos científicos empoleirou-se nisso. "Qualquer um que, na prática ou em teoria, os desconsiderasse era denunciado com um vigor implacável"[129], diz Whitehead. E, no entanto, aqui está o ponto crucial: "Esta posição da parte dos cientistas era puro blefe, como se eles acreditassem [realmente] em suas próprias declarações"[129]. A ciência transformou-se em cientificismo, também conhecido por positivismo ou materialismo científico, e *esse* foi um blefe da parte se fazendo passar pelo todo. "Desse modo", conclui Whitehead, "a filosofia moderna foi arruinada"[129].

Foi arruinada porque foi reduzida, da mesma forma que a espiritualidade antes dela. Já foi ruim ter fechado o olho da contemplação; o que dizer do fechamento do olho da especulação, síntese e crítica filosóficas. Whitehead é perfeitamente explícito nesse ponto. J.J. Van der Leeuw também foi: "O desprezo mútuo entre a filosofia e a ciência é tão prejudicial quanto infundado; devemos sempre estar atentos para não fazer uma pergunta pertencente a outro domínio [erro de categoria]. Uma resposta científica a uma questão filosófica será necessariamente insatisfatória e fora de contexto, da mesma forma que uma solução filosófica para uma questão científica será vazia de significado e cientificamente inútil. Honramos ambas compreendendo suas respectivas esferas de conhecimento e coordenando-as para um maior benefício, nunca confundindo suas respectivas tarefas"[120].

Mas o olho da carne se recusou a fazer essa coordenação. Ao contrário, chegou a afirmar que o que não pode ser visto não existe; enquanto o que deveria ter dito seria: o que não se consegue ver, não pode ser visto. Kant não disse que Deus não existe – ele disse que o senso e o raciocínio científicos não podem compreender o Absoluto. Como diria Wittgenstein: "do que não se pode falar, deve-se ficar calado", desvirtuado pelos cientificistas para: "do que não se pode falar, não existe".

Por exemplo. Lembre-se de que uma das contribuições de Kant foi a demonstração clara de que, quando você tenta raciocinar sobre o Absoluto, sempre pode argumentar em duas direções contraditórias, mas igualmente plausíveis. Esta não é, como os positivistas pensavam, uma prova suficiente de que Deus não existe, mas uma demonstração de que Ele transcende a razão.

Sempre que dimensões superiores são representadas por inferiores, elas, necessariamente, perdem algo na tradução. Um exemplo simples: sempre que uma esfera tridimensional é reduzida a uma superfície bidimensional, ela se torna um círculo. A esfera, por assim dizer, é cortada ao meio para caber no papel. E observe que a esfera pode ser cortada em duas direções totalmente diferentes – digamos, de leste para oeste e de oeste para leste – *e, ainda assim, ela aparece como o mesmo círculo*. Diríamos, então, que sempre que um círculo tenta pensar sobre uma esfera, pode produzir duas afirmações totalmente contraditórias com igual plausibilidade, porque – para o círculo – *ambas* são realmente corretas. O mesmo acontece com a razão e o espírito.

Os positivistas pensam que isso significa que a esfera não existe – e, na verdade, o que isso significa é que as esferas não podem ser compreendidas por círculos.

Kant acreditava firmemente no Transcendente, embora soubesse que ele não podia ser apreendido pelo senso ou raciocínio científicos. Mas seus semisseguidores – Comte, Mach e até hoje, Ayer, Flew, Quine e outros – não tiveram nem esse bom-senso. Preocupados com o papel adequado da filosofia especulativa e totalmente cegos para o olho da contemplação, os cientificistas outorgaram todo o conhecimento ao modesto olho da carne e, a partir daí, nenhum outro conhecimento foi considerado respeitável.

Eis o novo cientificismo empírico – ele simplesmente afirmava, como afirma até hoje, que apenas o olho da carne e suas quantidades numéricas são reais. Tudo o mais, o olho da mente, o olho da contemplação, Deus, Buda, *Brahman* e o Tao – tudo isso não faz sentido porque nenhum deles aparece como um objeto "lá fora". Já que o cientificismo não conseguiu obter uma régua para medir Deus, proclamou o Espírito como absurdo e sem sentido. Portanto, Cristo foi iludido, Buda era esquizofrênico, Krishna alucinado, Lao-Tsé, psicótico.

E aí estava o legado deturpado de Galileu e Kepler. Deles a Newton, de Newton a Kant, de Kant a Comte, Mach, Ayer, até Willard Quine. "A melhor maneira de caracterizar a visão de mundo de Quine é dizer que [...] existe basicamente um único tipo de entidade no mundo, e esse é o tipo estudado pelos cientistas naturais – objetos físicos; e, segundo, que existe apenas um tipo de conhecimento no mundo, e esse é o tipo que os cientistas naturais possuem"[110].

E quem é Willard Quine? "Willard Quine é o mais influente filósofo americano dos últimos vinte anos"[110].

## A natureza do cientificismo

"Por mais que você disfarce", diz Whitehead, "este é o resultado prático da filosofia científica característica que encerrou o século XVII". Vista através do olhar científico, ele diz: "A natureza é um incidente enfadonho, silencioso, inodoro, incolor; apenas precipitação de matéria, sem fim, sem sentido"[129]. A matéria é tudo o que existe e que vale a pena conhecer.

Ainda pior:

> Devemos notar sua surpreendente eficiência [da filosofia científica] como um sistema de conceitos para a organização da pesquisa científica. A esse respeito, é totalmente digna do gênio do século que a produziu. Ela se manteve como princípio orientador dos estudos científicos desde então. Ainda está reinando. Todas as universidades do mundo se organizam de acordo com ela. Nenhum sistema alternativo de organização da busca da verdade científica foi sugerido. Não é apenas predominante; ela não tem rival. E ainda assim – é inacreditável[129].

Aí está o famoso julgamento de Whitehead sobre a visão de mundo científica. Outros foram ainda menos benevolentes: "A questão não é a estrutura consciente da ciência, mas os estratos inconscientes do ego científico na estrutura de caráter científico. Whitehead qualificou o ponto de vista científico moderno de 'inacreditável'. A psicanálise acrescenta o ponto crucial: é insano"[26]. Como disse o psiquiatra Karl Stern: "Tal visão é uma loucura. E eu não me refiro de modo algum à loucura no sentido de gíria invectivadora, mas, sim, no sentido técnico de psicose. De fato, tal visão tem muito em comum com certos aspectos do pensamento esquizofrênico"[105].

Os cientistas não estão completamente loucos, mas somente porque não acreditam totalmente na visão de mundo empírico-científica. Ou, se acreditam, *valorizam* genuinamente a ciência; ou se sentem confortavelmente *orgulhosos* dela; ou acham a ciência *significativa*, *agradável*, *motivadora*. Mas essas palavras em itálico são entidades não empíricas, intenções e valores subjetivos, ou seja, um cientista sadio não é científico em relação à sua pessoa.

No entanto, deixaremos a insanidade da visão de mundo científica para o psiquiatra e, em vez disso, nos concentraremos no ponto de incredibilidade de Whitehead. E a visão de mundo empírico-científica do mundo é inacreditável porque é parcial e, ao pretender ser total, cai em descrença. Pois, entre outras coisas, o método científico-empírico é praticamente incapaz de lidar com *qualidade*. "A ciência é basicamente quantitativa", diz Whitehead, e não pensamos cientificamente se "estivermos pensando qualitativamente e não quantitativamente." A ciência é "uma busca por quantidades"[129], ou seja, por *números*.

Ora, o problema com números é que, enquanto uma qualidade pode ser melhor que outra, um número não pode. Amor é *intrinsecamente* melhor que ódio, mas três não é intrinsecamente melhor que cinco. E, assim, depois de traduzir o mundo em medidas e números empíricos, você terá um mundo sem qualidade; garantido. O que equivale a dizer, sem *valor* ou *significado*. Tudo o que resta, diz Whitehead, é "completa falta de valores", o que "direciona a atenção para *coisas* em vez de *valores*"[129]. Bertrand Russell, que provavelmente deveria saber, concorda: "a esfera de valores fica de fora da ciência"[103]. Segundo Huston Smith, a ciência tende a não considerar valores porque "a qualidade em si é incomensurável... A incapacidade de lidar com o qualitativamente incomensurável leva a ciência a trabalhar com o que Lewis Mumford chama de 'universo desqualificado'". Em resumo, diz Smith, "valores, significados da vida, propósitos e qualidades passam pela ciência como o mar passa pelas redes dos pescadores"[110].

A ciência empírico-analítica não consegue operar facilmente sem mensuração; mensuração é essencialmente quantidade; quantidade é número;

número em si é isento de valores. A qualidade nunca entra e não pode entrar. L.L. Whyte acertou em cheio: "Todas as magnitudes têm *status* igual perante as leis da aritmética elementar, cujos operadores não distinguem entre um valor e outro"[130].

Observe que não estou condenando a ciência empírico-analítica por isso; estou simplesmente tentando delinear seu papel para que, quando sair da sua esfera apropriada e tentar se tornar uma visão de mundo completa, estejamos em uma posição melhor para criticar esse excesso, esse erro de categoria, conhecido como positivismo empírico (verificação exclusivamente empírica) ou materialismo científico.

Ora, a visão tradicional da realidade sustenta que a existência é graduada hierarquicamente, que o domínio da contemplação é mais real e mais valioso que o domínio da mente, que, por sua vez, é mais real e mais valioso que o domínio da carne. Todos os três domínios devem ser apreciados e usados, mas não se engane quanto ao seu valor relativo: o causal é mais elevado que o sutil, que é mais elevado que o denso – e, como Smith diz, o mais alto é *mais real* do que o mais baixo porque está mais plenamente saturado de Ser.

Porém, como todo o conhecimento foi reduzido ao conhecimento empírico do olho da carne, e como o árbitro do conhecimento da carne é o número, e como o número é quantidade sem qualidade ou valor, então, quando a ciência olhou cuidadosamente para a grande Cadeia do Ser, ocorreu uma extraordinária interpretação, talvez a mais significativa que já apareceu na história. Tudo o que a ciência conseguia ver era visto numericamente e como nenhum número é intrinsecamente melhor que outro, toda a hierarquia de valores entrou em colapso – ela foi reduzida a meros marcadores sem valor, deixando de ocupar seu legítimo lugar na natureza para se tornar parte daquele "incidente enfadonho, silencioso, inodoro, incolor; apenas precipitação de matéria, sem fim, sem sentido".

A antiga hierarquia de valores e do ser foi descartada em favor de uma hierarquia de números. Certos domínios não mais poderiam ser considerados superiores, mais reais ou melhores que outros – eles só poderiam ser considerados maiores ou menores do que outros. Podemos dizer que *níveis de significância* foram substituídos por *níveis de ampliação*. Nós não mais reconhecíamos domínios que eram mais elevados, mais significativos e mais reais que o comum – como o Céu contemplativo –, nós apenas reconhecíamos domínios maiores que o comum – como distâncias astronômicas. E no lugar de domínios mais baixos, menos significativos e menos reais que o comum – o sub-humano, o vital, o material –, encontramos apenas domínios menores que o comum – como o subatômico. Melhor e pior foram convertidos em maior e menor e, posteriormente, abandonados.

Mas o que se poderia esperar de um animal que renunciara ao olho da mente e ao olho da contemplação? O único olho que restou foi o da carne; ao olhar em volta, as únicas diferenças que conseguiu localizar foram diferenças de tamanho. Com os olhos da razão e da contemplação fechados, o olho de carne focou, sem hesitação, o mundo material, e começou a clicar sua ladainha de afirmações: 1, 2, 3, 4, 5...

## A contradição do cientificismo

Ora, se o cientificismo fosse simplesmente inacreditável, nós poderíamos ser tentados a desistir dele. Mas ele não é meramente inacreditável – nem simplesmente insano em sua loucura quantificadora; é, como visão de mundo, uma autocontradição formal.

Há muitas maneiras de abordar esse tópico. Talvez possamos notar primeiro que o cientificismo sustenta que o conhecimento contemplativo do Absoluto é impossível – o único conhecimento admissível é o conhecimento da carne, que é, segundo o consenso, um conhecimento *relativo*. Ora, se os positivistas dissessem simplesmente: "nós nos limitaremos ao estudo do conhecimento relativo", isso seria aceitável. Mas eles vão além e afirmam: "Somente o conhecimento relativo é válido". E essa é uma afirmação *absoluta*; ela assevera: "É absolutamente verdadeiro que não há verdade absoluta". Como diz Schuon: "O relativismo se propõe a reduzir todo elemento do absoluto a uma relatividade, ao mesmo tempo que faz uma exceção bastante ilógica dessa redução para si". Ele continua:

> Com efeito, o relativismo consiste em declarar que é verdadeiro que não existe tal coisa chamada verdade, ou em declarar que é absolutamente verdadeiro que nada, exceto o relativamente verdadeiro, existe; da mesma forma, poder-se-ia também falar que a linguagem não existe ou escrever que não existe tal coisa chamada escrita[106].

Em outras palavras, a afirmação cientificista é "negada pela própria existência do postulado"[106].

Na mesma linha, o cientificista não se limita a dizer: "A prova empírica é o melhor método para se constatar fatos no domínio dos sentidos", mas prossegue afirmando: "Somente proposições que podem ser verificadas empiricamente são verdadeiras". Infelizmente, *esta* proposição não pode ser verificada empiricamente. Não há prova empírica de que apenas a prova empírica seja verdadeira. Assim, como diz Smith: "A afirmação de que não há verdades senão as da ciência não é uma verdade científica e, portanto, ao afirmá-la, o cientificismo se contradiz"[110].

Outra moda do cientificismo é a noção de que a evolução por *seleção natural* (mutação mais probabilidade estatística) é o único agente explicativo para toda a criação. Agora não estamos discutindo se a evolução ocorreu; aparentemente, sim. Estamos discutindo sua causa ou agente, neste caso, o acaso. Afirma-se que tudo da evolução, em qualquer domínio, é igualmente um produto do acaso. Jacques Monod, cuja obra *O acaso e a necessidade* é a bíblia de tais visões, explica: "Evolução [...] o produto de uma enorme loteria presidida pela seleção natural, escolhendo cegamente os raros vencedores dentre os números sorteados aleatoriamente... Somente essa concepção é compatível com os fatos". Ele está dizendo que, até onde sabemos, o conceito de evolução pela seleção casual é *mais verdadeiro* do que suas teorias rivais.

Mas se isso fosse verdade, não haveria maneira alguma de descobrir. Se todos os fenômenos são igualmente produtos do acaso, não pode haver dúvida de que uma coisa é mais verdadeira do que outra. Um sapo e um macaco são igualmente produtos da evolução estatística, e não podemos dizer que um sapo seja mais verdadeiro que um macaco. Da mesma forma, como todos os fenômenos são produtos do acaso estatístico, ideias também são – assim, é impossível que uma ideia seja mais verdadeira que outra, pois todas são igualmente produtos do acaso. Se tudo é produto da necessidade estatística, então a ideia da necessidade estatística também é, caso em que ela não tem mais autoridade do que qualquer outra produção.

Em psicologia, esse tipo de cientificismo aparece como a afirmação – quase incontestada pela ortodoxia – de que (usando as palavras de Tart, embora ele não as corrobore) "toda experiência humana é redutível a padrões de atividade elétrica e química no âmbito do sistema nervoso e do corpo"[117]. Mas se toda experiência humana é redutível à atividade bioquímica, o mesmo vale para as afirmações humanas. Então, na verdade, todas elas, igualmente, são fogos de artifício bioquímicos. Mas, nesse caso, não poderia existir uma afirmação verdadeira *versus* uma afirmação falsa, porque *todos* os pensamentos são *igualmente* bioquímicos. Não pode haver pensamentos verdadeiros *versus* pensamentos falsos; só pode haver pensamentos. Se os pensamentos são de fato redutíveis aos elétrons disparados no sistema nervoso, então não pode haver pensamentos verdadeiros e pensamentos falsos pela simples razão de que não há elétrons verdadeiros *versus* elétrons falsos. E, portanto, se essa afirmação é verdadeira, ela não pode ser verdadeira.

Em suma, como Schuon, Smith e tantos outros ressaltaram, a própria existência da ideia de cientificismo prova que o cientificismo é fundamentalmente incorreto.

Ora, hoje se diz frequentemente que o cientificismo está morto e, portanto, nas seções anteriores, parece que estou ressuscitando não apenas um espantalho, mas um espantalho bem morto. É certamente verdade que a visão de mundo cientificista-positivista perdeu um pouco de seu notório poder de persuasão; mas creio que o cientificismo não só ainda nos acompanha, como também, de muitas maneiras, continua espalhando sua influência. Ninguém declararia abertamente ser um "cientificista" – a própria palavra soa como uma doença. Mas o empreendimento científico-empírico muitas vezes rejeita, implícita ou explicitamente, outras abordagens como não igualmente válidas. Meu ponto é que, enquanto poucos afirmariam ser cientificistas, na verdade, ainda existem muitos em ação. A "verificação empírica" ainda domina o dia na filosofia e na psicologia *mainstream*, e isto significa "verificação pelos sentidos ou suas extensões". Em princípio, muito pouco mais é aceito. De que outra forma explicar o fato de que apenas há alguns anos Jurgen Habermas – considerado por muitos (inclusive eu) o maior filósofo vivo do mundo – teve de dedicar um livro inteiro para, mais uma vez, refutar e combater o positivismo? (Um livro cujo primeiro parágrafo contém o comentário mordaz: "De modo que, se repudiamos a reflexão [o olho da mente], *é* positivismo".) Se o positivismo empírico está morto, decididamente é um cadáver vivo.

Mas a razão básica para examinar o cientificismo e suas contradições é, simplesmente, usá-lo como um exemplo de erro de categoria generalizado, de forma que o que está envolvido nessa falácia possa ser compreendido com maior facilidade. Minha conclusão final será que um paradigma integral geral – ou qualquer paradigma investigativo abrangente – deve usar e integrar todos os três olhos, e, portanto, é necessário, no início, delinear os respectivos papéis de cada um. Se não forem delineados, então nosso "paradigma abrangente" poderá se abrir ao cientificismo, ao mentalismo ou ao espiritualismo baseado em erros de categoria, com consequências fatais.

## Mas pode ser verificado?

Escapar do cientificismo ou do empirismo exclusivo é simplesmente perceber que o conhecimento empírico não é a única forma de conhecimento; além dele, existe conhecimento mental-racional e conhecimento contemplativo-espiritual. Mas, se é assim, então como essas formas "mais elevadas" de conhecimento podem ser verificadas? Se não há prova empírica, o que resta?

Isso parece ser um problema, porque não percebemos que todo conhecimento válido é essencialmente semelhante em estrutura e, portanto, pode ser verificado (ou rejeitado) de maneira semelhante, ou seja, todo conhecimento válido – em qualquer domínio – consiste em três componentes básicos, que chamaremos de injunção, iluminação e confirmação. Mas esse tópico em si é tão intricado e complexo a ponto de dedicarmos um capítulo inteiro – o próximo – a ele. O que eu gostaria de fazer aqui é simplesmente apresentar e descrever os fundamentos de nossa argumentação para estarmos mais bem preparados para os detalhes. Em essência, sugerimos que todo *conhecimento válido* – em qualquer domínio – consiste fundamentalmente nas seguintes etapas básicas:

1) *Uma etapa instrumental ou injuntiva.* Esta é um conjunto de instruções, simples ou complexas, internas ou externas. Todas têm a forma: "Se você quiser saber isso, faça o seguinte".

2) *Uma etapa iluminativa ou apreensiva.* Esta é uma visão iluminativa do olho do conhecimento específico, evocada pela etapa injuntiva. Além de autoiluminativa, ela leva à possibilidade de:

3) *Uma etapa comunitária*. Este é o compartilhamento real da visão iluminativa com outras pessoas que estão usando o mesmo olho. Se a visão compartilhada é acordada por outros, isso constitui uma prova comunitária ou consensual de que é uma *visão verdadeira*.

Essas são as etapas básicas de qualquer tipo de conhecimento verdadeiro, usando qualquer olho. O conhecimento torna-se mais complicado quando um olho tenta combiná-lo com outro olho, superior ou inferior, mas essas etapas básicas estão subjacentes a essa complicação (como veremos no próximo capítulo).

Permita-me dar alguns exemplos, começando pelo olho da carne. A etapa injuntiva, como dissemos, é da forma "se você quiser saber isso, faça o seguinte". No olho da carne, que é o conhecimento mais simples, as injunções podem ser tão prosaicas quanto: "Se você não acredita que está chovendo, olhe pela janela e veja". A pessoa olha, e tem sua iluminação, apreende o conhecimento (etapa n. 2). Se outros repetirem a mesma instrução ("olhe pela janela") e todos virem a mesma coisa, eis a etapa comunitária (n. 3), e poderemos dizer: "É verdade que está chovendo", e assim por diante.

Entretanto, mesmo para o olho da carne, as injunções podem ser bastante complexas. Na ciência empírica, por exemplo, geralmente encontramos instruções técnicas e muito difíceis, como: "Se você deseja ver o núcleo de uma célula, aprenda a obter seções histológicas, aprenda a usar um microscópio, aprenda a fazer coloração de tecidos, aprenda a diferenciar os componentes celulares e depois olhe". Em outras palavras, a etapa injuntiva *exige* que, para qualquer tipo de conhecimento, *o olho apropriado deva ser treinado até se adequar à sua iluminação*. Isto é verdadeiro na arte, na ciência, na filosofia, na contemplação. É verdadeiro para todas as formas válidas de conhecimento.

Ora, se uma pessoa se recusa a treinar um olho em particular (carne, mente, contemplação), isso equivale a se recusar a olhar, e justifica-se desconsiderar as opiniões dessa pessoa e excluir seu voto como prova comunitária. Alguém que se recusa a aprender geometria não pode votar sobre a verdade do teorema de Pitágoras; alguém que se recusa a aprender contemplação não pode votar sobre a verdade da Natureza de Buda ou sobre o Espírito. Em outras palavras, se um indivíduo não aceita a etapa n. 1 de obtenção do conhecimento, ele será excluído das etapas n. 2 e n. 3. Dizemos que o conhecimento da pessoa é inadequado para a tarefa. Os clérigos que se *recusaram* a olhar através do telescópio de Galileu *não se adequaram* ao olho da carne, e suas opiniões podem ser desconsideradas nesse domínio.

Passando para o próximo olho, o olho da mente, descobrimos que a etapa injuntiva pode ser ainda mais complexa e mais difícil de compartilhar. Mas espero que você e eu estejamos fazendo isso agora – estamos nos vendo usando a mente (embora possamos não concordar totalmente com o que vemos); caso contrário, você não seria capaz de entender uma única palavra escrita. Mas, para compreender o significado de qualquer uma destas palavras, todos nós tivemos que seguir certas instruções, dentre as quais a principal: "Aprenda a ler". E isso nos levou a um mundo que não é dado ao olho da carne por si só. E.F. Schumacher disse-o bem: "Com a luz do intelecto [*lumen interius*] podemos ver coisas que são invisíveis aos nossos sentidos corporais. Ninguém nega que as verdades matemáticas e geométricas sejam 'vistas' dessa maneira [ou seja, com o olho da mente, não com o olho da carne]. *Demonstrar* uma proposição significa dar-lhe uma forma, por análise, simplificação, transformação ou dissecação [a etapa injuntiva], através da qual a verdade pode ser vista [a etapa iluminativa]; além dessa visão, não existe a possibilidade nem a necessidade de mais provas [exceto, devo acrescentar, *compartilhar* essa demonstração com outras pessoas para estabelecer a prova comunitária, a terceira etapa]"[105].

Pode-se treinar o olho da mente para a visão filosófica exterior ou para a visão psicológica interior. À medida que o olho da mente se recusa a elevar-se acima do olho da carne, ele produz na filosofia nada mais que positivismo, e na psicologia nada mais que behaviorismo. Por outro lado, à medida que o olho da mente olha para seu próprio domínio, ele produz fenomenologia, linguística, filosofia especulativa característica (crítica, analítica e sintetizadora) e psicologia intersubjetiva (como explicaremos no próximo capítulo).

Nessa área, a prova compartilha das mesmas três etapas, como nas outras áreas: treine o olho da mente, olhe individualmente e, em seguida, compare e confirme comunitariamente. A comunidade desse conhecimento é, obviamente, mais difícil de ser encontrada do que a do conhecimento da carne, porque todos possuem o mesmo olho da carne, mas diferentes perspectivas mentais. Certamente, isso não é uma desvantagem para o olho da mente, mas, sim, uma indicação de sua riqueza.

O conhecimento no domínio transcendente é obtido exatamente da mesma maneira: uma injunção, uma iluminação e uma confirmação. No Zen: *zazen*, *satori* e *imprimatur*. Não há Zen sem as três etapas; na verdade, não há conhecimento esotérico ou transcendente genuíno sem elas.

Primeiro, adota-se a prática de *contemplatio*, que pode ser meditação, *zazen*, mantra, *japa*, oração interior e assim por diante. Quando o olho da contemplação estiver totalmente treinado, observe. Cheque esta iluminação direta com outras pessoas e, mais importante, com o professor ou mestre. Checar com o mestre é como verificar problemas de matemática com o professor quando se está aprendendo geometria pela primeira vez.

Essa prova final e mais elevada é, em última análise, uma prova de Deus, Natureza de Buda ou Tao – mas não é uma prova empírica nem uma prova racional-filosófica, mas, sim, uma prova contemplativa. "Todo o nosso trabalho nesta vida", disse Santo Agostinho, "é restaurar a saúde do olho do coração, através do qual Deus pode ser visto". Restaurar esse olho é treiná-lo, adequando-o ao conhecimento "que é para a salvação".

Às vezes, comenta-se que o conhecimento místico não é conhecimento real, porque não é conhecimento público, apenas "privado" e, portanto, é incapaz de validação consensual. No entanto, isso não é correto. O segredo da validação consensual em todos os três domínios é o mesmo, a saber: um *olho treinado* é um *olho público* ou, em primeiro lugar, não poderia ser treinado; e um olho público é um olho comunitário ou *consensual*.

O conhecimento matemático é um conhecimento público para matemáticos treinados (mas não para não matemáticos); o conhecimento contemplativo é conhecimento público para todos os sábios. Embora o conhecimento contemplativo seja inefável, ele *não* é privado: é uma visão compartilhada. A essência do Zen é "uma transmissão especial fora das Escrituras [i. é, entre Mestre e discípulo]; não dependente de palavras e letras [o olho da mente]; ver a natureza interior [com o olho da contemplação] e tornar-se Buda". É uma *visão direta* através do olho da contemplação, e pode ser *transmitida* de professor para aluno, porque é diretamente *pública* para esse olho. O conhecimento de Deus é tão público para o olho da contemplação quanto a geometria para o olho da mente e a chuva para o olho da carne. E um olho da contemplação treinado pode *provar* a existência de Deus exatamente com a mesma certeza e a mesma natureza pública que o olho da carne pode provar a existência de pedras.

Um paradigma abrangente-integral se basearia livremente no olho da carne e no olho da razão; mas também estaria fundamentado no olho da contemplação. Esse olho incorpora um modo válido de conhecimento; pode ser compartilhado publicamente; pode ser validado comunitariamente. Nada mais é possível, nada mais é necessário.

## Ciência e religião

O conflito entre ciência empírica e religião é, e sempre foi, um conflito entre os aspectos pseudocientíficos da religião e os aspectos pseudorreligiosos da ciência. À medida que a ciência permanece ciência e a religião permanece religião, nenhum conflito é possível – ou melhor, qualquer conflito que ocorra sempre pode ser reduzido a um erro de categoria: teólogos estão tentando ser cientistas ou cientistas estão tentando ser teólogos. No passado, era mais comum os teólogos tentarem tornar-se cientistas e falar de Cristo como um fato histórico, da criação como um fato empírico, do nascimento virginal como um fato biológico e assim por diante. Nesse sentido, eles deveriam estar preparados para responder a perguntas científicas sobre tudo isso. O nascimento virginal, como fato *empírico*, significa que uma pessoa nasceu sem um pai biológico; como símbolo mental, pode significar o nascimento de alguém cujo Pai está no Céu (i. é, alguém que vivencia o Eu transpessoal); como *insight* contemplativo, pode ser uma realização direta de que o Eu Verdadeiro é um nascimento virginal momento a momento. Ora, o nascimento virginal como um fato empírico, provavelmente, está completamente errado; como símbolo e realização, provavelmente, é bastante válido. A questão é que, quando os teólogos falam de fatos empíricos, devem estar preparados para enfrentar os cientistas; quando falam de princípios mentais, devem enfrentar filósofos ou psicólogos; somente quando praticarem a contemplação estarão realmente em casa. E um paradigma abrangente-integral deve ser capaz de abraçar, benevolamente, os três olhos. Isso o torna diferente da religião tradicional, da filosofia/psicologia tradicional e da ciência tradicional – porque inclui e, potencialmente, pode integrar todas elas.

Mais recentemente, são os cientistas *empíricos* que estão tentando se tornar teólogos ou mesmo profetas. Essa também é uma posição desfavorável. Quando cientistas empíricos tentam se tornar teólogos ou religiosos, devem estar preparados para enfrentar o mesmo tipo de questionamento severo, desta vez proveniente dos contemplativos. Se, por exemplo, o físico diz: "A física moderna nos mostra que *todas* as coisas são fundamentalmente Um, assim como o Tao ou *Brahman*", ele está fazendo uma afirmação, não apenas sobre o domínio físico, mas sobre todos os domínios, sobre o Supremo e o Absoluto. Portanto, o religioso está autorizado a retrucar: "Essa é simplesmente uma *ideia* apresentada pelo olho da mente; qual é o seu *método* para abrir o olho da contemplação? Descreva-me, em linguagem injuntiva, o que você deve *fazer* para *perceber* – ver diretamente – essa Unidade. Se você não consegue fazer isso, está cometendo um erro de categoria; está falando sobre o domínio contemplativo/meditativo usando apenas o olho da mente". Observe que o mestre Zen consegue passar nesse teste; ainda estamos aguardando a resposta do físico. Pois o fato simples é que se *pode* ser um bom físico *sem* se envolver mística ou transcendentalmente. *Pode-se* dominar a física sem dominar a iluminação. Mas *não se pode* tornar um bom mestre Zen sem se tornar um místico. O fato de que o estudo aprofundado e sincero da física leva alguns físicos (talvez 10% mais ou menos) a uma visão de mundo mística nos indica algo de bom não sobre a física propriamente dita, mas sobre esses físicos sensíveis e nobres. No entanto, esses físicos sensíveis frequentemente cometem o erro de categoria de afirmar que os dados físicos por si sós provam estados transcendentais – uma confusão compreensível, mas desordenada, e claramente refutada pelo número de grandes físicos que não são místicos.

Assim, percebo que a coisa mais importante que um paradigma abrangente ou integral pode fazer é tentar evitar os erros de categoria: confundir o olho da carne com o olho da mente e com o olho da contemplação (ou, em modelos mais detalhados, como o Vedanta de cinco níveis, evitar confundir os níveis). Quando alguém pergunta: "Onde está a prova empírica da transcendência?", não precisamos entrar em pânico. Explicamos os métodos instrumentais do nosso conhecimento e o convidamos para conferi-los pessoalmente. Se a pessoa aceitar e completar a etapa injuntiva, ela estará apta a se tornar parte da comunidade daqueles cujo olho está ajustado ao domínio transcendente. Antes disso, essa pessoa não está apta a formar uma opinião sobre questões transcendentais. Portanto, não somos obrigados a lhe prestar contas, do mesmo modo que o físico não o é a quem se recusa a aprender matemática.

Hoje, estamos em uma posição extraordinariamente favorável: podemos preservar a postura absolutamente única de possuir e defender uma abordagem equilibrada e integrada da realidade – um paradigma "novo e mais elevado" – que consegue incluir o olho da carne, o olho da razão e o olho da contemplação. E acho que a história do pensamento acabará provando que fazer mais do que isso é impossível, fazer menos é desastroso.

# 2
# O problema da prova

Considerados os três modos de conhecimento – sensorial, simbólico e espiritual – a questão que surge naturalmente, como certamente ocorreu na história da filosofia, da psicologia e da religião, é: como podemos ter certeza de que o "conhecimento" adquirido por qualquer um desses modos é válido? Ou, inversamente – e mais significativamente – com que fundamento podemos rejeitar qualquer "conhecimento" como provavelmente errado?

## Dados e conhecimento

Por dados, refiro-me simplesmente a qualquer *experiência diretamente apreendida* (usando "experiência" no sentido amplo, como apreensão ou conscientização). Como William James explicou, dando como exemplo a percepção de uma folha de papel: "Se nossa visão particular do papel for considerada em abstração [ou separada] de qualquer outro evento, o papel visto e a visão dele são apenas dois nomes para um fato indivisível que, adequadamente chamado, é *o dado*, *o fenômeno* ou *a experiência*"[67]. E eu afirmo (e tentarei demonstrar) que existem dados legítimos – apreensões diretas – que podem ser encontrados nos domínios da carne, da mente e do espírito; isto é, dados verdadeiros nesses domínios reais de objetos, que podemos chamar de *sensibilia*, *intelligibilia* e *transcendelia*. É a existência desses domínios reais de objetos (sensoriais, mentais e espirituais) e seus dados verdadeiros que *fundamentam* a busca do conhecimento e garantem sua consumação.

Observe que o que define especificamente um dado, em qualquer domínio, não é sua simplicidade ou atomismo, mas sua percepção imediata, sua apreensão direta. Um dado não é necessariamente a menor porção de experiência em qualquer domínio, mas a exibição imediata da experiência revelada quando alguém entra no domínio.

Assim, quando James fala sobre dados no domínio da *sensibilia*, ele usa como exemplos a experiência direta de uma folha de papel, de um tigre, das paredes de uma sala e assim por diante: o que quer que seja *dado* imediatamente na *sensibilia* presente. Ora, os dados sensoriais podem, de fato, ser bem atomísticos – a retina humana adaptada ao escuro, por exemplo, consegue registrar um *único* fóton e, nesse registro imediato, o fóton (ou o que quer que seja) é o dado sensorial. Mas o dado também pode ser muito grande e bastante complexo – um pôr do sol, o céu à noite, a vista do cume de uma colina e etc. O ponto não é tanto tamanho ou complexidade; o ponto é a imediatidade ou a apreensão da experiência direta. (Na verdade, muitos filósofos referem-se a essa apreensão direta na *sensibilia* como *intuição* – James e Kant, para citar alguns. Mas essa intuição sensorial não deve ser confundida com intuição espiritual, ou mesmo com intuição mental, conforme Kant teve o cuidado de ressaltar. Quando eu uso "intuição" nesse sentido amplo, ela simplesmente significa apreensão direta e imediata em qualquer domínio, e essa apreensão, experiência ou intuição direta é o que melhor define um dado.)

Exatamente a mesma coisa se aplica aos dados da *intelligibilia* e da *transcendelia*. No domínio da *intelligibilia*, por exemplo, a experiência mental imediata, dada, presente, qualquer que seja sua natureza, é um *dado*, um dado *mental* (ou uma série deles). O dado pode ser bastante breve ou atomístico – uma imagem simples, um pensamento fugaz – ou bastante complexo e sustentado – a compreensão do significado geral de uma frase, a apreensão de uma ideia, uma memória mantida. Em qualquer um dos casos, o dado mental é simplesmente a experiência mental imediata do tipo *gestalt*, independentemente de seu "tamanho", complexidade ou duração. Mesmo se você estiver pensando em algum evento passado ou antecipando as ações de amanhã, o pensamento *em si* é um evento *presente* imediatamente percebido e experienciado – ou seja, é um *dado*.

No campo da linguagem, os analistas costumam falar da apreensão corrente e direta de símbolos como "intuição linguística". Após dominar um idioma específico, você simplesmente conhece (ou mentalmente "intui") o significado de suas palavras comuns. E, mesmo quando está aprendendo o idioma, você experiencia diretamente os símbolos *em si* como e quando os pensa, mesmo que ainda não saiba o significado deles. O ponto é que, de qualquer forma, você os vê com os olhos da mente, e essa "visão" *per se* é direta e imediata. Se o significado se segue, a percepção *dele* é agora o dado mental direto e imediato, e assim por diante. Assim, seja uma letra, uma palavra, uma frase, uma ideia – em cada caso, o dado mental é simplesmente a *experiência mental imediata*, seja ela o que for.

Da mesma forma, no domínio da *transcendelia*, um dado pode ser uma simples intuição espiritual, uma iluminação marcante, um *insight* gnóstico específico ou um *satori* completo – todos esses dados transcendentais são percebidos ou intuídos diretamente pelo olho da contemplação. Aqui, também, não a complexidade, mas a imediatidade ou a especificidade definem o dado.

É claro que, por análise ou investigação adicional, podemos descobrir que vários dados contêm *outros* dados ou fluem para outros dados. Por exemplo, a folha de papel de James, em si um dado sensorial simples, contém quatro cantos, cada um dos quais pode se tornar um dado sensorial individual (simplesmente olhando para eles) e faz parte de uma experiência maior de uma escrivaninha, outro dado sensorial. Da mesma forma, o símbolo mentalmente percebido "árvore", em si um dado mental simples, é composto de seis letras, cada uma das quais pode ser apreendida como um dado mental separado. Mas o ponto importante é que, por exemplo, quando apreendo o significado, o dado imediato, da palavra "árvore", *não* o faço adicionando letras. O dado mental, o significado ou a intuição linguística da palavra "árvore" não me é proporcionado pela rápida soma de *á* mais *r* mais *v* mais *o* mais *r* mais *e*. O dado mental "árvore" é uma apreensão direta, não redutível, do tipo *gestalt*, e é essa apreensão ou intuição direta, a experiência presente, imediata e dada, seja ela qual for, em qualquer domínio que, em essência, define um dado – um dado sensorial, um dado mental, um dado transcendental.

## O significado de "experiência" e "empirismo"

Dissemos que um dado é qualquer experiência imediata em um dos três domínios – sensorial, mental ou transcendental. Mas aqui nos deparamos com uma extrema dificuldade semântica e filosófica porque, tradicionalmente, foram os empiristas que insistiram que todo conhecimento deve ser fundamentado em experiência, e eles alegavam que os racionalistas e os místicos não possuíam esse fundamento. Embora o empirismo, com essa postura, seja muito reducionista, várias novas escolas de filosofia e psicologia humanística e transpessoal desejam ser empíricas e afirmam em voz alta que o são. Obviamente, as palavras "experiência" e "empírico" estão sendo usadas de formas diferentes, e isso tem gerado mal-entendidos graves.

O cerne do problema é que há uma grande ambiguidade no significado da palavra "experiência". Ela pode ser usada apenas para experiência sensorial (como muitos empiristas fazem), mas também pode ser empregada para cobrir praticamente todos os modos de percepção e consciência. Por exemplo, faz sentido dizer que eu *experiencio* não só minhas sensações e percepções (*sensibilia*), mas também *experiencio* minhas ideias, pensamentos e conceitos (*intelligibilia*) – eu os vejo com o olho da mente, *experiencio* minha linha de pensamentos, meus ideais pessoais, minhas elaborações imaginárias. São experiências mais sutis do que um estalo na cabeça, mas, mesmo assim, são vivenciais ou percebidas, direta e imediatamente, pelo olho da mente. Da mesma forma, faz sentido dizer que posso *experienciar* o espírito – com o olho da contemplação ou *gnose*, eu, direta e imediatamente, apreendo e experiencio o espírito como espírito, o domínio da *transcendelia*.

Em todos esses sentidos mais amplos, "experiência" é simplesmente sinônimo de apreensão direta, percepção imediata, intuição – sensorial, mental e espiritual.

Dito desse modo, de fato faz sentido falar que todo conhecimento se baseia em experiência (como afirmam os empiristas) – mas não apenas em experiência *sensorial* (como eles também dizem). Assim, várias verdades racionais ou *a priori* são as que *experiencio* no domínio mental, mas não no domínio sensorial (e. g., a matemática). E as verdades transcendentais são aquelas que *experiencio* no domínio espiritual, mas não nos domínios mental ou sensorial (e. g., o *satori*). E, nesse sentido, existem diversos tipos de conhecimento fora da experiência sensorial, mas nenhum que esteja fora da experiência em geral. *Sensibilia*, *intelligibilia* e *transcendelia* estão abertas à apreensão ou intuição experiencial direta e imediata, e essas apreensões constituem os dados da busca do conhecimento em cada um desses domínios.

O empirismo afirma corretamente que todo conhecimento válido deve ser fundamentado em experiência, mas reduz o significado de experiência somente à *sensibilia*. O empirismo deseja derivar minha experiência racional apenas da minha experiência sensorial – isto é, afirma que não há experiência racional que não seja encontrada primeiramente na minha experiência sensorial. E essa tentativa exerce forte atração ("Queremos dados *empíricos*!") simplesmente porque se pode confundir com facilidade, mas imprecisamente, experiência sensorial (empirismo puro) com experiência *em geral*. O empirismo parece fazer muito sentido, ser tão pragmático e tudo mais, mas apenas porque confunde duas proposições básicas: diz que todo conhecimento real deve ser experiencial, o que é verdade, considerando-se experiência no sentido amplo, mas não resiste à tentação de dizer que experiência é, genuína ou basicamente, experiência *sensorial* – e esse é o grande desastre.

Permita-me repetir que uma das razões pelas quais a ambiguidade pode ocorrer, e ocorre, é que o termo "experiência" pode ser usado no sentido amplo ("conscientização direta"), mas também recebe um significado comum e muito mais restrito: percepções *sensoriais*. Ao justapor, consciente ou inconscientemente, esses significados, o empirista moderno pode ridicularizar a ideia de conhecimento fora da experiência (até aqui, tudo bem), mas depois *limitar* a experiência a modos empírico-sensoriais (falácia reducionista, erro de categoria etc.). E, para confundir completamente as questões, muitos dos novos psicólogos humanistas e transpessoais, trabalhando principalmente com *intelligibilia* e *transcendelia*, percebendo corretamente que seus dados são realmente experimentais (no sentido amplo) e desejando reconhecimento idêntico como "ciências verdadeiras", chamam seus esforços e dados de "empíricos", apenas para descobrir que cientistas empíricos estritos simplesmente rejeitam seus resultados, às vezes com zombaria indisfarçada.

Para evitar essas ambiguidades, neste capítulo normalmente restringirei o termo "empírico" a seu significado original: conhecimento fundamentado em experiência sensorial (*sensibilia*), embora o contexto o diga. O empirismo clássico foi uma tentativa de reduzir todo conhecimento e experiência superiores a conhecimento e experiência sensoriais. A ênfase na experiência direta (no sentido amplo) foi a grande e duradoura contribuição dos empiristas; a redução da experiência à experiência sensorial foi seu grande e duradouro crime.

## Os procedimentos de verificação

Cada um dos três modos de conhecer tem acesso a dados reais (experimentais) em seus respectivos domínios – dados sensíveis, dados inteligíveis e dados transcendentais –, e os dados, em cada caso, são marcados por sua apreensão imediata ou intuitiva. (Os dados podem realmente ser mediatos, mas o momento de apreensão é imediato.) Esse imediatismo intuitivo, como James sabia, deve ser a característica definidora dos dados e nosso único ponto de *partida* ou, então, terminamos em uma regressão infinita.

Considerada minha apreensão ou intuição imediata de um dado, o problema passa a ser: como posso estar razoavelmente certo de que a percepção em si não está equivocada? E isso nos leva à noção de princípios adequados de verificação (ou não verificação) para a coleta de dados em cada um dos modos de conhecimento envolvidos. Porém, ao discutirmos esses procedimentos de coleta e verificação de dados, dois pontos devem ser igualmente lembrados: (1) as *metodologias efetivas* de acumulação e verificação de dados diferem drasticamente nos três modos, mas (2) os *princípios abstratos* de acumulação e verificação de dados são essencialmente *idênticos* para todos. Exatamente o que isso significa, e a razão pela qual enfatizo os dois pontos, tornar-se-á cada vez mais óbvio à medida que prosseguirmos.

Primeiramente, os princípios abstratos de acumulação e verificação de dados. Como sugerimos no capítulo anterior, a acumulação de dados, válida para qualquer domínio, apresenta três etapas básicas:

1) *Injunção instrumental.* É sempre na forma: "Se você quiser *saber* isso, faça o seguinte".

2) *Apreensão intuitiva.* É uma compreensão cognitiva, preensão ou *experiência* imediata do domínio objetal (ou aspecto do domínio objetal) abordado pela injunção, isto é, a apreensão imediata de *dados.*

3) *Confirmação comunitária.* Trata-se de uma verificação dos resultados (apreensões ou dados) com outras pessoas que concluíram adequadamente as etapas injuntiva e apreensiva.

A ciência, claro, é frequentemente considerada como o modelo de conhecimento genuíno, e a filosofia da ciência atualmente é dominada por três abordagens principais, geralmente vistas como mutuamente exclusivas: a do empirismo, a de Thomas Kuhn e a de *Sir* Karl Popper. A força do empirismo, como vimos, é sua exigência de que todo conhecimento genuíno seja fundamentado em evidências experimentais; e, se usarmos evidência e experiência no sentido geral, esse é um fundamento que partilho firmemente. Mas evidências e dados não estão simplesmente esperando para ser percebidos por todo mundo, e é aí que Kuhn entra em cena.

Thomas Kuhn, em um dos conceitos bastante incompreendidos do nosso tempo, alegou que a ciência normal segue adiante, fundamentalmente, por meio do que ele chamou de *paradigmas* ou *exemplares*. Um paradigma não é um mero conceito, é uma prática real, uma injunção, uma técnica tomada como modelo para gerar dados. E o ponto de Kuhn é que o conhecimento científico genuíno se baseia em paradigmas, exemplares, injunções, que geram novos dados. Novas injunções revelam novos dados, e é por isso que Kuhn sustentou que a ciência é *tanto* progressiva *quanto* cumulativa, *e* que também apresenta certas rupturas ou descontinuidades (novas injunções geram novos dados). Em outras palavras, Kuhn ressalta a importância da etapa n. 1 na busca do conhecimento, a saber, que os dados não estão simplesmente esperando por alguém para serem vistos; eles são gerados por injunções válidas.

O conhecimento produzido por injunções válidas é, de fato, um conhecimento genuíno justamente porque os paradigmas revelam dados, eles não os inventam. E a validade desses dados é demonstrada pelo fato de que dados ruins podem ser rejeitados; e é aí que Popper entra em cena.

A abordagem de *Sir* Karl Popper enfatiza a importância da falseabilidade: o conhecimento genuíno deve estar aberto à refutação ou, então, é simplesmente dogma disfarçado. E, como veremos, as três etapas reconhecem plenamente o princípio da falseabilidade *em cada um dos domínios*: *sensibilia, intelligibilia e transcendelia.*

Portanto, essa abordagem integral reconhece e incorpora os momentos de verdade de cada uma dessas importantes contribuições para a busca do conhecimento humano (evidências, Kuhn e Popper), mas sem a necessidade de reduzir essas verdades apenas à *sensibilia*, como vou tentar demonstrar.

Agora, podemos dar alguns exemplos dessas três etapas, conforme elas aparecem nos domínios da *sensibilia, intelligibilia* e *transcendelia*. Ao fazê-lo, tentarei enfatizar que, embora as mesmas três etapas abstratas operem em cada domínio, as metodologias reais ou concretas são bastante diferentes em decorrência das diferentes estruturas dos dados ou dos domínios dos próprios objetos.

## Investigação empírico-analítica

No domínio da *sensibilia* – ocasiões empíricas ou sensório-motoras – se você deseja saber, por exemplo, se o volume do gás hidrogênio liberado pela eletrólise da água é o dobro do volume do gás oxigênio, deve: (1) aprender a executar a eletrólise, construir o próprio equipamento, fazer o experimento, coletar os gases (injunções, exemplares); (2) examinar e medir os volumes dos gases coletados (apreensões); e (3) comparar e confirmar os dados com outros pesquisadores. Esses exemplos mundanos podem ser repetidos indefinidamente – o ponto é simplesmente que todo cientista empírico, ao fazer pesquisas reais (ou seja, coletar dados), segue *injunções*, apreende *dados* (diretamente ou via instrumentação que aumente os sentidos) e depois verifica *comunitariamente* os seus resultados. É assim que a base de dados da ciência empírico-analítica é construída. E qualquer dado que seja compatível com *todas as três etapas* é, provisoriamente, aceito como válido.

O ponto fundamental, no entanto, é que essas três etapas contenham uma forma de *rejeitar* dados aparentemente errados. Pois, como Karl Popper deixou bem claro, se não há maneira de contestar teoricamente um dado, então esse dado não pode obter o *status* cognitivo – se não há como negar um ponto, então não há também como prová-lo. As três etapas fornecem um potencial "mecanismo de refutação", e essa é a chave para seu sucesso.

O problema é o seguinte: embora a natureza definidora dos dados (em qualquer domínio) seja que, quando eles se apresentam à consciência, o fazem de maneira imediata, intuitiva e aparentemente autovalidadora, essa apresentação (a apreensão) depende de uma *injunção* ou *instrumento* anterior e, às vezes, os instrumentos cognitivos da pessoa – sejam científicos, pessoais ou espirituais – estão ocasionalmente defeituosos. Dando um exemplo simples: se eu tiver catarata, talvez veja duas luas – os dados em si são errôneos porque o instrumento está embaçado. Ainda assim, os dados são imediatos, diretos e evidentes – realmente, parece que são duas luas – mas são enganosos. As três etapas ajudam a corrigir isso. Nesse exemplo, eu me viro para os amigos e digo: "Vocês estão vendo duas luas?" Meus dados empíricos, minha *sensibilia*, são rejeitados. Desse modo, na investigação empírica, um fato "ruim" (como em um experimento mal executado) será *rejeitado*, não apenas por outros fatos, mas pela comunidade de investigadores, e é essa *potencial rejeição* que constitui o princípio da falseabilidade de Popper.

Como as mesmas três etapas operam em todos os modos de investigação cognitiva válidos – empírico, racional e transcendental – o mesmo mecanismo de rejeição funciona em cada um deles (como veremos), e é esse mecanismo de rejeição que impede que a busca do conhecimento verdadeiro, *em qualquer domínio*, degenere em mero dogmatismo e em fé cega. Em outras palavras, o que marca especificamente a investigação empírico-analítica não é sua "metodologia superior" e seu procedimento supostamente exclusivo de "verificação/rejeição" – pois, como veremos, ele pode e deve ser aplicado em *todos* os domínios. Não, o que define a investigação empírico-analítica é simplesmente que os únicos dados com os quais ela opera são da *sensibilia* – o olho da carne ou suas extensões. A investigação empírico-analítica, claro, usa reflexão mental e racional, mas essas operações se baseiam na *sensibilia* e sempre estão subordinadas a ela.

Às vezes, alega-se que as ciências empíricas, como a física ou a biologia, frequentemente trabalham com objetos ou eventos que, na verdade, não podem ser experienciados pelos sentidos (ou suas extensões). Por exemplo, quando Mendel propôs a existência de genes, eles nunca haviam sido observados. Da mesma forma, a teoria atômica/molecular foi proposta por Dalton sem que ele nunca tivesse *visto* moléculas. O ponto, no entanto, é como James explicou: "Mesmo que a ciência supusesse uma arquitetura molecular subjacente à brancura lisa da folha de papel, essa arquitetura só poderia ser definida como resultado de uma possível experiência futura, uma visão, digamos, de certas partículas vibratórias com as quais nosso conhecimento do papel seria aperfeiçoado por técnicas de magnificação ainda não conhecidas"[67]. Assim, décadas após Mendel ter proposto a existência de genes, os microscópios eletrônicos forneceram imagens reais de moléculas de DNA. As "substâncias do gene" foram apreendidas por um olho sensorial ampliado e a existência de material genético tornou-se um *dado* empírico (e não apenas uma teoria). É verdade que, quanto mais longe chegamos nos domínios submoleculares, mais nebulosas se tornam nossas apreensões, mas o ponto é que uma proposição empírico-analítica só tem sentido na medida em que se baseia em dados sensoriais ou potencialmente sensoriais. Essa, como vimos, foi a grande contribuição de Galileu, Kepler e Newton, e, tanto quanto possível, essa fundamentação – a investigação empírico-analítica – é correta.

O problema, como vimos, é que a ciência empírico-analítica, ao se recusar a admitir como real qualquer dado que não seja da *sensibilia*, degenerou no cientificismo, o que agora é chamado de "o crime de Galileu" (talvez injustamente com o homem que nunca pareceu cogitar de um reducionismo tão medonho). E embora, certamente, devamos dar amplo espaço para a investigação empírico-analítica, de maneira alguma devemos restringir nossa cognição apenas a esse modo. A seguir, na hierarquia da busca do conhecimento, vem a investigação da *intelligibilia*.

## Investigação mental-fenomenológica

As mesmas três etapas abstratas operam na coleta de dados linguísticos, poéticos ou mental-fenomenológicos válidos, embora, é claro, a metodologia seja bem diferente, porque o domínio objetal agora é o da *intelligibilia*, não da mera *sensibilia*. As "coisas" que vemos aqui são *pensamentos* – sua estrutura e forma – quando surgem imediatamente no olho mental interior.

Tomemos, como exemplo inicial, o campo da matemática, pois encontramos nele as mesmas três etapas básicas. Como G. Spencer Brown ressalta: "A forma primária de comunicação matemática não é a descrição, mas a injunção [etapa n. 1]. Nesse sentido, ela é comparável a formas práticas de arte como a culinária, na qual o sabor de um bolo, embora literalmente indescritível, pode ser transmitido a um leitor na forma de um conjunto de injunções chamado receita... Mesmo a ciência natural [isto é, empírico-analítica] parece depender de injunções. A iniciação profissional do homem de ciência consiste não tanto na leitura dos livros didáticos apropriados [embora esta também seja uma injunção], quanto também na obediência a injunções como 'olhe no microscópio' [como no exemplo dado no primeiro capítulo]. Mas não está fora de cogitação para os homens de ciência [empírica], depois de olharem no microscópio [etapa n. 1], agora descreverem uns para os outros e discutirem entre si [etapa n. 3] o que viram [com o olho da carne; etapa n. 2], escrever artigos e livros didáticos relatando o experimento. Da mesma forma, não está fora de cogitação para matemáticos, cada um tendo obedecido a um determinado conjunto de injunções [e. g., imagine duas linhas paralelas se encontrando no infinito; visualize a forma de um trapézio; calcule o quadrado da hipotenusa etc.; etapa n. 1], descrever uns para os outros e discutir entre si [etapa n. 3] o que viram [com o olho da mente; etapa n. 2], e escrever livros sobre os resultados obtidos. Mas em cada caso a descrição depende do, e é secundária ao, conjunto de injunções que foram seguidas em primeiro lugar"[25]. A grande diferença, como observado, é que nas ciências empíricas os *dados* (ou seus macroefeitos) podem ser vistos ou experienciados com o olho da carne (ou suas extensões); na fenomenologia racional, incluindo a matemática, os dados são vistos ou experienciados apenas com o olho da mente. As injunções tratam de um domínio objetal diferente, o da *intelligibilia*, não da *sensibilia*.

Dando outro exemplo, as mesmas três vertentes operam na fenomenologia clássica (e. g., Husserl), pois começa-se a fenomenologia com uma *injunção*, que é "isolar" eventos estranhos e vários preconceitos e, assim, aproximar-se de uma *apreensão* direta, imediata e intuitiva do domínio objetal dos fenômenos mentais como fenômenos mentais; em seguida, essas apreensões são compartilhadas e confirmadas (ou rejeitadas) por meio de comunicação e interpretação interpessoais.

O ponto de partida para essa fenomenologia mental é simplesmente o seguinte: qual é a natureza essencial de um ato *mental*, uma ocasião *simbólica*, um entendimento *linguístico*, no momento que se revela, intuitiva ou imediatamente, ao olho da mente? De acordo com a fenomenologia, se alguém investiga diretamente um ato mental – uma imagem, um símbolo, uma palavra como realmente usada – descobrirá que ele possui intrinsecamente *intencionalidade* ou *significado*; ele tem uma forma ou estrutura inerente; e é semiótico ou simbólico. Pois, diferentemente dos objetos da *sensibilia* – pedras, fótons, árvores e assim por diante, que não possuem significado (no sentido de que não simbolizam ou apontam para algo que não sejam eles mesmos) – os objetos da *intelligibilia* possuem, intrinsecamente, significado, valor ou intencionalidade (ou seja, um símbolo ou ato mental carrega o poder de representar ou indicar outro objeto ou ato). E a maneira como você descobre esse *significado* é através da investigação ou interpretação mental, e não do impacto sensorial.

Eis um exemplo simples: não há prova *empírico*-científica para o significado de *Hamlet*. Essa é uma produção simbólico-mental e, portanto, só pode ser entendida ou apreendida por um ato mental – a evidência sensorial é quase inteiramente inútil. *Hamlet* não é composto de elétrons, moléculas, madeira ou zinco; é composto de *unidades de significado* – dados mentais – que se revelam não na *sensibilia*, mas na *intelligibilia*.

Da mesma forma, a fenomenologia revela que a *intelligibilia* não é apenas significativa e intencional; ambas são intrinsecamente *intersubjetivas*. Por exemplo, se você emite um símbolo para mim (digamos, a palavra *maçã*) e eu, intuitivamente, entendo ou capto esse símbolo, então o símbolo – que estava, literalmente, "na" sua cabeça ou mente – está agora, literalmente, na minha mente: nós estamos, direta e intimamente, ligados em uma ocasião *intersubjetiva*, uma troca interpessoal. Na comunicação e no discurso, muitas mentes podem participar da união de símbolos compartilhados, entrando umas nas outras de uma forma que transcende em muito o simples contato ou relação corporal. E observe que a comunicação significativa não é mero caos ou balbucio aleatório – ela tem *estrutura*, possui *regras*, segue uma *lógica* ou *forma*. *É um território muito real com dados muito reais* – mas dados ocultos para a apreensão sensorial.

Tudo isso – intencionalidade, valor, significado, estrutura intersubjetiva – é essencialmente verdadeiro para qualquer fenômeno mental, e a *investigação mental-fenomenológica completa* se preocupa simplesmente com a natureza, estrutura e significado da *intelligibilia* – com linguagem, sintaxe, comunicação, discurso, lógica, valor, intencionalidade, ideias, significados, conceitos, imagens, símbolos, semiótica – como aparecem na psicologia, filosofia, sociologia e nas "ciências humanas" (i. é, mentais) em geral. E a tudo isso nos referimos, basicamente, como "fenomenologia mental".

Assim, por meio de investigação injuntiva na fenomenologia mental em geral, descobrimos fatos ou dados que se aplicam à esfera da *intelligibilia*, o domínio mental ou subjetivo em si e, nesse sentido, os fatos são fatos subjetivos. *Mas isso não significa mera fantasia individual*, como os empiristas gostam de afirmar. Antes de tudo, essas apreensões fenomenológicas não são "meros valores" ou "apenas ideias" *em oposição* a "fatos reais", porque no domínio mental valores e ideias são os fatos ou dados reais ou imediatos *diretamente* revelados. Em segundo lugar, essas apreensões fenomenológicas podem ser *testadas*, comparando-as com a comunidade de outras mentes que seguiram as injunções apropriadas. Nesse caso, uma apreensão fenomenológica "ruim" simplesmente não se coaduna com o fundamento de outros fatos fenomenológicos *revelados e incorporados por consenso intersubjetivo*. Esse "dado ruim", ou "apreensão pobre", é *rejeitado* por uma realidade que é muito verdadeira e legítima – o domínio da *intelligibilia* e suas *estruturas intersubjetivas* – do mesmo modo como um fato empírico ruim, que não se coadune com o fundamento de outros fatos sensíveis, é rejeitado.

Tomemos como um simples exemplo a descoberta dos hieróglifos egípcios. O que temos aqui é uma linguagem misteriosa – alguma forma oculta de *intelligibilia* – inscrita em tábuas de pedra. Ora, a investigação empírico-analítica pode nos dizer quantos anos a pedra tem, do que é feita, quanto pesa, e assim por diante. Mas é completamente inútil para entender a *intelligibilia* dos hieróglifos ou o que eles *significam*. Para determinar isso, devo seguir um conjunto de injunções mentais – devo começar a procurar a estrutura interna dos símbolos com o meu olho da mente; devo experimentar, tentar várias combinações de símbolos, para ver se a combinação correta, a injunção certa, leva a uma apreensão expressiva de seus possíveis significados. Se determinada combinação parece correta, eu ainda devo conferi-la com outras combinações – um significado promissor pode, na verdade, ser rejeitado por outros significados, porque a linguagem possui estrutura ou sintaxe intersimbólica, e uma má compreensão linguística simplesmente não se encaixará nas outras apreensões linguísticas. Finalmente, devo verificar meus resultados gerais com outras pessoas igualmente qualificadas. (E é claro que foi exatamente isso que Jean-François Champollion e Thomas Young fizeram com a Pedra de Roseta.)

A questão é simplesmente que, embora estejamos trabalhando com uma produção amplamente subjetiva – uma linguagem –, isso não significa que eu possa apresentar qualquer interpretação que me convenha, porque a *intelligibilia* possui *estruturas* intersimbólicas e intersubjetivas que *rejeitarão* afirmações errôneas. E isso é fundamentalmente verdadeiro para o significado de qualquer *intelligibilia* – o significado de linguagem, de objetivos e pulsões psicológicas, de lógica e sintaxe, de intenções e valores. Embora as verdades nesses domínios não sejam *empiricamente* verificáveis ou mesmo óbvias, elas não são, de modo algum, baseadas em ilusões, vieses subjetivos ou opiniões não verificáveis. Ao determinar a verdade ou fatos da *intelligibilia*, como Ogilvy explica com tanta clareza, "nenhuma hipótese intratável serve; nem uma simples negação [ou seja, 'não há como dizer, pois não pode ser determinado empiricamente']. Somente uma comunidade de intérpretes pode gerar a base subjetiva para um conjunto de critérios que podem validar as afirmações de verdade, formando uma interpretação coerente. O momento de verdade é preservado de um relativismo subjetivo que torne absurda a ideia de verdade. Somente *algumas* interpretações fazem sentido. A sensatez delas é uma função da satisfação de certas regras para uma boa interpretação, regras que, em alguns casos, não são diferentes das regras da boa ciência [empírica], por exemplo, elegância, simplicidade e independência do viés subjetivo [ou, como eu diria, obediência às três etapas]"[87].

Os empiristas, é claro, zombam da noção de qualquer procedimento de verificação não fundamentado em evidências sensoriais. Eles qualificam todas as investigações não empíricas ou não sensoriais (psicologia subjetiva, fenomenologia idealista, ontologia etc.), ironicamente, como "metafísicas", e dizem que não têm fundamento confiável, reprodutível e verificável. Mas o fazem apenas porque negligenciam as estruturas intrínsecas da *intelligibilia*. Isso é realmente estranho, porque o fato de os empiristas *conversarem* entre si, e se *entenderem* repetidamente, repousa precisamente na existência de um domínio intersubjetivo, reprodutível e legítimo de *intelligibilia*. E a fenomenologia mental completa (em qualquer um de seus vários ramos, filosófico, psicológico, linguístico, sociológico etc.) é simplesmente a ciência da descoberta e reprodução desses significados, padrões, estruturas e leis. Ela é, de fato, metafísica ou metaempírica, mas nunca em sentido pejorativo.

E assim, quando os empiristas estruturam suas hipóteses, formulam suas teorias, organizam seus dados sensoriais e oferecem explicações sistemáticas, qual é exatamente o modo de investigação que guia *esse* aspecto particular de seus esforços? A fenomenologia racional, é claro. E, no entanto, é especificamente esse modo "metafísico" que o empirista ou cientificista usa, tibiamente, para afirmar que ele não tem existência real, não é "realmente verdadeiro", não é confiável, não é significativo, não é verificável, sendo apenas um monte de bobagens metafísicas. Seria melhor escrever uma dúzia de livros alegando que não existe algo como escrever.

A questão é que existem fatos, verdades ou dados fenomenológico-mentais, mas, para serem reconhecidos como tais, eles também devem observar todas as três etapas – e qualquer apreensão que fracasse nesse teste geral é firmemente rejeitada pela própria *estrutura* do domínio intersubjetivo da *intelligibilia* (os outros fatos mentais e a comunidade de intérpretes). Isso constitui, para a *intelligibilia*, um *teste experimental* – a acumulação e verificação de dados – que é tão rigoroso e tão exigente quanto o teste empírico, porque *ambos* repousam nas mesmas três etapas. A diferença não está na metodologia abstrata, mas no *território* real que está sendo mapeado (*sensibilia versus intelligibilia*). Certamente, o teste empírico é consideravelmente mais fácil porque é realizado por um sujeito sobre um objeto, enquanto a fenomenologia mental é realizada por um sujeito (ou símbolo) sobre, ou com, outros sujeitos (ou símbolos) - muito mais difícil. O domínio objetal aqui é de "objetos" subjetivos ou intersubjetivos (*intelligibilia*), não apenas de "objetos" objetivos (*sensibilia*).

Desse modo, podemos ver uma das profundas diferenças entre a investigação empírico-analítica e a investigação mental-fenomenológica. Na investigação empírico-analítica usa-se a mente simbólica para mapear ou refletir o mundo pré-simbólico. Mas na investigação mental-fenomenológica usa-se a mente simbólica para mapear ou refletir a própria mente simbólica. Usam-se símbolos para espelhar ou refletir outros símbolos, que podem refletir o reflexo, e assim por diante, em um "círculo hermenêutico" de significados que duas mentes, ou símbolos, que cocriam sempre que investigam uma à outra. O exemplo mais óbvio disso é a simples comunicação verbal: quando conversamos, tento entender seu significado e você, o meu; e, desse modo, seguimos em frente no círculo intersubjetivo. Quando um símbolo investiga outro símbolo, o segundo pode *responder* de uma maneira que objetos pré-simbólicos (rochas, elétrons, planetas) não podem: de maneira *proativa* e não meramente reativa. Portanto, a fenomenologia mental não é uma questão eminentemente objetiva, mas, sim, uma malha intersubjetiva, e é essa malha que *fundamenta* a busca do conhecimento fenomenológico. Uma proposição empírica é verdadeira se espelhar, com maior ou menor precisão, o mundo sensorial, biomaterial e objetivo. Mas uma proposição mental-fenomenológica é verdadeira, não se corresponder a qualquer conjunto da *sensibilia*, mas se mesclar-se com uma estrutura intersubjetiva de significado (ou, como na matemática, com uma lógica intersimbólica). Por exemplo, em teoremas matemáticos (i. é, hipóteses com injunções lógicas) não buscamos fatos empíricos para provar (ou refutar); os *fatos* aqui são unidades intersimbólicas da *intelligibilia*. Um teorema será verdadeiro se obedecer ao consenso da lógica intersimbólica, não se estiver de acordo com evidências sensoriais. Não mente sobre matéria, mas mente sobre mente!

Podemos apresentar essas importantes diferenças entre a investigação empírico-analítica e a investigação mental-fenomenológica de várias formas:

1) A investigação empírico-analítica é realizada por um sujeito sobre um objeto; a investigação mental-fenomenológica é realizada por um sujeito (ou símbolo) sobre, ou com, outros sujeitos (ou símbolos).

2) Na investigação empírico-analítica, o referente do conhecimento conceitual é outro que não o conhecimento conceitual; na investigação mental-fenomenológica, o referente do conhecimento conceitual é o processo do próprio conhecimento conceitual (ou a estrutura de ideias, linguagem, comunicação, intenções etc.). Mais simplesmente:

3) Os *fatos* (dados) da investigação empírico-analítica são coisas; os *fatos* (dados) da investigação mental-fenomenológica são pensamentos.

4) Na investigação empírico-analítica, as proposições são intencionais (simbólicas), mas os dados são não intencionais (pré-simbólicos); na investigação mental-fenomenológica *tanto* as proposições *quanto* os dados são intencionais e simbólicos.

5) A investigação empírico-analítica trabalha predominantemente com coisas na natureza; a investigação mental-fenomenológica trabalha predominantemente com símbolos na *história*. "Entre as premissas mais importantes estaria a distinção entre natureza [desvelada na, ou como, *sensibilia*] e história humana [desvelada na, ou como, *intelligibilia*]. Afinal, não é a distinção entre ação voluntária [intenção mental] e comportamento mecânico [causalidade física] outra versão da distinção entre liberdade humana e necessidade natural? A história é precisamente o registro de nossa fuga da necessidade natural. A história é a crônica de *ações* [não apenas de reações], tramas intencionais com início, meio e fim. A lógica dos conceitos de espaço, tempo e massa [*sensibilia*] é significativamente diferente da lógica de conceitos como sucesso, honra e dever [*intelligibilia*]: seus contextos pressupostos são *não* naturais [i. é, históricos]. As invenções da razão transcendem as regularidades uniformes das leis naturais. Quando os fenômenos em questão têm a ver, não com as articulações atingidas pela evolução natural, mas sim pela história humana, a linguagem usada na formulação das *intenções* dos criadores desempenha um papel constitutivo; são termos *históricos*, no sentido de que seus significados não são *dados* pela natureza; ao invés, são sucessivamente constituídos pelas formas como são usados [i. é, historicamente]. Os critérios para satisfazer tais intenções não são redutíveis a descrições a-históricas dos fenômenos naturais"[87] – como, por exemplo, a produção histórica dos hieróglifos egípcios não pode ser reduzida à sua *sensibilia* empírica.

Mas talvez a distinção mais importante e, certamente, uma das mais fáceis de usar, seja a seguinte:

6) A investigação empírico-analítica é um *monólogo* – um investigador simbolizador olha para uma ocasião não simbolizadora; a investigação mental-fenomenológica, no entanto, é um *diálogo* – um investigador simbolizador olha para outras ocasiões simbolizadoras. O paradigma da investigação empírico-analítica é "eu vejo a pedra"; o paradigma da investigação mental-fenomenológica é "eu falo com você e vice-versa". A investigação empírico-analítica pode prosseguir *sem falar* com o objeto de sua investigação – nenhum cientista empírico conversa com elétrons, plásticos, moléculas, protozoários, samambaias etc., porque ele estuda entidades pré-verbais. Por outro lado, a essência do campo da investigação mental-fenomenológica é a *troca comu-*

*nicativa* ou as relações intersubjetivas e intersimbólicas (linguagem e lógica), e essa fenomenologia mental depende, em grande parte, da conversa com, e como, o sujeito da investigação. E qualquer ciência que *fale* com seu objeto de investigação não é empírica, mas fenomenológica; não é monológica, mas dialógica.

7) Em suma, a investigação empírico-analítica considera como dados essenciais a *sensibilia*; a investigação mental-fenomenológica considera como dados essenciais a *intelligibilia*.

## Alguns exemplos da psicologia

Darei alguns exemplos dessas diferentes metodologias e como operam no campo da psicologia. A investigação empírico-analítica exclusiva, quando aplicada ao ser humano, produz o behaviorismo clássico. Na sua forma mais típica (e. g., Skinner), o behaviorismo aceita como dados apenas a *sensibilia*, ou ocasiões objetivamente percebidas. A mente *como* mente, na verdade, é quase descartada, e o organismo é visto como um mecanismo bastante complexo, mas totalmente *reativo*. E, de fato, o behaviorismo consegue coletar todos os tipos de dados sensível-objetivos – dados sobre cumprimento de agendas, respostas condicionadas, reforços positivos e negativos, e assim por diante. E, na sua forma clássica, o behaviorismo nem se importa em *falar* com a pessoa envolvida. Elas se falam, é claro, porque são humanas, mas no modelo em si não há nenhuma razão essencial para fazê-lo; se você deseja uma resposta específica da pessoa – independentemente de ela desejar dá-la ou não – basta começar a reforçar a reação desejada. Nesse modelo, a pessoa realmente não tem escolha, a não ser seguir reativamente o reforço, porque nele a pessoa não tem mente *como* mente, não tem livre-arbítrio, não é proativa, não tem preferências. Isto é, o behaviorismo é, basicamente, um monólogo ou uma ciência monológica – é empírico-analítico. E o modelo funciona muito bem com animais sub-humanos (e nos níveis sub-humanos do animal humano), porque os animais são, de fato, em grande parte pré-simbólicos, pré-intencionais, pré-históricos e pré-volitivos – ocasiões que podem ser percebidas e estudadas empiricamente.

Porém, obviamente, o modelo behaviorista clássico funciona muito mal nos seres humanos, porque eles possuem, *entre* os estímulos sensoriais e a resposta sensorial, uma *estrutura mental*, e essa estrutura obedece a leis cujas ações não são da *sensibilia*, e sim da *intelligibilia*. Quando o behaviorismo clássico começou a reconhecer vagamente esse fato, ele tentou acomodar seu modelo introduzindo a noção de "variáveis intervenientes" (e. g., Hull) - ou seja, entre o estímulo sensório-motor e a resposta sensório-motora, existem variáveis "intervenientes" ou cognitivas, tais como *expectativa* e *valor* (Hull, Tolman). Embora isso seja verdade, a metodologia empírico-analítica do behaviorismo estava mal equipada para investigar essas variáveis intervenientes, porque a investigação empírica trabalha com dados objetivos, enquanto as variáveis intervenientes - a *intelligibilia* - são mais intersubjetivas que objetivas. E no momento em que começamos a investigar fenômenos intersubjetivos, somos imediatamente conduzidos ao domínio do discurso, do diálogo, da comunicação, da introspecção, da hermenêutica, da fenomenologia e assim por diante. E tentar lidar com esses *dados* mental-fenomenológicos com métodos empírico-analíticos - por exemplo, chamando-os de "comportamento verbal" - é tão eficaz quanto tentar descobrir o significado de *Guerra e paz* analisando a folha de papel objetiva e a tinta nela impressa.

Não pretendo, de forma alguma, negar a utilidade limitada da investigação empírico-analítica no comportamento humano. Não só a *sensibilia* humana deve ser investigada empiricamente, mas também, à medida que a *intelligibilia* (ou *transcendelia*) altere o mundo objetivo, essas alterações podem e devem ser investigadas empiricamente. Mas o empirismo, por si só, não capta a essência dessas alterações. Permita-me dar um exemplo talvez mais difícil, apenas para mostrar que é possível argumentar: uma obra de arte, uma pintura - digamos, *Três de maio de 1808 em Madri*, de Goya. Por vários de nossos critérios, a obra de arte pode ser estudada empiricamente. Por um critério, a composição da tinta, a data da tela etc., podem ser analisadas empiricamente, e a *sensibilia* da obra de arte em si - suas cores, linhas, superfícies, estética - pode ser apreendida empiricamente. Por outro critério, a obra de arte em si é, de fato, uma entidade *objetiva*. E por mais um, posso olhar para a pintura e estudá-la *sem falar* com Goya (afinal, ele já morreu).

Mas, se eu também desejo saber se Goya estava tentando me dizer algo, falar comigo, por assim dizer, para comunicar não apenas *sensibilia*, mas *intelligibilia*, o impacto empírico e o estudo não valem muito. A tela e a tinta ainda são "objetos lá fora", mas são *formadas* e *informadas* pela *intelligibilia* humana, pela mente criativa humana; elas incorporam de forma objetiva as *intenções* de um sujeito *humano*, e essas intenções não são dadas empírica ou sensorialmente. Embora a obra *exista* no mundo objetivo-sensorial, ela não pode ser *apreendida* por esse mundo.

Para averiguar essas intenções e significados, devo, de alguma maneira, tentar entrar na mente de Goya, "conversar" com ele – devo usar fenomenologia histórica, hermenêutica, técnica dialógica. Claro, não consigo falar diretamente com Goya; se ele estivesse vivo, poderíamos conversar sobre o significado da pintura, compartilhar durante a conversa os sentimentos comuns que ela evoca na mente e no espírito humanos. Sendo isso impossível, devo – como na fenomenologia histórico-hermenêutica – tentar recriar, pelas regras da boa interpretação, as intenções de Goya. Devo olhar para o período *histórico* e para o estado de espírito com que Goya pintou; devo tentar captar e interpretar suas intenções pessoal-subjetivas; e devo fundamentar essas interpretações em uma comunidade de pessoas com habilidades semelhantes. Caso contrário, conhecerei apenas *minhas* intenções enquanto falo comigo mesmo.

Procedendo assim, histórica, fenomenológica e dialogicamente, vários dos significados inteligíveis da pintura começam, inequivocamente, a emergir, e não apenas os significados estético-sensoriais. Goya estava tentando me dizer algo. A pintura foi feita durante o período das invasões napoleônicas, da guerra civil, dos pelotões de fuzilamento, que horrorizaram Goya. A pintura é brilhante e frenética em sua execução; constitui uma acusação vívida e cruel da barbárie e ultraje humanos em um mundo entregue à guerra. É claro que também pode haver outros significados, e cada pessoa é livre para contribuir com suas reações pessoais. Mas não é qualquer significado ou interpretação que serve – essa pintura *não* trata das alegrias da guerra. Podemos não ser capazes de determinar *todos* os significados legítimos por intermédio da fenomenologia hermenêutica, mas certamente podemos determinar alguns, talvez a maioria deles. E o empirista que rejeita esse conhecimento é simplesmente aquele que, nesse domínio, preferiria não saber nada a saber alguma coisa.

O ponto é que a mente humana pode, de fato, formar e informar o mundo objetivo, mas esses objetos *incorporam* uma *intelligibilia* que não é dada à mera *sensibilia*. Assim, se quisermos entender não apenas a *sensibilia*, mas a *intelligibilia*, devemos recorrer a uma ciência dialógica (diálogo) – uma fenomenologia mental geral. Isto é especialmente verdadeiro na psicologia. E assim, mais uma vez, darei um exemplo mais difícil: a psicanálise freudiana.

De muitas formas, Freud começou com uma abordagem empírico-analítica ou meramente fisiológica. Mas, como ele mais tarde diria, mesmo se descobríssemos todos os aspectos fisiológicos da consciência, "isso nos proporcionaria, no máximo, uma localização exata dos processos da consciência e não nos ajudaria a compreendê-los"[46]. Era o *significado* dos dados psicológicos – sua intencionalidade e sua interpretação (interpretação de sonhos, sintomas etc.) o que Freud mais queria estudar, ou seja, sua abordagem e seu território eram quase inteiramente mental-fenomenológicos, hermenêuticos e históricos – a *história* aqui é simplesmente a história e o desenvolvimento do próprio sistema do eu da pessoa (fixações, traumas, repressões do passado etc.). A consciência psicanalítica é consciência *histórica*, uma reconstrução e lembrança da história pessoal, de modo a entendermos sua influência atual. E, o mais importante, a psicanálise era um *diálogo* – exigia um *discurso intersubjetivo* – "a cura pela fala".

Além do mais – e isto também é fundamental – a principal descoberta de Freud não foi uma teoria, mas uma *injunção* (um exemplar, um paradigma). A injunção foi a associação livre, que revelou um domínio objetal (dados) até então amplamente ignorado (processos primários inconscientes). A associação livre superou a injunção de Bernheim e Charcot, que era a hipnose simples. A injunção da associação livre foi tão importante a ponto de, até hoje, ser chamada de "regra básica da psicanálise" ("fale o que vier à sua mente"). Ao usar essa injunção, Freud começou a coletar *dados* sobre esse novo domínio objetal, o processo primário inconsciente. E esses dados podiam ser *verificados* por qualquer pessoa disposta a seguir as três etapas: (1) adotar a injunção da associação livre; (2) anotar as apreensões ou dados resultantes; e (3) comparar e contrastar esses dados com uma comunidade com formação adequada.

Certamente, pode-se discordar de algumas das interpretações e teorias de Freud *sobre* os dados (uma distinção à qual retornaremos em breve), mas os dados em si, na maioria das vezes, foram tão sólidos quanto as injunções permitiram. Mesmo Jung, que discordava da teoria completa de Freud, geralmente reconhecia seus dados. Mas uma proposição mental-fenomenológica, para ser reconhecida como sólida, deve não apenas levar em conta os dados, mas fazê-lo de uma maneira capaz de suportar o fogo da comunicação irrestrita e do discurso intersubjetivo. O círculo de subjetividade, afinal, rejeitará adequadamente e prescindirá daquelas formas hipotéticas que não combinem com suas estruturas intersubjetivas. Assim, algumas das teorias de Freud passaram normalmente neste teste: a existência de processos inconscientes, mecanismos defensivos ou repressivos, narcisismo, a importância do desenvolvimento, a existência de diferentes tipos de estruturas psicológicas – esses conceitos são aceitos por praticamente todas as escolas de psicologia moderna, independentemente da ênfase colocada neles. Outras de suas teorias não se ajustaram ao consenso intersubjetivo informado e, portanto, foram desconsideradas no desenvolvimento contínuo da teoria psicológica – derivação do ego a partir do id, ênfase excessiva na etiologia sexual, certas especulações antropológicas, falocentrismo e a natureza exata dos sonhos. O mesmo, é claro, pode ser dito de Jung, Wundt, Rank, Adler e todos os psicólogos dialógico-fenomenológicos. Seus dados não são tão densos quanto os dos empiristas ou behavioristas, mas também não são "mero subjetivismo", porque existe um corretivo externo a um viés subjetivo indevido: os dados *e* seu discurso devem estar fundamentados na malha intersubjetiva da *intelligibilia* comunicativa.

O ponto é que essa psicologia dialógico-fenomenológica, em suas várias formas, culminou hoje em um corpo impressionante de dados sólidos e teoria robusta. Entre os pesquisadores mais recentes, pode-se ressaltar especialmente Piaget, porque, novamente, o que imediatamente distingue seu sistema é a introdução de uma nova *injunção*, neste caso, o *méthode clinique*. É claro que esse método é dialógico (Piaget despreza o mero empirismo), um método para investigar a troca e o discurso intersubjetivos. O *méthode clinique* baseia-se em um formato de perguntas e respostas altamente refinado, aplicado a indivíduos de várias faixas etárias (embora, é claro, seja alterado para a idade pré-verbal, do nascimento aos 2 anos, o período em que a criança vive principalmente no domínio da *sensibilia*, não da *intelligibilia*). Por meio dessa e de outras técnicas injuntivas, Piaget acumulou uma enorme quantidade de *dados* mental-fenomenológicos, os quais ele submeteu a uma análise estrutural e desenvolvimental. Os resultados foram amplamente reproduzidos por outros pesquisadores e em contextos transculturais. Essencialmente, o mesmo tipo de abordagem dialógica é usado por Kohlberg, Loevinger, Broughton, Maslow e outros.

Quanto ao legado de Freud, a psicanálise propriamente dita deu lugar à psicologia psicanalítica do ego, que é basicamente estrutural, desenvolvimental e orientada a relações objetais (i. é, intersubjetiva), e que agora se confunde, em um grau surpreendente, com as escolas estrutural-desenvolvimental e cognitiva de psicologia, como muitos claramente ressaltaram, inclusive o próprio Piaget.

Novas técnicas injuntivas – técnicas projetivas (Rorschach), teste de apercepção temática (Murray), *méthode clinique* (Piaget), completação de sentenças (Loevinger), associação de palavras (Jung), dilema moral (Kohlberg) e outras – produziram uma tremenda base de dados fenomenológicos, permitindo uma aceleração acentuada da comunicação irrestrita e do discurso aberto entre os diferentes ramos da psicologia. O resultado disso é que se tem produzido, invariavelmente, uma visão aceitavelmente coerente e bastante unificada do crescimento e do desenvolvimento psicológico humanos (pelo menos em seus estágios pessoais), uma visão que é estrutural, desenvolvimental, fenomenológica, interpessoal e sistêmico-funcional. É claro que essa visão está longe de ser completa, longe de ser absolutamente acordada em todos os detalhes, longe de ser comprovada em todos os aspectos. O ponto, no entanto, é que, em um número impressionante de áreas, existe um consenso intersubjetivo consistente sobre fato, teoria e prática; um movimento intersubjetivo geral e contínuo da *intelligibilia*, que não apenas produz dados repetíveis, mas também rejeita apreensões incongruentes e as descarta da busca contínua do conhecimento. Essa potencial rejeição fala eloquentemente por um domínio objetal real (*intelligibilia*), fundamentando a investigação e impedindo que as verdades do domínio subjetivo se tornem meramente subjetivas.

## Investigação transcendental

Voltemos agora, brevemente, ao exemplo do Zen e vejamos como as três etapas se aplicam à acumulação e verificação de dados ou apreensões transcendentais.

No cerne e nos fundamentos do Zen não se encontra uma teoria, um dogma, uma crença ou uma proposição, mas, como em qualquer verdadeira busca de conhecimento, uma *injunção*, um exemplar. Essa etapa injuntiva - *zazen* ou contemplação - requer anos de treinamento especializado e disciplina crítica (um *roshi* certificado, ou professor Zen, precisa passar de dez a vinte anos de treinamento). O *zazen* é simplesmente a ferramenta injuntiva para a possível revelação cognitiva, e uma pessoa deve se *desenvolver adequadamente* para essa revelação ou não haverá revelação, do mesmo modo que, se você não aprender a ler, nunca entenderá *Macbeth*. Podemos dizer que a consciência meditativa ou a contemplação está para a *transcendelia* assim como a consciência linguística ou o raciocínio está para a *intelligibilia* - são a ferramenta e o território da revelação cognitiva, respectivamente. Não é de se surpreender que a injunção *zazen* seja sempre da forma: "Se você quiser saber se a Natureza de Buda existe, deve, primeiro, fazer o seguinte". Essa é a injunção *experiencial* e *experimental*.

Depois que essa etapa é dominada, o investigador está aberto à segunda etapa, a da apreensão intuitiva do domínio objetal revelada pela injunção, neste caso, os *dados* da esfera transcendental. Essa apreensão intuitiva - um impacto ou percepção experiencial imediata - é conhecida no Zen como *satori* ou *kensho*, ambos significando, em essência, uma "visão direta da natureza espiritual", tão perfeitamente direta quanto olhar por um microscópio para ver o núcleo celular, com a condição mais importante para cada caso: somente um olho treinado consegue ver.

Evidentemente, o *referente* da percepção transcendental, seus próprios dados, não pode ser percebido com o olho da mente ou com o olho dos sentidos. O *satori* assume como seu referente não objetos sensoriais lá fora e não sujeitos mentais aqui, mas, sim, o espírito não dual como tal, uma apreensão direta *do* espírito, *pelo* espírito, *como* espírito, uma apreensão que une sujeito e objeto, revelando o que é anterior a ambos, uma apreensão que, portanto, vai muito além das capacidades da cognição objetivo-empírica ou subjetivo-fenomênica. Como disse Hegel, esse é "o retorno do Espírito a Si mesmo em um plano superior, um nível no qual subjetividade e objetividade são unificadas em um ato infinito ímpar". Essa apercepção transcendental surge quando "eu estou consciente, não apenas de mim mesmo como um indivíduo finito encarando outras pessoas finitas [sujeitos] e coisas [objetos], mas também do Absoluto como a derradeira e abrangente realidade. Se eu a alcanço, meu conhecimento da Natureza como manifestação objetiva do Absoluto [*sensibilia*; *vestigium* de Deus de Boaventura] e do Absoluto retornando a Si mesmo como subjetividade na *forma* do Espírito [*intelligibilia*; *imago* de Deus de Boaventura], existente na, e através da, vida espiritual do homem na história, é um movimento na consciência absoluta [*transcendelia*], isto é, no autoconhecimento do Ser ou do Absoluto"[31].

Essa apreensão direta, imediata e intuitiva do Ser – não pelo olho da carne e não pelo olho da mente, mas pelo olho da contemplação – é *satori*, e é simplesmente a segunda etapa da busca de conhecimento do Zen. (É claro que, no ápice, o olho da contemplação não revela dados, plural, mas dado, singular: o Dado, por assim dizer, é o Espírito Único como Um Espírito. Mas existem todos os tipos de estágios e subníveis de contemplação conduzindo a esse ápice, e todo tipo de apreensões reais, mas não definitivas, ao longo do caminho, como veremos neste livro – e por todos esses motivos, falamos geralmente do olho da contemplação como o revelador de fatos ou dados, plural, do domínio transcendental.)

Mas, claro, as apreensões de qualquer indivíduo em particular do domínio objetal transcendental podem ser pouco sólidas ou inicialmente equivocadas e, portanto, o Zen, em cada estágio, recorre à terceira etapa, que é uma cuidadosa confirmação tanto pelo mestre Zen quanto pela comunidade de meditadores participantes. Ela não consiste apenas de um tapinha automático nas costas e de uma sociedade de acordo mútuo; é um vigoroso teste que pode levar, potencialmente, a uma rejeição e *não certificação* de qualquer apreensão particular ocorrida na etapa n. 2. Tanto na interação intensa e privada com o mestre Zen (*dokusan*) quanto na participação pública exigida em testes rigorosos de autenticidade (*shosan*), *todas* as apreensões são postas diante da comunidade daqueles cujos olhos cognitivos estão adequados ao transcendente, e tais apreensões são profundamente não certificadas se não coincidirem com os fatos de transcendência divulgados pela comunidade de espíritos semelhantes (e isso inclui apreensões passadas, uma vez julgadas, pelas normas da época, como verdadeiras, mas agora subgraduadas ou consideradas parciais por experiências mais sofisticadas). É essa aderência explícita e consciente às *três etapas* de acumulação e verificação de dados que faz do Zen – e de todas as investigações contemplativas igualmente sofisticadas – uma metodologia transcendental sólida e válida.

## Prova da existência de Deus

No seu ápice, essa metodologia transcendental constitui uma prova experimental, verificável e repetível da existência de Deus, *como um fato*, como um penúltimo Dado, mas essa prova não é – não poderia ser – meramente racional ou lógica (e muito menos empírica), uma verdade persistentemente ignorada pela maioria dos teólogos e filósofos religiosos, desde Aristóteles a Anselmo, a Aquino, a Descartes, a Leibniz (e até hoje com Mortimer Adler, Ronald Green, Alvin Plantinga, Ross *et al.*) – embora *nunca* tenha sido ignorada por místicos e sábios, desde Plotino ("Você pergunta: como podemos conhecer o Infinito? Eu respondo: não pela razão.") a Pascal ("O coração tem suas razões, que a razão não pode conhecer."), a Nagarjuna (cuja dialética permanece como a mais poderosa demonstração da inadequação da razão em face do Divino).

O problema com todas essas "provas" racionais da existência de Deus – a cosmológica, a teleológica, a ontológica, a moral etc. – é que o círculo tenta provar a esfera, o rabo tenta abanar o cachorro e, em todos os casos, os resultados são menos do que convincentes, como demonstraram amplamente filósofos de Russell a Mackie (sem mencionar Nagarjuna et al.). Não vou cansar o leitor com uma crítica ponto a ponto de todas essas "provas" racionais – competentes filósofos já o fizeram. Vou simplesmente dizer que, como alguém que acredita que o Espírito existe, como alguém *já* predisposto, considero as provas *racionais*, especialmente levando em conta os riscos, anêmicas ao extremo (e isso inclui a atualização supostamente "imbatível" de Ross para a "prova" ôntica de Anselmo-Duns Escoto). Creio ser verdade, como muitos filósofos se esforçaram para demonstrar, que tais argumentos podem ser adequadamente demolidos. O problema fundamental de todos eles é simplesmente que se baseiam em um profundo erro de categoria – uma tentativa de provar o domínio transracional com operações meramente racionais.

É claro que a razão pode e *tenta* pensar sobre o Espírito, ainda que inadequadamente, e é perfeitamente livre para oferecer vários tipos de *argumentos de plausibilidade* para a existência do Espírito. Essas não são, de maneira alguma, provas, mas alusões veladas, e não tenho nenhum problema quanto a isso. Na verdade, eu as acho vagamente saudáveis e certamente envolventes, e, definitivamente, preferiria ver a (impossível) tentativa de provar racionalmente o Espírito do que a (igualmente impossível) tentativa de refutar racionalmente o Espírito. Mas mesmo os mais sofisticados desses argumentos têm como conclusão, pela própria admissão de seus autores, nada muito mais substancial do que: "bem, deve haver algum tipo de algo transcendental em algum lugar", uma conclusão que, quando comparada com a realização direta, imediata e profunda oferecida pelo olho da contemplação, apresenta um desempenho pateticamente deficiente.

O que quero dizer é simplesmente que, ao oferecer apenas "provas" racionais para o Absoluto – provas que, no mínimo, podem ser tão facilmente refutadas quanto defendidas – quando a prova se vai, o pobre Deus a acompanha. Tais erros de categoria somente atrasam a compreensão de que existe uma prova instrumental para a existência de Deus, mas o instrumento é a contemplação, não a razão, e a prova é direta, não mediada. Como *complemento* à *gnose*, as discussões racionais são muito úteis; como *substituto* da *gnose*, elas são profundamente enganadoras.

## Mas isto é "ciência"?

Se empreendimentos como o Zen, o Yoga, o cristianismo gnóstico, o budismo Vajrayana, o Vedanta e outros seguem, de fato, as três etapas de acumulação e verificação de dados válidos (ou rejeição), eles podem ser, legitimamente, chamados de "ciências"?

A resposta, claro, depende do que entendemos por "ciência". Se por "ciência" referimo-nos às três etapas de acumulação de conhecimento em qualquer domínio, então, realmente, as escolas mais puras do Zen, do Yoga etc., podem ser chamadas de científicas. Elas são injuntivas, instrumentais, experimentais, experienciais e consensuais. Sendo assim, poderíamos legitimamente falar de "ciências espirituais", da mesma forma como agora falamos de ciências sociais, ciências hermenêuticas, ciências psicológicas e ciências físicas (as últimas sendo empíricas, as outras sendo fenomenológicas ou transcendentais). Muitos mestres de meditação gostam de se referir à ciência do Yoga, à ciência do Ser ou à ciência da meditação.

Mas há, de fato, alguns problemas com isso, porque se por "ciência" nos referimos à ciência empírico-sensorial – e que é, na verdade, o que geralmente se quer dizer – então, as disciplinas espirituais/meditativas/contemplativas *não* são ciência, como também *não* o são a hermenêutica, a fenomenologia, a psicologia introspectiva, a matemática, a psicanálise, a sociologia interpretativa e assim por diante. Como vimos, a investigação empírico-analítica nem sequer consegue lidar adequadamente com o domínio da *intelligibilia*, muito menos com o da *transcendelia*!

Assim, no passado, fui mais relutante, e até mais severo, em aceitar a noção de uma "ciência superior", simplesmente porque a maioria dos defensores de uma "ciência superior" tentou, implicitamente, expandir a definição de ciência, *sem renunciar ao modo exclusivamente empírico-analítico*. A maioria dos teorizadores psicológicos, filosóficos e sociológicos de hoje abandonou há muito tempo o mero empirismo (Piaget, Whitehead, Lacan, Habermas, Gadamer, Ricoeur, Bateson, entre outros) e as disciplinas transcendentais, por razões ainda mais convincentes, certamente devem seguir o exemplo (transcendendo, mas incluindo o empirismo). E, no entanto, havia muitos teorizadores afirmando que a ciência "nova e superior" – transpessoal, transcendental, espiritual – seria uma *disciplina puramente empírica*, sem aparentemente serem muito claros sobre o que eles entendiam por "empirismo". Obviamente, por "empírico" eles, em geral, queriam dizer experimental e experiencial (no sentido amplo), mas também se referiam, igualmente e ao mesmo tempo, a dados objetivo-sensoriais, e essa ambiguidade causou muita confusão desnecessária.

Permita-me dar alguns exemplos dos resultados confusos que ocorreram quando as evidências puramente empíricas foram avançadas como "prova" de estados superiores, transpessoais ou transcendentais. Comecemos pelo monitoramento fisiológico do cérebro de "estados alterados de consciência". Vários pesquisadores adotaram meditadores avançados, iogues ou *swamis*, que afirmam conseguir entrar em um "estado superior de consciência" e, para verificar essa afirmação, os ligaram a uma máquina empírico-científica, o eletroencefalógrafo (EEG). O iogue entra em seu "estado superior" (*samadhi*) e, com certeza, é produzido um padrão no EEG totalmente sem precedentes. O que isso prova?

Prova que esse iogue é capaz de alterar seus padrões cerebrais e, portanto, o EEG. Não oferece nenhuma prova de um estado *superior* de consciência, apenas de um estado *diferente* de consciência. Na verdade, esse estado pode ser uma nova forma de psicose, uma nova geração de esquizofrenia catatônica *ou o que seja*. Nada no EEG pode provar que esse é um estado *transcendente*. Pelo contrário, *é o iogue, usando seu olho contemplativo interior, que, sozinho, declara que é um estado transcendente*. Não é o EEG, que é um olho estendido da carne, mas apenas o iogue, usando seu olho da contemplação, que pode falar de estados superiores. O fato de um estado mais elevado poder sempre estar correlacionado com um padrão específico de ondas cerebrais seria uma parte importante dos dados, mas a *prova* de que ele é *superior* é dada pelo iogue (e pela comunidade de contemplativos similares), não pela máquina. A *prova* é contemplativa, não empírica. Os dados empíricos são *úteis*; porém, não são *fundamentais*.

Mas o problema real é ainda pior que isso. Como já dissemos, o mais alto deixa suas pegadas no mais baixo, e essas pegadas são um campo legítimo, embora limitado, de investigação (você vê as pegadas, mas nunca a fera). O verdadeiro problema é que aqueles que promoveram a fisiologia empírica do cérebro como "prova" de um estado transcendente logo descobriram que o argumento rapidamente se voltou contra eles, na verdade oferecendo evidências poderosas exatamente do oposto. Se esses "estados superiores" podem, de fato, ser avaliados mais fundamentalmente pela fisiologia cerebral, a conclusão correta é que esses estados "superiores" ou "transpessoais" são meros eventos que ocorrem no próprio cérebro *pessoal* – eles não são realmente transpessoais ou transcendentais.

Assim que o pesquisador transpessoal (e. g., Ornstein) retorna com: "Não, o que está acontecendo é que esse novo estado fisiológico do cérebro simplesmente permite que o cérebro se sintonize com energias e domínios mais elevados e transpessoais", o empirista apenas diz: "Mostre-me a evidência empírica desses domínios transpessoais". O transpessoalista agora não pode apontar novamente para a fisiologia do cérebro, porque ele acabou de dizer – para escapar da primeira crítica – que a fisiologia está apenas permitindo que domínios *mais elevados* sejam percebidos e, portanto, esses domínios mais elevados não podem ser o mesmo que a fisiologia. Mas, quanto a esses domínios superiores *propriamente ditos*, empiricamente, ele não tem absolutamente nada, e o empirista sabe disso. O transpessoalista está de volta onde começou, com a desvantagem adicional de que o empirista agora possui nova munição: os dados puramente empíricos, longe de provar uma ocasião transcendental, transindividual e transpessoal, simplesmente provam – considerados por si mesmos – que o místico não está percebendo o Espírito, mas apenas sua própria estrutura cerebral. E já que o cosmos existe há talvez 15 bilhões de anos, e o cérebro humano há apenas lamentáveis 6 milhões de anos, então *esse* "deus" cerebral claramente não é uma essência infinita, eterna, onipresente e transcendental, mas uma simples centelha neurológica em um cérebro puramente pessoal. Em suma, o argumento da fisiologia do cérebro, *exatamente* ao tentar ser empírico, agora constitui um dos maiores obstáculos à aceitação de estados genuinamente transpessoais.

Novamente, parte do problema é que tais pesquisadores transpessoais tentam, irrefletidamente, saltar de dados empírico-sensoriais diretamente para dados contemplativo-transcendentais, sem perceber que a investigação empírico-analítica nem sequer cobre adequadamente o terreno intermediário da *intelligibilia*. Por exemplo, nenhuma sofisticação do EEG, nenhuma quantidade de dados fisiológicos, pode ajudar você a compreender a mensagem de *Macbeth*, a adequação da economia de mercado, a geopolítica da situação no Oriente Médio ou o significado dos hieróglifos egípcios. Toda essa *intelligibilia*, embora certamente deixe suas pegadas registradas na fisiologia do cérebro, tem sua essência, seu referente, seu terreno e sua existência *fundamental* no círculo *intersubjetivo* da fenomenologia mental. Os estudos empírico-fisiológicos não são inúteis para a compreensão da *in-*

*telligibilia*, são apenas extremamente secundários – e, portanto, quando se trata da *transcendelia*, eles são, poder-se-ia dizer, extremamente terciários. Tentar fundamentar afirmações de verdade transcendentais na fisiologia cerebral é tão útil quanto conectar Einstein a um EEG para descobrir se $E$ realmente é igual a $mc^2$.

Meu argumento é simplesmente que, quando se trata de *intelligibilia* e *transcendelia*, os estudos empíricos-analíticos são de importância extremamente limitada e extremamente secundária. E pior: quando afirma que há provas empírico-científicas para qualquer um desses estados, o pesquisador, de maneira implícita e simplista, *aceita os padrões positivista-reducionistas* e, portanto, sem querer, fica nas mãos dos próprios oponentes de tais estados, prejudicando o avanço não só da fenomenologia racional válida, como também da investigação transcendental genuína.

Ora, não estou dizendo que a palavra "ciência" não possa ser legitimamente aplicada a referências fenomenológicas e transcendentais; não estou dizendo que não possa haver ciência na *intelligibilia* e na *transcendelia*. Estou dizendo que a metodologia da ciência monológica ou empírico-analítica *não pode* ser aplicada a esses domínios mais elevados. Se quisermos falar de uma "ciência superior" – e penso que podemos – devemos ser muito mais cautelosos do que costumaram ser os defensores do passado. E há um último cuidado que, embora um pouco técnico, não pode ser negligenciado. É desse ponto que trataremos agora.

## Teoria e hipótese

Vimos que cada um dos três modos gerais de conhecimento – sensorial, mental e espiritual – tem acesso a apreensões ou dados diretos, imediatos e intuitivos (*sensibilia*, *intelligibilia* e *transcendelia*). No entanto, observe que os dados do modo mental – suas palavras, símbolos e conceitos – uma vez que são, de fato, simbólicos, intencionais, reflexivos e referenciais, podem ser usados para evidenciar ou representar os dados de qualquer outro domínio: *sensibilia*, *intelligibilia* propriamente dita ou *transcendelia*. Podemos indicar essas relações epistemológicas como na figura a seguir.

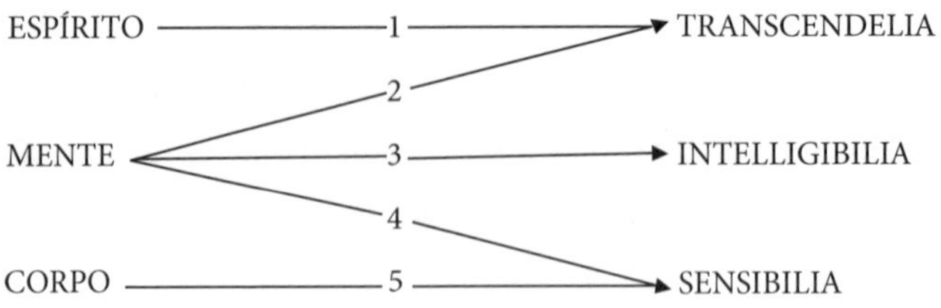


O modo n. 5 é a simples *cognição sensório-motora*, o olho da carne, a compreensão pré-simbólica do mundo pré-simbólico (*sensibilia*). O modo n. 4 é o *pensamento empírico-analítico*; é a mente (*intelligibilia*) refletindo sobre, e se baseando no, mundo da *sensibilia*. O modo n. 3 é o *pensamento mental--fenomenológico*; é a mente (*intelligibilia*) refletindo sobre, e se baseando no, mundo da *intelligibilia* propriamente dito. O modo n. 2 pode ser chamado de *pensamento mandálico ou paradoxal*; é a mente (*intelligibilia*) tentando raciocinar sobre o espírito ou *transcendelia*. E o modo n. 1 é a *gnose*, o olho da contemplação, a compreensão transimbólica do mundo transimbólico, o conhecimento direto do espírito pelo espírito, a intuição imediata da *transcendelia*.

Mas observe: enquanto os dados de qualquer domínio são em si mesmos imediatos e diretos (por definição), a *representação* por dados *mentais* de *outros* dados (sensoriais, mentais ou transcendentais) é um processo intermediário ou mediato – é um procedimento de *mapeamento*, *modelagem* ou *correspondência*. E esse procedimento de mapeamento – o uso de dados mentais (símbolos e conceitos) para explicar ou mapear *outros* dados (sensoriais, mentais ou transcendentais) – resulta simplesmente no que é conhecido como *conhecimento teórico*.

Chegamos, então, a um ponto crucial. Nem o domínio sensório-motor em si nem o domínio espiritual em si formam teorias. Eles podem ser *objeto* de teorias, mas não produzem teorias. Um é pré-simbólico, o outro é transimbólico e as teorias são, acima de tudo, produções simbólicas ou mentais. Há experiência válida, conhecimento válido, apreensão válida nos domínios espiritual e sensorial, mas não experiência simbólica ou teórica. Voltaremos a esse importante ponto em breve; por enquanto, vamos olhar mais de perto a natureza das *teorias mentais*, porque elas são essenciais para decidirmos sobre o significado da palavra "ciência".

Uma teoria (ou uma hipótese) é basicamente um *conjunto de dados mentais diretamente apreendidos*, usados para mapear, explicar ou organizar *outros dados diretamente apreendidos*. Por exemplo, considere a hipótese empírica: "O lado oculto da lua é composto de queijo". Independentemente da verdade ou falsidade da proposição, observe que você entende diretamente o significado dela, porque a proposição em si é um *dado mental*, uma apreensão direta e imediata da *intelligibilia* pelo olho da mente. Surge *então* a questão: o dado *mental* modela ou representa o dado *físico* sobre a lua com precisão? Para descobrir de uma vez por todas, enviamos uma pessoa (ou instrumentos) para a lua e olhamos – isso nos fornece dados físicos *diretos* e imediatos e, assim, descobrimos que a proposição de mapeamento ou de *intermediação* é falsa.

Ora, eu enfatizo o ponto aparentemente trivial de que a hipótese é um *dado mental* diretamente apreendido porque, sem esse entendimento, o *status* da mente nas mãos dos empiristas corre sério perigo. Pois a mente começa a parecer como "nada mais que" uma entidade refletora do domínio físico ou denso, "nada além de" uma "abstração árida" que, de alguma forma, não é tão real quanto o "território concreto" da boa *sensibilia*, negligenciando o fato de que a mente – o domínio da *intelligibilia* – é um *território experiencial* tão (ou mais) real quanto a *sensibilia*. Até mesmo William James caiu nesse reducionismo pernicioso. "Existem duas maneiras de saber as coisas", diz ele, "conhecendo-as imediata ou intuitivamente [dados] ou conhecendo-as conceitual ou representativamente [o que incluiria teorias e mapas]. Embora coisas como a folha de papel diante de nossos olhos possam ser conhecidas intuitivamente [ele não quer dizer espiritualmente, e sim direta e imediatamente], a maioria das coisas que conhecemos, os tigres agora na Índia, por exemplo [i. é, objetos fora de nossa atual percepção sensorial], são conhecidas apenas representativa ou simbolicamente."[67] E, de acordo com James, o mapa ou símbolo, como a imagem ou o conceito "tigre", medeia ou aponta para o tigre real, mas é apenas a experiência sensorial do tigre real que constitui conhecimento direto e imediato. Incrivelmente, James ignora o fato de que o símbolo em si, a palavra-imagem "tigre", é, ela própria, direta e imediatamente experienciada ou apreendida pelo olho da mente, *do mesmo modo* como o tigre físico pode ser diretamente apreendido pelo olho da carne. E, de fato, as ciências mental-fenomenológicas – a linguística, por exemplo – assumem como seu *território concreto* a experiência nativa e intuitiva, e a compreensão dos próprios símbolos mentais e palavras! Portanto, em nenhum sentido, "território real" significa apenas a *sensibilia* física; há território sensorial, território mental e território espiritual – *todos* sendo domínios de objetos reais e experienciais. E, de nenhuma forma, o "mapa" assume o epíteto depreciativo: "apenas uma mera abstração", pois a abstração *per se* faz parte de um território muito real, o território da *intelligibilia*.

Portanto, uma teoria (ou uma hipótese) é um dado mental *imediatamente* apreendido (ou uma *gestalt* de dados) usado para *mediatamente* representar, mapear ou sistematizar logicamente outros dados *imediatamente* apreendidos (sensoriais, mentais, espirituais). Mas se uma teoria é um mapa mental, o mapa pode estar errado, e o que distingue uma teoria ou hipótese de uma formulação meramente dogmática é seu chamado à verificação experiencial ou baseada em dados. Uma hipótese não é apenas uma formulação de dados atuais; é uma formulação de dados atuais na tentativa de criar um mapa que não seja surpreendido por dados futuros. E a única maneira de verificar se um mapa será surpreendido por dados futuros é coletar realmente dados futuros.

E já vimos os meios para fazê-lo: as três etapas de acumulação e verificação de dados – injunção, apreensão e confirmação. Com hipóteses, existe simplesmente *o passo extra do mapeamento intermediário*: o reajuste (ou, às vezes, a rejeição total) da hipótese ou mapa à luz dos dados recém-adquiridos. Uma hipótese é um mapa provisório *mais* injunções sugeridas.

Assim, por exemplo, Freud reuniu seus dados – imagens, símbolos, relatos de sonhos, associações livres, ab-reações etc.; baseados neles, formulou várias teorias; depois, verificou as teorias contra novos dados; em seguida, reformulou suas teorias e assim por diante. O mesmo se aplica sempre que estamos discutindo não apenas a *apreensão experiencial direta* (dados em qualquer domínio), mas o *mapeamento mental* sistemático desses dados (de qualquer domínio) – ou seja, aplica-se (ou pode ser aplicado) à investigação empírico-analítica (n. 4), à investigação mental-fenomenológica (n. 3) e à investigação mandálica (n. 2; p. ex., cartografias mentais, embora limitadas, dos domínios superiores e transmentais).

Penso que a maior parte disso é bastante evidente. Estou simplesmente enfatizando o fato de que os mapas, teorias ou hipóteses *em si mesmos*, independentemente de seus referentes (sensoriais, mentais ou transcendentais), e independentemente de sua eventual verdade ou falsidade, fazem parte do domínio de *dados mentais*: produzidos pela mente e diretamente apreendidos pela mente.

Mas isso torna uma "ciência espiritual" ou uma genuína "ciência transcendental" duplamente difícil. Diferentemente da *sensibilia* ou da *intelligibilia*, a *transcendelia* não pode ser fácil ou adequadamente descrita em termos ou mapas mentais. Os *dados* espirituais são transmentais e transconceituais e, portanto, resistem (até desafiam) ao mapeamento e à codificação conceitual, racional, teórica. Na verdade, vimos que, quando a *mente* tenta olhar ou pensar sobre o espírito, produz resultados paradoxais. A mente pode observar e mapear adequadamente a *sensibilia* porque a transcende; pode observar e mapear adequadamente a *intelligibilia*, porque esse é o seu próprio quintal; mas não pode observar ou mapear adequadamente o espírito, porque ele a transcende. E quando o espírito é descrito em termos mentais, ele não se encaixa nas categorias satisfatórias, de senso comum e práticas do pensamento empírico-analítico ou mesmo da lógica simbólica mais sutil; ele se apresenta em termos escorregadios, paradoxais e poéticos da razão mandálica. Entenda que o conhecimento espiritual propriamente dito – a *gnose*, n. 1 – é o conhecimento mais direto, nítido e impactante que se pode imaginar; ele simplesmente transcende a conceitualização e, portanto, resiste a categorizações hipotéticas e a mapeamentos mentais claros.

O ponto é que uma das definições-padrão de qualquer tipo de ciência é "consistência teórica". Até Charles Tart aceita isso como um critério de "ciência superior", "específica de estado" ou "espiritual". Mas é inútil exigir consistência teórica de estados transteóricos. É claro que o Hinduísmo, o budismo e outros podem falar de maneira lógica e consistente, mas é um grande erro pensar que a essência desses movimentos possa ser derivada de conceitos. Como diz Watts: "O Zen não tenta ser inteligível, isto é, capaz de ser entendido pelo intelecto". Yogananda: "A razão é impotente para entender a verdade transcendental. A faculdade mais elevada do homem não é a razão, mas a intuição [gnose]: apreensão do conhecimento derivado imediata e espontaneamente da alma, não da ação falível dos sentidos ou da razão". Como explica Kaplan: "Os esotéricos veem a atividade de elaboração de teorias da mente como uma função específica de estado inferior – que é deixada para trás com a realização daquelas funções cognitivas da mente, totalmente diferentes, mas [válidas], que resultam em conhecimento esotérico [espiritual]. Os praticantes do esoterismo insistem que o conhecimento esotérico em si não é uma questão de teoria, o que significa que esse [critério da ciência] não se aplica a ele"[69].

## Portanto, o que entendemos por "ciência"?

E assim, por todas as razões anteriormente mencionadas, no passado eu relutei muito em falar de uma "ciência superior" – uma ciência não apenas da *sensibilia*, mas também da *intelligibilia* e da *transcendelia*. Mas existe, reconhecidamente, um problema "político" ou talvez de "relações públicas" em dizer que uma disciplina "não é científica", não importa quão cuidadosamente as definições sejam organizadas, porque "não científico" passou a significar, por razões boas e ruins, "não verificável", "não realmente real" ou "não cognitivamente válido".

Por conseguinte, se "não científico" quer dizer "não passível de observação e verificação diretas", então "científico" deve significar o oposto: aberto à observação experiencial direta e à validação consensual. Se é assim, "ciência" não pode significar apenas verificação (ou rejeição) empírica, porque tudo, da matemática em diante, seria "não científico". Portanto, no sentido mais geral, ciência deve significar qualquer disciplina que abra, honesta e conscientemente, suas afirmações de conhecimento às três etapas de acumulação e verificação de dados válidos. E, similarmente, essas afirmações de conhecimento não teriam de ser *apenas* teóricas (ou mentais); elas também poderiam ser afirmações *transmentais* ou afirmações de consciência gnósticas, desde que fossem conscienciosamente obedientes às três etapas. Sendo assim, poderíamos falar legitimamente, não apenas da ciência da *sensibilia* – física, química, biologia, astronomia, geologia – mas também da ciência da *intelligibilia* – linguística, matemática, fenomenologia experimental, psicologia introspectiva e interpessoal, hermenêutica histórica, lógica, sociologia interpretativa, filosofia comunicativa – *e* da ciência da *transcendelia* – disciplinas abertamente experienciais e contemplativas, como o Zen, o Vedanta, o Vajrayana, o cristianismo e o judaísmo místicos etc.

Mas, de fato, se queremos falar de uma "ciência superior", devemos ter muito cuidado para não nos referirmos a uma ciência "empírico-sensorial" superior, pois, se a honestidade e a abertura gerais do empreendimento científico podem ser expandidas para os domínios mais elevados da *intelligibilia* e da *transcendelia*, a mais limitada metodologia empírico-analítica *não pode*. Portanto, se desejamos falar dessas ciências superiores ou, na verdade, da ciência em geral, muita confusão pode ser evitada se observarmos as seguintes sugestões gerais (que podem, finalmente, ser enunciadas):

1) Por "ciência", referimo-nos explicitamente a qualquer disciplina que siga conscienciosamente as três etapas da acumulação e verificação de dados, seja no domínio da *sensibilia*, *intelligibilia* ou *transcendelia*.

2) Quando os dados provêm ou se fundamentam no domínio objetal da *sensibilia*, falamos de ciências empírico-analíticas ou monológicas (monólogos); com base no modo n. 4.

3) Quando os dados provêm ou se fundamentam no domínio objetal da *intelligibilia*, falamos de ciências mental-fenomenológicas, racionais, hermenêuticas, semióticas ou dialógicas (diálogo); com base no modo n. 3.

4) Quando os dados provêm ou se fundamentam no domínio objetal da *transcendelia*, falamos de ciências translógicas, transcendentais, transpessoais ou contemplativas. E as dividimos, cuidadosa e conclusivamente, em duas classes:

a) Ciências mandálicas – a tentativa da mente de organizar ou categorizar, ainda que inadequadamente, os dados da *transcendelia*; com base no modo n. 2 (isso inclui cartografias mentais dos domínios transmentais; "argumentos de plausibilidade" racionais para o espírito; discussões verbais da divindade e assim por diante, desde que a relativa inadequabilidade e paradoxalidade desse modo sejam solidamente compreendidas).

b) Ciências numenológicas ou gnósticas – as metodologias e injunções para apreensão *direta* da *transcendelia* como *transcendelia*; apreensão direta e intuitiva do espírito, númeno, *dharmakaya*; com base no modo n. 1.

(Vamos também incluir, tentativa e condescendentemente, a possibilidade das paraciências, das ciências da investigação de eventos paranormais. Uma discussão sobre esse complexo tópico vai muito além do escopo dessa apresentação e, portanto, observemos apenas: (1) as paraciências não são idênticas às ciências transcendentais propriamente ditas, simplesmente porque, em praticamente todos os eventos psíquicos, a mente e os sentidos não são transcendidos verticalmente, eles são simplesmente estendidos horizontalmente por meio de mecanismos ainda não esclarecidos. As paraciências trabalham com a *parassensibilia* e com a *paraintelligibilia*, por assim dizer, mas não com a *transcendelia* completamente transmental. (2) Considerando que os domínios da *sensibilia*, da *intelligibilia* e da *transcendelia* são estruturas normais, naturais e necessárias que se desenvolvem, invariavelmente, em todos os seres humanos que completam o ciclo global de crescimento, as ocasiões psíquicas em geral parecem ser eventos que podem ocorrer ou não em vários estágios de crescimento [embora alguns textos sugiram que elas ocorrem mais facilmente na transição da esfera mental para a espiritual]. Mesmo assim, elas não parecem ser estruturas de crescimento universalmente necessárias, mas estruturas de crescimento excepcionais ou paranormais. (3) É claro que isso dificulta muito o acúmulo e a verificação de dados - muito mais difícil do que na *transcendelia*, porque o domínio da *transcendelia*, como um estágio mais elevado, porém natural, de crescimento e de estrutura da consciência, pode ser demonstrado repetidamente por aqueles que o atingem, enquanto eventos psíquicos, como a criatividade, parecem ir e vir.)

## Alguns exemplos

Vamos, como exemplo das quatro principais ciências (monológica, dialógica, mandálica e numenológica), usar a obra de Maslow sobre a hierarquia das necessidades humanas: as necessidades fisiológicas, as de segurança, as de pertencimento, as de autoestima, as de autorrealização e as de autotranscendência. Diz-se, às vezes, que a obra de Maslow é ciência empírica - ele próprio afirmava isso - mas pelo que vimos até agora não precisamos cair nessa armadilha semântica e filosófica. Aqui está uma análise mais precisa:

As necessidades fisiológicas, e até certo ponto as necessidades de segurança, podem ser essencialmente investigadas pelas ciências empírico-monológicas. Fisiologia, bioquímica, ciências da nutrição e assim por diante são exatamente essas ciências. Seus dados essenciais são os da *sensibilia* e podem ser amplamente obtidos de forma monológica.

Quando chegamos às necessidades de pertencimento e autoestima, no entanto, as ciências empíricas e monológicas não são mais suficientes; monólogos não revelam mais os dados. Estamos agora no campo da *intelligibilia*, cujos dados são revelados apenas por diálogos, discurso intersubjetivo, interpretações, troca comunicativa, representação de papéis etc. Nesse ponto, Maslow não estava mais fazendo apenas ciência empírica; ele estava fazendo ciência fenomenológica e dialógica.

Ele descobriu, no entanto, que em alguns de seus sujeitos mais desenvolvidos ou avançados começaram a surgir certas necessidades e certos estados de consciência que eram claramente transcendentais – eles pareciam transcender espaço, tempo, eu separado e, é claro, linguagem e verbalização. Em geral, Maslow categorizou esse domínio global como uma percepção-identidade com o Ser absoluto (*transcendelia*). Em outras palavras, em seu auge, essas pessoas estavam percebendo, não tanto fenômenos, mas númeno – o próprio Ser – e, portanto, a fenomenologia como fenomenologia não era mais uma metodologia aceitavelmente adequada. Certamente, podemos falar imprecisamente da "fenomenologia" dos estados transcendentais, da meditação, das experiências religiosas, mas o ponto é que as próprias experiências se tornam cada vez menos fenomênicas e cada vez mais numênicas e, assim, a metodologia fenomenológica – questionários, relatos verbais, considerações de intencionalidade, temática interpretativa e assim por diante – torna-se cada vez menos adequada.

Não que ela não devesse ser usada! Apenas precisamos reconhecer, como esses sujeitos o fazem, que os dados, as apreensões reais, não estão mais no domínio da *intelligibilia*, mas da *transcendelia* e, portanto, quando os dados da *transcendelia* são apresentados sob forma fenomenológica ou verbal, não só a essência da apreensão é obscurecida ou mesmo perdida, mas também tende a degenerar em declarações contraditórias ou paradoxais. E nesse ponto estamos lidando, não tanto com ciências fenomenológico-dialógicas, mas com ciências *mandálicas*. Obviamente, ainda conversamos com essas pessoas e, é claro, ainda fazemos perguntas e coletamos relatos verbais, mas o ponto é que tentamos colocar em formas e conceitos mentais aquilo que, afinal, é transconceitual e transmental. E devemos *reconhecer* isso usando, explicitamente, uma terminologia diferente tal como a que sugeri tentativamente: ciências paradoxais, translógicas ou mandálicas.

Isso é ainda mais importante porque, filosoficamente, teremos de enfrentar e reconhecer o fato de que afirmações racional-mentais sobre o Espírito ou o Ser sempre acabam degenerando em contradições ou paradoxos, por razões apontadas por Kant, Stace, Nagarjuna e outros (e resumidas no primeiro capítulo). E assim, o que, de fato, Maslow descobriu no cerne da experiência autotranscendente? Essas pessoas, diz ele, só podem ser descritas como "simultaneamente egoístas e altruístas, dionisíacas e apolíneas, individuais e sociais, racionais e irracionais, fundidas com outras pessoas e distanciadas de outras pessoas, e assim por diante... a existência e a percepção simultâneas de inconsistências, de oposições e de contradições simples. O que eu pensava ser contínuos retilíneos, cujos extremos eram polares e tão distantes quanto possível, acabou por parecer círculos ou espirais, nos quais os extremos polares encontravam-se em uma unidade fundida", e essa unidade fundida "caracteriza a percepção do Ser"[83].

Você já pode antever os problemas de tentar "descrever fenomenologicamente" esses estados mais elevados em formas mental-verbais. Mas é ainda pior do que o próprio Maslow imaginava, pois um dialeta mais talentoso (e. g., Nagarjuna) apontaria que o Ser descrito como "unidade fundida" *ainda* é uma noção *dualista*, porque a unidade é o *oposto* da diversidade. E não nos sairemos exatamente melhor se dissermos que o absoluto é unidade *e* diversidade, porque esses dois termos, juntos, constituem agora uma classe que possui um oposto (nem unidade nem diversidade) e assim por diante *ad infinitum*. Até o termo "Ser" é dualista, tendo como seu oposto "Nada", e assim por diante. Mas você entendeu: a ciência mandálica sempre estará baseada, no todo ou em parte, em paradoxos, e é melhor enfrentarmos esse fato logo de cara ou nossa ciência mandálica será simplesmente chamada de autocontraditória e descartada por "cientistas reais". Espírito como Espírito não é paradoxal; não é caracterizável em termos mentais – mas, quando *posto* em termos mentais, o resultado é paradoxal. E como parte das ciências superiores e translógicas *discutirá* a *transcendelia* em termos mentais e conceituais, *essa* parte será o que chamamos de paradoxal-mandálica, e devemos reconhecê-la de antemão.

Vimos, então, que Maslow fez ciência empírica, ciência fenomenológica e ciência mandálica. Em cada caso, ele apresentou e explicou suas *injunções* ou metodologias (questionários, interpretação biográfica, relatos verbais diretos etc.); ele coletou *dados*; outros verificaram, repetiram e confirmaram seus estudos (as três etapas). Em outras palavras, ele mostrou um caminho para que outros chegassem aos mesmos dados ou similares e entendessem aqueles que ele próprio descobrira e revelara. Além disso, entretanto, ele fez *ciência numenológica*?

A resposta é não. Maslow estudou alguns dos que tiveram experiência numenal; ele próprio parece ter tido várias experiências numenais. Mas ele não apresentou, de maneira cuidadosa, uma série sistemática de *injunções* que levassem à *apreensão* do Ser e que pudesse, em seguida, ser confirmada *comunitariamente*. Ao contrário de todos os seus outros estudos científicos, ele não nos legou aqui as três etapas; ele não nos deixou nenhum caminho, nenhuma forma de alcançar e replicar essa apreensão última.

Quem, então, faz ciência numenológica? A resposta é: mestres do Zen, professores do Theravada, adeptos do Vajrayana, contemplativos cristãos, mestres do Vedanta e assim por diante – qualquer disciplina genuína que, consciencioSa e abertamente, contenha e revele injunções, apreensões e confirmações transcendentais (contemplativas). Ora, a maioria dessas ciências gnósticas também realiza ciências *mandálicas* – elas traduzem (para baixo) os domínios mais elevados em mapas mentais, cartografias etc., principalmente para uso de iniciantes ou leigos, mas são muito explícitas sobre as funções limitadas de tais mapas mandálicos – eles são, simplesmente, imagens da realidade, não a própria realidade. (Ou, como o Zen apresenta vividamente: eles são como o cardápio e a refeição real, e o problema é não comer o cardápio em vez da refeição.)

Hoje, estamos vendo o surgimento de um novo tipo de cientista, alguém que já estudou e dominou uma ou mais ciências empíricas e fenomenológicas e que agora está dominando uma ciência numenológica. E esse, em geral, é o domínio dos estudos transpessoais – por qualquer nome que se prefira: noético (Mitchell, Harman), metapsiquiatria (Dean), psicologia transpessoal (Sutich, Maslow), filosofia perene ou transcendental (Leibniz, Huxley) e outros. Esse esforço e seu paradigma global ou "paradigma integral", não importa o nome, tenta usar e integrar o olho da carne, o olho da razão e o olho da contemplação, fazendo justiça ao espectro humano e, na verdade, às possibilidades divinas.

## E quanto à medição nas novas ciências?

Vimos que uma das características definidoras do método científico-empírico clássico foi o uso de *medição* para gerar dados. De fato, essa foi a genialidade de Kepler e Galileu. Se concordarmos que o esforço científico – significando as três etapas – pode ser expandido para todos os domínios mais elevados, permanece a questão: a *medição* também pode ser expandida?

Comecemos pela distinção entre *sensibilia* física e *intelligibilia* mental. Como o próprio Descartes explicou eloquentemente, uma das grandes diferenças entre esses dois domínios gerais é que o mundo físico é marcado pela *extensão* e o mundo mental, pela *intenção*. Essa página física, por exemplo, tem claramente extensão – tem cerca de quinze por vinte centímetros, é diferente dos outros objetos físicos que a cercam e assim por diante – faz parte do domínio da matéria densa, do domínio da extensão física, do espaço físico, do tempo físico. Por todas essas razões, objetos físicos – *sensibilia* – são perfeitamente adequados à *medição* – posso medir o comprimento, largura, altura e peso.

Mas o que dizer da esperança, inveja, orgulho, alegria, compreensão? Qual é o comprimento de um conceito? Quanto pesa um *insight*? Qual é a largura de uma ideia? Pois o que caracteriza a *intelligibilia* não é tanto sua *extensão*, mas sua *intenção* – seu significado, seu valor, seu entendimento intersubjetivo. O espaço-tempo físico não se aplica mais a eles e, portanto, a medição e quantificação *físicas* são de uso bastante limitado.

Isso não quer dizer, no entanto, que alguns tipos de medida ou quantificação não sejam aplicáveis à *intelligibilia*; nem significa negar que a *intelligibilia* tenha suas próprias formas mais sutis de espaço-tempo, pois o domínio mental realmente tem uma forma de tempo, mas não é apenas o tempo natural ou tempo sazonal – é o *tempo histórico* ou história: o modo do tempo marcado não só por sua extensão, mas também, e principalmente, por sua *intenção*. É o tempo *narrativo*, o tempo que marca a história de vida de cada pessoa, o tempo que carrega e cria esperanças e ideais, planos e ambições, objetivos e visões; o tempo *sutil* que pode acelerar ou desacelerar, expandir-se ou entrar em colapso, transcender ou concentrar-se, de acordo com seu *interesse*, enquanto o velho tempo físico apenas flui, preso ao presente que passa, irracionalmente, monotonamente, causalmente.

Em outras palavras, o tempo histórico *transcende* o tempo físico: não preso ao simples momento a momento da *sensibilia*, o tempo histórico pode abranger e varrer o passado e o futuro, antecipar e lembrar, rememorar e visualizar e, assim, permitir que a mente escape da sua escravidão ao presente meramente passageiro das sensações e percepções corporais, entrando no espaço maior de consciência chamado perspectiva histórica. Assim, essa forma *mais sutil* de tempo também é um modo de tempo mais abrangente e transcendente. Enquanto você está lendo estas palavras, seguindo minhas intenções, compreendendo meus pontos simbólicos, seu corpo existe no tempo físico, flui no presente, mas sua mente está se movendo no tempo histórico, acelerando, diminuindo a velocidade, olhando para frente, olhando para trás – o tempo que é movimento, não de coisas, mas de pensamentos, o tempo que se estende para além do presente ingênuo e marca *seu* ritmo com visão e intenção.

Do mesmo modo, o domínio da *intelligibilia* tem uma forma *sutil* de espaço, exatamente o espaço que o jargão atual chama de "espaço psicológico". É o espaço da autoidentidade; também o espaço da imaginação, o espaço dos sonhos, o espaço da visão, o espaço interior criado pela mente em suas operações formais. É um espaço *narrativo*, o espaço de histórias, intenções e escolhas, não apenas o espaço físico de extensões, colisões e causalidades. Esse espaço, sendo *mais sutil* que o espaço físico, pode transcender o espaço físico. Meu "espaço psicológico" pode se expandir para incluir, no meu próprio círculo, meus amigos, minha família e até meu país. Eu consigo fazer tudo isso sem sequer me mover no espaço físico. Esse modo de espaço mental e seu modo *correlativo* de tempo (a história) caracterizam a *intelligibilia* e sua dinâmica.

Vejamos agora a *transcendelia*: nela, o espaço-tempo tornou-se tão sutil, tão transcendente, tão expansivo, tão abrangente, que podemos dizer (paradoxalmente!) que o tempo e o espaço deixam de existir inteiramente ou que o tempo e o espaço existem simultaneamente, agora, no momento eterno (o que os místicos chamam de *nunc stans*, o qual, eles são muito cuidadosos em ressaltar, não deve ser confundido com o *nunc fluens*, o simples presente passageiro da *sensibilia*). Estamos aqui no domínio da Ausência do Tempo, que é Todo o Tempo, da Ausência do Espaço, que é Todo o Espaço.

E, assim, eis a conclusão sobre medição: não é que o espaço e o tempo existam *apenas* no domínio denso da *sensibilia*. É que, no domínio físico, o espaço e o tempo são os mais densos, os mais grosseiros e os mais concretos. À medida que avançamos no espectro da consciência, o espaço e o tempo se tornam cada vez mais sutis (e, portanto, mais abrangentes ou transcendentes), mas, consequentemente, a medição se torna mais sutil e infinitamente mais difícil de executar, até que se torne, finalmente, completamente sem sentido.

Desse modo, a medição caracteriza, mais facilmente e mais essencialmente, o domínio denso da *sensibilia*. No domínio da *intelligibilia*, a medição, se usada, muda de uma escala de extensão para uma escala de intenção. Falamos, por exemplo, da *intensidade* de um valor, *do quanto* amamos alguém, do *grau* de ambição e da *avaliação* da inteligência. Também podemos usar medidas numéricas como marcador de valores *relativos* (como, p. ex., uma pessoa quando julga subjetivamente um membro do sexo oposto na escala de "um a dez"). No próprio campo da fenomenologia social tem havido muito trabalho sobre a quantificação da intenção mental (não da extensão). E mesmo na *transcendelia*, há sentido em falar do *grau* de progresso e de entendimento espirituais (os dez estágios da iluminação, p. ex.).

Tudo isso está bem; medição, no sentido mais amplo, significa simplesmente "mais" ou "menos" de um dado, e todos os domínios têm seus dados. Mas devemos ter muito cuidado para não confundir o que queremos dizer por medição de *extensão*, medição de *intenção* e medição de *transcensão* (ou grau específico de transcendência). E *o* problema com o cientificismo empírico foi que, para ele, medição significava a forma de medição mais fácil e objetiva: a medição do domínio denso e extensivo da *sensibilia*. Como é muito mais difícil medir a *intelligibilia* subjetiva (e mais ainda a *transcen-*

*delia* espiritual), os cientificistas simplesmente descartaram dados que não pudessem ser reduzidos às dimensões da medição física – e esse foi o crime horrendo que levou ao "universo desqualificado". Tudo isso pode ser evitado se simplesmente lembrarmos que a medição nas ciências monológicas é basicamente de extensão; a medição nas ciências dialógicas é basicamente de intenção; e a medição nas ciências gnósticas é basicamente de transcensão.

## Sumário e conclusão: as ciências do espírito

Os alemães têm um belo conceito para nossa ciência maior: *Geisteswissenschaften*. *Geist* é uma palavra afortunada porque significa tanto mente quanto espírito e simplesmente engloba todos os domínios, não apenas o físico ou empírico. Wilhelm Dilthey, que introduziu a ideia pela primeira vez, ressaltou que, juntamente com as *ciências naturais*, cresceram as *Geisteswissenschaften*, as ciências mentais e espirituais, que incluem "história, economia nacional, as ciências do direito e do estado, a ciência da religião, o estudo da literatura e da poesia, da arte e da música, as visões filosóficas do mundo, sistemas e, finalmente, a psicologia"[31].

Dilthey, com sua genialidade, destacou que, embora as ciências naturais lidem com o mundo natural puramente objetivo e as ciências do espírito [*ciências-geist*], com o mundo cultural, histórico e espiritual, no entanto, o *Geist* – a mente e o espírito humanos – pode formar e informar, moldar e alterar o mundo objetivo da *sensibilia* material. Já demos um exemplo disso com a pintura de Goya, ou *sensibilia* formada e informada por *intelligibilia*. Mas é claro que o mesmo se aplica à *transcendelia* – ela pode formar e informar seus níveis juniores: *intelligibilia* (como razão mandálica, poesia mística etc.) e *sensibilia* (como arte, escultura, templos etc.). *Geist* (mente e espírito) objetifica-se em todos os lugares, e parte da ciência-geist *não lida somente com os domínios mais elevados em si mesmos*, mas também capta e compreende o significado e a intenção de suas *objetificações* particulares nos domínios juniores, os domínios intermediários da cultura e da história, e os domínios inferiores da natureza e da matéria.

Segundo Dilthey, existem dois ingredientes essenciais necessários para "decodificar" essas objetificações de *Geist*. O primeiro, ele chamou de *Erle-*

*bnisse*, que significa minha própria *experiência vivida*, pessoal, no domínio que emitiu a objetificação. Isso é semelhante à noção de *adequatio* – se eu quiser compreender qualquer objetificação da mente ou do espírito, devo, em minha própria experiência pessoal, minha *Erlebnisse*, *adequar-me* ao domínio que produziu a objetificação, ou então, como diz a sabedoria bíblica, lançaremos pérolas aos porcos.

Usando *Erlebnisse* como base, devo então tentar entender (*verstehen*), ou apreender de dentro, a mente ou o espírito que formou e informou a objetificação. "E entender uma fase do espírito objetivo significa relacionar seus fenômenos a uma estrutura interna que encontre expressão nesses fenômenos."[31] Ou seja, enquanto a objetificação ou expressão original era um movimento de dentro para fora, minha *compreensão* dela é o inverso: um movimento de fora para dentro, uma tentativa de recriar sua vida e significado interiores. Assim, as ciências-geist "'baseiam-se na relação da *experiência, expressão e compreensão vividas*'. A expressão é necessária porque a estrutura espiritual subjacente é compreendida apenas através de suas expressões externas. A compreensão é um movimento de fora para dentro. E no processo de compreender um objeto espiritual surge diante de nossa visão..."[31] um *insight-visão* dado apenas pelo olho da mente e/ou pelo olho da contemplação.

O ponto é que os domínios mais elevados deixam suas pegadas nos mais baixos. Os domínios superiores formam e informam, criam e moldam, produzem e alteram todo tipo de formas nos domínios inferiores. Mas essas produções não podem ser apreendidas *pelos* domínios inferiores nem reduzidas *a* eles. E é esse duplo entendimento – o superior como superior e o superior como objetificado, expresso e corporificado no inferior – que anunciará as novas ciências verdadeiramente superiores.

# 3
# Um mapa mandálico da consciência

Vimos a necessidade de um paradigma abrangente que incluísse ciências monológicas, dialógicas e translógicas. Quando aplicada à psicologia, essa abordagem integral produziria um mapa ou modelo de consciência de amplo espectro – seu desenvolvimento, suas estruturas, seus níveis – estendendo-se dos estágios materiais e sensoriais aos estágios mentais e verbais até os estágios transcendentais e espirituais. Neste capítulo, examinaremos um desses possíveis modelos.

## A natureza do desenvolvimento

Para onde olhamos na natureza, diz o filósofo Jan Smuts[110], não vemos nada além de *todos*. E não apenas todos simples, mas hierárquicos: cada todo é parte de um todo maior, que também é parte de um todo maior. Campos dentro de campos dentro de campos, estendendo-se pelo cosmos, entrelaçando cada coisa com cada uma outra.

Além disso, continua Smuts, o universo não é um todo impensadamente inerte e estático – o cosmos não é preguiçoso, mas energeticamente dinâmico e até criativo. Ele tende a produzir *todos* de níveis cada vez mais altos, inclusivos e organizados. Esse processo cósmico geral, à medida que se desenrola no tempo, nada mais é que a evolução. E a pulsão para unidades cada vez mais elevadas, Smuts chamava de *holismo*.

Se continuarmos nessa linha de pensamento, podemos dizer que, como a mente ou psique humana é um aspecto do cosmos, esperamos encontrar, na própria psique, o mesmo arranjo hierárquico de todos dentro de todos, alcançando desde o mais simples e mais rudimentar ao mais complexo e inclusivo. Em geral, essa é exatamente a descoberta da psicologia moderna. Como explica Werner: "Onde quer que ocorra o desenvolvimento [psicológico], ele procede de um estado de relativa globalidade e falta de diferenciação para um estado de crescente diferenciação, articulação e integração hierárquica"[126]. Jakobson fala "desses fenômenos estratificados que a psicologia moderna revela nas diferentes áreas do domínio da mente"[64], nas quais cada camada estratificada é mais integrada e mais abrangente do que sua antecessora. Bateson ressalta que até mesmo o aprendizado é hierárquico, envolvendo vários níveis principais, cada um dos quais é "meta" para seu predecessor. Como aproximação genérica, então, podemos concluir que a psique – como o cosmos em geral – apresenta várias camadas ("pluridimensional"), compostas sucessivamente de todos, unidades e integrações de ordem superior.

Ora, a evolução holística da natureza – que, em qualquer lugar, produz todos cada vez mais elevados – aparece na psique humana como desenvolvimento ou crescimento. A mesma força que produziu seres humanos a partir de amebas, produz adultos a partir de bebês. Ou seja, o crescimento de uma pessoa, desde a infância até a idade adulta, é simplesmente uma versão em miniatura da evolução cósmica. Ou, poderíamos dizer, o crescimento ou desenvolvimento psicológico nos seres humanos é basicamente um reflexo microcósmico do crescimento universal em geral e tem o mesmo objetivo: o desenvolvimento de unidades e integrações de ordem superior. E essa é uma das principais razões pelas quais a psique é, de fato, estratificada. Muito parecido com a formação geológica da Terra, o desenvolvimento psicológico prossegue estrato a estrato, nível a nível, estágio a estágio, com cada nível sucessivo sobrepondo-se ao seu antecessor, de tal maneira que o transcende, mas o inclui ("envolve-o", como diz Werner).

No desenvolvimento psicológico, o todo de qualquer nível torna-se meramente parte do todo do próximo nível, que, por sua vez, se torna parte do próximo todo e assim por diante, ao longo da evolução da consciência (o que Koestler, inspiradamente, chamou de *hólon* – uma entidade que, olhando para baixo, é todo; olhando para cima, é parte). Tomemos como exemplo o desenvolvimento da linguagem: a criança aprende primeiro a balbuciar, depois sons de vogais e consoantes mais amplos, depois palavras simples, expressões curtas, frases simples e frases elaboradas. Em cada estágio, partes simples (e. g., palavras) são integradas em todos mais elevados (e. g., frases) e, como Jakobson ressalta, "novas adições são sobrepostas às anteriores e a dissolução começa pelos estratos mais altos"[64].

A moderna psicologia do desenvolvimento, em geral, dedicou-se basicamente à exploração e à explicação dos vários níveis, estágios e estratos da constituição humana – mente, personalidade, psicossexualidade, caráter, consciência e relações objetais. Os estudos cognitivos de Piaget e Werner, os trabalhos de Loevinger, Arieti, Maslow e Jakobson, os estudos do desenvolvimento moral de Kohlberg – todos subscrevem o conceito de estágios estratificados de crescente complexidade, integração e unidade.

Dito isso, temos o direito de perguntar: "Qual é, então, o estágio de unidade *mais elevado* a que se pode aspirar?" Ou, talvez, não devêssemos formular a pergunta em termos tão definitivos, mas simplesmente perguntar: "Qual é a natureza de alguns dos estágios mais elevados e superiores do desenvolvimento? Que formas de unidade são reveladas nas almas mais desenvolvidas da espécie humana?"

Todos sabemos como são os estágios e níveis "inferiores" da psique (estou falando em termos simples e gerais): são instintivos, impulsivos, libidinosos, sustentados pelo id, animais, simiescos. E todos sabemos como são alguns dos estágios "intermediários": socialmente adaptados, mentalmente ajustados, egoicamente integrados, sintaticamente organizados, conceitualmente avançados. Mas não há estágios "superiores"? Um "ego integrado" ou "indivíduo autônomo" é o mais alto grau de consciência nos seres humanos? O ego individual é uma unidade maravilhosa de alta ordem, mas, comparado com a Unidade do cosmos em geral, é uma fatia deplorável da realidade holística. A natureza trabalhou bilhões de anos apenas para gerar esse rato egoico?

O problema desse tipo de pergunta reside em encontrar exemplos de personalidades de ordem verdadeiramente superior – e, em primeiro lugar, decidir exatamente o que constitui uma personalidade de ordem superior. Meu sentimento é que, à medida que a humanidade continuar sua evolução coletiva, isso será muito fácil de decidir, porque mais e mais personalidades "iluminadas" surgirão nas populações de dados, e os psicólogos serão forçados, em suas análises estatísticas, a incluir perfis de ordem superior em seus estágios de desenvolvimento. Enquanto isso, a ideia de "ordem superior" ou "altamente desenvolvida" permanece quase filosófica. No entanto, as poucas almas talentosas que se preocuparam em olhar para esse problema sugeriram que os grandes místicos e sábios do mundo representam alguns dos mais elevados, se não o mais elevado, estágios de desenvolvimento humano. Bergson disse exatamente isso; e, também, Toynbee, Tolstói, James, Schopenhauer, Nietzsche, Maslow e Hegel.

O ponto é que *podemos* lançar mão de uma excelente população de personalidades extremamente evoluídas e desenvolvidas na forma dos grandes sábios místicos do mundo (um ponto que é sustentado pelos estudos de Maslow). Vamos, então, simplesmente assumir que o autêntico sábio místico representa alguns dos estágios mais elevados do desenvolvimento humano – tão além da humanidade normal e média quanto ela mesma está dos macacos. Com efeito, isso nos dará uma amostra que se aproxima do "estado mais elevado de consciência", um tipo de estado "superconsciente". Além disso, a maioria dos sábios místicos deixou registros bastante detalhados dos estágios e subestágios de suas próprias transformações nos domínios superiores da consciência, ou seja, eles nos falam não só do nível mais elevado de consciência e superconsciência, mas também de todos os níveis intermediários que conduzem a ele. Se assumirmos esses estágios mais elevados e os adicionarmos aos estágios e níveis inferiores e médios que foram tão cuidadosamente descritos e estudados pela psicologia ocidental, chegaremos a um modelo razoavelmente bem equilibrado e abrangente do espectro da consciência. Eu tentei esse tipo de síntese em uma série de livros[132, 136, 138]. Como um esboço muito geral e simplificado, eis o que encontrei:

## Os domínios inferiores

É geralmente aceito, pela psicologia oriental e ocidental, que os níveis mais baixos de desenvolvimento envolvem funções e processos materiais e biológicos simples, ou seja, os níveis mais baixos envolvem processos somáticos, instintos, sensações e percepções simples, além de impulsos emocional-sexuais. No sistema de Piaget, esses são os domínios do sensório-motor; Arieti refere-se a eles como instintivo, exoceitual e protoemocional; Loevinger os chama de pré-social, simbiótico e impulsivo. No Vedanta, esse é o domínio do *annamayakosha* e *pranamayakosha*, os níveis de comida, fome e sexualidade emocional. Os budistas os chamam de os cinco *vijnanas* inferiores ou o domínio dos cinco sentidos. A psicologia dos chacras do *Yoga* refere-se a eles como os três chacras inferiores: o *muladhara* ou raiz material e nível pleromático; o *svadhisthana* ou nível emocional-sexual; e o *manipura* ou nível de poder agressivo. Estes também são os três *skandhas* inferiores no sistema de psicologia do budismo Theravadin: corpo físico, percepção-sensação e emoção-impulso. E são as duas necessidades mais baixas de Maslow, as necessidades fisiológicas e de segurança. Tudo isso aponta para uma das principais ideias de Freud: "o ego", disse ele, "é antes de tudo um ego-corpo"[44].

Ora, o ego-corpo, ou eu-corpo, tende a se desenvolver da seguinte maneira: em geral, todas as escolas da psicologia moderna concordam que o bebê inicialmente não consegue distinguir o eu do não eu, o sujeito do objeto, o corpo do ambiente, ou seja, o eu nesse estágio inicial (os primeiros quatro a oito meses de vida) está em grande parte fundido ou confundido com o mundo físico. Como explica Piaget: "Durante os estágios iniciais, o mundo e o eu são um; nenhum deles distingue-se do outro. O eu ainda é material, por assim dizer"[93]. Esse estágio inicial de *unidade material*, que Piaget chama de "protoplásmico", Neumann chama de "pleromático" e "ourobórico". "Pleromático" é um antigo termo gnóstico que significa o universo material – a *materia prima* e a *virgo mater*. "Ouroboros" é um símbolo mítico de uma serpente comendo sua própria cauda e significa "totalmente absorvido em si mesmo" e "incapaz de reconhecer um outro" (autista e narcisista); também se refere a impulsos alimentar-reptilianos e a formas mais brutas de sensações e percepções rudimentares.

É desse estado de fusão primordial que o eu separado emerge e, como disse Freud, o eu emerge primeiro como um corpo, um eu-corpo. O bebê morde um cobertor e não dói; ele morde o polegar e dói. Ele nota que há uma diferença entre o corpo e o não corpo e, gradualmente, aprende a concentrar sua consciência *a partir do* pleroma para o corpo. Assim, da unidade material primitiva emerge o primeiro verdadeiro sentido do eu: o ego-corpo. O bebê *identifica-se* com o corpo recém-emerso, com suas sensações e emoções, e, gradualmente, aprende a diferenciá-las do mundo material em geral.

Observe que o ego-corpo, ao se diferenciar do ambiente material, realmente *transcende* esse estado primitivo de fusão e incorporação. O ego--corpo transcende o ambiente material e, portanto, pode realizar operações físicas nesse ambiente. No final do período sensório-motor (por volta dos 2 anos de idade), a criança diferenciou o eu-corpo e o ambiente material a tal ponto que possui uma imagem bastante estável da "constância do objeto" e, assim, pode coordenar muscularmente operações físicas sobre os objetos. Ela consegue coordenar um movimento físico de vários objetos no ambiente, algo que não poderia fazer facilmente caso não se diferenciasse desses objetos.

Notemos essa tríade: ao *diferenciar* o eu de um objeto, o eu *transcende* esse objeto e, portanto, pode *operar* sobre ele (usando como *ferramentas* as *estruturas* do eu do respectivo nível – nesse estágio, o corpo sensório-motor).

Nesse(s) estágio(s) do eu-corpo, o eu não está mais vinculado ao ambiente material-pleromático – mas liga-se ou identifica-se com o corpo biológico. O eu, como ego-corpo, é dominado por pulsões instintivas, impulsividade, o princípio do prazer, impulsos e descargas involuntários – todos processos e impulsos primários semelhantes ao id descritos tão bem por Freud e outros. Por essa razão, também chamamos o eu-corpo de "eu tifônico" – o tifão, na mitologia, era meio humano, meio serpente (ouroboros).

## Os domínios intermediários

Finalmente, no entanto, verdadeiras funções *mentais* ou conceituais começam a emergir e a se diferenciar do eu-corpo. À medida que a linguagem se desenvolve, a criança é introduzida no mundo dos símbolos, ideias e conceitos, e se coloca gradualmente acima das flutuações do ego-corpo simples, instintivo, imediato e impulsivo. Entre outras possibilidades, a linguagem leva à capacidade de imaginar coisas e eventos que não estão *imediatamente* presentes aos sentidos do corpo. "A linguagem", como disse Robert Hall, "é o meio de lidar com o mundo não presente"[136].

Da mesma forma, a linguagem é o meio de transcender o mundo simplesmente presente (a linguagem, nos domínios mais elevados da consciência, é, ela própria, transcendida, mas é preciso ir do pré-verbal ao verbal, a fim de chegar ao transverbal; estamos aqui falando sobre a transcendência do pré-verbal para o verbal, que, embora seja apenas metade da história, é uma conquista extraordinária). Através da linguagem, podemos antecipar o futuro, planejá-lo e, assim, controlar as atividades de hoje visando ao amanhã, ou seja, podemos atrasar ou controlar nossos atuais desejos e atividades corporais. Isto é, como Fenichel explica, "uma substituição gradual de ações induzidas por meras reações de descarga. Isso é conseguido através da interposição de um período entre estímulo e resposta"[39]. Por meio da linguagem e de suas estruturas simbólicas e temporais, é possível adiar e canalizar as descargas imediatas e impulsivas de pulsões biológicas simples. Não estamos mais totalmente dominados por demandas instintivas e podemos, até certo ponto, *transcendê-las*. E isso significa simplesmente que o eu está começando a se diferenciar do corpo e emergir como um ser mental, verbal ou sintático.

Observe novamente: à medida que o eu-mente emerge e se *diferencia* do corpo (com a ajuda da linguagem), ele *transcende* o corpo e, portanto, pode *operar* sobre ele, usando suas próprias estruturas mentais como ferramentas (pode atrasar as descargas imediatas do corpo e adiar suas gratificações instintivas usando inserções verbais). Ao mesmo tempo, isso permite uma sublimação das energias emocional-sexuais do corpo para atividades mais sutis, complexas e evoluídas.

Assim, um ego-mente razoavelmente coerente finalmente emerge (geralmente entre as idades de 4 e 7 anos), diferencia-se do corpo (após o estágio edipiano), transcende o mundo biológico simples e, portanto, pode, até certo ponto, operar no mundo biológico (e no mundo físico anterior), usando as ferramentas do pensamento representacional. Essa tendência consolida-se com o surgimento (por volta dos 7 anos) do que Piaget chama de "pensamento operacional concreto" – pensamento que pode *operar* no mundo concreto e no corpo usando conceitos.

Na adolescência, outra diferenciação extraordinária começa a ocorrer. Em essência, o eu simplesmente começa a se diferenciar *a partir do* processo de pensamento concreto. E porque o eu começa a se diferenciar do processo de pensamento concreto, pode, em certo grau, *transcender* esse processo de pensamento e, portanto, operar sobre ele. Assim, não é de se surpreender que Piaget chame isto – seu estágio mais elevado – de "operacional formal", porque se pode operar sobre o próprio pensamento (ou seja, trabalhar com objetos linguísticos, além dos físicos), uma operação detalhada que, entre outras coisas, resulta nas dezesseis proposições binárias da lógica formal. Mas o único ponto que desejo enfatizar aqui é que isso pode ocorrer porque a consciência se diferencia do pensamento concreto, transcende-o e, portanto, pode operar sobre ele – algo que não podia fazer antes. (Na verdade, esse processo está apenas começando neste estágio – intensifica-se nos estágios mais elevados – mas o ponto geral parece bastante claro: a consciência está *começando* a transcender o ego-mente verbal.)

Esse ego-mente geral é conhecido no budismo Mahayana como *manovijnana* (*mano* significa "mente"; mesma raiz); no hinduísmo, como *manomayakosha*; no budismo Hinayana, como o quarto e o quinto *skandhas* (palavras e pensamentos); ele é também o quarto e o quinto *chacras*, este último, o chacra *vishuddha*, sendo o mais baixo da mente verbal-racional. É, basicamente, o ego maduro e o processo secundário de Freud; os níveis de linguagem e conceituais de Arieti; os estágios consciencioso e individualista de Loevinger; o modo sintático de Sullivan; as necessidades de pertencimento e autoestima de Maslow, e assim por diante. Todas essas são correlações muito genéricas, mas adequadas (para um alinhamento mais preciso, cf. cap. 9).

Ora, quando a consciência começa a transcender o ego-mente verbal, ela pode integrar o ego-mente com todos os níveis inferiores. Ou seja, como a consciência não mais se identifica com nenhum desses elementos nem com a exclusão de outros, todos eles podem ser integrados: o corpo e a sublimação da mente podem ser levados a uma integração holística de ordem superior. Esse estágio foi chamado de "integração de todos os níveis inferiores" (Sullivan, Grant & Grant), "integrado" (Loevinger), "autorrealizado" (Maslow), "autônomo" (Fromm, Riesman). Minha frase descritiva favorita vem da declaração de Loevinger sobre o trabalho de Broughton: seu estágio mais elevado, estágio 6, é aquele em que "mente e corpo são experiências de um eu integrado"[78]. Esse eu integrado, em que mente e corpo são harmoniosamente um, eu chamo de "centauro". O centauro: o grande ser mitológico com corpo animal e mente humana existindo em um estado de unificação.

Como mencionei, tanto a psicologia oriental quanto a ocidental concordam em geral com a natureza desses níveis inferiores, do pleroma ao corpo, ao ego-mente, ao centauro. Mas o Ocidente contribuiu com uma compreensão bastante exata de um fenômeno que é apenas vagamente entendido no Oriente: o processo de repressão dinâmica. Pois o que a psicologia ocidental descobriu é que, à medida que *emergem* níveis de consciência de ordem mais elevada, eles podem *reprimir* os níveis mais baixos, com resultados que variam de leves a catastróficos.

Para levar em conta esse processo de repressão dinâmica, simplesmente usamos os termos junguianos "sombra" e "persona". A sombra é o inconsciente pessoal, uma série de "complexos em tons de sentimento". Esses complexos são imagens e conceitos que são "contaminados" pelos níveis inferiores – em particular o emocional-sexual (tifônico) – e, portanto, são considerados, por várias razões, ameaçadores para a estrutura de ordem mais elevada do ego-mente. Esses complexos estão separados da consciência (eles se tornam a sombra), um processo que, simultaneamente, destrói o autoconceito (o ego) e deixa o indivíduo com uma autoimagem falsa ou imprecisa (a persona). Se a persona e a sombra puderem ser reunidas, poderá ser estabelecida a integração de ordem superior do ego total. Esse, em termos muito gerais, é o principal objetivo da maioria das psicoterapias ocidentais ortodoxas.

Até agora, vimos os principais níveis de crescente integração e transcendência: a simples e primitiva fusão-unidade do pleroma; a próxima unidade de ordem superior do eu-corpo biológico; em seguida, a persona-mental, que, se integrada à sombra, produz a unidade de ordem superior do ego total; e, finalmente, o centauro, que é uma integração de ordem superior do ego total com todos os níveis inferiores precedentes – corpo, persona e sombra.

## Os domínios superiores

Com exceção da psicologia transpessoal, o nível do centauro é o nível mais alto de consciência levado a sério pela psicologia ocidental. A existência de níveis acima ou superiores ao do centauro é, portanto, visto pela psicologia ocidental com um olhar um tanto azedo. Psicólogos e psiquiatras ocidentais negam a existência de qualquer tipo de unidade de ordem superior, ou – se tiverem de enfrentar, de fato, o que parece ser um nível de ordem superior – simplesmente tentam patologizar sua existência, explicando-a com um diagnóstico. Assim, para indicações quanto à natureza de quaisquer níveis de consciência mais elevados, além do ego e do centauro, precisamos recorrer aos grandes sábios místicos e filósofos perenes do Oriente e do Ocidente. É algo surpreendente, mas muito significativo, que a maioria dessas fontes concorde quase por unanimidade sobre a natureza dos "domínios mais distantes da natureza humana" (daí o título de "filosofia *perene*"). De fato, essas tradições nos falam sobre níveis superiores de consciência – tão acima do ego-mente quanto o ego-mente está acima do tifão. E eles se parecem com o seguinte:

Usando os termos da psicologia iogue dos chacras, no sexto chacra, o *ajna*, a consciência começa a se tornar transpessoal ou genuinamente transcendental. Começa a entrar no que é chamado de "esfera sutil". Esse processo se acelera e se intensifica à medida que alcança o chacra mais elevado – o *sahasrara* – e depois se torna supramental ao entrar nos sete (alguns dizem dez) estágios mais elevados da consciência, dentro e além do *sahasrara*. O *ajna*, o *sahasrara* e os sete ou mais subníveis são, no total, considerados o domínio sutil (embora a expressão exata seja uma questão de escolha semântica).

Por conveniência, falamos do "sutil inferior" (ou "psíquico") e do "sutil superior". O sutil inferior é sintetizado pelo *chacra ajna*, o "terceiro olho", que, se diz, inclui e domina eventos psíquicos e certas formas inferiores de experiências místicas. Patanjali dedica um capítulo inteiro em seus *Yoga Sutras* a este plano e suas estruturas (chamadas *siddhis*). Segundo alguns textos, esse nível pode tender a exibir eventos paranormais reais, mas não *precisa* fazê-lo; ele é *definido* basicamente por sua intensificação da consciência e pelo começo da abertura do olho da contemplação. Nós o chamamos de "psíquico" simplesmente como um lembrete de que, mesmo que eventos paranormais possam ocorrer com mais facilidade aqui, ele não atinge domínios *mais elevados*, sendo o mais baixo dos domínios transcendentais.

O sutil superior começa no *sahasrara* e se estende no âmbito e além de várias subfases de transcendência, diferenciação e integração de ordem extraordinariamente elevadas. Não vou apresentar um detalhamento exaustivo deste domínio e de suas várias (de sete a dez) subfases. Além disso, as *estruturas superficiais* desse domínio são naturalmente diferentes de cultura para cultura e de tradição para tradição. No entanto, a sua *estrutura profunda* global é simplesmente aquela da *forma arquetípica*; é marcada pela *iluminação, intuição* e *gnose* inicial, transmentais, que levam a um profundo *insight* das formas arquetípicas ou fundamentais do ser e da própria existência. Entretanto, essa estrutura profunda ainda não é *Informe* ou radicalmente transcendente; ela expressa uma percepção das formas mais sutis da mente, ser, divindade e manifestação.

No budismo Theravadin, esse é o domínio dos quatro "*jhanas* com forma", ou os quatro estágios da meditação concentrativa nos "planos de iluminação" arquetípicos ou "reinos de Brahma". Na meditação *vipassana* ou de *insight*, esse é o estágio-domínio inicial ou pseudonirvana, o domínio da iluminação e do êxtase, e do *insight* transcendental inicial. É o domínio do *nada* e do *shabd yoga*, da elevada intuição religiosa e da inspiração literal; do *bija-mantra*; de visões simbólicas; da luz azul, dourada e branca; de iluminações audíveis e brilho após brilho; é o domínio das formas angélicas, dos *ishtadevas* e *dhyani-buddhas*, as quais – como explicaremos em breve – são, simplesmente, formas arquetípicas elevadas do próprio ser (embora, inicial e necessariamente, pareçam de "outros"). É o domínio do *Sar* e *Sat Shabd*; de Brahma, o Controlador; de Formas e Demiurgos platônicos. Dante o cantou assim:

> Fixando meu olhar na Luz Eterna
> Eu vi em suas profundezas,
> Unidas em um único volume,
> As folhas dispersas de todo o universo...
> Na luminosa subsistência profunda
> Dessa Luz Excelsa vi três círculos
> De três cores embora de uma dimensão
> E o segundo parecia o primeiro refletido
> Como o arco-íris é pelo arco-íris, e o terceiro
> Parecia fogo igualmente exalado por ambos.

Lembre-se de que foi isso o que Dante *viu*, literalmente, com seu olho da contemplação. Ele não está apenas lustrando a poética, mas usando poesia mandálica para cantar o que viu.

O psiquiatra Dean, pioneiro no novo campo da metapsiquiatria, relata o seguinte:

> Ocorre uma iluminação intelectual que é completamente impossível de ser descrita. Em um *flash* intuitivo, tem-se consciência do significado e do curso do universo, uma identificação e uma fusão com criação, infinitude e imortalidade, uma profundidade além da profundidade do significado revelado – em resumo, uma concepção de um eu superior, tão onipotente...[33]

No Hinduísmo, esse domínio geral é chamado *vijnanamayakosha*; no budismo Mahayana, é o *manas*; na Cabala é *Geburah* e *Chesed*. Aspectos desse domínio sutil têm sido chamados de "sobre-eu" ou "sobre-mente" – como em Aurobindo e Emerson. A questão é simplesmente que a consciência, em rápida ascensão, se diferencia totalmente do eu e da mente comuns e, portanto, pode ser chamada de "sobre-eu" ou "sobre-mente" – é quase como chamar o ego de "sobre-corpo" ou "sobre-instintos", uma vez que o ego mental transcende e alcança as sensações e percepções simples do tifão. A sobre-mente simplesmente incorpora uma transcendência de todas as formas mentais inferiores e revela, em seu ápice, uma intuição daquilo que está acima e é anterior à mente, ao eu, ao corpo e ao mundo – algo que, como diria Tomás de Aquino, todos os homens e mulheres chamariam de Deus.

Mas este não é Deus como um outro ontológico, separado do cosmos, dos seres humanos e da criação em geral. Pelo contrário, é Deus como um ápice arqueológico da própria Consciência. John Blofeld cita Edward Conze sobre o ponto de vista do budismo Vajrayana: "'É a vacuidade de tudo que permite que a identificação ocorra – a vacuidade [que significa "abertura transcendental" ou "não obstrução"] que está em nós se unindo à vacuidade que é a divindade. Ao visualizar essa identificação, na verdade, nos tornamos a divindade. O sujeito é identificado com o objeto da fé. A adoração, o adorador e o adorado, esses três não estão separados'"[16]. No seu auge, a alma se torna una, literalmente una, com a forma-divindade, com o *dhyani-buda*, com (escolha o termo que preferir) Deus. Dissolve-se na Divindade, como Divindade – aquela Divindade que, desde o início, tem sido o seu próprio Ser ou Arquétipo mais elevado. Somente dessa maneira, São Clemente poderia afirmar que quem se conhece, conhece Deus. Agora poderíamos dizer que quem conhece seu sobre-eu conhece Deus. Eles são um e o mesmo.

Ora, claro que tudo isso pode parecer bastante "bizarro" para o cientista, o empirista e o racionalista céticos. Mas eu gostaria que você simplesmente considerasse as implicações da *possível existência* do domínio sutil. E se os sábios místicos estiverem certos?

O ponto principal seria que, no domínio sutil – e especialmente no sutil superior –, ocorrem uma diferenciação e uma transcendência de ordem muito distinta. Mediada por elevadas *formas cognitivas* arquetípicas – aquelas que estão imediatamente além do operacional-formal na sequência do desenvolvimento – a consciência segue um caminho de transformação ascendente que leva além do corpo-mente denso e do ego meramente racional. Essa transformação ascendente, como *todas* as outras que estudamos, envolve a *emergência* de uma estrutura profunda de ordem superior, seguida pela mudança de identidade para essa estrutura e pela diferenciação ou *desidentificação* das estruturas inferiores (neste caso, o ego-mente e o centauro). Isso equivale a uma transcendência das estruturas de ordem inferior, o que permite que a consciência *opere* e *integre* todas as estruturas de menor ordem, uma integração que, nesse alto nível, basicamente leva a várias formas de *samadhi*, união ou identidade mística. Visto assim, o "sobrenatural" é simplesmente o próximo passo além do *natural* no desenvolvimento e na evolução global ou superior.

Lex Hixon descreveu uma forma da estrutura profunda sutil chamada de *ishtadeva*. O *ishtadeva* é simplesmente uma elevada forma de cognição arquetípica evocada em certas meditações do caminho da forma – um tipo de visão cognitiva interna, percebida diretamente com o olho da contemplação. Entendo que algumas pessoas diriam que o *ishtadeva* é "apenas uma imagem mental" e não existe *de fato* – mas isso corresponderia a reduzir, simultaneamente, *todas* as produções mentais: poder-se-ia dizer que a matemática é apenas uma produção mental e, portanto, não existe realmente. Não, o *ishtadeva* é real – mais que real – em sua emergência e percepção.

Hixon o descreve assim: "A Forma ou Presença do *ishtadeva* aparece como vibrantemente viva, composta a partir da radiância da Consciência. Não estamos projetando o *ishtadeva*. A radiância original que assume a forma do *ishtadeva* está realmente nos projetando e a todos os fenômenos que chamamos de universo"[61]. Essa elevada forma cognitiva arquetípica medeia finalmente a ascensão da consciência para uma *identidade* com a Forma:

"Gradualmente percebemos que a Forma ou Presença Divina é nosso próprio arquétipo, uma imagem de nossa natureza essencial"[61].

Isso, no entanto, não é uma perda de consciência, mas uma *intensificação* da consciência por meio de um desenvolvimento, evolução, transcendência e *identificação* de ordem superior: "O *ishtadeva* não desaparece dentro de nós; nós, como indivíduos, desaparecemos no *ishtadeva*, que agora resta sozinho. Entretanto, não há perda de nosso ser individual quando nos fundimos com o objeto de nossa contemplação, pois esse tem sido o nosso arquétipo desde o início, a fonte dessa reflexão fragmentária que chamamos de personalidade individual"[61].

O ponto fundamental é que o ego racional não apenas absorveu ou introjetou a Forma Arquetípica elevada, mas que a *natureza* prévia do ego é revelada como sendo essa Forma, de modo que a consciência reverte para, ou se lembra de, sua própria identidade anterior e superior: "Permanecemos agora como um centro transcendental de consciência expresso através da Forma ou Presença do *ishtadeva*. Agora estamos experienciando a vida do *ishtadeva* a partir de dentro. Estamos conscientemente nos encontrando e nos transformando [por meio de identificação superior] em nosso arquétipo e natureza eterna"[61].

Ora, como eu disse, essa é simplesmente uma descrição particular do desenvolvimento no domínio sutil e, portanto, suas estruturas superficiais serão naturalmente diferentes de outras descrições (e experiências) do mesmo domínio (exatamente como, p. ex., todos os egos maduros têm acesso ao mesmo tipo básico de pensamento de processo secundário, mas não pensam os mesmos pensamentos). Porém, o domínio em si, suas *estruturas profundas* reais parecem universalmente as mesmas. Apresentadas em termos de *insight* místico santo, ou *jhanas* da Forma, ou pseudonirvana do *vipassana*, ou absorção na identidade do *koan* do Zen, ou identidade *nada-shabd*, ou, ainda, simples iluminação transcendental – a estrutura profunda *essencial* do domínio sutil se anuncia em toda parte: *insight* e absorção como Essência Arquetípica.

## Os domínios derradeiros

À medida que o processo de transcendência e integração continua, ele revela unidades de ordem ainda mais elevada, levando, consumadamente, à própria Unidade.

Acima do sutil superior fica a região causal, conhecida como *alaya-vijnana* (budismo Yogacara), *anandamayakosha* (hinduísmo), *pneuma* (misticismo cristão), *karana-sharira* (Vedanta), *Binah* e *Chokhmah* (Cabala), *Dharmakaya* (budismo Mahayana), e assim por diante. Mais uma vez, por conveniência, dividimos em causal inferior e causal superior.

O causal inferior, que classicamente é revelado em um estado de consciência conhecido como *savikalpa samadhi*, representa o auge da consciência de Deus (ou absorção na Forma Arquetípica), a morada final e mais elevada de *Ishvara*, a *Criatrix* de todos os domínios. Ele representa a *culminação* de eventos que começaram no sutil superior. Lembre-se: no sutil superior, o eu foi dissolvido ou reabsorvido na divindade arquetípica *como* aquela divindade – uma divindade que desde o início sempre foi o próprio Eu e o Arquétipo mais elevado.

Ora, no causal inferior, esse Arquétipo da divindade propriamente dito condensa-se e dissolve-se no Deus final, que é descrito de várias maneiras como uma iluminação audível extraordinariamente sutil, ou *bija-mantra*, ou fonte pontual da qual o *ishtadeva*, *yidam* ou Arquétipo individual emergiu em primeiro lugar. Deus final (seja qual for o nome e a aparência de qualquer estrutura superficial) é simplesmente o fundamento ou a essência de todas as manifestações arquetípicas, pseudonirvânicas e de deuses inferiores que foram evocadas – e depois identificadas – nos domínios sutis. No causal inferior, todas essas formas arquetípicas e iluminações simplesmente reduzem-se à sua Fonte no Deus final e, portanto, pela mesma razão e no mesmo passo, o eu de alguém aqui se mostra como sendo aquele Deus final, e a consciência em si transforma-se, ascendentemente, em uma identidade de ordem superior com essa radiância. No budismo Theravadin, esse é o ponto culminante do quarto *jhana* (o *jhana* mais alto com forma) e o início do quinto e sexto *jhanas* (os *jhanas* mais baixos sem forma); no *vipassana*, esse é o grande *insight* da transição do pseudonirvana da forma sutil para o estado de cessação, nirvânico ou informe do causal superior; no Zen, esse é o sétimo dos dez estágios de "apascentamento do boi" para a iluminação: a transição da consciência formal para a consciência informe.

Além do causal inferior, já no causal superior, todas as formas manifestas são tão radicalmente transcendidas que nem precisam mais aparecer ou surgir na Consciência. Há total e absoluta transcendência e liberação para a Consciência Informe, para a Radiância Ilimitada. Aqui não existe eu, nem Deus, nem Deus final, nem sujeitos, nem coisa alguma, a não ser a Consciência como Tal.

Observe a progressão geral das estruturas de unidade superior: no domínio sutil, o eu se dissolve em divindade arquetípica (como *ishtadeva*, *yidam*, *dhyani-buddha*, iluminações audíveis etc.). No causal inferior, esse Eu-Deidade, por sua vez, desaparece no Deus final, que é sua Fonte e Essência. Aqui, no causal superior, o Eu do Deus final se reduz, da mesma forma, à sua própria Essência prévia: dissolve-se na Informidade ou Consciência Infinita e Livre. Cada passo é um aumento em consciência e uma intensificação da Conscientização até que todas as formas retornem à liberação perfeita e radical na Informidade.

John Blofeld descreve primorosamente uma forma dessa progressão geral a partir da visão do budismo Vajrayana: "À medida que o rito progride, essa divindade [cf. *ishtadeva*] entra no corpo do adepto e senta-se em um disco solar apoiado por um disco lunar acima de um lótus em seu coração [essas são visualizações usadas para treinar a concentração]; em breve, o adepto diminui de tamanho até que ele e a divindade sejam coextensivos [o começo do sutil]; depois, mesclando-se indistinguivelmente [tornando-se um com a forma da divindade no sutil superior], são absorvidos pela sílaba-semente da qual a divindade originariamente saltou [o causal inferior]; essa sílaba se contrai para um único ponto [Deus final]; o ponto desaparece e a divindade e o adepto permanecem mergulhados em perfeita união no *samadhi* do vazio [o causal superior]"[16].

Já ouvimos Lex Hixon, representando a visão do hinduísmo, descrever a progressão para o domínio sutil. Mas ele naturalmente continua o relato para o causal: depois que o arquétipo do *ishtadeva* emergiu e alguém se identificou com ele (no sutil superior), "esse arquétipo dissolve-se em sua própria essência ou fundamento [o causal]. [...] Agora existe uma liberação perfeita na radiância da Consciência informe. Não há *ishtadeva*, meditador e meditação, nem há consciência da ausência deles. Há apenas radiância"[61].

Precisamente a mesma sequência é descrita pelos textos Zen no estudo do *koan*. Após os estágios iniciais de concentração no *koan* (isso é equivalente à visualização do *ishtadeva* ou *dhyani-buddha*), chega-se a um ponto em que o indivíduo se dissolve no *koan* – ele se torna uno com o *koan* em uma superabundância de consciência: não uma perda da consciência, mas uma intensificação extraordinária dela. Isso é chamado de "o homem esquecido" – isto é, o sujeito separado é esquecido em união com o *koan*, que agora é único. Esse é o estado sutil. À medida que esse processo se intensifica, o próprio *koan* é esquecido – isto é, ele se dissolve em sua própria essência prévia de Informidade. Isso é chamado de "o *dharma* (o *koan*) esquecido" ou "tanto o homem quanto o *dharma* esquecidos" – e esse é o causal superior do *samadhi* informe. Esse processo global é descrito de maneira tão consistente e semelhante por todas as tradições que atingem esse nível elevado, a ponto de agora podermos ter certeza de suas características gerais (estrutura profunda). Elas são inconfundíveis.

Observemos que esse estado em si – o causal superior do "tanto o homem quanto o *dharma* esquecidos" – é conhecido como *nirvikalpa samadhi* (Hinduísmo), *jhana samadhi* (Vedanta); é o sétimo *jhana* (Theravada); o estágio de *insight* sem esforço e início do *nirodh/nirvana* (*vipassana*); e é o oitavo dos dez estágios de apascentamento do boi no Zen.

Passando pelo *nirvikalpa samadhi*, a Consciência desperta totalmente para sua condição e quididade original (*tathata*), que é, ao mesmo tempo, a condição e quididade de tudo o que é denso, sutil ou causal. Aquele que testemunha e o que é testemunhado são apenas um e o mesmo. O inteiro processo do mundo surge, momento a momento, como o próprio Ser, fora do qual e antes do qual nada existe. Esse Ser é totalmente além e anterior a qualquer coisa que surge e, mesmo assim, nenhuma parte desse Ser é diferente do que surge.

E assim: como o centro do eu mostrou ser Arquétipo; e como o centro do Arquétipo mostrou ser Deus final; e como o centro do Deus final mostrou ser Informidade – então, o centro da Informidade não é outro senão o mundo inteiro da Forma. "A Forma não é senão a Vacuidade, a Vacuidade não é senão a Forma", diz o Sutra budista mais famoso ("O Sutra do Coração").

Nesse ponto, o extraordinário e o ordinário, o sobrenatural e o natural, são precisamente um e o mesmo. Esta é a décima figura do apascentamento do boi do Zen, que diz: "O portão de sua cabana está fechado e até os mais sábios não conseguem encontrá-lo. Ele toma seu próprio caminho, sem tentar seguir os passos dos sábios anteriores. Carregando uma cabaça, ele entra no mercado; apoiando-se em seu cajado, ele volta para casa".

Este também é *sahaja samadhi*, o estado *Turiya*, o *Svabhavikakaya* – a Unidade suprema, em que todas as coisas e eventos, embora permaneçam perfeitamente separados e discretos, são apenas Um. Da mesma forma, essa é a integração radicalmente perfeita de todos os níveis anteriores – denso, sutil e causal, que agora, por si mesmos, continuam a surgir momento a momento em um jogo iridescente de interpenetração mútua. Esta é a diferenciação final da Consciência de todas as formas na Consciência, após o que a Consciência como Tal é liberada na Transcendência Perfeita, que não é uma transcendência do mundo, mas uma transcendência final como o mundo. Doravante, a Consciência opera, não no mundo, mas somente como todo o processo do mundo, integrando e interpenetrando todos os níveis, domínios e planos, altos ou baixos, sagrados ou profanos.

E esta, finalmente, é a Unidade suprema em direção à qual toda a evolução, humana e cósmica, se dirige. E, pode-se dizer, a evolução cósmica – esse padrão holístico – é completada na e como evolução humana, que em si atinge a consciência da unidade suprema e, portanto, completa a *gestalt* absoluta em direção à qual toda a manifestação se move.

# 4
# Desenvolvimento, meditação e o inconsciente

## A forma do desenvolvimento

No geral, o processo de desenvolvimento psicológico – que é a operação, nos seres humanos, da evolução cósmica ou universal – ocorre de uma forma bem articulada. Como vimos no capítulo anterior, em cada estágio de desenvolvimento uma estrutura de ordem superior – mais complexa e, portanto, mais unificada – surge por meio da diferenciação do nível prévio de ordem inferior. Essa estrutura de ordem superior é introduzida na consciência e, finalmente, o eu se *identifica* com essa estrutura emergente. Por exemplo, quando o corpo emergiu de sua fusão pleromática com o mundo material, a consciência se tornou um eu-corpo: identificada com o corpo. O eu não estava mais *ligado* à fusão pleromática, mas, sim, ao corpo. À medida que a linguagem emergiu na consciência, o eu começou a mudar de um eu-corpo unicamente biológico para um ego sintático – o eu acabou se identificando com a linguagem e operando *como* um eu sintático. Já não estava mais *ligado* exclusivamente ao corpo, mas, sim, ao ego-mente. Da mesma forma, na evolução avançada, o Arquétipo da divindade emerge, é introduzido na consciência (no sutil), o eu se identifica com, e como, esse Arquétipo e opera a partir dessa identificação. O eu não está mais ligado exclusivamente ao ego, mas, sim, ao seu próprio Arquétipo, e assim por diante.

O ponto é que, conforme cada estrutura de ordem superior emerge, o eu afinal identifica-se com essa estrutura – o que é normal, natural e apropriado. À medida que a evolução avança, no entanto, cada nível, por sua vez, é diferenciado do eu, ou "descascado", por assim dizer, ou seja, o eu *desidentifica-se* de sua estrutura atual, a fim de se identificar com a próxima estrutura emergente de ordem superior. Mais precisamente, dizemos que o eu se desapega de sua identificação *exclusiva* com a estrutura inferior. Não joga fora essa estrutura básica, simplesmente não se identifica mais com ela. Isto é, uma vez que o eu se diferencia da estrutura inferior, ele a *transcende* e pode *operar* nela, usando as ferramentas da nova estrutura emergente.

Assim, quando o eu-corpo se diferencia do ambiente material, ele pode operar no meio ambiente usando as ferramentas do próprio corpo (como os músculos). Quando o ego-mente se diferencia do corpo, ele pode operar no corpo e no mundo com *suas* ferramentas (conceitos, sintaxe). À medida que o eu sutil se diferencia do ego-mente, ele pode operar na mente, no corpo e no mundo usando suas estruturas (*siddhi*, intuição) e assim por diante.

Portanto, em cada ponto do crescimento psicológico: (1) uma estrutura de ordem superior emerge na consciência; (2) o eu identifica seu ser com essa estrutura superior; (3) a estrutura de ordem superior seguinte eventualmente emerge; (4) o eu se desidentifica da estrutura inferior e muda sua identidade essencial para a estrutura superior; (5) a consciência, assim, transcende a estrutura inferior; e (6) torna-se capaz de operar nessa estrutura inferior a partir do nível de ordem superior; de forma que (7) todos os níveis anteriores possam ser integrados na consciência. Observamos que cada estrutura de ordem sucessivamente mais elevada é mais complexa, mais organizada e mais unificada – e a evolução continua até que exista apenas a Unidade, definitiva em todas as direções, na qual a força da evolução se esgota e há perfeita liberação em radiância como o fluxo do mundo inteiro.

Alguns pontos técnicos: usando os termos da linguística, dizemos que cada nível de consciência consiste em uma *estrutura profunda* e uma *estrutura superficial.* A estrutura profunda é a *forma definidora* de um nível, incorporando todos os potenciais e limitações do nível. A estrutura superficial é simplesmente uma manifestação *particular* da estrutura profunda. A estrutura superficial é restringida pela forma da estrutura profunda, mas, no âmbito dessa forma, é livre para selecionar diversos conteúdos. Usando um exemplo simples, considere um edifício de dez andares: cada um dos andares é uma estrutura profunda, enquanto as várias salas e objetos em cada andar são estruturas superficiais. Todos os egos-corpos estão no segundo andar; todos os egos-mentes verbais estão no quinto andar; todos os arquétipos sutis estão no oitavo andar; o causal está no topo e o edifício propriamente dito é a Consciência como Tal. A questão é que, embora os egos verbais sejam bem diferentes, todos estão no quinto andar: todos compartilham da mesma estrutura profunda.

Ora, chamamos o movimento de estruturas superficiais de *translação*; e chamamos o movimento de estruturas profundas de *transformação*. Portanto, se movermos os móveis no quarto andar, isso será uma translação, mas se os subirmos para o sétimo andar, isso será uma transformação. Assim, cada transformação para cima marca a emergência na consciência de um nível novo e mais elevado, com uma nova estrutura profunda, na qual novas translações ou estruturas superficiais podem se desdobrar e operar.

Toda vez que uma estrutura profunda de ordem superior emerge, as estruturas de ordem inferior são absorvidas, envolvidas ou abraçadas por ela. Isto é, em cada ponto da evolução ou do desenvolvimento, o que é o *todo* de um nível se torna meramente uma *parte* do *todo* de ordem superior do próximo nível. Vimos, por exemplo, que, durante os estágios iniciais do crescimento, o corpo é o *todo* da sensação do eu – ou seja, o ego-corpo. À medida que a mente emerge e se desenvolve, o senso de identidade muda para a mente, e o corpo se torna apenas um aspecto, uma parte do eu total. Da mesma forma, conforme o nível sutil emerge, a mente e o corpo – que juntos constituíam todo o sistema do eu – tornam-se meros aspectos ou partes do novo e mais abrangente eu.

Exatamente da mesma maneira, podemos dizer que, em cada ponto da evolução ou do desenvolvimento, um *modo* do eu se torna um mero *componente* de um eu de ordem superior (e. g., o corpo era *o* modo do eu antes da emersão da mente e, a partir daí, se torna apenas um componente do eu). Isso pode ser apresentado de várias formas diferentes, cada uma das quais nos diz algo importante sobre desenvolvimento, evolução e transcendência: (1) o que é *identificação* se torna *distanciamento*; (2) o que é *contexto* se torna *conteúdo* (ou seja, o contexto de cognição e experiência de um nível se torna simplesmente um conteúdo da cognição e experiência do próximo); (3) o que é *fundamento* se torna *imagem* (o que libera o fundamento de ordem superior); (4) o que é *subjetivo* se torna *objetivo* (até que ambos os termos percam o sentido); e (5) o que é *condição* se torna *elemento* (e. g., a mente, que é a condição *a priori* da experiência egoica, torna-se meramente um elemento de experiência no sutil).

Cada um desses pontos é, na verdade, uma definição de *transcendência*. No entanto, cada um também é uma definição de um estágio de *desenvolvimento*. Conclui-se que os dois são essencialmente idênticos e que a evolução, como já foi dito, é de fato "autorrealização através de autotranscendência".

## Os tipos de inconsciente

Muitos relatos sobre o "inconsciente" simplesmente assumem que ele existe, desde o início, como processo ou substância, e depois descrevem suas camadas, níveis, fundamentos, modos ou conteúdos. Mas acredito que essa abordagem deva ser complementada por preocupações desenvolvimentais ou evolutivas, por um lado, e fatores dinâmicos, por outro.

Permita-me dar alguns exemplos do problema em si: a Análise Transacional fala de programação de *scripts* inconscientes (ou pré-conscientes), contendo comandos *verbais* como "sentir-se culpado" ou "acumular ansiedade". O trabalho do analista de *script* é descobrir esses comandos, torná-los explícitos e conscientes, e, assim, libertar o cliente de seu poder compulsivo. Por uma questão de simplicidade, vamos chamar isso de "inconsciente de *script* verbal".

Observemos agora um ponto bastante simples: uma criança pré-verbal não pode ter um inconsciente de *script* verbal. Em vez disso, a linguagem terá de *emergir* do desenvolvimento e, em seguida, ser carregada com comandos de *script*, que deverão imergir no limiar comum da consciência – nesse ponto, e não antes, poderemos falar do *script* inconsciente. Do mesmo modo, uma criança no estágio pré-fálico não pode ter uma fixação fálica, o bebê pré-egoico não possui estrutura inconsciente de caráter de ego, e assim por diante.

Claramente, o que existe "no" inconsciente depende em grande parte de características de desenvolvimento – *tudo* no inconsciente, em todas as suas formas, não é simplesmente dado no início. No entanto, para continuar a história, muitos escritores parecem assumir que existe um "inconsciente transpessoal" que está presente, mas reprimido, desde o início, enquanto – se for como a programação verbal, a estrutura de caráter, a capacidade mental, o pensamento abstrato e estruturas mais elevadas – ele ainda não foi reprimido, porque sequer teve a oportunidade de surgir durante o desenvolvimento. Não está reprimido da consciência, pois ainda não emergiu experiencialmente da consciência.

Com esse ponto de vista dinâmico e desenvolvimental, em oposição ao estático e dado, descreverei a seguir cinco tipos básicos de processos inconscientes. Eles são *tipos* de processos inconscientes, não de *níveis* do inconsciente (embora eu também vá mencioná-los). Esse esboço não pretende ser exaustivo nem definitivo, mas apenas indicativo de preocupações que considero que a psicologia em geral, e a psicologia contemplativa em particular, devem abordar.

*1) O inconsciente essencial.* Por "essencial", refiro-me a um significado fundamentalmente neutro; não deve ser confundido com "Essência do Ser" ou "Essência Aberta" ou "Essência Primordial". Embora, em certo sentido, seja "totalmente abrangente", é basicamente um conceito desenvolvimental. O feto "possui" o inconsciente essencial; basicamente, são *todas as estruturas profundas existentes como potenciais, prontas a emergir em algum momento futuro*. Todas as estruturas profundas dadas a uma humanidade coletiva – pertencentes a todos os níveis de consciência, do corpo à mente, à alma, ao espírito, denso, sutil e causal – estão envolvidas, empacotadas ou indiferenciadas no inconsciente essencial. Essas estruturas são inconscientes, mas *não* são reprimidas porque ainda não entraram na consciência. O desenvolvimento ou evolução consiste em uma série de transformações hierárquicas, desdobramentos ou diferenciações das estruturas profundas do inconsciente essencial, começando pelas mais baixas (matéria e corpo) e terminando com as mais elevadas (causal e supremo). Quando – e se – *todo* o inconsciente essencial emergir, existirá *somente* consciência: tudo estará consciente *como* o Todo. Como disse Aristóteles: quando todo o potencial é realizado, o resultado é Deus.

Observe que o inconsciente essencial é praticamente desprovido de estruturas superficiais, pois elas são basicamente *aprendidas* durante o desdobramento de estruturas profundas. Isto é semelhante à ideia de Jung dos arquétipos como "formas destituídas de conteúdo". Como Jung disse, um arquétipo (estrutura profunda) "é determinado quanto ao seu conteúdo [estrutura superficial] apenas quando se torna consciente e, portanto, é preenchido com o material da experiência consciente"[48]. Todo mundo "herda" as *mesmas* estruturas profundas básicas, mas aprende estruturas superficiais *individuais*, que podem ser bastante semelhantes ou bastante diferentes daquelas de outros indivíduos e, especialmente, de outras culturas (mas ainda dentro dos limites das próprias estruturas profundas). Isto também é bem semelhante à concepção de Hartmann de uma "matriz indiferenciada" ou "aparatos inatos", um conceito aceito por praticamente todas as modernas escolas psicanalíticas de psicologia do ego. Nas palavras de Blanck e Blanck: "como a conhecemos atualmente, a matriz indiferenciada contém em potencial ego, id, pulsão, afeto, psique, soma e muito mais a ser descoberto"[13]. Eu simplesmente acrescentaria que "muito mais a ser descoberto" inclui todos os níveis mais elevados que discutimos; e que a matriz indiferenciada contém basicamente apenas as *estruturas profundas* de todos esses componentes e níveis, pois as estruturas superficiais são aprendidas individualmente e moldadas culturalmente, e, portanto, podem variar de pessoa para pessoa. Desse modo, chamamos essa soma de estruturas profundas nativas de inconsciente essencial.

Ora, todos os demais tipos de inconsciente podem ser definidos em relação ao inconsciente essencial. Isso nos dá um conceito de processos inconscientes que são, ao mesmo tempo, estruturais e dinâmicos, e desenvolvíveis em camadas.

*2) O inconsciente arcaico.* Os esforços pioneiros iniciais de Freud na psicanálise o levaram a postular dois sistemas psíquicos basicamente distintos: o sistema inconsciente, como ele o chamava, e o sistema consciente. Ele percebeu que o inconsciente era *gerado* por repressão: certos impulsos, que sofriam resistência dinâmica do sistema consciente, eram expulsos a força da consciência. "O inconsciente" e "o reprimido" eram basicamente a mesma coisa.

Entretanto, após algum tempo, Freud passou a falar, não tanto do sistema consciente e do sistema inconsciente, mas do ego e do id, e essas duas formulações não se sobrepunham muito claramente, ou seja, o ego *não* era o mesmo que o sistema consciente e o id *não* era o mesmo que o sistema inconsciente. Antes de mais nada, partes do ego (o superego, as defesas e a estrutura de caráter) eram *inconscientes*; e partes do id eram inconscientes, *mas não reprimidas*. Em suas palavras: "Reconhecemos que o Inconsciente não coincide com o reprimido; ainda é verdade que tudo o que é reprimido é Inconsciente, mas nem tudo que é Inconsciente é reprimido"[44].

Nem tudo o que é inconsciente é reprimido, porque, como Freud constatou, parte do inconsciente simplesmente se encontra inconsciente desde o início – não é primeiro uma experiência pessoal que depois é reprimida, mas algo que, por assim dizer, *começa* no inconsciente. Freud uma vez pensara que os símbolos dos sonhos e fantasias poderiam ser rastreados até experiências pessoais da vida real, mas ele percebeu que muitos dos símbolos encontrados nos sonhos e nas fantasias possivelmente não poderiam ter sido gerados por experiência pessoal. "De onde vem a necessidade dessas fantasias e o material para elas?", nós o ouvimos perguntar. "Não há dúvida sobre as fontes instintivas, mas como explicar que as mesmas fantasias são sempre formadas com o mesmo conteúdo? Tenho uma resposta para isso que sei que lhe parecerá muito ousada. Eu acredito que essas *fantasias primitivas* [...] sejam bens filogenéticos. Nelas, o indivíduo [...] estende-se [...] às experiências de épocas passadas."[47] Essa "herança arcaica" ou filogenética incluía, além dos instintos, "repetições abreviadas da evolução experienciada por toda a raça humana por períodos prolongados e ao longo de eras pré-históricas". Embora Freud discordasse profundamente de Jung sobre a natureza dessa herança arcaica, ele declarou: "Concordo plenamente com Jung em reconhecer a existência dessa herança filogenética"[48].

Para Jung, é claro, a "herança filogenética" consistia nos instintos e nas formas mentais ou imagens associadas aos instintos, que ele acabou por chamar (e infelizmente) de *arquétipos*. Para Jung, instinto e arquétipo estavam intimamente relacionados – eram quase a mesma coisa. Como explica Frey-Rohn: "A conexão entre instinto e imagem arquetípica parecia para [Jung] tão próxima, a ponto de ele chegar à conclusão de que os dois estavam acoplados... Ele via a imagem primordial [o "arquétipo"] como o autorretrato do instinto – em outras palavras, a percepção do instinto de si mesmo"[48]. Quanto às imagens arcaicas propriamente ditas:

> O homem herda essas imagens de seu passado ancestral, um passado que inclui todos os seus ancestrais humanos, bem como seus ancestrais pré-humanos ou animais. Essas imagens raciais não são herdadas no sentido de que uma pessoa se lembra ou tem consciência de imagens de seus ancestrais. Em vez disso, são predisposições ou potencialidades para experienciar e responder ao mundo da mesma maneira que seus ancestrais [isto é, elas são estruturas profundas arcaicas][58].

Eis o inconsciente arcaico: são simplesmente as estruturas mais primitivas e menos desenvolvidas do inconsciente essencial – o pleroma (matéria física), o ouroboros (impulsos alimentares), o tifão (energias emocional-sexuais) e várias formas mental-fantásmicas primitivas. Inicialmente, elas são inconscientes, mas não reprimidas, e algumas tendem a permanecer inconscientes, nunca desdobrando-se claramente na consciência. A consciência autorreflexiva está fora de questão nessas estruturas, portanto elas sempre mantêm uma forte disposição para inconsciência, *com* ou *sem* repressão (o que é um ponto significativo). A "característica predominante do id", disse Freud, "é ser inconsciente"[46], e essa é a *natureza* do id, não algo *criado* por repressão.

A propósito, não compartilho o entusiasmo de Jung sobre as imagens arcaicas; e não igualo os arquétipos, que são estruturas altamente avançadas, situadas no sutil superior e no causal inferior, às imagens arcaicas, que são, como o próprio Jung afirmava, contrapartes instintivas ou tifônicas. Concordo com quase tudo o que Jung diz sobre as imagens arcaicas como imagens arcaicas, mas não as equiparo aos arquétipos propriamente ditos (cf. cap. 7).

De qualquer forma, seguindo Freud e Jung, podemos dizer que, em geral, o lado somático do inconsciente arcaico é o id (instintivo, límbico, tifônico, prânico); o lado psíquico é a herança da imaginação filogenética. No todo, o inconsciente arcaico não é produto de experiência pessoal; é inicialmente inconsciente, mas não reprimido; contém as estruturas mais antigas e primitivas que se desdobram a partir do inconsciente essencial e, mesmo quando desdobradas, tendem à subconsciência. Elas são amplamente pré-verbais e a maioria é sub-humana.

*3) O inconsciente imergente.* Uma vez que uma estrutura profunda tenha emergido do inconsciente essencial e tomado as formas de várias estruturas superficiais, essas estruturas superficiais, por diversas razões, podem retornar ao estado de inconsciência, ou seja, uma vez emergida uma estrutura, ela pode imergir e o conjunto de tais estruturas é o que chamamos de inconsciente imergente. O inconsciente imergente é o que antes era consciente na vida do indivíduo, mas agora está oculto da consciência.

O inconsciente imergente pode incluir, em princípio, qualquer estrutura que emergiu, seja coletiva, pessoal, arcaica, sutil etc. Pode conter elementos coletivos que emergiram, clara e inequivocamente, e depois foram suprimidos; ou pode conter elementos pessoais moldados e aprendidos nesta vida e depois suprimidos; ou pode conter uma mistura de ambos. Jung escreveu extensivamente sobre esse assunto, e não precisamos repeti-lo aqui. Mas devemos notar que até mesmo Freud estava ciente da diferença entre o id do inconsciente arcaico e o id do inconsciente imergente, embora às vezes seja difícil diferenciá-los perfeitamente. "No decorrer desse lento desenvolvimento, certos conteúdos do id foram [...] levados ao ego; outros permaneceram inalterados no id, como seu núcleo raramente acessível. Durante o desenvolvimento, no entanto, o ego jovem e fraco recolocou no estado inconsciente parte do material que já havia absorvido, retirou-o e comportou-se da mesma maneira com algumas impressões novas que ele pudesse ter gerado, de modo que, tendo sido rejeitado, esse material deixaria apenas um vestígio no id. Em consideração à sua origem, falamos dessa última parte do id como *o reprimido* [em contraste com a primeira parte que estava simplesmente inconsciente desde o início: o inconsciente arcaico]."[46] Eis a diferença, ou melhor, uma delas, entre o inconsciente arcaico original e o inconsciente imergente ou reprimido. Mas, como diz Freud: "É de pouca importância que nem sempre possamos traçar uma linha nítida entre essas duas categorias de conteúdo no id. Elas coincidem aproximadamente com a distinção entre o que estava inatamente presente [o inconsciente arcaico] e o que foi adquirido no curso do desenvolvimento do ego [o inconsciente imergente]"[46]. Observe que Freud chega a essas conclusões com base no pensamento desenvolvimental: "em consideração à sua *origem*..."

O inconsciente imergente torna-se inconsciente por várias razões, e essas razões distribuem-se por um *continuum de desatenção*. Esse *continuum* varia do simples esquecimento ao esquecimento seletivo até o esquecimento forçado/dinâmico (apenas este último é próprio da repressão). A respeito do subconsciente imergente *pessoal*, Jung afirma:

> O inconsciente pessoal [...] inclui todos os conteúdos psíquicos que foram esquecidos durante o curso da vida do indivíduo. Traços ainda são preservados no inconsciente, mesmo que toda a memória consciente deles tenha sido perdida. Além disso, contém todas as impressões ou percepções subliminares que possuem pouca energia para chegar à consciência. A essas, devemos adicionar combinações inconscientes de ideias que ainda são muito fracas e indistintas para ultrapassar o limiar. Finalmente, o inconsciente pessoal contém todos os conteúdos psíquicos incompatíveis com a atitude consciente[68].

O simples esquecimento e a falta de reação no limiar constituem o *subconsciente imergente subliminar.* O esquecimento dinâmico ou forçado, no entanto, é próprio da repressão, a grande descoberta de Freud. O *inconsciente imergente reprimido* é aquele aspecto do inconsciente essencial que, ao emergir e descobrir estruturas superficiais, é reprimido com força ou retorna à inconsciência devido a uma incompatibilidade com estruturas conscientes (cf. a próxima seção).

O aspecto pessoal do inconsciente imergente reprimido é a *sombra*. Uma vez tornada inconsciente, a sombra pode ser fortemente influenciada pelo inconsciente arcaico (seguindo as leis do processo primário e o princípio do prazer, que prevalecem nos domínios tifônicos), embora essa seja, claramente, uma questão relativa. Concordo com Jung, por exemplo, que a sombra *pode* ser verbal e altamente estruturada (semelhante em estrutura e conteúdo ao ego/persona). Na verdade, parece haver um *continuum* de estrutura inconsciente, que vai desde os componentes verbais altamente estruturados do inconsciente (e. g., *scripts*) ladeira abaixo até o caos primordial da *materia prima* não estruturada ou mal estruturada, a fusão pleromática do inconsciente arcaico. Escusado dizer que uma das principais razões para reprimir a sombra é que ela se torna um veículo para o inconsciente arcaico: carrega impulsos instintivos que são considerados incompatíveis com o ego.

*4) O inconsciente incorporado.* Chegamos agora ao aspecto do inconsciente que mais intrigou Freud, mas que, não obstante, é uma de suas maiores descobertas. Lembre-se de que Freud abandonou o modelo consciente-inconsciente em favor do modelo ego-id porque "reconhecemos que o inconsciente não coincide com o reprimido; ainda é verdade que tudo que é reprimido é inconsciente, mas nem tudo que é inconsciente é reprimido". Além do inconsciente arcaico, que era inconsciente, mas não reprimido, Freud descobriu que "é certo que grande parte do ego é inconsciente". Ao mesmo tempo, ele começou a localizar a *origem* da repressão no ego, porque "podemos dizer que a resistência do paciente surge do seu ego..."[43]

A questão era a seguinte: a repressão *origina-se* em alguma parte do ego; é algum aspecto do ego que reprime a sombra-id. Mas Freud descobriu, então, que parte do ego era inconsciente, *mas não fora reprimida*. Ele simplesmente juntou dois mais dois e concluiu que a parte *não reprimida* do ego era a parte *repressora*. Essa parte ele chamou de superego: era inconsciente, não reprimida, mas repressora. "Podemos dizer que a repressão é obra deste superego e que é realizada por ele ou pelo ego em obediência às suas ordens [...] porções de ambos, do ego e do superego, são inconscientes."[45] Mas *não* reprimidas.

Antes de tentarmos entender essa estrutura não reprimida, mas repressora, devo recapitular brevemente minha teoria geral da repressão, uma teoria baseada nas obras de Piaget, Freud, Sullivan, Jung e Loevinger. Em essência, temos o seguinte: o processo de *translação*, por sua própria natureza, tende a ocultar todas as percepções e experiências que não estão de acordo com os princípios limitadores básicos da própria translação. Isto é normal, necessário e saudável, e forma a base dos "mecanismos de defesa necessários e normais" – impede que o sistema do eu seja sobrecarregado por seus arredores, internos ou externos. É "desatenção" normal e – em contraste com uma grande quantidade de teorias que sustentam que essa "filtragem" é uma realidade corrompida – é absolutamente essencial para o equilíbrio natural.

No entanto, se surgirem restrições no processo de translação em qualquer nível, o indivíduo interpreta mal o seu eu e o seu mundo (o que significa que ele distorce ou elimina, desloca ou condensa, aspectos da estrutura profunda que também poderiam existir corretamente como estruturas superficiais). Isso pode ocorrer de diversas maneiras e por várias razões – e pode ser expresso em termos de "limites de energia" ou "distorções informacionais". O ponto essencial é que o indivíduo está agora seletivamente desatento ou forçadamente restritivo à sua consciência. Ele não traduz mais simplesmente o seu eu e o mundo (via "desatenção normal"), ele *modifica* ou edita quaisquer aspectos do seu eu e do mundo que são ameaçadores (por meio de desatenção forçada e *seletiva*). Essa má interpretação resulta tanto em um *sintoma* quanto em um *símbolo*, e o trabalho do terapeuta é ajudar o indivíduo a retraduzir ("a interpretação") seus sintomas simbólicos de volta às suas formas originais, sugerindo *significados* para os sintomas-símbolos. ("Seus sentimentos de ansiedade são, na verdade, sentimentos mascarados de raiva.") A repressão é simplesmente uma forma de tradução incorreta, mas uma tradução incorreta que não é só um erro, mas uma edição *intencional* (mesmo que inconsciente), uma repressão dinâmica por interesse próprio. O indivíduo não apenas esquece; ele não quer se lembrar.

Vimos que, em cada nível de desenvolvimento, o senso do eu identifica-se com as recém-emersas estruturas desse nível. Quando o corpo emergiu do pleroma, o eu se identificou com ele; quando a mente verbal emergiu, o eu se identificou com ela; e assim por diante. Além disso, é da natureza de uma identificação exclusiva que uma pessoa não realiza, e não consegue realizar, essa identificação sem *penetrá-la*. Ou seja, toda identificação exclusiva é identificação inconsciente – por definição e fato. No momento em que a criança percebe que *tem* um corpo, ela não é mais *apenas* o corpo: ela fica consciente disso; ela o transcende; ela está olhando para ele com a mente e, portanto, não pode mais ser *só* um corpo. Da mesma forma, no momento em que o adulto percebe que tem uma mente, ele não é mais apenas uma mente – ele está realmente começando a percebê-la de regiões sutis além da mente. Antes desses pontos, o eu identificava-se mais ou menos exclusivamente com essas estruturas e, portanto, *não conseguia percebê-las*. O eu não podia ver essas estruturas porque o eu *era* essas estruturas.

Em outras palavras, em cada nível de desenvolvimento, não se pode observar totalmente o observador. Nenhuma estrutura de observação pode se observar observando. Utilizamos as estruturas desse nível como algo com o qual podemos perceber e interpretar o mundo – mas não podemos perceber e interpretá-las, não totalmente. Isso pode ocorrer apenas a partir de um nível superior. O ponto é que cada processo de translação vê, mas não é visto; interpreta, mas não é interpretado; *e pode reprimir, mas não é reprimido*.

O superego freudiano, com as defesas e a estrutura de caráter, reúne os aspectos do nível do ego com os quais o eu está inconscientemente *identificado*, tanto que eles não podem ser percebidos *objetivamente* (como pode o resto do ego). Eles traduzem sem serem traduzidos – são repressores, mas não reprimidos. Isso se encaixa muito bem com os pensamentos de Freud sobre o assunto, porque ele próprio sentiu que (1) o superego é criado por uma *identificação* ("identificações substituem escolhas objetais") e (2) um dos objetivos da terapia é tornar o superego consciente – vê-lo como um objeto e, assim, deixar de usá-lo como algo através do qual se pode ver e interpretar (mal) o mundo. Esse é simplesmente um exemplo do processo geral de evolução que descrevemos anteriormente, onde – uma vez que nos identificamos com uma estrutura recém-emersa, que seja necessária e desejável – nos libertamos da estrutura anterior, desidentificando-nos dela, para mais tarde integrá-la em uma unidade de ordem mais elevada. Devo mencionar rapidamente que, de acordo com Freud, o superego é frequentemente severo e "masoquista" quando contaminado (regressivamente) pelo inconsciente arcaico.

De qualquer forma, o superego é simplesmente um exemplo do que chamamos de *inconsciente incorporado*: uma vez que está incorporado *como* o eu, o eu não pode vê-lo total ou precisamente. É inconsciente, mas *não* reprimido. É o aspecto do inconsciente essencial que, ao emergir, o faz como o sistema do eu e, portanto, permanece essencialmente inconsciente, tendo o poder de enviar outros elementos para o inconsciente imergente reprimido. Novamente, não é reprimido, mas é repressor. Isso pode ocorrer, e ocorre, em todos os níveis da consciência, embora as especificidades, naturalmente, variem consideravelmente, porque as ferramentas de resistência são simplesmente as estruturas de um determinado nível, e cada nível tem estruturas bem diferentes (p. ex., quando o ego-corpo *era* o inconsciente incorporado, não usava a repressão, mas a introjeção e a projeção como modos de interpretação incorreta, porque a introjeção e a projeção fazem parte da estrutura do processo primário que domina os domínios do corpo tifônico. Entretanto, todo esse processo assume suas formas mais violentas, patológicas e características no(s) nível(is) mental-egoico(s). Todos os estágios de desenvolvimento possuem seu próprio inconsciente incorporado, mas aqueles inferiores ao ego-mental não são suficientemente fortes para gerar uma repressão feroz (o id arcaico é originalmente não reprimido *e* não repressor) e aqueles superiores ao mental-egoico tornam-se tão transcendentes e integrados de modo que a repressão – como normalmente a entendemos – tende a desaparecer. Os domínios superiores possuem suas próprias formas de resistência, geradas por seus respectivos inconscientes incorporados, mas esta é uma questão para um estudo separado (cf. cap. 9).

*5) O inconsciente emergente.* Vamos agora examinar alguém que evoluiu do pleroma para o eu-corpo e para o ego-mente. Ainda restam no inconsciente essencial as estruturas profundas dos domínios sutil e causal. Essas estruturas ainda não emergiram; eles não podem, em regra, emergir na consciência até que as estruturas inferiores emerjam e se consolidem. De qualquer forma, é certamente ridículo falar em realizar o transpessoal antes que o pessoal esteja formado. Os domínios transpessoais (o sutil e o causal) ainda não estão reprimidos – *não* estão ocultos da consciência, não foram filtrados – eles simplesmente ainda não tiveram a oportunidade de emergir. Não dizemos a uma criança de 2 anos que ela está resistindo ao aprendizado da geometria, porque a mente da criança ainda não se desenvolveu e se desdobrou de forma que ela possa começar a aprender matemática. Assim como não acusamos a criança de reprimir a matemática, também não a acusamos de reprimir o transpessoal... ainda não, por enquanto.

Em *qualquer* ponto do ciclo de desenvolvimento, essas estruturas profundas que ainda não emergiram do inconsciente essencial são chamadas de *inconsciente emergente.* Para alguém no nível do ego (ou centauro), o sutil inferior, o sutil superior, o causal inferior e o causal superior estão no inconsciente emergente. Eles são inconscientes, mas *não reprimidos.*

Ora, supondo que o desenvolvimento não se detenha no domínio do ego-centauro – o que geralmente é o caso neste momento da história – a vontade sutil começará a emergir do inconsciente essencial. Não é realmente possível estabelecer cronogramas para esses domínios e estágios mais elevados, porque a humanidade, coletivamente, evoluiu apenas até o nível do ego e, portanto, somente os níveis anteriores a ele estão determinados quanto à emergência. Em geral, no entanto, o sutil *pode* começar a emergir após a adolescência, mas raramente antes. E por todos os tipos de motivos, a emergência do sutil pode sofrer resistência e até, em certo sentido, repressão. Pois o ego é suficientemente forte para reprimir não só os domínios inferiores, mas também os domínios superiores – ele pode selar tanto o superconsciente quanto o subconsciente.

Essa parte do inconsciente essencial cuja emergência sofre resistência ou repressão, chamamos, apropriadamente, de *inconsciente emergente reprimido*. É a parte do inconsciente essencial que, *impedido o desenvolvimento*, permanece inconsciente além do ponto em que poderia muito bem tornar-se consciente. Somos levados a buscar motivos para essa falta de emergência e os encontramos em todo um conjunto de defesas, defesas reais, contra a transcendência. Eles incluem racionalização ("a transcendência é impossível ou patológica"); isolamento ou evitação de relacionamento ("minha consciência está delimitada pela pele!"); terror da morte ("tenho medo de morrer para o meu ego; o que restaria?"); dessacralização (termo de Maslow para a recusa a ver valores transcendentes em parte alguma); substituição (uma estrutura inferior substitui uma estrutura superior intuída, com a suposição de que a inferior é mais elevada); e contração (para formas de menor conhecimento ou experiência). Qualquer uma ou todas essas defesas simplesmente se tornam parte dos processos de translação do ego, de modo que o ego simplesmente continua a transladar quando, na verdade, deveria começar a transformação.

Como a psicanálise e a psicologia ortodoxa nunca compreenderam verdadeiramente a natureza do inconsciente emergente em suas formas superiores, assim que o sutil ou o causal começam a emergir na consciência – talvez como uma experiência de pico ou como luzes e êxtase sutis – elas se apressam a explicá-los como uma descoberta de algum material arcaico ou de impulsos reprimidos do passado. Uma vez que elas não conhecem o inconsciente emergente, tentam explicá-lo em termos do inconsciente *imergente*. Elas acham que o sutil, por exemplo, não é uma estrutura superior emergindo, mas uma estrutura inferior reemergindo; não o transtemporal surgindo, mas o pré-temporal retornando. E assim elas rastreiam o *samadhi* de volta à união do bebê com o seio; reduzem a unidade transpessoal à fusão pré-pessoal no pleroma; Deus é reduzido a um mamilo sugado e todos se congratulam por explicar o Mistério. Todo esse esforço está começando a desmoronar por seu próprio peso, devido ao número ridículo de coisas que a psicanálise é forçada a atribuir aos primeiros 4 meses de vida do bebê, a fim de explicar *tudo* o que emerge posteriormente.

De qualquer modo, com a compreensão desses seis tipos de inconsciente (inconsciente essencial, inconsciente arcaico, inconsciente imergente, inconsciente incorporado, inconsciente emergente e inconsciente emergente reprimido), bem como da translação/transformação e dos estágios de desenvolvimento apresentados no capítulo anterior, podemos agora nos voltar para um rápido estudo da meditação e do inconsciente.

## Meditação e o inconsciente

A maioria dos relatos de meditação e do inconsciente sofre de falta de preocupação com fatores desenvolvimentais ou evolucionários. Eles tendem a simplesmente assumir que o inconsciente é *apenas* o inconsciente imergente (subliminar, filtrado, ocultado, reprimido ou automatizado) e, portanto, consideram a meditação como uma maneira de *reverter* um desagradável estado de coisas criado nesta vida: eles a veem como uma maneira de forçar a entrada no inconsciente. A meditação é retratada como um modo de suspender a repressão, interromper a filtragem, desativar o automatismo ou desfocalizar a focalização. Em minha opinião, essas questões, embora importantes, são os aspectos mais secundários de todos os tipos de meditação.

A meditação é, se alguma coisa, um caminho instrumental sustentado de transcendência. E uma vez que – como vimos – transcendência e desenvolvimento são sinônimos, conclui-se que meditação é simplesmente crescimento ou *desenvolvimento sustentado*. Não é, primariamente, uma forma de reverter coisas, mas de seguir adiante. É o desdobramento natural e ordenado de unidades de grau sucessivamente superior, até que exista apenas a Unidade, até que todo o potencial seja real, até que o inconsciente essencial desabroche completamente como Consciência.

Assim, a meditação ocorre da mesma maneira que todos os outros crescimentos/emergências: uma translação se esgota e falha em dominar exclusivamente a consciência, e a transformação para uma translação de ordem mais elevada ocorre (uma estrutura profunda de ordem superior emerge, subjaz e cria novas estruturas superficiais). Há diferenciação, desidentificação, transcendência e integração. Meditação *é* evolução; *é* transformação – na verdade, não há nada de especial nisso. Parece bastante misteriosa e complicada para o ego porque é um desenvolvimento além do ego. A meditação está para o ego como o ego está para o tifão: evolutivamente mais avançada. Mas o mesmo processo de *crescimento* e emergência percorre toda a sequência – a maneira como chegamos *do* tifão ao ego é a mesma para passarmos do ego ao Espírito. Nós crescemos, não retrocedemos.

Meu primeiro argumento é que a maioria dos relatos sobre meditação pressupõe que os domínios transpessoais – sutil e causal, seja qual for o nome – são partes do inconsciente imergente ou do inconsciente imergente reprimido, e que meditação significa suprimir a repressão. E eu sugiro que os domínios transpessoais são, na verdade, parte do inconsciente emergente e a meditação apenas acelera a emergência.

No entanto – e é isso que confunde o quadro –, quando uma pessoa (digamos, um jovem adulto) começa a meditar, todos os tipos de coisas diferentes passam a acontecer, muitas das quais são apenas, incidental e remotamente, relacionadas ao crescimento e ao processo de transcendência em si, e isso complica muito o quadro geral da meditação. Com esse problema em mente, gostaria de discutir primeiro a natureza da postura meditativa e, em seguida, seu curso geral e completo.

Para começar, observemos que toda *transformação* no desenvolvimento requer a renúncia da presente *translação* específica (ou melhor, a exclusividade daquela translação). Para a pessoa média, que já evoluiu do pleroma para o tifão até o ego, a transformação para os domínios sutil ou causal exige que a translação egoica se renda e cesse. A translação egoica geralmente é composta de pensamentos e conceitos verbais (e de reações emocionais a esses pensamentos). Portanto, a meditação consiste, *no início*, em uma forma de *romper a translação conceitual*, a fim de abrir caminho para a transformação para níveis sutis.

Em essência, isso significa *frustrar* a translação atual e encorajar a nova transformação. Como explicado em *No Boundary*[12], essa frustração/encorajamento – em *qualquer* nível, do tifão ao ego, ao sutil, ao causal – é provocada estrategicamente por *condições especiais*, e essas condições especiais – novamente, em *qualquer* nível – simplesmente incorporam um conjunto de atividades ou funções características do próximo nível mais elevado ou desejado[135]. A psicanálise, por exemplo, fala das *frustrações seletivas* necessá-

12 Publicado no Brasil como *A consciência sem fronteiras* [N.T.].

rias para ajudar o bebê a passar de um eu-corporal, tifônico-instintivo, para um eu mental-egoico que adia e controla (o mesmo tipo de frustrações seletivas que o analista deve usar para ajudar um neurótico *fixado* em níveis infantis a passar para respostas mais dirigidas e maduras); neste caso: "*ponha isso em palavras, não em impulsos!*"

Desse modo, para mover-se *do* ego-mente para os domínios sutil ou causal, são necessárias frustrações seletivas *do* ego-mente pelas condições especiais da prática meditativa. Em princípio, isso não é diferente do que pedir a uma criança que coloque em palavras algo que ela prefere encenar tifonicamente. Estamos pedindo ao ego que dê um passo adiante e coloque em formas sutis aquilo que ele prefere pensar conceitual ou verbalmente. O crescimento ocorre adotando translações mais elevadas até que alguém possa realmente se transformar para aquele domínio mais elevado.

Por exemplo, o *yidam* ou o *ishtadeva*: mostra-se aos indivíduos um símbolo da divindade *yidam*, um símbolo que, precisamente por incorporar um estado superior, não corresponde a nada nesta realidade presente. Eles constroem ou traduzem esse símbolo em sua própria consciência, a ponto de o *yidam* sutil realmente emergir do inconsciente essencial para a consciência plena. Os indivíduos acabam se *identificando* (como explicamos com *todo* o desenvolvimento) com essa estrutura mais elevada, que rompe sua translação inferior como ego e os eleva a uma estrutura superior.

O Mestre (guru, roshi etc.), ao impor condições especiais (neste caso, a visualização do *yidam*), simplesmente continua frustrando as translações antigas, minando as velhas resistências e incentivando a nova transformação. Isso é verdade para *todas* as formas de meditação – concentrativa ou receptiva, mântrica ou silenciosa. Na meditação concentrativa, a condição especial tem uma forma definida; na meditação receptiva, é "informe" – porém, são impostas condições especiais para ambas, e o indivíduo que perde sua consciência informe ou desfocada é punido tão severamente quanto aquele que abandona seu *koan*.

Como algumas das principais características dos domínios mais elevados incluem atemporalidade transtemporal, amor, nenhuma aversão ou apego, aceitação total e unidade sujeito-objeto, essas são, frequentemente, as *condições especiais* da meditação – "permaneça sempre no Agora"; "reconheça suas aversões a relacionamentos"; "seja apenas Amor em todas as condições"; "torne-se um com sua meditação e seu mundo"; "aceite tudo, pois tudo é *Brahman*", e assim por diante. Nossos pais nos ajudaram a passar do primeiro andar da consciência para o quinto andar, impondo as condições especiais da linguagem e do autocontrole egoico. Do mesmo modo, o Mestre nos ajuda a sair do quinto andar para os andares mais elevados, impondo-nos, pela prática, as condições especiais do andar superior.

Essencialmente, não importa se as condições especiais são de um modo de meditação concentrativo-absortivo ou receptivo-desfocado. O primeiro rompe a translação inferior e egoica, interrompendo-a; o segundo, observando-a. O que eles têm em comum é o que é essencial e eficaz em ambos: bloquear uma translação por concentração ou observar uma translação por desfocalização só pode ser feito a partir do próximo nível mais alto. Ambos alcançam (no final) o mesmo objetivo, o rompimento de uma translação de ordem inferior, resultando em uma transformação de ordem superior. Ambos também são processos intensamente ativos. Até mesmo a "receptividade passiva" é, como disse Benoit, ativa em um plano superior. (Isso não significa, no entanto, que o modo receptivo-desfocado e o modo concentrativo-absortivo sejam idênticos ou que produzam os mesmos resultados secundários. Isso ficará óbvio quando delinearmos o curso de uma meditação típica.)

No entanto, antes de discutir o que acontece na meditação, é importante perceber que nem todas as escolas de meditação visam ao mesmo domínio geral de consciência. Em vez disso, como já sugerimos nos capítulos anteriores, os domínios transpessoais e superconscientes se dividem em vários níveis diferentes (sutil inferior e superior, causal inferior e superior etc.). Pouquíssimas religiões estão conscientes de todas essas distinções e, portanto, muitas, mais ou menos, se "especializam" em um nível ou outro. Portanto, as próprias práticas meditativas dividem-se geralmente em três classes principais (cf. Free John).

A primeira é a classe *Nirmanakaya*, que lida com energias corporais ou tifônicas e sua transmutação ou transformação até a região do sutil inferior, culminando no *sahasrara*. Ela inclui *hatha* yoga, *kundalini* yoga, *kriya* yoga e, particularmente, todas as formas de yoga tântrico. O objetivo da classe Nirmanakaya, como mencionei, é o *sahasrara*, o chacra da coroa, e é exemplificada por Patanjali.

A segunda é a classe *Sambhogakaya*, que lida com as regiões do sutil superior e visa às sete (a dez) subfases de crescimento sutil e iluminações audíveis secretadas no interior e além do *sahasrara*. Ela inclui *Nada* yoga e *Shabd* yoga, e é exemplificada por Kirpal Singh.

A terceira é a classe *Dharmakaya*, que lida com as regiões causais. Ela não opera através da manipulação da energia tântrica (os cinco ou seis primeiros chacras) nem da absorção de luz e som sutis (o sétimo chacra e os chacras das subfases superiores mais além), mas, sim por meio da investigação do campo causal da própria consciência, da investigação da raiz do Eu Sou ou do senso do eu separado, mesmo na, e por intermédio da, Testemunha Transcendente da região causal, até que todas as formas de dualismo sujeito-objeto sejam extirpadas. Esta classe é exemplificada por Sri Ramana Maharshi, Maha-Ati Vajrayana, Zen-budismo e Hinduísmo Vedanta. No ponto terminal de cada caminho, *pode-se* cair na quididade prévia de todos os domínios, o *Svabhavikakaya*, embora isso seja mais fácil e mais provável quanto mais elevado o caminho que se adota inicialmente.

Suponhamos agora que um jovem adulto adote a prática do Zen na sua forma de *koan* concentrativo ou *shikantaza* receptivo. Ambas são práticas do Dharmakaya e, portanto, esperamos ver, se levadas a cabo, não apenas uma culminância no causal superior, como também todos os tipos de manifestações de nível inferior nos estágios intermediários.

Inicialmente, a prática da meditação começa a quebrar a translação egoica atual, interrompendo-a (*koan*) ou observando-a (*shikan*). Washburn fez um excelente relato de algumas das especificidades desse processo[122]. (Sua "redução do limiar de intensidade" e "imobilização de operações psíquicas" são duas maneiras de descrever o relaxamento das translações de um nível, o que é pré-requisito para a desrepressão do nível inferior e a transformação para o superior.) À medida que a translação egoica atual começa a afrouxar, o indivíduo é exposto primeiro ao *inconsciente imergente subliminar* (o inconsciente imergente não reprimido em geral), que inclui, entre outras coisas, os "inúmeros aspectos despercebidos de experiências, aspectos atenuados devido ao hábito, condicionamento ou exigências da situação"[122]. Todo tipo de memórias estranhas flutua, memórias de tela, memórias insignificantes, memórias que não foram reprimidas, apenas esquecidas ou pré-conscientes.

Meses podem ser passados "no cinema", assistindo ao inconsciente imergente subliminar ressurgir na consciência e dançar diante do olho interior.

À medida que a meditação progride, os aspectos mais resistentes da translação egoica são lentamente minados e desmantelados em sua exclusividade, ou seja, o *inconsciente incorporado* é libertado de sua identificação inconsciente com o eu e, portanto, tende a emergir como um objeto real da consciência ou, pelo menos, a perder o controle da consciência. Washburn afirma que a imobilização psíquica (a interrupção da translação egoica) "traz à tona operações psíquicas inconscientes, interferindo em seu funcionamento normal", de modo que "se pode começar a vê-las, e não, como até agora, apenas olhar através delas"[122]. Acho que esse é um ponto importante, mas eu acrescentaria que ele se aplica basicamente ao inconsciente incorporado (e a partes do inconsciente imergente reprimido); não trazemos, por exemplo, o inconsciente emergente para a consciência "interferindo com ele", mas permitindo que ele surja em primeiro lugar, assim como não trazemos a matemática para a consciência interferindo com ela, mas, sim, primeiro, a aprendendo.

De qualquer modo, o inconsciente incorporado, ao sofrer "interferência", começa a se soltar de seu controle habitual. Ora, lembre-se de que as translações do inconsciente incorporado eram os aspectos não reprimidos, mas repressores, do sistema do eu de um determinado nível. Naturalmente, então, à medida que o repressor é relaxado, o reprimido tende a emergir, ou seja, o *inconsciente imergente reprimido* tende a flutuar – ou, às vezes, entra em erupção – na consciência. O indivíduo confronta sua sombra (e, ocasionalmente, fantasias primitivas ou arcaicas do inconsciente arcaico). Um indivíduo pode passar meses ou até anos lutando com sua sombra, e é aqui que a terapia ortodoxa, certamente, pode complementar a meditação. (A propósito, observe que o que é liberado aqui é o inconsciente imergente reprimido – e não *necessariamente* o inconsciente emergente sutil ou causal, a menos que eles façam parte do inconsciente emergente reprimido, ocultado pelas *mesmas* defesas exercidas contra a sombra. Isso é realmente possível e, até certo ponto, provável, mas, no geral, as defesas contra a sombra reprimida e as defesas contra um Deus emergente são de ordens diferentes e, até este estágio na meditação, estamos trabalhando, basicamente, com as primeiras.)

Assim, o que aconteceu, até este estágio da meditação, é que o indivíduo – por meio do afrouxamento da translação egoica e de seu inconsciente incorporado – "reviveu" sua vida até esse ponto. Ele se abriu a todos os traumas, fixações, complexos, imagens e sombras de todos os níveis de consciência anteriores, que emergiram até agora em sua vida – o material-pleromático, o alimentar-urobórico, o tifônico emocional-sexual, o verbal e o mental-egoico. Tudo isso, em certo sentido, passa a estar disponível para análise e, em especial, os "pontos doloridos" – as fixações e repressões que ocorreram nos cinco primeiros andares do seu ser. Tudo isso está acontecendo, e observe: nada disso faz parte do estado meditativo *central.*

Aliás, Washburn sugere que apenas a meditação receptiva leva, direta e imediatamente, ao inconsciente, enquanto a meditação absortiva "está tão imersa em seu objeto que todo o resto, incluindo mensagens do inconsciente, não fica disponível para a consciência; e, por esse motivo, o confronto com o inconsciente pode ocorrer somente após o objeto ter sido descartado ou após a prática ter sido concluída"[122]. Mais uma vez, acho que isso é verdade, mas se aplica somente a alguns aspectos do desenvolvimento do inconsciente, particularmente aos inconscientes arcaico, imergente e incorporado. Enquanto a prática concentrativa está totalmente ativa, nenhum desses aspectos do inconsciente pode "ser espremido". No entanto, não se aplica, por exemplo, ao inconsciente emergente sutil, porque no estado de absorção sutil no *yidam*, *mantram* ou *nada*, o indivíduo *está* diretamente em contato com esse estado previamente inconsciente. Mesmo que ele não o conheça como um objeto, o que acontece, o indivíduo ainda está intuitivamente ativo para o sutil como o sutil. O caminho concentrativo *desvelou* esse aspecto do domínio sutil do inconsciente emergente de uma maneira perfeitamente direta e imediata, *durante* a própria prática.

Mas enquanto estiver no sutil, absorvido em meditação concentrativa (*jhana*), é verdade que *nenhum outro* objeto tende a surgir na consciência, e isso incluiria, por exemplo, a sombra. Entretanto, a meditação sutil ajuda a quebrar a translação egoica, de modo que, quando a pessoa cessa a absorção sutil, ela está realmente aberta ao influxo da sombra, exatamente como Washburn descreve. Com a meditação receptiva, é claro, a pessoa está aberta a tudo o que surge, sempre que surge, e assim "vê" a sombra à medida que a desreprime.

De qualquer forma, quando o próprio sutil começa a emergir do inconsciente essencial, ocorrem várias iluminações e intuições altamente arquetípicas. Descrevi o domínio sutil anteriormente e, portanto, não preciso repeti-lo aqui. O ponto é que emergem translações cada vez mais sutis, elas são afinal minadas e ocorre a transformação para novas e ainda mais sutis translações. Isso nada mais é que o *desenvolvimento* no domínio sutil.

> São os impulsos mais fortes que são afetados em primeiro lugar e, à medida que diminuem, o meditador começa a discernir outros mais sutis – assim como o pôr do sol traz as estrelas à vista. Mas esses impulsos mais sutis diminuem, o que permite que outros ainda mais sutis sejam discriminados. Curiosamente, este não é um processo absolutamente contínuo, pois durante a meditação sentada ocorrem interlúdios ou silêncio virtual durante os quais, ao que parece, se passa por algum tipo de "membrana" psíquica que divide o nível presente do próximo, mais sutil. Uma vez transposta essa divisão, a atividade psicomental é retomada...; mas seu caráter agora é muito mais refinado e rarefeito[122].

As "membranas" são simplesmente os processos de translação de cada nível, que filtram os outros níveis e dividem o nível atual dos demais; a "transposição dessa divisão" é simplesmente a transformação para uma translação mais elevada, mais sutil e "mais rarefeita". "O novo limiar [a nova translação] que é estabelecido dessa maneira pode ser reduzido [transformado] por meditação contínua, e o seguinte também, e assim por diante. Em cada caso, um novo espectro de objetos sutis e de menor intensidade torna-se acessível à visão interior do meditador"[122].

Embora esses sons e iluminações sutis sejam o objetivo dos *Sambhogakayas*, todos eles são vistos como *makyo* (ou produções inferiores) pelos *Dharmakayas*. Assim, se a meditação continuar no domínio causal, todos os objetos anteriores, sutis ou densos, serão reduzidos a sinais da Consciência como Tal, até que até a testemunha transcendente ou a identidade do Eu Sou do domínio causal seja rompida na Grande Morte da Vacuidade e o estado inigualável e unicamente óbvio do *sahaj* seja ressuscitado. Isso é chamado de *anuttara samyak sambodhi*. É sem volta. Nessa transformação final, não existem mais translações exclusivas em nenhum lugar; o trasladador "morreu". O espelho e seus reflexos são a mesma coisa.

E desse modo segue a meditação, que é simplesmente desenvolvimento mais elevado, que é basicamente evolução superior – uma transformação de unidade em unidade até que haja Unidade única, quando *Brahman*, em um imperceptível choque de reconhecimento e lembrança final, sorri silenciosamente para si mesmo, fecha os olhos, inspira profundamente e expira pela milionésima vez, perdendo-se em suas manifestações por esporte e brincadeira. Assim, a evolução prossegue novamente, transformação em transformação, lembrando-se cada vez mais, unificando-se cada vez mais, até que cada alma se lembra de Buda, como Buda, em Buda – quando então não há Buda nem alma. E essa é a transformação final. Quando o mestre Zen Damei Fachang estava morrendo, um esquilo guinchou no telhado. "É apenas isso", disse ele, "e nada mais".

# 5

# Física, misticismo e o novo paradigma holográfico

Nos capítulos precedentes, vimos que, de fato, poderia existir a possibilidade de um paradigma "novo e superior" ou abrangente e integral que, pelo menos, tentasse incluir ciências monológicas, ciências dialógicas, ciências mandálicas e ciências contemplativas. Na verdade, não apresentei esse paradigma como uma versão totalmente concluída; simplesmente propus e descrevi quais seriam algumas de suas características centrais. Mas espero ter feito isso com persuasão suficiente para sugerir que esse paradigma é pelo menos uma *possibilidade* genuína, fundamentado em um espectro de metodologias sólidas e aberto, a todo momento, a uma revisão consensual. No mínimo, vimos as consequências desastrosas de tentar alicerçar esse paradigma em apenas um dos vários modos de conhecimento disponíveis para a alma.

Nos últimos anos[13], um desses paradigmas – geralmente chamado de "paradigma holográfico" – recebeu entusiástica atenção internacional. Entretanto, apesar de todas as suas boas intenções, baseia-se quase exclusivamente na física empírica e na fisiologia empírica do cérebro, e afirma ter realmente fundamentado, com dados empíricos, os estados místicos propriamente ditos. Lawrence Beynam elogiou essa nova teoria: "Atualmente, estamos passando por uma mudança de paradigma na ciência – talvez a maior mudança do gênero até o momento. É a primeira vez que nos defrontamos com um

13 Este texto foi escrito no início da década de 1980 [N.T.].

modelo abrangente de experiências místicas, que apresenta a vantagem adicional de derivar da vanguarda da física contemporânea"[11].

Embora, certamente, todos possamos apreciar o fato de certos físicos não estarem mais *negando* a realidade dos estados místico-transcendentais, devemos, no entanto, olhar com desconfiança para esse "novo paradigma" em particular, simplesmente porque, em última análise, ele parece ter sido atingido por profundos erros de categoria. Neste capítulo, analisaremos, cuidadosa e criticamente, cada ponto do paradigma holográfico, apontando com precisão os problemas envolvidos. No próximo capítulo, apresentarei uma entrevista que simplifica e resume não apenas a crítica deste capítulo, mas também os tópicos gerais que discutimos até agora.

## A filosofia perene

Para entender como o novo paradigma holográfico se encaixa no esquema geral das coisas, é necessário, para começar, ter um esquema geral das coisas. A filosofia perene sempre ofereceu tal esquema e, por conveniência, é um dos que usarei aqui.

A seguir, resumirei a *philosophia perennis* – apresentando, no entanto, detalhes suficientes para usá-la – e depois a aplicarei para elucidação e crítica tanto do "paradigma holográfico" quanto da "nova física", abordando brevemente cada um dos principais pontos envolvidos.

A característica mais marcante da filosofia/psicologia perene é que ela apresenta o ser e a consciência como uma hierarquia nidiforme de níveis dimensionais, movendo-se dos domínios mais baixos, mais densos e mais fragmentários até os domínios mais elevados, mais sutis e mais unitários. No hinduísmo, por exemplo, o nível mais baixo é chamado *annamayakosha*, que significa o nível composto de alimento – isto é, o corpo físico e o cosmos material. O próximo nível é *pranamayakosha* – o invólucro composto de funções biológicas, sopro de vida, emoções, bioenergia, e assim por diante. Esses dois níveis, no budismo Mahayana, são relacionados aos cinco *vijnanas* – o domínio dos cinco sentidos e seus objetos físicos.

O próximo nível mais elevado, de acordo com o hinduísmo, é o *manomayakosha*, "o invólucro composto de mente". No budismo, ele é chamado de *manovijnana* – a mente que fica (miopemente) próxima dos cinco sentidos. Esse é, aproximadamente, o nível que, no Ocidente, chamaríamos de intelecto, mente, ego-mente, processo secundário, pensamento operacional, e assim por diante.

Além da mente convencional, de acordo com o hinduísmo, está o *vijnanamayakosha* (que os budistas chamam de *manas*). Essa é uma forma de mente muito elevada, tão elevada que, na verdade, é melhor referirmo-nos a ela por um nome diferente – o mais comum sendo "o domínio sutil". Diz-se que o sutil inclui processos arquetípicos, *insights* e visões de ordem superior, intuição extática, uma extraordinária clareza de consciência, uma consciência essencial aberta que vai muito além do ego, mente e corpo comuns.

Além do sutil, está o domínio causal (no hinduísmo: *anandamayakosha*; no budismo: *alaya-vijnana* contaminado). Esse é um domínio de perfeita transcendência, tão perfeita que se diz que ultrapassa a concepção, a experiência e a imaginação de qualquer indivíduo comum. É um reino de Radiância informe, de percepção radical de toda a manifestação, de libertação ditosa no infinito, de quebra de todos os limites, altos ou baixos, e de sabedoria e consciência absolutamente panorâmicas ou perfeitamente espelhadas.

Passando pelo domínio causal, a consciência desperta novamente para sua morada absoluta. Essa é a Consciência como Tal, e não é apenas o limite infinito do espectro do ser, é a natureza, fonte e quididade de cada nível do espectro. É radicalmente onipresente, única sem nenhuma outra. Neste ponto – mas não antes – todos os níveis são vistos como manifestações perfeitas e iguais do Mistério supremo. Nele, não há níveis, nem dimensões, nem superior, nem inferior, nem sagrado, nem profano, tão prosaico a ponto de o Zen o descrever assim:

> À medida que o vento balança os salgueiros
> Contas de veludo se movem no ar.
> Enquanto a chuva cai nas flores da pereira
> Borboletas brancas pairam no céu.

Esse resumo nos dá, aproximadamente, seis dimensões principais – física, biológica, mental, sutil, causal e suprema (listadas a seguir). Muitas tradições subdividem e ampliam esse modelo (o sutil, p. ex., seria composto por sete níveis). Além disso, é importante entender que *todas* as principais tradições perenes concordam com essa hierarquia geral, e a maioria delas está de acordo até com os detalhes. Além disso, essa hierarquia não é uma sutileza de questões filosóficas; para essas tradições, é o núcleo fundamental da sabedoria perene, até onde possa ser expresso em palavras. É justo dizer, então, que qualquer relato da "visão de mundo" do místico que deixe de fora esse tipo de hierarquia nidiforme é seriamente inadequado.

De acordo com as tradições perenes, cada um desses níveis tem um campo de estudo apropriado. O estudo do nível 1 é basicamente o da física e da química, o estudo das coisas inanimadas. O nível 2 é o domínio da biologia, o estudo dos processos da vida. O nível 3 é o nível da psicologia (quando a consciência é "ligada") e da filosofia (quando ela é "desligada"). O nível 4, o sutil, é o domínio da religião sagrada; isto é, a religião que visa a *insights* visionários, halos de luz e bem-aventurança, intuição angelical ou arquetípica, e assim por diante. O nível 5, o causal, é o domínio da religião sábia, que visa tanto às experiências mais elevadas quanto à dissolução e transcendência do experienciador. Esse caminho sagrado envolve a transcendência da dualidade sujeito-objeto para a consciência informe. O nível 6, o supremo, aguarda quem ultrapassa as barreiras finais dos níveis 4 e 5, para despertar radicalmente como consciência derradeira.

1) físico – matéria/energia inanimada;
2) biológico – vida, matéria/energia senciente;
3) psicológico – mente, ego, lógica, pensamento;
4) sutil – arquetípico, transindividual, intuitivo;
5) causal – radiância informe, transcendência perfeita;
6) supremo – consciência como tal, fonte e natureza de todos os outros níveis.

Observe que as diferentes disciplinas, como os níveis que elas abordam, formam uma hierarquia nidiforme. Ou seja, assim como cada nível do espectro *transcende*, mas *inclui* seu antecessor, cada estudo superior envolve suas disciplinas juniores – mas não vice-versa. Assim, por exemplo, o estudo da biologia usa a física, mas o estudo da física não usa a biologia.

Essa é outra forma de dizer que os níveis mais baixos não conseguem e não podem abraçar os níveis mais altos. A máxima fundamental da filosofia perene é que o superior não pode ser explicado pelo inferior ou derivado do inferior. (Na verdade, como veremos, o inferior é criado a partir do superior, um processo chamado de "involução".)

Embora os vários níveis dimensionais sejam hierárquicos, isso não significa que eles sejam radicalmente separados, discretos e isolados um do outro. Eles são, de fato, níveis diferentes, mas níveis diferentes de consciência. Portanto, diz-se que os vários níveis se interpenetram mutuamente. Eis uma excelente descrição:

> Esses "mundos" [ou níveis dimensionais] não são regiões separadas, espacialmente divididas, de modo que seria necessário mover-se no espaço para passar de uma para outra. Os mundos superiores interpenetram completamente os mundos inferiores, que são modelados e sustentados por suas atividades.
>
> O que os divide é que cada mundo tem um nível de consciência mais limitado e controlado do que o do mundo acima dele. A consciência inferior é incapaz de experienciar a vida dos mundos superiores e até mesmo desconhece sua existência, embora seja interpenetrada por eles.
>
> Mas se os seres de um mundo inferior conseguem elevar sua consciência para um nível superior, então esse mundo superior se manifesta para eles, e pode-se dizer que eles passaram para um mundo mais elevado, embora não tenham se movido no espaço[109].

Assim, os vários níveis são mutuamente interpenetrantes e interconectados. *Mas não de maneira equivalente.* O superior transcende, mas inclui o inferior – *não* vice-versa. Isto é, tudo do mais baixo está no mais alto, mas nem tudo do mais alto está no mais baixo. Como um exemplo simples, há consenso de que tudo do réptil está no homem, mas nem tudo do homem está no réptil; tudo do mundo mineral está em uma planta, mas não o contrário, e assim por diante. "O mais evoluído", explica Wachsmuth, "sempre contém em si os atributos do antecessor, embora sempre se desenvolva como uma nova entidade, uma atividade claramente distinguível da do outro."[109]

Portanto, quando o sábio místico fala desse tipo de interpenetração mútua, ele ou ela se refere a uma *interpenetração multidimensional sem equivalência.*

A explicação, pelos sábios místicos, dessa interpenetração multidimensional forma algumas das mais profundas e belas literaturas do mundo[14]. A essência dessa literatura, embora pareça quase blasfêmia tentar reduzi-la a alguns parágrafos, é que "no começo" existe apenas a Consciência como Tal, atemporal, adimensional, infinita e eterna. Por nenhum motivo que possa ser colocado em palavras, uma ondulação sutil é gerada nesse oceano infinito. Essa ondulação, por si só, não poderia prejudicar o infinito, pois o infinito pode abranger toda e qualquer entidade. Mas essa ondulação sutil, despertando para si mesma, *esquece* o mar infinito do qual é apenas um sinal. Por consequência, a ondulação sente-se apartada do infinito, isolada, separada.

Essa ondulação, muito rarefeita, é a região causal (nível 5), o início, ainda que mínimo, da onda de individualidade. Nesse ponto, ela ainda é muito sutil, ainda "próxima" do infinito, ainda bem-aventurada.

Mas de alguma forma, não realmente satisfeita, nem profundamente em paz. Pois, para encontrar essa paz absoluta, a ondulação teria de retornar ao oceano, dissolver-se novamente no infinito radiante, esquecer-se e lembrar do absoluto. Mas, para fazê-lo, a onda teria de morrer – teria de aceitar a morte de seu autossenso isolado. E sente pavor disso.

Uma vez que tudo o que ela deseja é o infinito, mas como tem pavor de aceitar a morte necessária, procura o infinito de maneiras que a impedem de achá-lo. Como a ondulação *quer* liberdade e, ao mesmo tempo, tem *medo* dela, arranja um *compromisso* e um *substituto*. Em vez de encontrar a verdadeira Divindade, a ondulação finge ser deus, cosmocêntrica, heroica, autossuficiente, imortal. Esse não é apenas o início do narcisismo e da batalha da vida contra a morte, é uma versão *reduzida* ou *restrita* da consciência, porque não é mais a ondulação *unida* ao oceano, tenta *ser* o oceano.

Impulsionada por esse *projeto Atman* – a tentativa de obter o infinito por meio de formas que a impedem e forçam gratificações substitutas – a ondulação cria modos de consciência cada vez mais restritos. Achando o causal menos do que perfeito, reduz a consciência para criar o sutil (nível 4). Por fim, achando o sutil menos que o ideal, reduz a consciência mais uma vez

14 O que se segue é, aproximadamente, uma combinação do Sutra Lankavatara, do Livro Tibetano dos Mortos e do existencialismo ocidental. Para um relato mais detalhado, cf. *The Atman Project136*.

para criar o mental (3). Falhando aí, reduz-se ao plano prânico e depois ao material, no qual, finalmente, esgotada sua tentativa de ser deus, cai no sono não senciente.

No entanto, por trás do *projeto Atman*, o drama ignorante do eu separado, ainda existe *Atman*. O trágico drama do desejo e da mortalidade do eu foi apenas o jogo do Divino, um esporte cósmico, um gesto de esquecimento do Eu, para que o choque da realização do Eu fosse o mais agradável. A ondulação *esqueceu-se* do Eu, com certeza – mas era uma ondulação *do* Eu, e permaneceu assim durante todo o jogo.

Assim, esse movimento do mais alto para o mais baixo – a involução – é ao mesmo tempo um ato de pura criação e esplendor radiante (por parte de *Atman*) e um conto trágico de sofrimento e infelicidade épica (por parte da ondulação-eu empreendendo o *projeto Atman*). O objetivo supremo da evolução – o movimento do inferior para o superior – é despertar *como Atman* e assim reter a glória da criação sem ser forçado a atuar no drama do sofrimento pessoal.

Durante o curso da história do nosso universo (e a ciência nos ajuda aqui), evoluímos do nível 1 (que começou aproximadamente há quinze bilhões de anos com o *Big Bang*) para o nível 2 (que ocorreu vários bilhões de anos depois, quando a matéria despertou para a vida) até o nível 3 (que, até agora, só foi totalmente alcançado pelos seres humanos). A evolução está, por assim dizer, na metade. "A humanidade", afirmou Plotino, "está a meio caminho entre os deuses e os animais."

Mas, no curso passado da história humana, alguns homens e mulheres, por meio da disciplina evolucionária da religião superior, conseguiram impulsionar seu próprio desenvolvimento e evolução para o nível 4: o da religião sagrada e da primeira intuição de uma realidade transcendental, una na essência, acima e além da mente, eu, corpo e mundo comuns. Esse "além" foi poeticamente chamado de céu; essa unidade foi chamada de Deus único. Essa intuição não ocorreu completamente até cerca de 3000 a.C., com o surgimento das primeiras grandes religiões monoteístas. (Antes dessa época, havia apenas percepções politeístas – um deus do fogo, um deus da água, entre outros. Isso era, na verdade, magia congenial, decorrente de uma simples manipulação do nível 2, de energias e ritos emocional-sexuais.) A partir de 500 a.C., no entanto, certas almas evolucionárias impeliram seu desenvolvimento para o causal – Cristo, Buda, Krishna, os grandes sábios axiais. Seus *insights* foram ampliados e estendidos para produzir o que os tibetanos chamaram de caminho *Svabhavikakaya* – o caminho do nível 6, ou da Verdade já realizada, o caminho do Zen, do Vajrayana, do Vedanta. O que resta ao mundo é seguir o exemplo, via meditação evolutiva ou processual, até os domínios mais elevados propriamente ditos.

Segundo a filosofia perene, não apenas todo esse processo de involução e evolução se desenrola ao longo de séculos, como se repete momento a momento, de forma incessante e instantânea. Neste momento e neste momento e neste, um indivíduo começa no infinito. Mas neste momento e neste momento e neste, ele se afasta do infinito e acaba reduzido ao nível de sua atual adaptação. Ele *se liga* ao ponto mais alto que já desenvolveu – e todos os domínios mais elevados são simplesmente esquecidos, tornados inconscientes. É por isso que toda meditação é chamada de lembrança ou recordação (*smriti* em sânscrito, *sati* em páli, como em *satipatthana*, *anamnese* de Platão, *zikr* no sufismo – todas traduzidas com precisão como "memória" ou "lembrança").

Toda essa panóplia de níveis mais elevados, gerando momento a momento os mais baixos, a deslumbrante interpenetração de cada nível com os outros e a extraordinária dinâmica entre os níveis, ocorrendo em um campo de esplendor radiante – é a isso que os sábios místicos se referem quando falam de interpenetração multidimensional sem equivalência.

O fato de os sábios místicos falarem tantas vezes da diferença entre níveis, e enfatizarem essas diferenças, não significa que eles negligenciam as relações entre os elementos de um *determinado* nível. Na verdade, os místicos são precisos na compreensão da comunidade de elementos que constituem cada nível. Uma vez que todos os elementos são "feitos" da mesma densidade de consciência – uma vez que são todos *do* mesmo nível – eles são perfeitamente interpenetrantes e mutuamente interdependentes, de uma forma *equivalente*, ou seja, nenhum elemento de um *dado* nível é mais alto, ou mais real, ou mais fundamental que os outros, simplesmente porque todos são feitos da "mesma coisa" (o que significa, da mesma densidade de consciência).

Desse modo, no plano físico, nenhuma partícula elementar é "a mais fundamental" (todas parecem se inter-relacionar). No plano nutricional, nenhuma vitamina é mais essencial (abstenha-se de qualquer uma e você estará igualmente morto). Na esfera moral, nenhuma virtude é maior que outra – todas elas parecem se envolver (como Sócrates sabia e como Maslow descobriu com os valores-B [valores do Ser]). No sutil, todos os arquétipos são reflexos equivalentes da Divindade, assim como todos os *Sambhogakayas* são reflexos equivalentes do *Dharmakaya*.

O ponto é que todos os elementos de um determinado nível são aproximadamente equivalentes em *status* e, de fato, se interpenetram mutuamente. Todos em um e um em todos – holograficamente, por assim dizer. Mas, em virtude da hierarquia, qualquer elemento de um nível sênior tem um *status* ontológico mais elevado do que qualquer elemento de uma dimensão júnior (p. ex., a virtude da compaixão não é equivalente a um quark). Essa interconectividade mútua dos elementos de *um único nível* é uma *interpenetração unidimensional com equivalência*. É um tipo de *heterarquia* existente no âmbito de cada nível de *hierarquia*. Heterarquia significa que nenhum elemento é superior a outro; que há uma *equivalência* de todas as partes em um padrão unitário. "Holografia" é simplesmente a versão forte da heterarquia, na qual cada parte é tão equivalente que elas realmente se contêm. Para nossos propósitos mais simples e gerais, usaremos "holografia" e "heterarquia" de forma intercambiável, uma vez que o ponto importante é que ambas são não hierárquicas. Assim, a maneira mais simples de resumir a visão de mundo do místico seria:

1) Heterarquia no âmbito de cada nível.

2) Hierarquia entre cada nível.

Com essas informações básicas, chegamos ao novo paradigma.

## Física e misticismo

Uma das doutrinas do misticismo frequentemente mencionadas é a da "interpenetração mútua", como apresentada, por exemplo, na escola Kegon do budismo, nos *Discursos* de Meher Baba, nas Cinco Classes do Soto Zen e assim por diante. Por "interpenetração mútua", o místico refere-se a *ambas* as formas de interpenetração discutidas anteriormente: unidimensional e multidimensional, heterárquica e hierárquica, horizontal e vertical.

Pense nos seis níveis de consciência como um edifício de seis andares: o místico afirma que todos os elementos de cada andar interagem harmoniosamente e, o que é mais importante, os andares interagem entre si. Quanto a essa interação multinível, o místico explica que os elementos físicos interagem com os elementos biológicos, que interagem com o mental, que interage com o sutil, que interage com o causal, que vai ao infinito, cada nível transcendendo seu antecessor, mas havendo interpenetração mútua entre eles. E assim, falando de *todos* esses níveis, o místico diz, usando as palavras de Meher Baba: "todos eles se interpenetram e existem juntos".

Ora, acontece que os físicos modernos, trabalhando com o domínio mais baixo – o dos processos materiais, não sencientes e inanimados – descobriram a interpenetração unidimensional do plano material: eles descobriram que todos os hádrons, léptons etc. são mutuamente interpenetrantes e interdependentes. Como explica Capra:

> A teoria quântica nos obriga a ver o universo não como uma coleção de objetos físicos, mas como uma complexa rede de relações entre as várias partes de um todo unificado... Todas as partículas [físicas] são dinamicamente compostas umas das outras de uma forma autoconsistente e, nesse sentido, pode-se dizer que elas se "contêm". [Nesta teoria], a ênfase está na interação, ou "interpenetração", de todas as partículas[30].

Em resumo, falando dessas partículas, ondas e campos subatômicos, o físico diz: "Todos eles se interpenetram e existem juntos". Ora, uma pessoa menos cuidadosa, vendo que o místico e o físico usam exatamente as mesmas palavras para falar sobre suas realidades, concluiria que as realidades também devem ser as mesmas. Mas elas não são.

Os físicos, com sua interpenetração unidimensional, nos dizem que todos os tipos de eventos atômicos estão entrelaçados – o que é uma descoberta importante. Mas eles não nos dizem, e não podem nos dizer, nada sobre a interação da matéria inanimada com o nível biológico, e a interação desse nível com o campo mental – que relação o plasma iônico tem com, digamos, objetivos e impulsos egoicos? Além disso, o que dizer da interação do campo mental com o sutil, e do sutil com o causal, e a interação e interpenetração reversas até os níveis inferiores? O que a nova física pode nos dizer sobre isso?

Sugiro que a nova física simplesmente descobriu a interpenetração unidimensional de seu próprio nível (massa/energia não senciente). Embora seja uma descoberta importante, não pode ser equiparada ao fenômeno extraordinário de interpenetração multidimensional descrito pelos místicos. Vimos que o Hinduísmo, como apenas um exemplo, tem uma teoria incrivelmente complexa e profunda de como o domínio supremo gera o causal, que por sua vez gera o sutil, que cria a mente, da qual provém o mundo carnal e, por fim, o plano físico. A física nos fala de todo tipo de coisas significativas sobre esse último nível. Nada pode dizer de seus antecessores (sem se transformar em biologia, psicologia ou religião). Em outras palavras, o estudo da física está no primeiro andar, descrevendo as interações de seus elementos; os místicos estão no sexto andar, descrevendo a interação dos seis andares.

Assim, como conclusão geral, mesmo que aproximada, a afirmação de que "as visões de mundo da física e do misticismo são semelhantes" é uma generalização descabida e baseia-se, como um físico expressou recentemente, "no uso de similaridades acidentais da linguagem, como se isso fosse alguma evidência de conexões profundamente enraizadas"[10].

Além disso, física e misticismo não são duas abordagens diferentes para a mesma realidade. São abordagens diferentes para dois níveis bastante diferentes de realidade, o último dos quais transcende, mas inclui o primeiro, ou seja, a física e o misticismo não seguem o princípio da complementaridade de Bohr. Em geral, não se compreende que *complementaridade*, como usada na física, significa dois aspectos *mutuamente exclusivos* de, ou abordagens para, uma única interação. Física e misticismo não são uma complementaridade porque um indivíduo pode ser, ao mesmo tempo e no mesmo ato, um físico *e* um místico. Como dissemos, o último transcende, mas inclui o primeiro, não o exclui. Física e misticismo não são duas abordagens mutuamente exclusivas para uma realidade, da mesma forma que, digamos, botânica e matemática também não são.

Essa noção de complementaridade da física e do misticismo provém da ignorância dos níveis 2 a 5. Parece, então, que a física (nível 1) e o misticismo (nível 6) são as duas únicas abordagens principais da realidade. Dessa visão truncada da realidade nasce a suposta "complementaridade" da física e do misticismo. Essa afirmação não é feita para sociologia e misticismo, nutrição e misticismo ou botânica e misticismo; somente para física e misticismo. Todos podem se *complementar*, é verdade, mas *não é uma complementaridade* como definida pela física.

O que há de inédito na nova física não é que ela tenha alguma coisa a ver com os níveis mais elevados de realidade. Com algumas pequenas exceções (que discutiremos em breve), ela nem sequer tenta explicar ou descrever o nível 2 (e muito menos os níveis 3-6). Em vez disso, ao ir ao extremo das dimensões materiais, ela, aparentemente, descobriu a holografia básica do nível 1, e isto, de fato, é novo. Pelo menos nesse ponto, a física e o misticismo concordam.

No entanto, mesmo aqui devemos ser cuidadosos. Na pressa de se casar a física e o misticismo, usando a arma da generalização, tendemos a esquecer que a realidade quântica quase não tem qualquer influência no mundo real dos processos macroscópicos. Como diz o físico Walker, no mundo comum dos "automóveis e bolas de basquete, os quanta são inconsequentes".

Há muito que isso é claramente reconhecido pelos físicos. O nível quântico é tão submicroscópico que suas interações podem, para todos os efeitos práticos, ser ignoradas no mundo macroscópico. As intensas interações entre os mésons subatômicos, que soam tão místicas, não são observadas entre os macro-objetos, entre rochas, pessoas e árvores. Como Capra explica cuidadosamente: "a unidade básica do universo... torna-se aparente *no nível atômico* e se manifesta cada vez mais à medida que penetramos mais profundamente... no domínio das *partículas subatômicas*" (itálicos meus)[30].

Mas é precisamente no domínio *comum* das rochas e das árvores que o místico *vê* sua interpenetração mútua de toda a matéria. Sua unidade básica do universo não "começa no nível atômico". Quando o místico observa um pássaro voando sobre um riacho cascateante e diz: "Eles são perfeitamente um", ele não quer dizer que se tivéssemos um supermicroscópio e examinássemos a situação, veríamos pássaro e riacho trocando mésons de forma unitária. Sua visão unitária é um impacto imediato, expressando sua percepção pessoal de que "o mundo inteiro, na verdade, é *Brahman*".

Isto é, mesmo a concordância entre místico e físico no nível 1 deve ser encarada como um tanto tênue ou como uma coincidência fortuita. Pergunte a quase qualquer físico se as conexões macroscópicas entre, digamos, uma árvore e um rio são tão intensas e unitárias quanto entre partículas subatômicas, e ele dirá que não. O místico dirá que sim.

Essa é uma questão fundamental e mostra, de fato, que o físico e o místico sequer estão falando sobre o mesmo mundo. O físico diz: "O mundo comum newtoniano é, para todos os efeitos práticos, separado e discreto, mas o mundo subatômico é um padrão unificado". O místico diz: "O mundo newtoniano comum é, como eu o percebo diretamente, um todo indivisível; quanto ao domínio subatômico, nunca o vi".

A questão aqui é crucial, porque, como Jeremy Bernstein, professor de física do *Stevens Institute*, explica: "Se eu fosse um místico oriental, a última coisa no mundo que eu desejaria seria uma reconciliação com a ciência moderna"[10]. Seu argumento é que é da própria natureza das descobertas empírico-científicas que mudem e se alterem incessantemente, que a prova científica da última década é a falácia desta década e que nenhum fato científico importante pode escapar de ser profundamente modificado pelo tempo e por experiências futuras. E se disséssemos que a iluminação de Buda acabou de ser corroborada pela física? O que acontecerá então quando, daqui a uma década, novos fatos científicos substituírem os atuais (como acontecerá)? Buda perderá a iluminação? Não podemos ter as duas coisas. Se atrelamos o misticismo à física agora, devemos abandoná-la no futuro? O que significa confundir fatos científicos temporais com domínios contemplativos atemporais? "Atrelar uma filosofia religiosa [transpessoal] a uma ciência contemporânea", diz o Dr. Bernstein, "é um caminho seguro para sua obsolescência"[10].

## A ordem implicada

Os mesmos tipos de dificuldade cercam o uso popular do conceito, introduzido por David Bohm, de uma "ordem implicada" na matéria. O público em geral, e muitos psicólogos em particular, veem o domínio implicado como se ele transcendesse partículas físicas e atingisse, de algum modo, um estado superior de unidade e totalidade transcendentais. O domínio implicado não transcende a matéria – ele "subcende" a matéria e expressa uma coerência, unidade e totalidade de todo o plano físico, ou nível 1. De fato, ele vai além da matéria explicada, mas de maneira "subcendente" ou subjacente, e não transcendente. Na verdade, o conceito *exclui* explicitamente quaisquer domínios superiores, como mente e consciência.

O próprio Bohm deixa isso muito claro. Antes de tudo, Bohm se opõe explicitamente a tentar introduzir a mente ou a consciência no formalismo da mecânica quântica (MQ), como alguns físicos gostariam de fazer. Como ele e Hiley esclareceram em um artigo recente: "Mostramos que a introdução da mente consciente na física [...] é motivada por certas considerações genéricas que pouco têm a ver com a mecânica quântica propriamente dita. Essa abordagem contrasta com nossas próprias investigações, usando o potencial quântico. [...] Nosso objetivo é, na verdade, descrever essa ordem *sem atribuir ao observador qualquer papel fundamental*" (itálicos meus)[18]. A conclusão do trabalho de Bohm é que parece haver certos fenômenos quânticos que "nos apresentam uma nova ordem, ou um novo processo estrutural, que não se encaixa no esquema newtoniano"[18].

Em termos gerais, essa nova ordem é o domínio implicado (holográfico ou do holomovimento). A teoria de Bohm é que a matéria explicada repousa sobre um mar de energia física implicada de extraordinária magnitude e potencial, e que as equações da mecânica quântica "descrevem isto [a ordem implicada]"[17]. Em certo sentido, então, o domínio implicado vai muito além da matéria explicada: "A matéria é como uma pequena onda nesse tremendo oceano de energia. [...] Essa ordem implicada sugere uma realidade imensamente maior do que aquilo que chamamos de matéria. A matéria é meramente uma ondulação nesse contexto"[17].

Mas, em última análise, esse mar implicado, embora "mais sutil" que a matéria explicada, ainda está no domínio da *physis* ou da massa/energia inanimada em geral. Isso é óbvio porque (1) Bohm já excluiu domínios superiores, como a consciência mental, da mecânica quântica e (2) diz que as equações da MQ "descrevem a ordem implicada". O desdobramento do domínio implicado é, diz ele, "um conceito direto do significado da matemática da [mecânica quântica]. O que é chamado de transformação unitária ou a descrição matemática básica do movimento na mecânica quântica é exatamente do que estamos falando"[17]. Ora, as equações da MQ não definem a vida biológica, ou nível 2; não descrevem a vida mental, ou nível 3; também não descrevem os domínios sutil, causal ou absoluto. Elas descrevem algo acontecendo no domínio da *physis* e em nenhum outro lugar. Além disso, Bohm afirma claramente que "a ordem implicada ainda é matéria"[17].

Deve-se dar o crédito a Bohm de que, em seus escritos teóricos, ele deixa muito claro que não está tentando introduzir consciência ou mente no formalismo da MQ, ou tentando "provar" estados mais elevados de ser com equações que, nitidamente, não descrevem nem mesmo a vida animal (nível 2), mas, sim, processos não sencientes. Pois é verdade que, se o domínio implicado se baseia em uma interpretação dos fatos gerados pela MQ, ele certamente não apresenta nenhuma *identidade* fundamental com os níveis 2 a 6. Em resumo, a ordem implicada, como eu diria, *é a estrutura profunda unitária (holografia) do nível 1*, que "subcende" ou está subjacente às estruturas superficiais explicadas de partículas e ondas elementares.

Ao mesmo tempo, o próprio Bohm está perfeitamente ciente de que a noção de uma ordem implicada não local da *physis* ainda está longe de ser a única interpretação possível da MQ e, na verdade, longe de ser o caso absoluto: "Atualmente", diz ele, "é necessário resistir à tentação de concluir que tudo [no domínio físico] está conectado a tudo o mais, independentemente das separações de espaço e tempo. As evidências até o momento indicam que os efeitos não locais [o que o público geralmente chama de eventos 'holográficos' ou de 'ordem implicada'] surgem sob condições muito especiais e quaisquer correlações estabelecidas tendem a ser rompidas rapidamente, de modo que nossa abordagem tradicional de analisar sistemas com subsistemas autônomos é, em geral, bastante válida"[18].

O ponto importante é que o *insight* do místico não se baseia no que os físicos afinal decidem[15].

15 Neste capítulo, deixei de fora a diferença mais radical e difundida entre o misticismo e qualquer tipo de paradigma físico ou holográfico, porque é também a mais óbvia, ou seja, (1) a compreensão dos princípios holográficos é um ato da mente, enquanto a compreensão da verdade mística é um ato de contemplação transmental; e (2) se teorias holográficas afirmam realmente descrever verdades transcendentes, ou serem de fato idênticas a algo transcendente, ocorre uma falácia conhecida por erro de categoria. Alguns chegam a sugerir que o simples aprendizado do paradigma holográfico seria o mesmo que a transcendência real; nesse caso, essas teorias hipotéticas não estão somente erradas, elas são perniciosas.

## Mente e mecânica quântica

Ao contrário de David Bohm, e da grande maioria dos físicos, há um punhado de físicos *avant-garde* que não apenas desejam injetar "mente" nas equações da MQ, como também insistem nisso. Wigner, Walker, Muses e Sarfatti estão produzindo elaboradas explicações matemáticas que pretendem demonstrar o papel crucial da consciência nas formulações da MQ. São esses tipos de formulações, acima de tudo, que levam o físico a perambular pelo quintal do místico – ou, pelo menos, do parapsicólogo.

O ímpeto para essas formulações está no chamado "problema da medição", e o problema da medição é uma forma abreviada de se referir a algumas equações matemáticas muito complexas e sofisticadas, e a certos paradoxos que elas geram.

O problema em si diz respeito a um tipo de dilema: a matemática da MQ consegue determinar, com grande precisão, a *probabilidade* de um determinado evento quântico ocorrer em um determinado ambiente (em um determinado local ou em um determinado instante), mas nunca consegue prever *o* ambiente exato. Pode-se dizer, por exemplo, que a chance de se encontrar uma partícula quântica na área A é de 50%, na área B, 30% e na área C, 20%. Mas não se pode, sob nenhuma circunstância, afirmar que um evento específico *ocorrerá* na área A (dada a distribuição de probabilidade citada). Assim, o evento em particular não é encarado como uma entidade ou ocorrência única, mas como uma "tendência a existir" que, neste exemplo, seria *definida* por uma equação (ou amplitude de probabilidade) que, no caso, estipula: 50% A / 30% B / 20% C.

Ora, o mais estranho é que o evento, quando ocorre, *ocorre* em apenas *uma* área. É quase (não exatamente) como se um estatístico estivesse tentando prever por qual das três portas você provavelmente passaria e, por várias razões, ele acaba com os resultados: 50% de chance da porta A, 30% da porta B, 20% da porta C. Ele não consegue prever exatamente qual porta será, apenas as porcentagens. Mas quando você finalmente entra pela porta, passa por apenas *uma* – 50% de você não passa pela porta A, 30% pela B e 20% pela C.

Mas, a partir daí, a analogia deixa de funcionar. O estatístico tem motivos para acreditar que você existe antes de atravessar qualquer uma das portas

– ele pode olhar para você, por exemplo. Mas o físico não tem tais garantias sobre suas partículas quânticas, porque *não há como* ele olhar para a partícula (para nossos propósitos menos precisos, digamos que ela é muito pequena para ser vista perfeitamente). A *única* maneira de ele observar a partícula é usando certos instrumentos – isto é, *medindo-a* de alguma forma. Mas para medir a partícula, ele tem, por assim dizer, que fazer com que ela atravesse as portas de seus instrumentos. E aí está o problema: para descobrir o que está atrás da porta, o físico precisa usar uma porta. Em todos os casos, o fenômeno só pode ser detectado quando a partícula passa por uma das portas, e as equações que descrevem essas "passagens" são puramente probabilísticas: digamos, 50/30/20.

Portanto, o físico enfrenta um problema conceitual: antes da medição, *tudo* o que ele pode dizer sobre um evento quântico é que ele *é* (não *tem*) uma certa tendência a existir (p. ex., 50/30/20). O evento em si, se deixado em paz (não for medido), "propagar-se-á pelo espaço-tempo", de acordo com a função de onda de Schroedinger, que, se elevada ao quadrado, fornece a probabilidade de encontrar o evento em um determinado ambiente (50/30/20). Porém, antes da medição real, *não há como saber exatamente* em que região a partícula ocorrerá. No entanto, quando é finalmente detectada, ela ocorre apenas em uma *única* região (digamos B) e não se espalha pelas três portas. Isso é chamado de colapso do vetor de estado ou do pacote de ondas, porque quando a medição determina que a partícula está em B, a probabilidade de estar em A ou C colapsa para zero. O colapso do vetor de estado significa que o evento saltou de uma "tendência a existir" (50A/30B/20C) para uma "ocorrência real (B)".

Daí surgem os problemas. A medição em si "causa" o colapso do pacote de ondas? A partícula real existe mesmo antes da medição? Se dissermos que existe (o que parece bom-senso), como podemos ter certeza, já que *não há como* saber, uma vez que nossas equações matemáticas, que de outra forma descrevem perfeitamente esse domínio, nos dizem apenas 50/30/20? Se negarmos as equações, como podemos negar o fato de que elas funcionam tão bem?

Além de muitos filósofos que sustentam (não sem certas justificativas) que o que colapsa o pacote de ondas não é mente ou matéria, mas metafísica ruim, existem diferentes escolas de pensamento sobre esse "problema da medição" apresentadas pelos próprios físicos:

*1) A Interpretação de Copenhague*. Grande número de físicos segue essa escola, que sustenta que o colapso do pacote de ondas é, em essência, puramente aleatório. Não há necessidade de uma explicação. Como não há como estar atrás da porta, não existe atrás da porta[16]. A MQ é uma explicação completa como se apresenta, e não há necessidade ou possibilidade de "olhar nos bastidores" e tentar descobrir se o evento está lá ou não antes da medição. Com toda justiça, deve-se dizer que existem muito boas razões, se não absolutas, para adotar essa visão. Deve-se também dizer, como frequentemente ressaltado, que o próprio Einstein rejeitou peremptoriamente essa visão (com a exclamação "Deus não joga dados com o universo!"), embora todas as objeções que ele fez a essa interpretação tenham sido brilhantemente refutadas por Bohr e outros, usando as próprias teorias de Einstein. Ao mesmo tempo, repito que essa (e as seguintes) são espécies de explicações extremamente popularizadas. Mas com essa ressalva, a Interpretação de Copenhague diz que a probabilidade de 50/30/20 é tudo o que podemos saber e tudo o que há para saber; por qual porta a partícula passa é puramente aleatório.

*2) As teorias de variáveis ocultas*. Essas teorias sustentam que realmente existem fatores especificáveis "nos bastidores" do colapso do pacote de ondas. Esses processos subquânticos são descritos por variáveis atualmente ocultas, mas é possível que elas acabem se tornando tecnicamente acessíveis. Em termos bem simples, essa teoria diz que os eventos quânticos não são puramente aleatórios e que a partícula passa por uma porta específica por um motivo "oculto", que a partícula "conhece", e que deveríamos ser capazes de descobrir. Bohm e seus colegas, trabalhando com o potencial quântico (e a ordem implicada), pertencem a esta escola. O teorema de Bell, que recebeu muita atenção popular, é frequentemente usado por alguns defensores dessa escola para ressaltar a aparente "transferência" não local (não confinada a uma região local de causalidade espacial) de informações entre regiões amplamente isoladas no espaço. O teorema de Bell, geralmente, significa que, se a MQ estiver correta e se existir algo como variáveis ocultas, essas variáveis

16 Isto está dito de forma simplista, mas é também a base da acusação de má metafísica.

ocultas serão não locais – um tipo de causalidade "instantânea" não separada pelo tempo ou pelo espaço. Bohm e seus colegas assumem isso como exemplo de uma possível ordem implicada; Sarfatti, como exemplo de "comunicação" mais rápida que a luz; outros (como Einstein) consideram um absurdo.

*3) A hipótese de muitos mundos.* Ela é proposta por Everett, Wheeler e Graham (EWG). De acordo com a Interpretação de Copenhague (teoria 1), quando a partícula 50A/30B/20C é medida e ocorre na região B, as outras duas possibilidades (A e C) entram em colapso – elas simplesmente não ocorrem (assim como, por exemplo, se você jogar uma moeda e cair cara, a possibilidade de cair coroa passa a ser zero). Porém, de acordo com EWG, *todas* as possibilidades mutuamente exclusivas contidas na função de onda ocorrem, mas em diferentes ramos do universo. No instante em que a partícula passa pela porta B neste universo, dois outros universos se ramificam, um dos quais contém a partícula que passa por A e o outro, a partícula que passa por C. Ou, assim que eu tiro "cara" neste universo, eu *também* tiro "coroa", mas em um universo completamente diferente. Um "eu" não conhece o outro. Essa teoria foi desenvolvida com uma matemática muito sofisticada.

Ao ouvir falar desse tipo de teoria, é fácil simpatizar com François Mauriac: "O que esse professor diz é muito mais incrível do que aquilo que nós, pobres cristãos, acreditamos". Mas o ponto fundamental é que já se tornou óbvio que o que é chamado de "nova física" está longe de um consenso quanto à natureza da realidade subatômica, fato que acabará nos levando a certas conclusões sugestivas. Por enquanto, passemos à quarta principal teoria gerada pelo "problema da medição".

*4) A conexão matéria/mente.* Esta teoria tem várias formas diferentes, mas, seguindo nossa apresentação simplificada, podemos dizer que a teoria, em geral, sugere o seguinte: se a medição em si colapsa o pacote de ondas, ela não é, de algum modo, *essencial* para a manifestação do evento material? E *quem* está fazendo a medição? Obviamente, um ser senciente. Portanto, não é a *mente* que influencia – ou mesmo cria – a matéria?

Essa visão geral, de uma forma ou outra, é defendida por Wigner, Sarfatti, Walker e Muses. "Na minha opinião", diz Sarfatti, "o princípio quântico invoca a mente de uma maneira essencial [...] a mente cria a matéria"[104]. Walker equipara as variáveis ocultas, assumindo que elas estejam lá, na consciência;

Muses liga a consciência ao potencial do vácuo quântico. E Beynam resume tudo assim: "É a própria consciência que colapsa o vetor de estado". É essa teoria que queremos examinar agora, porque, diz-se, ela é *a* conexão entre a física e a parapsicologia/misticismo.

Para começar, existe algo na filosofia perene que concordaria com a afirmação geral: "mente cria matéria"? Em uma primeira aproximação, a resposta é certamente afirmativa. Todas as filosofias tradicionais consideram que a matéria é um precipitado do campo mental. Mas elas expressam isso com mais precisão. Não é diretamente a mente (nível 3) que cria a matéria (nível 1), é o prana (nível 2) que o faz. Mente cria prana; prana cria matéria.

Assim, os físicos seriam mais precisos, de acordo com a tradição, se dissessem que não "mente", mas "prana", "bioenergia" ou "senciência biológica" são diretamente seniores à matéria. Von Weizsacker já o fez explicitamente (usando a palavra "prana"), assim como vários outros. Isso não seria um problema para esses físicos, porque as características que eles atribuem à "mente", como necessárias para o colapso do pacote de ondas, são, na verdade, características do prana, ou seja, esses físicos geralmente não dizem que "conceitos", "ideias" ou "lógica" colapsam o vetor de estado. Em vez disso, eles usam termos como "sistemas biológicos" (Sarfatti), "ser senciente" (Walker), "sensação" (Wigner), e esses são distalmente característicos da mente, mas proximalmente característicos do prana (ou de qualquer sistema vivo). A mente também poderia colapsar o vetor, mas via prana. Isso também se encaixaria nas sugestões de Sarfatti, porque todos os sistemas biológicos contribuiriam para o movimento browniano quântico aleatório, mas uma mente disciplinada (não presente nos animais) poderia *controlá-lo*[17].

Tudo isso soa como se esta versão da MQ estivesse de acordo com a visão mística, pelo menos no que diz respeito aos níveis 1 e 2 (isto é, o nível 2 cria o nível 1). Mais uma vez, precisamos ser muito rigorosos aqui, porque é bem fácil chegar a conclusões prematuras.

---

17 Deve ser ressaltado que, embora eu acabe discordando desta escola da MQ quanto à natureza da geração de matéria a partir da mente, não excluo que ela possa ter algumas coisas importantes a dizer sobre a *influência* da mente sobre a matéria, depois de ocorrida a geração de matéria a partir da mente. Essa é uma concordância muito diluída, mas, de qualquer modo, uma concordância, e certas áreas bem seletas da parapsicologia (não do misticismo em geral) podem encontrar ressonância nesses teorizadores.

Antes de tudo, quando o místico afirma que a matéria é criada do prana, ele não quer dizer que o próprio prana deva estar presente de modo manifesto (e, a partir desse ponto, para facilitar o entendimento, usarei "mente" em vez de "prana", lembrando as importantes distinções dadas anteriormente), ou seja, a mente *não* cria matéria ao percebê-la, senti-la ou "medi-la", que é, como vimos, a forma da teoria sustentada pelos físicos da MQ sob discussão. Ao contrário, a matéria simplesmente precipita-se da mente, esteja a mente prestando atenção ou não. De fato, durante a involução, a mente gera matéria e depois "desaparece" da cena completamente. Ela não fica por perto para observar a matéria e, assim, gerá-la.

Desse modo, a filosofia tradicional evita inteiramente o ridículo dilema: caso a mente crie matéria por percepção ou contato real (como participante-observador), então o que ocorreu, digamos, há 10 bilhões de anos, quando havia apenas matéria e nenhuma mente? A ciência tem certeza de que a vida biológica surgiu somente bilhões de anos *após* a matéria. Antes dessa época não havia vida nem mente. Se a mente precisa medir ou observar a matéria para que esta exista (ou tenha seu pacote de ondas colapsado), chegamos a um absurdo.

Esta visão – que a mente gera matéria pelo efeito do "participante-observador" – é como dizer que a galinha (mente) *vê* o *ovo* (matéria) e, portanto, o cria. Se não houver galinha para ver o *ovo*, não há *ovo*. A visão tradicional diz que a galinha (mente) põe ou dá à luz o ovo (matéria) e assim o cria; o que a galinha faz depois disso é problema dela – o ovo continua a existir, percebido ou não. Na verdade, durante a involução, a galinha é enterrada. O que fica para trás é uma versão reduzida da "galinhice", uma versão reduzida da mente chamada matéria (o ovo). Mas o ovo-matéria engloba o potencial de realizar ("chocar") uma nova galinha, ou a mente em si, que é exatamente o que ocorre na evolução. Mas em nenhum caso a galinha cria o ovo observando-o.

É por razões semelhantes que a maioria dos físicos rejeita essa versão da interpretação da MQ. Como o próprio David Bohm explica: "A introdução da mente consciente na física por Wigner é motivada por certas considerações bem genéricas que pouco têm a ver com a mecânica quântica propriamente dita". E falando dessa tendência de concluir às pressas que a observação pela mente é necessária para produzir matéria (medição), Bohm responde sucintamente: "De fato, isso geralmente é levado a tal extremo que parece que nada acontece sem o observador. No entanto, conhecemos muitos processos físicos, mesmo no nível dos fenômenos quânticos, que ocorrem sem nenhuma intervenção direta do observador. Tomemos, por exemplo, os processos que ocorrem em uma estrela distante. Eles parecem seguir as leis conhecidas da física e ocorreram, e continuam ocorrendo, sem nenhuma intervenção significativa de nossa parte"[18].

Em resumo, a filosofia perene concordaria que a matéria é criada a partir da mente (prana), mas por meio de um ato de precipitação e cristalização, não de percepção e medição. Porém, isso poderia ser explicado, *se* tanto, apenas pela última teoria e, portanto, a concordância da MQ com o misticismo nesse ponto é pura coincidência. Por outro lado, se essa interpretação específica da MQ se mostrar incorreta (e eu concordo com Bohm e outros que isso acontecerá), não afetará em nada a visão de mundo do sábio místico.

No entanto, meu argumento não diz respeito a saber se alguma das quatro interpretações anteriores da MQ está correta ou errada. E existem ainda outras que realmente não discutimos - conexões superluminais, simples interpretações estatísticas, interpretações de lógica quântica. Essas questões são extremamente complexas e difíceis, e levará décadas para se trabalhar suas implicações. No entanto, o que podemos fazer agora é chegar a certas conclusões imediatas:

1) A "nova física" está longe de chegar a um consenso quanto à natureza da realidade subatômica. Atrelar a psicologia/misticismo transpessoal ao consenso da nova física quântica não é possível, porque não há consenso. As conexões que são traçadas entre a física e o misticismo variam de acordo com o gosto do freguês. Os detalhes reais das várias interpretações da MQ são, como vimos, em grande parte mutuamente exclusivos. Simplesmente considerar um detalhe de uma interpretação, depois de outra, um pouco de *bootstrap* aqui, um pouco de ordem implicada ali, é, nas palavras do físico Bernstein, "uma distorção e um desserviço" para as teorias envolvidas.

2) Mesmo se conseguíssemos traçar vários paralelos rigorosos, vincular a psicologia transpessoal à física ainda é "o caminho mais seguro para o esquecimento". Parafraseando Mestre Eckhart, se seu deus é o deus da física de hoje, então, quando essa física mudar (amanhã), esse deus também mudará.

3) O ponto mais importante é que, independentemente de qual versão da teoria da MQ seja finalmente aceita, isso não afetará profundamente a perspectiva ou a visão de mundo do místico. Primeiramente, em nenhum caso qualquer versão poderia *invalidar* a visão de mundo mística. Quando a "visão de mundo fraturada" de Newton era "verdadeira", ela não invalidou a visão mística. Se a Interpretação de Copenhague for a "verdade", ela não invalidará a visão mística. Se *qualquer* das interpretações da MQ for verdadeira, isso não invalidará a visão mística. E, portanto, como qualquer epistemólogo nos dirá, em nenhum caso uma interpretação poderia *validar* a visão de mundo mística. Se não existe um teste físico concebível que refute a visão mística, e não existe, então não há um teste físico concebível que possa corroborá-la.

4) Às vezes, diz-se que a nova física, no mínimo, *concorda* com a visão mística do mundo. Acho que podemos facilmente concluir que certos aspectos de algumas interpretações dos formalismos quânticos matemáticos, quando colocados no português cotidiano, soam semelhantes a aspectos da visão mística, não do mundo (níveis 1-6), mas do nível 1. O *insight* do místico, no entanto, não encontra sua validação nem explicação nessa possível concordância. Mas se essa concordância ajuda a "legitimar" o misticismo aos olhos do público; se, pelo menos, não faz com que seus proponentes neguem radicalmente os estados místicos como alucinatórios; se abre caminho para uma aceitação mais completa da experiência mística – então, sob todos esses aspectos, teremos de fato de agradecer à nova física.

A partir desse ponto, no entanto, fique atento à advertência de Bernstein: agradeça à nova física por concordar com você, mas resista à tentação de construir seus modelos transpessoais sobre as areias movediças das novas teorias do nível 1.

## O cérebro holográfico

Enquanto as teorias holográficas/implicadas da física lidam inequivocamente com o nível 1, as teorias dos processos cerebrais holográficos ocupam-se, aparentemente, com o nível 3, ou mente e memória. Portanto, em conjunto, essas teorias cobririam, mais ou menos, os níveis 1-3.

Mas, além disso, é sugerido por alguns que, se a mente fosse holográfica, também poderia ser responsável por experiências transpessoais mais elevadas, pela fusão da mente no borrão holográfico além de distinções explícitas. Esse borrão holográfico é chamado de "domínio da frequência", no qual, supostamente, objetos no espaço e no tempo "não existem". O borrão holográfico ou domínio da frequência é descrito como: "Nem espaço, nem tempo - somente eventos (ou frequências)".

Vamos passar por cima das dificuldades de ter *eventos* existindo sem qualquer tipo de espaço ou tempo; ignoremos também o fato de que objetos físicos (*coisas* espaçotemporais), para começar, são necessários para produzir hologramas. À parte de tudo isso, como essa mente holográfica pode se encaixar na filosofia perene?

Para começar, é fundamentalmente o armazenamento de informações de memória que, se diz, ocorre segundo os princípios da holografia óptica. Os mecanismos da holografia são explicados por transformações matemáticas, das quais uma das propriedades intrigantes é que - pelo menos em termos matemáticos - o espaço e o tempo parecem ficar de fora em um estágio, e os resultados temporais desejados são recuperados por meio de uma função de leitura da informação de frequência. Isso levou à noção de um domínio de frequência - a noção de que objetos no espaço/tempo provêm "nem de espaço nem de frequências de tempo".

Não tenho dúvidas de que isso é basicamente verdade - que a memória é holograficamente armazenada, como é dito. Eu também acho que a pesquisa que demonstra isso é brilhante. Mas, a partir daí, está longe de ser claro como isso se relaciona de alguma forma com estados transcendentes. Certamente, existem semelhanças na linguagem - o borrão holográfico ("nem espaço, nem tempo") soa como um estado místico. Também soa como um desmaio. Existe um mundo de diferenças entre a consciência pré-temporal, que não tem espaço nem tempo, e a consciência transtemporal, que se move para além do espaço e do tempo enquanto os abraça. Afinal, "a eternidade está apaixonada pelas produções do tempo". Isso de forma alguma prova que o borrão holográfico seja um estado transcendente; demonstra apenas que não se pode julgar com base em correlações de linguagem.

No entanto, diz-se que uma mudança para uma "percepção do borrão holográfico" produziria estados transcendentes. Como a memória é holograficamente armazenada[18], o que realmente significaria mudar para uma percepção do local de armazenamento da memória pessoal? Seria isso o *nirvana*, uma consciência direta que transcendeu, mas incluiu todas as manifestações?

Pelos relatos da própria teoria, não vejo que isso resultasse ou pudesse resultar em algo a não ser uma experiência do próprio local de armazenamento de memória do indivíduo, adequadamente desfocado e sem o benefício da leitura linear. Como alguém poderia pular de um borrão de sua própria memória para uma consciência cristalina que transcende a mente, o corpo, o eu e o mundo não está absolutamente esclarecido. É um salto teórico grosseiro passar de "a memória pessoal é armazenada holograficamente" para "portanto, todas as mentes são parte de um holograma transpessoal".

Em vez disso, penso que estamos permitindo que certas semelhanças superficiais de linguagem dominem a discussão. O exemplo citado é suficiente, talvez, mas além dele existe a noção de um "domínio de frequência transcendente além do espaço e do tempo" - que se diz ser o borrão holográfico implicado. Parece-me que essa noção só ganha credibilidade com as esquisitices da matemática envolvida, que traduz "coisas" em "frequências" e, portanto, permite que um lapso de linguagem passe por verdades transcendentes. Supõe-se que as transformações do "domínio da frequência" se refiram a realidades experienciais de uma forma que não é apenas inacreditável, mas francamente autocontraditória.

A transformação de "coisas" em "frequências" não é uma transformação de espaço/tempo em "nem espaço, nem tempo", mas uma transformação de objetos no espaço/tempo em frequências no espaço/tempo. Frequência não significa "nem espaço, nem tempo"; significa ciclos/segundo ou espaço por tempo. Ler a matemática de outra forma é mais do que um salto quântico; é um salto de fé.

Essa "teoria ganhou apoio crescente e não foi seriamente desafiada. Um impressionante corpo de pesquisa em muitos laboratórios demonstrou que as estruturas cerebrais veem, ouvem, saboreiam, cheiram e tocam por so-

18 A "percepção" do domínio da frequência física é discutida mais tarde em conjunto com a crítica de William Tiller ao paradigma holográfico.

fisticada análise matemática de frequências temporais e/ou espaciais [daí a primazia do domínio da frequência]"[98].

Eu não desafio a teoria; repito que estou sinceramente impressionado com ela. Não fico impressionado, no entanto, com especulações que chamam "frequências *temporais* e/ou *espaciais*" pelo nome de "nem espaço, nem tempo". E é justamente nesse lapso semântico que essa teoria *soa* transcendentalmente viva.

Desnecessário dizer que essa prestidigitação semântica, que substitui borrão pessoal por unidade transpessoal, não ajuda nem o brilhante trabalho desses pesquisadores cerebrais – Pribram, por exemplo – nem a difícil tarefa dos transpessoalistas que tentam explicar a transcendência.

Além do exposto, temos ainda outra linha de argumentação que foi proposta. Para essa vertente, vamos assumir que a mente *em geral* seja holográfica em suas operações. Isso se encaixaria na filosofia perene e, mais, seria responsável por níveis superiores de consciência?

Receio que, mesmo com essa generosa pista, não nos sairemos melhor. Antes de tudo, o fato de a estrutura profunda do campo mental ser holográfica não seria, por si só, responsável pelos níveis transpessoais ou níveis 4-6. Os motivos, de acordo com as tradições perenes, são que (1) *todo* nível é uma holografia, não apenas a mente, e (2) a experiência da holografia de qualquer nível não leva a pessoa *além* desse nível, mas apenas proporciona *insights* mais profundos nesse nível. Assim como a holografia do nível 1 não implica nem necessita do nível 2, 3, 4, 5 ou 6, a holografia do nível 3 não leva em conta, automaticamente, nenhum dos níveis acima (níveis 4, 5, ou 6).

Da mesma forma, a experiência real da holografia do nível 3 não envolveria necessariamente – nem mesmo provavelmente – os níveis 4, 5 ou 6. A mente superficial comum (nível 3) experiencia a si mesma como separada, e de algum modo isolada, de outras mentes. Experienciar a holografia do nível 3 seria, no máximo, experienciar uma forte ressonância, e até sobreposição, com outras mentes. Produziria uma experiência direta de verdadeira empatia interpessoal.

Porém, empatia interpessoal não é identidade transpessoal. Nos estados de consciência transpessoal (além de certas práticas introdutórias), se a mente está presente ou não, explícita ou implícita, nítida ou holograficamente borrada – tudo isso é irrelevante. Os domínios mais elevados transcendem, mas podem facilmente incluir a mente, e não importa se a mente em si surge ou não. A *existência* de estados superiores não pode ser explicada em termos de algo que pode ou não ocorrer em um estado inferior, seja esse estado desenvolvido e projetado, ou envolvido e desfocado. Você também poderia dizer que consegue explicar o nível 2 desfocando suficientemente o nível 1. Esse reducionismo disfarçado levou Willis Harman a comentar: "Essas teorias holográficas ainda interpretariam o dado primário, a consciência, em termos de algo, em última análise, quantificável [ou seja, em termos de medições no nível físico inferior]. Essas teorias ainda não fazem parte da nova ciência, mas, sim, da antiga, na qual é feita uma tentativa de explicar a consciência em vez de entendê-la"[98].

Finalmente, podemos ter atenção às sugestões de William Tiller: "A [teoria da percepção cerebral] holográfica concentra-se amplamente na apreensão sensorial dessa representação no nível físico da consciência [nível 1]. [Poderíamos fazer melhor] optando por uma representação [hierárquica] multidimensional da consciência e possíveis estruturas do universo para sua manifestação. Sem essa extensão além do quadro de percepção puramente físico, o escopo de qualquer 'novo paradigma' estará severamente limitado"[98].

Tiller sugere dois pontos. Primeiro, o "domínio da frequência", que se diz ser tão transcendente, é de fato antecedente: é apenas o caótico "zumbido florescente" do nível físico – frequências antes que o cérebro possa classificá-las em organização de ordem superior. Uma verdadeira experiência dessa "realidade primária" seria, na verdade, pura regressão, não transcendência. Segundo, a holografia não consegue dar conta da hierarquia e, portanto, a teoria completa, como paradigma, fracassa na mais importante área da explanação[19].

---

19 Não questiono o fato de que a percepção e a memória ocorram como sugerido nessa hipótese. Questiono se, além disso, essa hipótese poderia ter algo a ver com realidades transcendentes. Minha conclusão é que apenas parece ter algo a ver com transcendência real por causa das estranhezas da matemática envolvida e em decorrência de uma manipulação imprecisa da linguagem. Particularmente questionável é o salto de "cada memória pessoal é igualmente distribuída em todas as células do cérebro individual" para "portanto, cada mente individual faz parte de um holograma transpessoal". O paradigma holográfico é descrito como "um no todo e todo no um" – em que "um" significa "memória/célula individual"

## Conclusões e avaliações

Existem várias repercussões benéficas provenientes da "nova física" e do "paradigma holográfico", mesmo que concluamos, como penso que devamos, que o último não constitui nada próximo de um paradigma abrangente ou até mesmo adequado. Mas entre os benefícios estão:

1) O interesse de físicos influentes na metafísica. Isso assumiu duas formas diferentes. Primeiro, a disposição de postular ordens imensuráveis e indetectáveis de *physis* por trás ou subjacentes à energia/massa explicada. Esse é o potencial quântico de Bohm/ordem implicada. Segundo, a disposição dos físicos em reconhecer a necessidade de, em última análise, incluir referências a níveis superiores a *physis* em seus relatos sobre ela. Como disse Wheeler: "Nenhuma teoria da física que lide apenas com a física jamais explicará a física"[104]. E Sarfatti: "Portanto, argumentações *meta*físicas são absolutamente vitais para a evolução da física"[104], quando, então, Sarfatti apresenta o conceito de "mente criando matéria". Mas mesmo que isso fosse verdade na forma proposta por Sarfatti, a filosofia perene o lembraria de acrescentar: "E, então, você precisa do metamental para explicar a mente, o que o leva ao sutil; e, então, você precisa do metassutil para explicar o sutil e assim por diante até que, como uma curva assintótica que se aproxima de um eixo, mas nunca o atinge até o infinito, você chega à Consciência como Tal".

2) A fúria reducionista da ciência mecanicista parece finalmente estar arrefecendo, e a física está se abrindo – e pelo impacto da sua autoridade, muitos outros campos também – para sistemas com inovação e criatividade intermináveis. Isso é especialmente evidente no trabalho de I. Prigogine, cuja teoria das estruturas dissipativas é tão bela quanto profunda. Estruturas dissipativas são simplesmente uma forma matemática de *admitir* a evolução de estados mais elevados e mais organizados a partir de estruturas menos complexas. Estruturas dissipativas não são realmente explicações da vida ou da mente, como é dito às vezes, mas descrições do que deve acontecer para que domínios mais elevados se desdobrem. Identificar a essência de um nível

---

e "todo" significa "todas as células cerebrais individuais". A partir dessa afirmação correta, é feita uma rápida substituição: "um" passa a significar "um indivíduo" ou "uma pessoa" e "todo" passa a significar, não todas as outras células cerebrais pessoais, mas todas as outras pessoas, ponto-final.

superior como simplesmente uma estrutura dissipativa é como dizer que a *Mona Lisa* é simplesmente uma concentração de tinta.

3) O movimento global da nova física e do novo paradigma demonstra, no mínimo, que há um interesse profundo, sério e rapidamente crescente em preocupações perenes e realidades transcendentes, até mesmo entre especialistas e campos que há uma década não davam atenção ao tema. Independentemente de que algo do que é dito seja prematuro, *o que* é dito é extraordinário.

4) Livros como *O Tao da física* e *The Dancing Wu-Li Masters*, e publicações como o *Brain/Mind Bulletin*, de Marilyn Ferguson, estão apresentando a um grande número de pessoas não apenas a urdidura da ciência e da física ocidentais, mas também aspectos da sabedoria e do pensamento orientais, e de modos que simplesmente não seriam possíveis antes.

Meu ponto, portanto, ao criticar certos aspectos do novo paradigma certamente *não é* arrefecer o interesse em novas tentativas. É mais um apelo à precisão e clareza na apresentação de questões que são, afinal, extraordinariamente complexas e que resistem à rápida generalização. E digo isso com certo senso de urgência, porque, em nosso compreensível zelo em promover um novo paradigma, que de alguma maneira entre em contato com a física de um lado e com o misticismo de outro, somos capazes de afastar ambas as partes – e todos os envolvidos entre elas.

De uma extremidade do espectro: certos pesquisadores com orientação mística ou transpessoal – Tiller, Harman, W.I. Thompson, Eisenbud – já expressam decepção ou total rejeição ao novo paradigma.

Da outra extremidade: muitos físicos já estão furiosos com o uso "místico" ao qual a física de partículas está sendo submetida. O físico de partículas Jeremy Bernstein recentemente desencadeou uma salva de tais tentativas, chamando-as de "superficiais e profundamente enganadoras"[10]. E uma notória autoridade como John Wheeler – cujo nome é sempre mencionado no "novo paradigma" e de uma forma que ele considera irritante – recentemente liberou duas cartas contundentes, nas quais, entre várias coisas, ele estigmatiza as tentativas da física/misticismo como "disparate", "ciência patológica" e "charlatanismo". "Além disso", afirma ele, "na teoria quântica da observação, meu campo de atuação atual, considero o trabalho honesto quase esmagado pelo burburinho de ideias absolutamente loucas sendo apresentadas com o objetivo de estabelecer um vínculo entre a mecânica quântica e a parapsicologia"[51] – e, por consequência, a psicologia transpessoal. Ele pediu, e o almirante Hyman G. Rickover juntou-se a ele, que fossem canceladas todas as sanções da Associação Americana para o Avanço da Ciência para qualquer empreendimento tendente ao transpessoalismo, sanção que Margaret Mead, durante anos, lutou tanto para obter.

O trabalho desses cientistas – Bohm, Pribram, Wheeler e outros – é por demais importante para ser sobrecarregado com especulações descontroladas sobre o misticismo. E o misticismo propriamente dito é profundo demais para ser atrelado a fases da teorização empírico-científica. Que eles se apreciem, e que seu diálogo e troca mútua de ideias nunca cessem. Mas casamentos prematuros e injustificados, geralmente, terminam em divórcio e, muito frequentemente, em divórcio que machuca terrivelmente ambas as partes.

# 6
# Reflexões sobre o paradigma da nova era

## Uma entrevista

*ReVision Journal*: Dentre várias autoridades no campo transpessoal, você parece ser uma das poucas que expressaram fortes reservas sobre as chamadas teorias holográficas. Gostaria de saber se poderia nos dizer o porquê.

*Wilber*: Bem, em uma breve discussão é muito difícil explicar as várias linhas de crítica. O paradigma holográfico é imensamente atraente à primeira vista, eu acho, mas quanto mais você se aprofunda, mais ele começa a perder seu apelo. Você simplesmente precisa considerar todos os tipos de vertente – epistemológica, metodológica, ontológica – e segui-las.

*RV*: Então, você concorda com certos teorizadores, como Peter Swartz, do *Stanford Research Institute*, que o paradigma holográfico é uma boa metáfora, mas um mau modelo de realidade?

*Wilber*: É um mau modelo, mas não tenho certeza de que seja uma boa metáfora. O paradigma holográfico é uma boa metáfora para o panteísmo, mas não para a realidade descrita pela filosofia perene.

*RV*: O que você quer dizer com isso?

*Wilber*: Bem, a filosofia perene – o termo tornou-se famoso com Huxley, mas foi cunhado por Leibniz – a essência transcendental das grandes religiões – tem em seu cerne o conceito de *advaita* ou *advaya* – "não dualidade", o que significa que a realidade não é um nem muitos, nem permanente nem dinâmica, nem separada nem unificada, nem pluralista nem holística. Ela está total e radicalmente acima de, e é anterior a, qualquer forma de elaboração conceitual. É estritamente inqualificável. Se é para ser discutida, então, como Stace cuidadosamente ressaltou, deve envolver declarações paradoxais. Assim, é verdade que a realidade é única, mas igualmente verdade que é múltipla; é transcendente, mas também imanente; é anterior a este mundo, mas não é outra senão este mundo – e assim por diante. Sri Ramana Maharshi fez um resumo perfeito do paradoxo do supremo: "O mundo é ilusório; somente *Brahman* é real; *Brahman* é o mundo".

*RV*: Então, se você deixa de fora algum desses aspectos paradoxais, acaba defendendo um lado de um dualismo sutil?

*Wilber*: Sim. Os transcendentalistas e os monistas concordam que "o mundo é ilusório e somente *Brahman* é real"; porém, ignoram o fato igualmente verdadeiro, e paradoxal, de que "*Brahman* é o mundo". Por outro lado, o panteísmo é o inverso, e talvez pior – concorda que "*Brahman* é o mundo", ou a soma total do universo, mas omite o fato igualmente importante de que *Brahman* é radicalmente anterior ao universo.

*RV*: Por que isso é "pior"?

*Wilber*: Porque o panteísmo é uma forma de pensar sobre o espírito sem ter que realmente se transformar. Se Deus é apenas a soma total do universo empírico, você, fundamentalmente, não precisa se iluminar para ver deus, porque *esse* deus já está no seu campo visual. O panteísmo é o deus favorito dos empiristas – os "nada mais", como diria Platão – aqueles que acreditam em "nada mais" do que possa ser agarrado com as mãos.

*RV*: E a filosofia perene sustenta que o absoluto é imanente no mundo, mas também é completamente transcendente a ele?

*Wilber*: Sim. A caverna de Platão ainda é uma excelente analogia, desde que nos lembremos de sua natureza paradoxal. Existem as sombras manifestas na caverna; existe uma Luz absoluta da realidade fora da caverna; e, afinal de contas, elas são não duas...

*RV*: As sombras e a Luz...

*Wilber*: Sim. Mas nenhum desses três pontos pode ser esquecido, como disse Ramana. Ora, o problema do panteísmo é que ele confunde a totalidade do universo com o que é radicalmente anterior ou além do universo. Isto é, o panteísmo confunde a soma total de todas as sombras da caverna com a Luz fora da caverna. E o perigo dessa filosofia é que, se alguém pensa que Deus é meramente a soma das coisas e eventos no universo, a soma das sombras na caverna, então deixa de tentar *sair* da caverna. Apenas contempla o próprio nível de adaptação e tenta somar as partes.

*RV*: Qual é o perigo da visão de mundo oposta, a do transcendentalismo extremo?

*Wilber*: Um ódio das sombras. Aparece no ascetismo radical, no antimaterialismo e, especialmente, na ética antissexual e na repressão da vida. A ideia é que o mundo em si é, de alguma forma, mau, enquanto o que é mau é o mundo percebido separado de, ou outro que não, Deus. Quando Deus é visto como sendo o mundo, o mundo é radicalmente divino. Como disse Santo Tomás, supõe-se que a Graça aperfeiçoa a natureza, não a destrói.

*RV*: Então, você diz que o holograma é uma boa metáfora para o panteísmo...

*Wilber*: Na minha opinião, sim, porque ele trata, basicamente, apenas da totalidade das partes, do borrão holográfico e de sua relação com as partes individuais. No holograma, a soma total das partes está contida em cada parte, e supõe-se que a soma das partes que estão em cada parte reflete a unidade transcendental subjacente à múltipla separação. Porém, a única maneira de dizer que o holograma é uma metáfora para *Brahman* ou Tao é reduzindo *Brahman* à soma das partes, que, então, está presente em cada parte. Mas isto em si é exatamente o panteísmo.

*RV*: Você quer dizer que o todo não é o mesmo que *Brahman*, ou o absoluto?

*Wilber*: Não, claro que não. *Brahman* está *no* mundo como *o mundo inteiro*, é verdade, mas o todo por si só não é exclusivamente *Brahman*, porque você, teoricamente, poderia destruir o todo, mas isso não destruiria *Brahman*, a Natureza de Buda ou o Tao. Seja como for, o panteísmo comete o erro de confundir o mundo inteiro com *Brahman*, e o holograma é uma boa metáfora para a relação todo/parte.

*RV*: E você não afirma que isso seja totalmente errado, mas é parcial...

*Wilber*: Sim, o panteísmo abrange os aspectos imanentes, mas não os transcendentes, do absoluto.

*RV*: E a noção de que o paradigma holográfico postula um domínio de frequência ou ordem implicada sob a ordem explicada de eventos? Isto não seria análogo ao não manifesto ou à Luz fora da caverna?

*Wilber*: Bem, de novo, acho que, inicialmente, seria a coisa óbvia a se dizer, e muitas pessoas concordam. Entretanto, não tenho certeza de que isso se sustente. Para começar, a ordem implicada de Bohm está diretamente relacionada a algo como um vasto mar de energia potencial quântica, do qual cristalizam, por assim dizer, eventos de matéria concreta. Esses eventos estão relacionados não a forças de campo, einsteinianas ou newtonianas, mas a seu grau de implicação, ou a que distância emergiram do mar de matéria-energia.

*RV*: Esse mar implicado foi comparado por muitos à fonte não manifesta e infinita dos místicos.

*Wilber*: Sim, eu sei; mas o problema é que o potencial quântico é só tremendamente imenso em tamanho ou dimensões; não é radicalmente adimensional ou infinito no sentido metafísico. E você simplesmente não pode equiparar tamanho imenso, potencial ou real, àquilo que não tem tamanho ou que é anterior a quaisquer dimensões, grandes ou pequenas, sutis ou densas, implicadas ou explicadas.

*RV*: Então, o mar implícito, potencial ou real, é de fato bem diferente da essência infinita do misticismo...

*Wilber*: Na minha opinião, isso está totalmente correto. Eles apenas soam semelhantes se descritos em linguagem superficial, mas a diferença real é profunda. E veja, David Bohm está perfeitamente ciente disso. Daí por que ele fala da "fonte" como estando além das esferas explicada e implicada. Por alguma razão, as pessoas parecem ignorar essa parte do que ele diz.

*RV*: Muito bem, e quanto ao cérebro holográfico de Pribram?

*Wilber*: Se você pegar um gravador de fita e gravar vários sons, a fita armazenará esses sons ou os "memorizará". O mesmo ocorre com sistemas de armazenamento baseados em holografia óptica. Os ruídos entram dinâmicos e fluidos – ou temporais –, mas são traduzidos para um estado "congelado" ou "atemporal" na fita. Mas só porque as informações são armazenadas de maneira "atemporal" não significa que o gravador esteja em um estado transcendental ou eterno. O cérebro humano também armazena informações, talvez holograficamente; no processo, ele naturalmente as converte de um estado dinâmico ou em movimento para uma condição armazenada ou "atemporal", e, quando você acessa essas informações, as lê a partir desse estado congelado. Mas essa condição "atemporal" ou congelada tem pouco a ver com uma eternidade metafísica ou mística. Por uma simples razão: quebre o gravador - destrua-o - e lá se vai sua eternidade. Uma eternidade dependente, para sua existência, de uma estrutura temporal, fita ou cérebro, é uma eternidade estranha.

*RV*: Mas o que dizer do domínio de frequência?

*Wilber*: Sim, diz-se que o cérebro lê informações analisando frequências ou conectando-se a um domínio em que "não há espaço nem tempo, apenas eventos (ou frequências)". Ora, não questiono essa teoria; estou certo de que o cérebro analisa frequências espaciais e/ou temporais. Simplesmente não vejo que isso tenha algo a ver com uma essência transcendental, que é eterna e infinita. Antes de mais nada, frequência significa ciclos por segundo ou espaço sobre tempo. A mesma coisa vale para "densidades de eventos". O fato é que o chamado domínio de frequência é simplesmente um domínio com estruturas espaçotemporais diferentes daquelas da mente linear ou histórica, e a mente tem de impor suas estruturas ao domínio de frequência menos estruturado. Mas, em todo caso, qualquer que seja a maneira como você queira interpretá-lo, o domínio de frequência ainda possui *algum tipo de estrutura*, seja ela borrada, vibratória, congelada ou qualquer outra coisa. E essa estrutura não pode ser confundida com algo que é radicalmente sem estrutura, ou perfeitamente sem dimensão, transcendente e infinito. Se você confunde o domínio de frequência com algum tipo de fundamento eterno, em vez de perceber que ele é apenas um ruído menos estruturado, parece que você está lidando com uma teoria mística, quando, na verdade, está lidando com a simples mecânica da percepção sensório-motora.

*RV*: Mas essa teoria é frequentemente relacionada às ideias de Bohm.

*Wilber*: Sim, inicialmente isso é a coisa mais óbvia a fazer. Se você relaciona o domínio de frequência com a ordem implicada e, em seguida, relaciona as informações desdobradas ou lidas ao domínio explicado, parece, naturalmente, que você tem um paradigma que cobre o surgimento de pensamentos e coisas manifestas a partir de uma essência não manifesta e atemporal.

*RV*: Mas uma vez que a ordem implicada e o domínio de frequência têm algum tipo de forma...

*Wilber*: Eles não são uma boa metáfora para a filosofia perene. Quando muito, são uma metáfora aceitável para o panteísmo.

*RV*: Na sua crítica original às teorias holográficas [cf. cap. 5], você usou o conceito de hierarquia nidiforme com bastante frequência. Ainda acha que isso é importante?

*Wilber*: Sim, com certeza. Se voltarmos à analogia de Platão, existem os objetos na caverna e a Luz além –, mas o ponto é que alguns objetos estão mais próximos da abertura da caverna, ou seja, há um ordenamento na ontologia – como Huston Smith resume a essência das grandes tradições místicas do mundo: "A existência é ordenada e, com ela, a cognição". Isto é, existem níveis de ser e níveis de conhecer, indo, por assim dizer, do fundo da caverna até a abertura.

*RV*: E o absoluto é o nível mais elevado dessa gradação?

*Wilber*: Não exatamente, porque isso seria dualístico. Novamente, é paradoxal. O absoluto é o nível mais elevado de realidade *e* é a condição ou natureza real de cada nível de realidade. É o degrau mais alto da escada *e* é a madeira da qual a escada é feita. Os degraus dessa escada são tanto os estágios de evolução em geral quanto os estágios de crescimento e desenvolvimento humano. Essa foi a mensagem de Hegel, Aurobindo e Teilhard de Chardin; a evolução se move por meio de ondas no Grande Ninho do Ser – começando pela mais baixa, ou matéria, e passando por estruturas biológicas, depois para a mente, em seguida para domínios sutis e causais e, finalmente, para a supermente ou espírito. Não é que o absoluto ou a supermente só passem a existir no último estágio – eles existem desde sempre, mas só podem ser *percebidos* quando a consciência evolui até seu estado mais elevado. Uma vez que saímos da caverna, vemos que existe e sempre existiu *somente* Luz. Antes desse estágio superior e final, parece existir apenas sombras, mas não percebemos que são sombras, pois não temos nenhum ponto de comparação. De qualquer modo, o absoluto é, ao mesmo tempo, o estágio ou objetivo mais elevado e sua essência sempre presente; sua atual condição real e seu potencial ou realização futuros. Qualquer coisa menos que esse paradoxo é dualista.

*RV*: Onde entra a hierarquia?

*Wilber*: Bem, os estágios/níveis de evolução e ontologia *são* a hierarquia. Mas a hierarquia cobre apenas metade do paradoxo – cobre o fato de que certos níveis estão mais próximos da Luz do que outros. A outra metade do paradoxo é, obviamente, que todas as coisas já são plenamente Buda, como são. Todas as coisas já são Um, ou sempre já Um, e todas as coisas estão tentando evoluir em direção ao Um, ou ponto ômega.

*RV*: É por isso que você já é Buda, mas ainda precisa praticar.

*Wilber*: Sim, se Buda não fosse onipresente, não seria Buda, mas se fosse somente onipresente, você estaria iluminado agora. Dogen Zenji esclareceu bem esse ponto. Porém, se você deixar de fora qualquer um dos lados, terá problemas teóricos. Você poderia parafrasear Orwell: "Todas as coisas são Deus, mas algumas são mais Deus do que outras". A primeira parte refere-se à onipresença de Deus; a segunda parte é a hierarquia de Deus. Os estágios/níveis de evolução indicam organização estrutural crescente, complexidade, integração e unidade crescentes, conscientização e consciência crescentes. Até mesmo faz sentido afirmar, como Smith, Schuon e os tradicionalistas o fazem, que cada nível superior é mais verdadeiro ou tem mais realidade, porque está mais saturado do Ser. De qualquer forma, a evolução é hierárquica – as pedras estão em uma extremidade dessa escala, Deus, o Ômega, na outra, e plantas, répteis, mamíferos, seres humanos e *bodhisattvas* preenchem o meio, nessa ordem. *E* Deus é exatamente isto, a essência real de *cada* estágio/nível – Deus não é o nível mais elevado, nem um nível diferente, mas a realidade de todos os níveis.

*RV*: Eu acho que você está certo quanto a tudo isso, ou a maior parte, ter sido ignorado pelas teorias holográficas, mas esses pontos são realmente necessários para um paradigma básico? Você não está sendo exigente?

*Wilber*: Entendo o que você quer dizer – por que não assumir o paradigma e seguir em frente. Não estrague uma coisa boa; os físicos estão falando de misticismo! [Risos] Eu consigo até ver as manchetes: "Cientistas do MIT anunciaram hoje que descobriram Deus. Isto mesmo, Deus. Perguntado se Deus era compassivo, misericordioso, onipresente, radiante, todo-poderoso e divino, um pesquisador sênior respondeu: 'Nossa, não temos certeza; achamos que Ele é um fóton!'"

Ora, foram alguns dos defensores das teorias holográficas que alegaram ter um paradigma que poderia explicar os fundamentos da religião mística. Então, vamos às autoridades sobre religião mística, ou à filosofia perene em geral, e vejamos o que elas dizem. Segundo Huston Smith, por exemplo, quatro níveis de ser são o mínimo absoluto que você pode usar para explicar as grandes religiões místicas do mundo. São eles o físico-corpo, o simbólico-mente, o sutil-alma e o causal-espírito. Nenhuma religião importante reconhece menos que isso. Muitas, no entanto, fornecem uma cartografia mais detalhada, frequentemente envolvendo vários níveis – por exemplo, os sete chacras do Yoga Kundalini, que é provavelmente o mais arquetípico paradigma já criado. Em geral, os sete chacras são: (1) físico ou material, (2) emocional-sexual, (3) mental, (4) mental superior ou psíquico, (5) sutil ou arquetípico, (6) causal ou não manifesto e (7) supremo ou inqualificável.

Finalmente, você pode, se for muito cuidadoso, agrupar, por conveniência, esses níveis em três grandes categorias. Como a maioria das pessoas já evoluiu para o(s) nível(is) mental(is), é útil referir-se aos níveis abaixo da mente – os domínios material e biossensorial – como pré-mentais ou submentais, e aqueles acima da mente – alma e espírito – como transmentais. Isso nos proporciona três domínios gerais, conhecidos como matéria, mente e espírito; ou subconsciente, autoconsciente e superconsciente; ou instinto, razão e intuição, e assim por diante. Esses três domínios, por exemplo, foram explicitamente mencionados por Hegel, Berdyaev e Aurobindo.

*RV*: Tudo isso foi negligenciado...

*Wilber*: Tudo isso foi negligenciado. O problema com as teorias holográficas populares, bem como com as coisas sobre a "nova física e misticismo oriental" em geral, é que elas colapsam a hierarquia. Elas partem do dito "todas as sombras são afinal ilusórias" para afirmar que "todas as sombras são igualmente ilusórias", ou seja, elas se apegam a frases como "todas as coisas são uma" ou "entidades separadas não existem" ou "coisas isoladas são meras sombras" e ignoram as distinções entre as sombras propriamente ditas. Elas colapsam as sombras; colapsam a hierarquia.

*RV*: Você se referiu a teorias "populares". As versões mais acadêmicas escapam desse problema?

*Wilber*: As teorias não, mas acho que muitos dos teorizadores, sim. A maioria das pessoas que introduziu o tema física/misticismo ou, pelo menos, usou-o, aprimorou e sofisticou cada vez mais seus pontos de vista. David Bohm mudou claramente para uma visão mais articulada e hierárquica, mesmo que ele conteste a palavra hierarquia. E Fritjof Capra nunca disse que a física e o misticismo eram a mesma coisa, embora ele tentasse traçar tantos paralelos a ponto de o público achar que ele o disse. De qualquer forma, ele foi muito além de suas afirmações introdutórias em *O Tao da física*. Só tenho medo de que as pessoas nunca percebam isso. Elas se apegaram à *física = misticismo* com tanta paixão de modo que as novas e mais sofisticadas – e necessariamente complicadas – ideias de Capra nunca reverterão a maré. Por outro lado, não são tanto esses estudiosos, ou outros como Renée Weber, que tentam interpretar suas descobertas para nós, que tenho em mente quando critico o misticismo *pop* e a nova física ou modismo holográfico. Mas, definitivamente, o paradigma holográfico, por si só, enquadra-se nesse misticismo *pop*, e eu simplesmente acho que isso é um problema real.

*RV*: Agora, esse colapso da hierarquia – que ocorre no paradigma holográfico – está relacionado ao erro do panteísmo, correto?

*Wilber*: Sim. Quase idêntico. O panteísmo confunde a soma das ilusões com a realidade. Você pega os fenômenos, as sombras, afirma que eles são "todos um" e depois confunde essa soma total de sombras com a Luz além. Como Schuon afirmou em um ataque devastador, o panteísmo nega distinções exatamente no plano em que elas são reais. Confunde uma identidade substancial com uma essencial. É exatamente isso que o paradigma holográfico faz.

*RV*: Quais seriam as implicações desse colapso? Ou melhor, o que uma teoria perde quando desconsidera essas várias dimensões?

*Wilber*: Ela perde todas as diferenças em metodologias, epistemologias e benefícios cognitivos. Tudo isso se esfarela.

*RV*: Você poderia explicar melhor?

*Wilber*: Primeiro, cada nível superior não pode ser totalmente explicado em termos de um nível inferior. Cada nível superior possui capacidades e características não encontradas em níveis inferiores. Esse fato aparece na evolução como o fenômeno da emergência criativa. Também está por trás da sinergia. Mas deixar de reconhecer esse fato elementar – que o superior não pode ser derivado do inferior – resulta na falácia do reducionismo. A biologia não pode ser explicada apenas em termos da física, a psicologia não pode ser explicada apenas em termos da biologia e assim por diante. Cada estágio sênior inclui seus estágios juniores como componentes, mas também os transcende, adicionando seus próprios atributos definidores.

*RV*: O que gera a hierarquia...

*Wilber*: Sim, tudo do mais baixo está no mais alto, mas nem tudo do mais alto está no mais baixo. Um cubo tridimensional contém quadrados bidimensionais, mas não vice-versa. E é esse "não vice-versa" que gera hierarquias. As plantas incluem minerais, mas não vice-versa; o neocórtex humano tem um tronco reptiliano, mas não vice-versa, e assim por diante. Todo estágio da evolução transcende, mas inclui seu antecessor – como disse Hegel, superar é ao mesmo tempo negar e preservar.

*RV*: Mas isso não se aplica à Divindade ou ao Absoluto, não é?

*Wilber*: Aplica-se ao aspecto paradoxal de Deus, que é o mais elevado de todos os níveis do ser. Deus contém todas as coisas, mas todas as coisas, exclusivamente, não contêm Deus – isso seria panteísmo.

*RV*: O outro lado do paradoxo é que cada pessoa ou coisa, iluminada ou não, ainda assim é apenas Deus.

*Wilber*: Sim. De qualquer forma, cada estágio/nível da hierarquia é, como Huston Smith ressaltou, uma totalidade mais ou menos unificada que pode se sustentar por conta própria, por assim dizer. Além disso, todos os elementos de cada nível são considerados interdependentes e inter-relacionados. Em outras palavras, cada nível hierárquico é um tipo de holografia.

*RV*: Portanto, os elementos de *um determinado nível* interagem mutuamente. Mas e os elementos de *diferentes* níveis? Como eles interagem, ou eles não interagem?

*Wilber*: Eles interagem, mas *não* de maneira mútua ou absolutamente equivalente, e pela simples razão de que não são equivalentes. Se os níveis mais altos contêm atributos não encontrados nos níveis mais baixos, você simplesmente não pode ter equivalência bilateral entre eles. Meu cachorro e eu podemos interagir no nível da percepção sensório-motora, mas não no nível da mente simbólica – quero dizer, não discutimos Shakespeare.

*RV*: Mas as tradições orientais não dizem que todas as coisas são perfeita e mutuamente interpenetrantes?

*Wilber*: Não, isso é puro misticismo *pop*. As tradições verdadeiras são muito mais sofisticadas do que isso. Mas suponho que você esteja se referindo ao budismo Hua Yen, ou Kegon – a escola associada ao *Sutra Avatamsaka*.

*RV*: Ela parece ser a mais citada ou referida.

*Wilber*: Segundo Hua Yen, existem quatro princípios fundamentais da existência, nenhum dos quais pode ser descartado. O primeiro é *shih*, que significa "coisa ou evento separado". O segundo é chamado *li*, que significa "princípio ou padrão transcendente". O terceiro é *shi li wu ai*, que significa "entre princípio e coisas não há obstrução" ou talvez "entre númeno e fenômenos não há limite". E o quarto é chamado *shih wu ai*, que significa "entre fenômeno e fenômeno não há obstrução". Ora, o último item foi apreendido, isolado de seu contexto e passou a constituir a base da filosofia holística *pop*. Isto é muito ilusório.

De qualquer forma, a questão é que o mundo é realmente uma série inter-relacionada e interpenetrante de coisas-eventos, mas não da forma meramente unidimensional do misticismo *pop*. Todas as coisas interagem pela associação cármica e da herança cármica, mas as de maior organização estrutural não atuam de maneira absolutamente equivalente às de suas dimensões juniores, nem as dimensões juniores podem abranger as seniores.

*RV*: Muito bem, mas agora chegamos ao cerne da questão. E quanto ao absoluto? Não é igual em todos os pontos?

*Wilber*: É, como eu disse, paradoxal. Tudo do absoluto é igual em todos os pontos, *e* alguns pontos são mais próximos do absoluto do que outros. A hierarquia lida com o universo manifesto, no qual existem níveis de realidade crescente (ou ilusão decrescente) que conduzem ao absolutamente real. E esses níveis não interagem unidimensional e equivalentemente. Não conheço uma única autoridade da filosofia perene – Smith, Schuon, Guénon, Coomaraswamy, Pallis – que faria esse tipo de afirmação ou negaria a hierarquia relativa.

*RV*: Mas a física não poderia ter descoberto o outro lado do paradoxo – a unidade absoluta ou o todo infinito subjacente ao mundo manifesto?

*Wilber*: Acompanhe-me. Já vimos que o que a física encontrou é, na verdade, uma interação unificada de sombras materiais; descobriu que vários elementos físicos são processos inter-relacionados – porém, sombras inter-relacionadas não são a Luz. Quanto à ordem implicada, vimos que ela realmente é uma imensa dimensão energética; não é radicalmente adimensional ou metafisicamente infinita. E se você quer dizer que a física pode, de fato, ter provas, evidências concretas para o absoluto... Bem, o Absoluto em si, sendo onipresente e oniabrangente, não é diferente de nenhum fenômeno e, portanto, não pode ser detectado por nenhum tipo de instrumento ou aparecer em qualquer tipo de equação. O que pode ser funcionalmente útil em uma equação deve ser uma variável *diferente* de outras variáveis, mas o absoluto não é diferente, ou não está separado, de absolutamente nada.

*RV*: Entendo; então, não há como ele entrar em uma equação ou fazer alguma diferença em termos de informação teórica?

*Wilber*: De modo algum, ou ele seria apenas mais informação, o que o tornaria perfeitamente relativo ou não absoluto.

*RV*: Então, o que a nova física *descobriu*? Quero dizer, se não foi o Tao, o que foi?

*Wilber*: Na minha opinião, foi basicamente a holografia do nível 1, ou o fato da inter-relação da energia material ou física. Os biólogos descobriram a holografia de seu nível – nível 2 – cerca de trinta anos atrás; ela se chama ecologia. Cada ser vivo influencia, ainda que indiretamente, qualquer outro ser vivo. Os sociopsicólogos descobriram a holografia do nível mental – o fato de que a mente é realmente um processo intersubjetivo de troca comunicativa, e não existe uma mente separada ou radicalmente isolada. A física moderna – bem, ela tem quase um século agora – simplesmente descobriu a holografia análoga em seu próprio nível, a dos processos físico-energéticos. Não vejo outra maneira de interpretar os dados reais.

*RV*: Tudo bem, mas por que essa holografia física não pode ser a *mesma* unidade subjacente aos níveis biológico, psicológico e outros? Por que todas essas abordagens – física, biologia, psicologia, e assim por diante – não poderiam simplesmente tratar da realidade única holística subjacente sob diferentes ângulos?

*Wilber*: Comece por me explicar o que você quer dizer com "diferentes ângulos" e descobrirá que está necessariamente reintroduzindo as mesmas diferenças que desejava superar ao se referir à "realidade única", ou seja, você apenas moveu o problema (para trás) uma casa para trás. Se existem abordagens fundamentalmente diferentes para a realidade única, explique-me primeiro *por que* as abordagens *são* diferentes. Diga-me por que o estudo da física é diferente do estudo da literatura, por exemplo. Ao fazer essa pergunta com muito cuidado, você descobrirá que essas diferenças não são meramente arbitrárias. Elas não são simplesmente abordagens intercambiáveis ou equivalentes, porque tomam como objeto de estudo várias classes de eventos que são diferentes, porque exibem diferentes dimensões de organização estrutural, de avanço evolucionário e de lógica do desenvolvimento. A abordagem para estudar o hidrogênio é fundamentalmente diferente da abordagem para estudar, digamos, o significado de *Hamlet*, se por nenhuma outra razão, porque uma é submental e a outra é mental. Ora, essas *não* são duas abordagens diferentes para a mesma realidade, elas envolvem dois níveis diferentes de realidade. Além disso, essa realidade – o Absoluto como Absoluto – é revelada em sua totalidade ou essência apenas no nível mais elevado ou supremo do ser. E somente para a alma que evoluiu perfeitamente até esse estado.

*RV*: Compreendo. Portanto, só há mais uma possibilidade – não se pode dizer que, como todas as coisas são feitas de partículas subatômicas, a física nos mostrou uma unidade última?

*Wilber*: No fim das contas, todas as coisas não são feitas de partículas subatômicas; todas as coisas, incluindo as partículas subatômicas, são feitas de Deus. Mas você menciona a posição mais popular, que é, na verdade, uma forma radical de reducionismo. Eu acho que é popular porque se ajusta ao colapso da hierarquia.

*RV*: Reduza tudo a partículas materiais; em seguida, descubra que as partículas são holográficas; e, por fim, afirme que a holografia é o Tao...

*Wilber*: Sim, está certo. Há um estranho apelo na simplicidade do reducionismo. Parte do problema está basicamente em que os físicos estão tão acostumados a trabalhar com o mundo material, que tendem a chamá-lo de "*o* mundo" ou "*o* universo", e dizem coisas como "a física prova que todas as coisas no mundo são um", quando é claro que isso não acontece. Ela não explica, nem sequer considera, a unidade bioecológica, muito menos a comunidade sociopsicológica, e assim por diante. A física lida com quatro forças fundamentais – nuclear forte, nuclear fraca, eletromagnética e gravitacional. Mas não consegue dizer nada sobre a força emocional-sexual, que passa a existir no nível 2. Ela não pode falar sobre o que constitui uma boa literatura, ou como a economia funciona, ou por que as crianças têm complexos edipianos, ou o significado de um sonho, ou por que as pessoas cometem suicídio, e assim por diante. Todos esses são eventos simbólicos mentais que começam no nível 3. A física não lida com "o" mundo, entende? Como eu disse, a coisa toda tem sido bem enganosa.

*RV*: Mas existem paralelos importantes, certo?

*Wilber*: Você se refere a paralelos entre os vários níveis, leis dos vários níveis?

*RV*: Sim. Quero dizer, as leis da física não podem nos dizer algo, qualquer coisa, sobre os níveis mais elevados?

*Wilber*: Sim, acho que podem, mas temos de ter muito cuidado aqui. O mais baixo exibirá sua versão de uma lei analógica primeiro – o mais baixo surge primeiro em qualquer sequência de desenvolvimento e, portanto, é extremamente tentador dizer que o mais baixo mantém uma relação causal com a lei analógica do mais elevado. É por isso que eu me esforcei tanto em *Up from Eden* para ressaltar que o mais alto vem *através* do mais baixo, depois *repousa* sobre o mais baixo, mas não vem *do* mais baixo.

*RV*: Ele vem ou ganha sua realidade, de sua dimensão sênior, e não de sua dimensão júnior, correto?

*Wilber*: Sim, via o processo da involução.

*RV*: Talvez possamos voltar a esse ponto. Por enquanto, o que é uma "lei analógica"?

*Wilber*: A ideia é simplesmente que todos os eventos e princípios em um nível inferior sejam meramente uma versão reduzida ou um reflexo descendente ou em menor grau de eventos e princípios encontrados em níveis superiores.

*RV*: Você pode nos dar alguns exemplos?

*Wilber*: Esta não é uma ideia nova; é extremamente bem desenvolvida nas filosofias tradicionais. De acordo com o hinduísmo, por exemplo, a bem-aventurança absoluta de *Brahman* passa por uma série de versões ou diluições reduzidas, até aparecer como a sensação sexual do orgasmo. No misticismo cristão, você encontra ideias como a de que a lei natural é simplesmente uma versão parcial da racionalidade mental, que, em si, é apenas um reflexo reduzido do Logos Divino. A psicologia *vijnana* do budismo sustenta que existem quatro classes de consciência, cada uma sendo uma versão mais reduzida da Mente Universal. Isto se correlaciona à ideia dos quatro corpos de Buda; o que é quase idêntico à noção do Vedanta de quatro corpos e quatro estados principais de consciência – denso, sutil, causal e supremo ou *turiya*. No que se refere aos corpos, o ponto é que o corpo ou a substância de uma entidade física, tal como uma simples pedra, é, na verdade, um reflexo descendente da liberdade e vitalidade do corpo sutil associado à mente, e o corpo sutil em si é apenas uma gota do corpo causal – e essa gota é somente uma contração em face da eternidade ou *turiya*.

*RV*: A ideia também existe no Ocidente?

*Wilber*: Ah, sim; garanto-lhe que você consegue achar muitos exemplos, desde os neoplatônicos até os místicos vitorianos. É interessante observar que ela constitui o ponto crucial de um dos mais influentes filósofos ocidentais modernos – Whitehead.

*RV*: Ele foi influenciado pelos tradicionalistas?

*Wilber*: Ele devia estar ciente deles, mas acho que chegou à ideia mais ou menos por conta própria. Você sabe, a verdade aparece. Eu penso que a obviedade da verdade simplesmente não poderia escapar de alguém como Whitehead. De qualquer forma, ele assumiu a noção de dimensões juniores como versões essencialmente reduzidas de versões seniores e virou completamente a abordagem típica da realidade de cabeça para baixo. Ele disse que, se você deseja conhecer os princípios gerais da existência, deve começar do topo e usar as ocasiões mais elevadas para iluminar as mais baixas, e não o contrário, o que, obviamente, é o reflexo reducionista comum. Assim, ele afirmava que você poderia aprender mais sobre o mundo a partir da biologia do que a partir da física, e apresentou o ponto de vista organísmico que revolucionou a filosofia. E dizia que você poderia aprender mais com a psicologia social do que com a biologia, e introduziu a noção de que as coisas são uma sociedade de ocasiões – a noção de individualidade composta.

Naturalmente, ele sustentava que o ápice do padrão exemplar era Deus, e era em Deus, o indivíduo composto supremo, que você fundamentaria quaisquer leis ou padrões encontrados, refletidos em versões reduzidas nas dimensões inferiores da psicologia, biologia e física. A ideia, brilhante em sua proposição, era que primeiro você olhasse para os níveis mais elevados em busca dos princípios gerais da existência e, em seguida, por subtração, visse até que ponto a hierarquia se estenderia. Você não começa no fundo e tenta subir por adição das partes inferiores, porque algumas das partes superiores simplesmente não aparecem muito bem, ou de modo algum, nos degraus inferiores. Talvez seus exemplos favoritos fossem a criatividade e o amor – Deus, para Whitehead, era especificamente amor e criatividade. Mas nas dimensões mais baixas, a criatividade diminui, aparecendo nos seres humanos como um pouco de livre-arbítrio, mas quase totalmente perdida quando se chega às partículas atômicas. Talvez possamos dizer que o princípio da incerteza de Heisenberg representa tudo o que resta da liberdade radical de Deus no plano físico. Mas o ponto é que, se tentarmos entender o cosmos na direção inversa, dos átomos para cima, emperramos na tentativa de explicar o livre-arbítrio, a criatividade, a escolha ou qualquer outra coisa que não seja um cosmos amplamente determinístico. O fato é que, mesmo com uma pitada da indeterminação de Heisenberg, o universo físico é muito mais determinístico do que os seres biológicos do nível 2. Qualquer bom físico pode lhe dizer onde Júpiter estará localizado daqui a uma década, a não ser que ocorra um desastre, mas nenhum biólogo pode lhe dizer para onde um cão se moverá daqui a dois minutos. Portanto, Whitehead, procurando iluminar o mais baixo pelo mais alto, e não vice-versa, pôde fazer da criatividade o princípio geral, e então entender o determinismo como uma restrição ou redução parcial da criatividade primordial. Se, por outro lado, você começa de baixo, precisa descobrir uma maneira de tirar o livre-arbítrio e a criatividade das pedras, e isso simplesmente não funciona. Que elas são reducionistas é a coisa mais agradável que você pode dizer sobre essas abordagens.

*RV*: Isso é extraordinário, porque eu já vi muitas tentativas de pensadores *new age* para derivar o livre-arbítrio humano da indeterminação do elétron, ou dizer que a volição humana é livre *por causa da* indeterminada natureza de onda de seus componentes subcelulares, ou algo assim.

*Wilber*: Sim, parece a coisa a fazer. É algo reflexo – finalmente, depois de décadas dizendo que o universo físico é determinístico e, portanto, a escolha humana é uma ilusão, você encontra um pouco de indeterminação no domínio físico e fica louco. É tão natural que você tente explicar a liberdade humana, e até a liberdade de Deus, como uma explosão do nível mais baixo. Você fica tão empolgado que esquece que acabou de realizar a façanha reducionista do século; Deus é aquele grande elétron no céu. As intenções são muito boas, mas a filosofia é perniciosa. E imagine o seguinte: há muitos físicos que acham que o domínio físico é, de fato, puramente determinístico – Einstein, por exemplo – e que pesquisas futuras poderão revelar variáveis subatômicas que *são* absolutamente causais. Não estou dizendo que isso vá ou não acontecer, mas teoricamente, e se acontecer? O pobre Deus perderá seu poder criativo? No dia em que as variáveis determinísticas forem descobertas, o ser humano desaparecerá? Você vê o problema?

*RV*: No entanto, muitos pensadores da nova era estão usando a física e a neurofisiologia para sustentar suas afirmações sobre transcendência superior ou misticismo, ou apenas sobre o livre-arbítrio humano.

*Wilber*: Sim, e de uma maneira que até os filósofos ortodoxos acham terrivelmente reducionista. Deixe-me ler uma citação de um recente presidente da *American Philosophical Association*: "O corpo pode ser livre, não importa o que seja verdadeiro sobre as leis quânticas; por outro lado, não poderia ser livre apenas em virtude delas. Se sua liberdade é meramente a dos elétrons, então, como já foi dito, é a liberdade dos elétrons, mas não a do corpo. Essa objeção a algumas tentativas recentes de tratar a liberdade humana como simplesmente derivada da mecânica quântica e da estrutura neurológica é, acredito, bastante válida". Esse ponto, é claro, aplica-se ainda mais ao Tao e, mesmo assim, os *new agers* parecem não o levar em consideração.

*RV*: Eu acho tudo isso muito claro. Mas agora em um grau popular, em um nível geral, há algo de errado com livros como *The Dancing Wu Li Masters*, *O Tao da física* ou qualquer outro da Nova Era, livros de novos paradigmas?

*Wilber*: Estou simplesmente alertando que você deve ter muito cuidado com as afirmações que faz, se quiser estendê-las da hipérbole popular para um paradigma real e duradouro. Afirmações como "o universo é um todo harmonioso e inter-relacionado" ou "todas as coisas são o Uno" ou "o universo é dinâmico e padronizado, não estático e fixo" são excelentes materiais introdutórios; todos nós as usamos para transmitir nossas ideias de maneira geral. Mas, além desse ponto, elas são muito ilusórias.

*RV*: Como, especificamente?

*Wilber*: Bem, se você considerar duas colunas e na coluna *A* escrever palavras como fixo, estático, isolado, diversidade, discreto, e na coluna *B* escrever fluido, dinâmico, padrão, holístico, unidade, eu acho que a grande maioria dos pensadores *new age* imaginará que a visão mística é a coluna *B*. Mas, na verdade, o misticismo está preocupado em transcender *ambas as* colunas, *A* e *B*. A coluna *B* é tão dualista quanto a coluna *A*, pela simples razão de que as duas colunas são opostas ou imagens espelhadas e, portanto, ambas são parciais. A Realidade *não* é holística; não é dinâmica, não é inter-relacionada, não é una e não é unificada – *todos* esses são meros conceitos sobre a realidade. Como Chuang Tzu ressaltou em "Três da Manhã", afirmar que todas as coisas são unas é tão dualista quanto dizer que todas as coisas são muitas. É por isso que o Zen diz que a realidade é "Não dois! Não um!" Isto não é algum tipo de doutrina mística muito sutil ou terrivelmente sofisticada. É a mais simples e mais fundamental de todas as doutrinas místicas. O clássico de Murti, *The Central Philosophy of Buddhism*, deixou isso muito claro, com certeza para o Mahayana, bem como escritores, de Schuon a Guénon e Coomaraswamy, para outras tradições. Isso é misticismo simples e essencial.

*RV*: O absoluto não pode ser qualificado em nenhum sentido?

*Wilber*: Correto, incluindo o sentido que você acabou de dar. O Absoluto – e aqui temos de falar um pouco poeticamente – não pode ser caracterizado ou qualificado porque não está separado ou é diferente de nada e, portanto, não pode ser descrito como uma coisa ou evento entre outros. É *nirguna*, sem atributos, ou *shunya*, sem caracterização. Como não há lugar fora do absoluto, não há lugar onde você possa assumir uma posição para descrevê-lo. Se você pudesse sair dele, deixaria de ser o absoluto.

*RV*: E então...

*Wilber*: Bem, aqui está uma analogia grosseira. Digamos que o universo inteiro consista apenas de três objetos – um quadrado, um redondo e um triangular. Deus não é a soma desses objetos, sejam eles considerados coisas ou eventos...

*RV*: Como afirma o panteísmo...

*Wilber*: Sim; Deus não é a soma desses objetos porque você poderia destruí-los e Deus ainda existiria. Portanto, você também não pode descrever Deus como qualquer um dos atributos de cada coisa – Deus não é um triângulo quadrado circular. E o mais importante, Deus não é outro objeto além dos três. Deus não é uma coisa separada do muito. Deus não é algo dinâmico, holístico ou padronizado.

*RV*: Continuando com a sua analogia, você pode dizer algo sobre o que Deus seria?

*Wilber*: Contanto que você se lembre de que é uma afirmação metafórica e não descritiva. Deus não é uma coisa entre muitas coisas, ou a soma de muitas coisas, ou a interação dinâmica de muitas coisas – Deus é a condição, a natureza, a quididade ou a realidade de cada coisa, evento ou processo. Não está separado *de* nenhum deles, mas não está de forma alguma confinado a eles. Deus se identifica *com* o mundo, mas não é idêntico *a* ele.

*RV*: Foi por isso que você disse antes que o absoluto é anterior ao mundo, mas não outro que o mundo?

*Wilber*: Sim. Essa é a doutrina do *tathata*, ou quididade – Eckhart chamou-a de *essência* de cada coisa-evento; os taoistas chamam-na de *tzu jan*, a razão de cada objeto; também está muito próximo do significado do *dharma* para o budismo e do *sahaj* para o Vedanta. De qualquer forma, a doutrina da quididade, combinada com as doutrinas do *advaita* ou não dualidade e *shunyata* ou não qualificabilidade, forma o ponto de partida mais fundamental e elementar de todas as tradições místicas, embora a terminologia seja, é claro, diferente.

*RV*: E são esses princípios básicos que parecem ficar de fora de tantos relatos da Nova Era sobre ciência e misticismo?

*Wilber*: Creio que sim. Aparentemente, o autor quer dizer que a ciência moderna descobriu que certos objetos são, de fato, processos e não coisas estáticas, ou triângulos e não círculos, e assim o Tao é triangular, como diz a boa física. Mas, na verdade, o Tao contém coisas e eventos, mas não pode ser caracterizado por nenhum deles. Não é diferente deles, mas também não é definido por eles.

*RV*: E você também pode dizer que, como o domínio de frequência é realmente um domínio distinto do domínio de leitura, esses são apenas dois domínios *diferentes* e, portanto, um não pode ser a quididade mística do outro?

*Wilber*: Sim, esse seria outro ponto importante. O domínio de frequência é simplesmente um domínio entre outros, não um domínio exclusivo. Eu não havia pensado dessa forma antes, mas é verdade. Por favor, deixe-me dizer novamente que acho que o domínio de frequência existe, mas que, honestamente, não tem nada a ver com eventos místicos ou com uma essência verdadeiramente transcendente-imanente, e você simplesmente apresentou outro motivo bem fundamental para isso.

*RV*: Gostaria de saber se poderíamos agora passar à noção de epistemologia, porque você disse anteriormente que a hierarquia evolucionária também é uma hierarquia de conhecimento. Você poderia falar sobre isso?

*Wilber*: Cada nível da Grande Cadeia é um nível de preensão, como diria Whitehead. Cada nível apreende ou, de alguma forma, toca ou reconhece seu ambiente. Como dissemos anteriormente, cada nível é uma versão reduzida da consciência absoluta. Em todo caso, se usarmos nossa simples hierarquia de três níveis – corpo, mente e espírito – os três modos de conhecimento correspondentes serão sensorial, simbólico e intuitivo. Os místicos cristãos referem-se a eles como o olho da carne, o olho da razão e o olho da contemplação. Até Aristóteles estava perfeitamente ciente desses domínios – ele se referia a eles como *techne*, *praxis* (ou *phronesis*) e *theoria*.

*RV*: E eles são hierárquicos?

*Wilber*: Sim. Assim como o olho da razão transcende, mas inclui o olho da carne, o olho da contemplação transcende, mas inclui o olho da razão.

*RV*: A ciência, como a entendemos, pode ser estendida para cobrir todos os três domínios? Podemos ter uma ciência superior do ser?

*Wilber*: Sim, acho que podemos falar desses domínios mais elevados e de seus conhecimentos como científicos, mas precisamos ser extremamente cuidadosos com o que queremos dizer. Olhe da seguinte forma: temos pelo menos esses três modos de conhecimento – sensorial, simbólico e contemplativo. Esses modos correspondem ao corpo físico, à mente e ao espírito.

Isso é bastante simples, mas fica um pouco mais complicado quando você percebe que a mente, por exemplo, pode olhar não apenas para seu próprio domínio, mas também para os outros dois domínios e, em cada caso, você pode obter um tipo fundamentalmente diferente de conhecimento. Aqui, eu poderia representar assim:

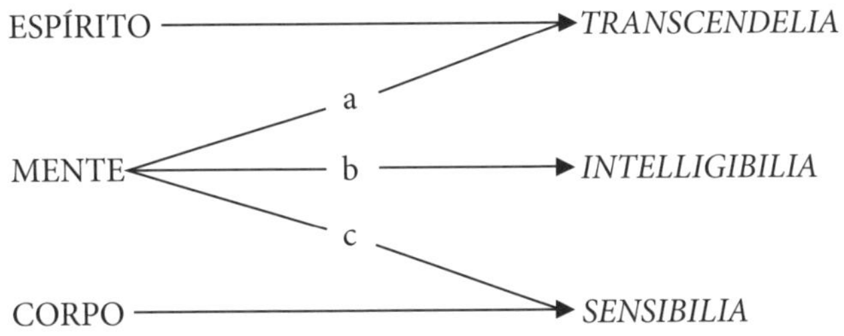


*RV*: Portanto, temos três modos básicos e três domínios de conhecimento: o físico-sensorial, o mental e o espiritual. (Eles estão numerados 1, 2 e 3.) E, no âmbito do modo mental, temos três subconjuntos?

*Wilber*: Subconjuntos está bom... (Eles estão apresentados com as letras *a*, *b* e *c*).

*RV*: Dependendo de qual dos três domínios o modo mental assume como objeto?

*Wilber*: Sim. Seguindo meu filósofo ortodoxo favorito, Jurgen Habermas, podemos caracterizar os três subconjuntos mentais da seguinte forma: quando a mente se limita ao conhecimento sensorial, o modo é chamado empírico-analítico e seu interesse é técnico. Quando a mente trabalha com outras mentes, o modo é hermenêutico, fenomenológico, racional ou histórico, e seu interesse é prático ou moral. Adicionamos agora a visão mística, que Habermas não cobre diretamente, e dizemos que, quando a mente tenta conhecer o domínio espiritual, seu modo é paradoxal ou radicalmente dialético, e seu interesse é soteriológico. Veja o diagrama a seguir:

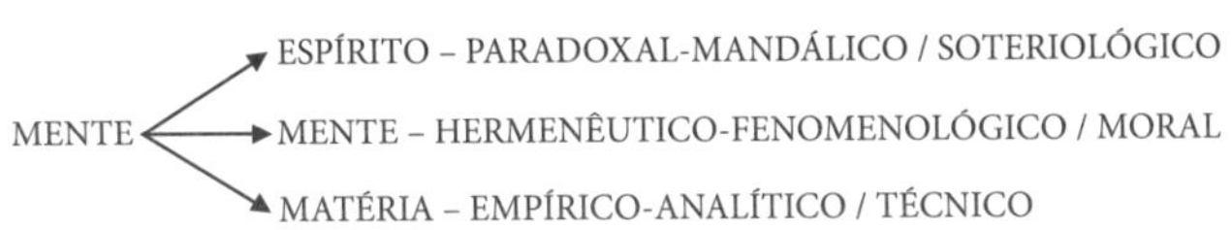

*RV*: O que é exatamente hermenêutica?

*Wilber*: O estudo da interpretação e significado simbólico. Nas mãos de filósofos sofisticados como Gadamer ou Ricoeur, ela realmente significa mentalidade em geral, ou intencionalidade simbólica, e significado e valor. Veja, a razão pela qual os estudos empírico-analíticos são tão limitados – limitados, na verdade, ao domínio sensorial – é que eles não conseguem revelar a natureza ou o significado das produções mentais. Não há teste empírico, por exemplo, que revele o significado de *Macbeth*, ou o significado de valor, o significado de sua vida e assim por diante. O significado é uma produção mental e só pode ser determinado por interpretação, ou pelo que Heidegger chamou de círculo hermenêutico.

*RV*: A maioria das pessoas entende o que significa empírico-analítico. Você poderia comentar o terceiro subconjunto, o paradoxal?

*Wilber*: A ideia é simplesmente que, quando a mente tentar raciocinar sobre o Absoluto, necessariamente gera paradoxos, exatamente pelos motivos que discutimos. Quando a razão opera nesse modo, nós o chamamos de paradoxal. Eu também ouvi a expressão "razão mandálica" usada, e gosto dela. As duas terminologias são boas.

*RV*: Ora, você está dizendo que razão mandálica não é contemplação, mas que ela tem sua utilidade, correto?

*Wilber*: Sim, exatamente. Ambos os pontos devem ser enfatizados. O primeiro é que a razão mandálica ou paradoxal – que é o que resulta quando você tenta pensar ou escrever sobre o Tao, o Espírito ou a Natureza de Buda – não é o espírito em si nem revela o espírito propriamente dito. Permita-me enumerar os cinco modos da seguinte forma:

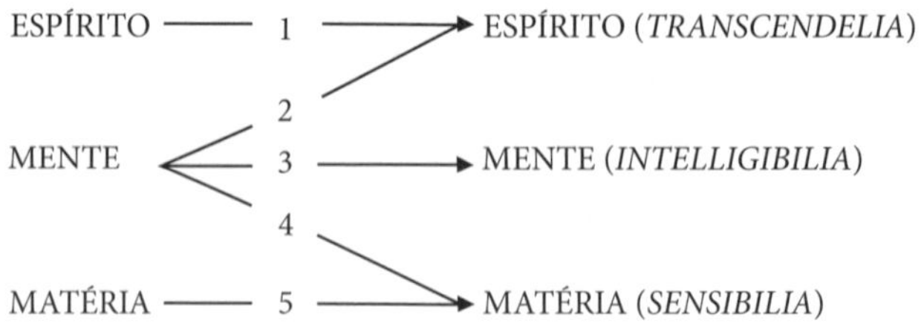

O modo 5 é uma simples percepção sensório-material ou sensório-motora. O modo 4 é o conhecimento mental empírico-analítico, ou as ideias da mente sobre o mundo sensório-motor. O modo 3 é um conhecimento hermenêutico, introspectivo e fenomenológico, ou o conhecimento da mente sobre a mente. O modo 2 é a razão mandálica ou paradoxal, a tentativa da mente de pensar sobre o espírito. O modo 1 é o conhecimento direto do espírito, que é um conhecimento não mediado ou não simbólico, intuitivo e contemplativo.

*RV*: E seu primeiro ponto é que o modo 2 não deve ser confundido com o modo 1.

*Wilber*: Sim, e esse é um ponto extremamente fundamental. Não há como entender diretamente o espírito, exceto por uma transformação espiritual radical, ou pela abertura direta do olho da contemplação de cada pessoa. Você pode ler, pensar e escrever sobre o Tao o dia todo, e nada disso é o Tao. Nenhuma teoria mental sequer se aproxima de *Brahman*.

*RV*: E já que, se você raciocina sobre o Tao, gera apenas paradoxos, não há como afirmar uma posição sobre outra. Quero dizer, você não pode declarar que o Tao é um fluxo dinâmico, porque isso é metade de um dualismo no paradoxo.

*Wilber*: É verdade. Você não pode dizê-lo sem se contradizer, como Nagarjuna e Kant claramente ressaltaram.

*RV*: Estou em dúvida se entendi esse ponto.

*Wilber*: Bem, suponha que você diga que o Tao está mudando constantemente, que nada é permanente, tudo muda. Isso é uma autocontradição, porque você está afirmando que tudo muda, exceto, aparentemente, o fato de que tudo muda, o que, portanto, deve ser um fato *permanente*. Isso não funciona. O mesmo acontece se você afirmar que a realidade é relativa, dinâmica, una e assim por diante.

*RV*: Então o Tao é permanente e impermanente?

*Wilber*: Ou nenhum dos dois, nem mesmo nenhum de nenhum dos dois, como diria Nagarjuna. Mas você entende o ponto – a razão gera afirmações paradoxais quando tenta compreender o absoluto.

*RV*: Mas seu segundo ponto é que esse tipo de racionalização tem algumas utilidades?

*Wilber*: Com certeza, desde que não confundamos a razão mandálica (modo 2) com a real intuição-contemplação (modo 1). Uma de suas utilidades é tentar sugerir a outras mentes como Deus pode ser. Hegel usou essa razão dialética com grande intensidade, embora sempre chegasse perto demais de confundi-la com intuição espiritual. Outra utilidade, usada com extraordinária habilidade por Nagarjuna, é aplicar a dialética para demolir a própria razão e, assim, pavimentar o caminho para a verdadeira contemplação, ou *prajna*.

*RV*: Como, exatamente?

*Wilber*: Nagarjuna foi confrontado por oponentes que desejavam caracterizar o absoluto – os brâmanes afirmavam que Deus era um ser absoluto, alguns budistas niilistas afirmavam que era extinção, outros afirmavam que era o padrão, outros diziam que era monístico ou unitário, e assim por diante.

*RV*: Todos eram parciais e dualísticos?

*Wilber*: Sim, e Nagarjuna demonstrou esse ponto, usando a lógica do oponente contra o próprio, quando então o oponente se contradizia. Veja, se você tenta fazer uma afirmação sobre a realidade como um todo, então sua afirmação faz parte dessa realidade; nesse momento, ela se apresenta como uma mão tentando se agarrar ou uma língua tentando se provar. Você acaba em uma regressão infinita ou em uma contradição flagrante. Nagarjuna usaria essa limitação inerente à razão para esgotar as tentativas de ela apreender o espírito; nesse ponto, se a coisa for feita com cuidado, você se tornará mais aberto ao *insight* contemplativo real – a mente simplesmente se cala e na brecha entre os pensamentos, nasce *prajna*, ou, pelo menos, pode nascer. Mas, no que diz respeito à realidade, ela não é ser nem não ser, nem ambos nem nenhum – essas eram as quatro categorias de Nagarjuna, baseadas nos "inexprimíveis" originais do Buda. Qualquer que seja a realidade, ela só pode ser "vista" em *satori* ou via um verdadeiro *insight* contemplativo (modo 1).

*RV*: E, se tenta exprimir o que foi "visto", você somente gera paradoxos...

*Wilber*: Sim, mas esses paradoxos, usados com habilidade, como *upaya*, constituem a razão mandálica (modo 2) – e essa é uma de suas utilidades.

*RV*: Estávamos falando sobre ciência, sobre uma ciência superior.

*Wilber*: Bem, como eu disse, é preciso ter muito cuidado aqui. Se por ciência você quer dizer conhecimento experimental e consensual, todos os domínios, inclusive o superior, podem ser científicos [cf. cap. 2]. Mas eles não podem ser meramente sensorial-empíricos; ou nem todos estão diretamente envolvidos na formação de teorias.

*RV*: Porque uma teoria é uma produção mental...

*Wilber*: Sim. O modo sensorial – n. 5 – não forma teorias porque é pré-simbólico. E o modo espiritual – n. 1 – não forma teorias porque é transimbólico; sua operação real é um *insight* imediato e não conceitual.

*RV*: Portanto, isso limita a atividade teórica aos três subconjuntos mentais.

*Wilber*: A atividade em si, sim. Somente os modos mentais formam as teorias, embora as próprias teorias possam tentar levar em conta os outros domínios que, por si mesmos, não formam diretamente teorias. Evidentemente, a ciência clássica é uma teoria direcionada ao domínio biomaterial, ou seja, é a teoria empírico-analítica ou o modo 4. A mente cria um mapa-teoria do mundo biomaterial objetivo, observa atentamente esse mundo, usualmente alterando-o de forma controlada e, em seguida, ajusta o mapa a ele. Um bom mapa torna-se um modelo, e um modelo que nunca é refutado se torna uma lei.

*RV*: E as teorias do modo 3?

*Wilber*: Essas são a filosofia fenomenológica, a psicologia introspectiva, a comunicação intersubjetiva, a interpretação, os sistemas de valores, e assim por diante. Esse modo forma teorias ou mapas sobre como é o mundo subjetivo e intersubjetivo.

*RV*: Mas essas teorias não são verificáveis por meios empírico-analíticos, porque não são referentes sensoriais...

*Wilber*: Correto. Elas são verificadas por procedimentos hermenêuticos, por interpretação, por comunidades de intérpretes com ideias semelhantes, por apreensão fenomenológica direta e assim por diante.

*RV*: Você poderia dar um exemplo?

*Wilber*: O que você e eu estamos fazendo agora. Estamos trocando significados, significados simbólicos, e chegando a entendimento interpretativo. "O que você quer dizer com isso?", ou seja, qual é o significado do que você está me falando. Esse não é um evento empiricamente redutível e não pode ser explicado pela física, pela química ou pela biologia. *Hamlet* não é feito de elétrons; é composto de unidades simbólicas de significados que, se reduzidas ao papel em que estão escritas, são simplesmente destruídas. Mas suponho que um exemplo clássico seja Freud. Apesar de suas desmesuradas tentativas de reducionismo sociobiológico – e foram absolutamente descomedidas – sua metodologia era quase inteiramente hermenêutica e fenomenológica, e é por isso que acho que ele ainda tem muito a nos dizer, e porque tantos estruturalistas estão voltando a ele em busca de *insights*. Diz-se agora que Lacan é o principal pensador psicológico da Europa, e Lacan é duas coisas: um estruturalista na linha de Lévi-Strauss e um brilhante freudiano. De qualquer forma, a metodologia de Freud era basicamente observar a produção de palavras e símbolos do cliente e tentar descobrir o que esses símbolos realmente poderiam significar. Ele assumiu que um sonho, por exemplo, deve ocorrer em dois níveis, porque o cliente é realmente o autor do sonho – é o sonho dele –, mas o cliente afirma não entender seu significado ou sofre no sonho como testemunha passiva. Em outras palavras, o sonho é composto por dois textos, um texto manifesto e um texto latente ou oculto. E é o texto oculto que causa os problemas. Portanto, parte do trabalho do analista é descobrir esse texto oculto, decifrá-lo e interpretá-lo para o cliente. É como encontrar um hieróglifo egípcio, e nenhuma evidência meramente sensorial ajudará aqui, porque o que você está lidando é com sucessões de símbolos subjetivos que deslizam uns sobre os outros para criar um mundo de significados, intenções, valores, desejos etc. É exatamente como no teste de Rorschach – o borrão empírico é fixo e dado; é composto de tinta apresentando uma única forma. Mas os significados simbólicos que podem surgir dessa mancha são numerosos e não podem ser determinados pelo empirismo. Assim, a técnica de Freud era usar o diálogo linguístico para desvelar textos ocultos, depois traduzir ou interpretar esses textos, a fim de tornar o significado dos sintomas ocultos mais transparente para o cliente. Era essa transparência, onde antes havia opacidade, que ajudava a efetuar a cura. A interpretação, em outras palavras, leva ao *insight* ou entendimento. Através de repetidas observações e interpretações, Freud foi capaz de criar vários mapas ou teorias da esfera psicológica, teorias que não podiam ser testadas empiricamente, como o mero behaviorismo, mas que podiam ser testadas por aqueles que estavam dispostos a adotar a disciplina da interpretação introspectiva. Que o reducionismo de Freud tenha descaracterizado muitos de seus mapas e teorias é triste, mas isso não é culpa da sua metodologia. Foi um simples caso de *entra lixo, sai lixo*.

*RV*: Portanto, o modo 3 pode ser teórico, pois também forma e usa mapas e modelos de seu próprio nível...

*Wilber*: Sim, mas seu teste de verificação é hermenêutico, não empírico. Ou racional-fenomenológico, não sensorial. Ou linguístico, não físico. Se desejar, chame-o de ciência fenomenológica [ciência dialógica; cf. cap. 2].

*RV*: E o modo 2. Ele é paradoxal – pode ser teórico?

*Wilber*: Eu acho que sim, mas teórico em um sentido menos rigoroso. Como eu disse, a razão paradoxal tem sua utilidade, desde que sejamos cuidadosos. Teoria, nesse sentido, envolveria a criação de mapas ou cartografias das esferas superiores e transcendentais, para auxiliar aqueles que ainda não as viram, bem como para fins de conhecimento geral. Mapas mandálicos, por assim dizer, e ciência mandálica [cf. cap. 2].

*RV*: Esses mapas podem ser verificados?

*Wilber*: Sim, mas apenas transformando-se de fato para o domínio espiritual ou despertando para o modo 1. Você absolutamente não pode verificá-los usando procedimentos empíricos ou hermenêuticos.

*RV*: Mas esses mapas também seriam paradoxais?

*Wilber*: Sim, com certeza. Às vezes, não parece, porque cada sistema, apenas por consistência, em geral, funciona com apenas um lado do paradoxo. Assim, os budistas chamarão o nível mais elevado de Vazio, os hindus o chamarão de Ser, os taoistas alegarão que ele está sempre mudando e os cristãos dirão que é eterno. Todos estão certos – ou errados; não faz diferença. É paradoxal. Veja bem, paradoxo é simplesmente a aparência da não dualidade no nível mental. O Espírito em si não é paradoxal; não é caracterizável. Mas quando a mente tenta pensar sobre ele, a não dualidade surge como dois opostos contraditórios, que conseguem ser igualmente plausíveis, porque nenhum deles é completo por si só. O melhor que você pode fazer, portanto, é afirmar os dois lados da dualidade ou negar os dois. O primeiro gera paradoxo; o último, dupla negação. Eu uso a razão mandálica para cobrir ambos, embora ela se aplique melhor ao paradoxo. Mas meu argumento é que nenhum deles deve ser confundido com o modo 1 ou contemplação real – a verdadeira ciência contemplativa ou transmental e transteórica: a ciência do Espírito como Espírito, não apenas como simbolizado pela mente. Portanto, todos esses vários modos podem ser chamados de "científicos", desde que tenhamos cuidado, em cada caso, de explicar exatamente o que queremos dizer. Minha única preocupação é que os defensores de uma ciência "nova e superior" muitas vezes têm em mente apenas um desses modos, geralmente o empírico, e querem expandi-lo sobre todos os outros. Isso resulta em reducionismo, que leva ao colapso da hierarquia, que envolve a falácia de sombras equivalentes, desembocando no panteísmo... Assim, use "ciência" como desejar, mas primeiro diga o que significa o termo para você, apresente sua metodologia, distinga-a de outros modos e disciplinas e, depois, veremos o que você tem.

*RV*: Quanto à noção de aplicabilidade – ou inaplicabilidade – da ciência empírica a domínios superiores, como o mental-subjetivo ou o espiritual--transcendental, a pesquisa em fisiologia cerebral – que é empírica – não nos diz algo sobre a mente e suas operações?

*Wilber*: Sim, claro. A pesquisa sobre o cérebro é extremamente empolgante e importante, mas acho que também é extremamente limitada.

*RV*: Em que sentido?

*Wilber*: Bem, considere as reflexões de Freud sobre o assunto. Em seu último livro, ele declarou claramente que, mesmo que pudéssemos descobrir todas as conexões entre o cérebro e a consciência, então – e estas são suas próprias palavras – "isso permitiria, no máximo, uma localização exata dos processos da consciência e não nos ajudaria em nada a entendê-los". Como eu disse – e como quase todo mundo descobriu recentemente – Freud estava principalmente interessado em hermenêutica – em interpretação, significado e discurso simbólico.

*RV*: Seu primeiro livro importante foi *A interpretação dos sonhos*...

*Wilber*: Sim. Mesmo que possamos localizar o sonho – digamos, no hemisfério direito – e mesmo que possamos descrever seus componentes químicos, ainda não sabemos o seu significado. Ele é descoberto apenas no círculo hermenêutico, somente na história da minha vida e intenções.

*RV*: Modo 3 e não modo 4...

*Wilber*: Exato. E esse *insight* agora está produzindo um completo renascimento da psicologia não empírica, não reducionista e não biológica. Você tem os teorizadores interpessoais ou de relações com objetos – Sullivan, Guntrip, Fairbairn, Jacobson, Erik Erikson. Você tem os linguistas e estruturalistas – Lacan, Piaget, Kohlberg, Roy Schafer, Ricoeur. Os teorizadores da informação – Bateson é o mais famoso. Tudo isso se relaciona à transferência simbólica ou hermenêutica, e está revolucionando a psicologia.

*RV*: Você pode dar um breve exemplo, digamos, em termos de patologia?

*Wilber*: Claro. Originalmente, os sintomas eram concebidos em termos energéticos ou biofísicos: o id empurra aqui, o ego empurra de volta, o resultado é uma gratificação substituta na forma de um sintoma. A sombra, ou inconsciente pessoal, era um produto de energias. Bem termodinâmico. Ora, sem negar que a bioenergética também está envolvida, a nova compreensão simplesmente ressalta que o eu não é tanto um evento biofísico presente, mas uma história. O eu, especificamente o eu mental, é uma estrutura linguística, uma criação da história e um criador de história. Ele existe via comunicação ou diálogo, é construído com unidades de significado ou símbolos e segue um rumo no tempo ou na história. É uma história; é um *texto*. E a única forma de entender *Guerra e paz*, por exemplo, é por uma boa interpretação. O que a obra realmente significa, você entende? O que minha vida significa? Para onde ela está indo? Por que estou fazendo isso? Que valor isso tem para mim? E isso é hermenêutica.

*RV*: E a patologia?

*Wilber*: A patologia está relacionada à má interpretação ou talvez à leitura errada. E a sombra não é mais a sede de forças inconscientes, é a sede de má interpretação. Em certo sentido, a sombra é um texto ou subtexto oculto e, portanto, produz *scripts* cujos *significados* confundem você – hermenêutica ruim ou pobre, como quando a pessoa diz: "Não sei por que fiz isso; fico me perguntando o que isso significa?" A sombra é um texto que você escreve secretamente, um texto cuja autoria se recusa a admitir.

*RV*: E a terapia?

*Wilber*: É um processo para assumir ou reassumir a autoria ou a responsabilidade pelo texto da sua própria vida, do seu próprio eu.

*RV*: E nada disso pode ser facilmente explicado em termos empíricos ou fisiológicos?

*Wilber*: A hermenêutica? Não. Mas gostaria de acrescentar que o sistema com o qual estou trabalhando utiliza tanto a bioenergética do prana corporal quanto as distribuições emocional-sexuais, e as unidades mentais de significado que transcendem, mas incluem, as sensações bioenergéticas mais simples. Ambas são importantes, mas a hermenêutica é mais ainda. No esquema de sete níveis que apresentei anteriormente, dieta e exercício lidam basicamente com o nível 1; a bioenergética e a catexia emocional-sexual lidam com o nível 2; a hermenêutica e a interpretação simbólica lidam com o nível 3 e parte do nível 4. Nada disso pode ser jogado fora. O problema com a hermenêutica pura é que ela tenta dizer que o id é apenas linguagem, o que é bobagem. Um cão tem impulsos sexuais e não tem linguagem. Os seres humanos têm os dois. Tentar reduzir um ao outro não apresenta nenhuma utilidade. Os dois inserem-se na hierarquia nidiforme.

*RV*: Então, a fisiologia empírica não tem qualquer utilidade fundamental para a compreensão da hermenêutica mental?

*Wilber*: Não, não, isso seria reducionismo reverso; eu não disse isso. A hermenêutica transcende, mas inclui os efeitos da fisiologia, como tenho dito para cada nível da hierarquia. Portanto, penso que os efeitos da fisiologia podem ser mais bem compreendidos em termos da teoria da degenerescência.

*RV*: Que é...

*Wilber*: Se você observar todos os estágios da evolução, o que verá é que – isso foi ressaltado com frequência – cada estágio superior é sinérgico em relação a seus componentes juniores; inclui-os, porém, é mais do que eles.

*RV*: Essa é a parte "transcende, mais inclui"...

*Wilber*: Sim, a mesma coisa; sinergia é a mesma ideia. Junte matéria inanimada em certas formas complexas e você gera algo que é mais do que a soma de suas partes. Você gera vida ou prana. A vida é sinérgica em relação à matéria e não pode ser reduzida ou totalmente explicada pela matéria. Do mesmo modo, junte prana em certas formas complexas e começam a surgir símbolos. Mas símbolos – ou psicologia – não podem ser explicados pela vida – ou biologia – assim como a biologia não pode ser explicada por pedras. Cada um desses níveis é sinérgico em relação a seus antecessores. Ora, o oposto de sinergia é degenerescência. Se A degenera para B, dois ou mais estados de B poderão ser sustentados por um único estado de A. Por exemplo, se você fizer uma ligação telefônica, certa quantidade de energia elétrica passará pela linha. Porém, informação também está passando pela linha, e você não pode dizer quanta informação, que tipo de informação ou a qualidade da informação que está sendo transmitida apenas com base na quantidade de energia que a sustenta. Por exemplo, com a mesma quantidade de energia – digamos, 100 watts ou o que seja – você poderia dizer "olá, tudo bem" ou "*zizzy lollop thud*". O primeiro carrega informações; o último, mero ruído. Vários estados *diferentes* de transferência de informações podem ser sustentados pelo *mesmo* estado de troca de energia. Nesse caso, a energia é degenerada em relação à informação.

*RV*: E isso ocorre em todos os estágios de evolução?

*Wilber*: Sim, em todos os níveis da hierarquia nidiforme. Na verdade, é um conceito simples; é exatamente o oposto de sinergia.

*RV*: E você vê essa relação entre o cérebro e a mente?

*Wilber*: Penso que essa seja, certamente, uma possível explicação. O cérebro é, basicamente, o substrato biofísico para os processos mentais. Também esperaríamos que os processos espirituais deixassem suas pegadas no substrato biofísico, diretamente ou por intermédio da mente. Mas em nenhum caso a mente ou o espírito poderiam ser reduzidos ao cérebro ou explicados inteira ou meramente pela fisiologia cerebral. O borrão de Rorschach ainda é uma boa analogia: existe um substrato físico, a mancha de tinta real, mas ele suporta várias interpretações mentais diferentes, e você não pode afirmar que as interpretações sejam apenas tinta. Acho que o mesmo acontece com cérebro e mente.

*RV*: O cérebro é degenerado em relação à mente?

*Wilber*: Sim. Isso significaria que as mudanças na fisiologia cerebral não seriam correspondentemente tão significativas quanto as mudanças nos valores mentais. Por exemplo, eu posso estar no estado beta de ondas cerebrais e ter dois pensamentos sucessivos com valores de verdade muito diferentes, digamos: "2 + 2 = 4" e "2 + 2 = 5". A diferença no eletroencefalograma entre esses pensamentos é extremamente pequena, mas a diferença no valor de verdade é tremenda. Portanto, existem correlatos fisiológicos, mas eles são degenerados em relação à mente. As diferenças na fisiologia não são tão significativas quanto as diferenças nos valores de verdade das proposições. A propósito, observe que você não consegue estabelecer a verdade ou falsidade das proposições por qualquer quantidade de estudos fisiológicos. Você tem que sair da fisiologia cerebral para o círculo intersubjetivo da lógica e da comunicação, a fim de verificar as verdades mentais, porque, como dissemos, a mente transcende, mas inclui a fisiologia, e as verdades da primeira podem não estar inteiramente contidas nas verdades da última. Nenhuma maior sofisticação do eletroencefalograma poderia ajudá-lo a provar ou refutar a teoria macroeconômica de Keynes, por exemplo.

*RV*: Mas isso ainda atribuiria à fisiologia cerebral um efeito importante na mente, mas não um efeito causal, correto?

*Wilber*: Sim. Essa teoria ainda nos fornece uma conexão e uma interação definitivas entre cérebro e mente, mas não postula dualismo radical, por um lado, ou monismo ou identidade simples, por outro. Além disso, sugere que o cérebro seja tão complexo como é porque nada menos complicado poderia servir como substrato biofísico para processos lógicos e simbólicos, mas evita o reducionismo de dizer, por exemplo, que a literatura é composta de elétrons extravagantes.

*RV*: Então, teoricamente, se entendêssemos a fisiologia cerebral em profundidade, poderíamos produzir estados e humores gerais e melhorar o substrato, como capacidade de memória, e assim por diante, mas não poderíamos produzir pensamentos ou ideias específicas na mente...

*Wilber*: Sim. Mudar os estados fisiológicos seria como mudar os borrões de Rorschach. Você obteria uma nova série de modos e respostas, mas não conseguiria controlar todas as interpretações mentais específicas ou conteúdos reais. Portanto, o cérebro ainda teria um efeito significativo sobre a mente, mas não um efeito determinante ou causal na mente. Acho que isso também se encaixa muito bem com pesquisadores como Elmer e Alyce Green, que afirmam que "tudo no cérebro está na mente, mas nem tudo na mente está no cérebro".

*RV*: Isso é hierarquia e degenerescência...

*Wilber*: Com certeza! Mas isso ainda nos deixa com as importantes tarefas de mapear as relações degeneradas entre mente e cérebro, e entre espírito e cérebro. Correlações de ondas cerebrais com sonhos, por exemplo.

*RV*: E por causa da degenerescência, você pode dizer, pelas alterações fisiológicas, que uma pessoa está sonhando, mas não exatamente o que ela está sonhando?

*Wilber*: Sim, isso é exatamente degenerescência.

*RV*: Isso foge um pouco ao assunto, mas o que determinaria o conteúdo dos sonhos?

*Wilber*: Bem, uma resposta rápida seria que a história passada do texto do eu está sendo lida, especialmente seus subtextos ocultos. A sombra está no palco. E o conteúdo da sombra não é determinado tanto pela fisiologia atual quanto pela história passada, pelos eventos passados reais que constituem a história, e a história que essa pessoa reconhece como um eu. Daí por que Habermas chama esse modo de hermenêutico-histórico. E, finalmente, é por isso que Freud foi atraído pela ideia de tentar rastrear a gênese histórica dos sintomas. Ele queria usar um método de reconstrução histórica para ajudar a pessoa a perceber quando começou a escrever textos e histórias ocultos ou secretos ou culpados, para ver como a pessoa reprimiu a sombra criando um autor secreto. O autor secreto aparece em sonhos e sintomas, e o trabalho do terapeuta é ajudar a pessoa a interpretar o significado dos sintomas – você sabe, "sua ansiedade é, na verdade, raiva oculta ou disfarçada" – até que a pessoa possa recuperá-los, readaptá-los, reescrevê-los. Portanto, mesmo que a fisiologia não possa nos dizer o que a sombra fala ou o que significa, pode nos dizer quando ela está no palco – e isso é extremamente importante. Penso que o mesmo se aplica a todos os correlatos psicoespirituais que podemos encontrar no substrato biofísico. Assim, essas correlações, mesmo degeneradas, são muito importantes.

*RV*: E essa teoria nos permite procurar correlações do mais elevado no mais baixo sem precisar reduzir o mais elevado ao mais baixo?

*Wilber*: Sim, essa é a minha opinião.

*RV*: Na mesma linha, o que você acha do trabalho de Prigogine? Ele não oferece uma base empírica de transformações superiores?

*Wilber*: Na minha opinião, não, porque concordo literalmente com Marilyn Ferguson que o trabalho de Prigogine – vou ler isso – "preenche a lacuna crítica entre os sistemas vivos e o universo aparentemente sem vida em que eles surgiram".

*RV*: Em outras palavras, ele se aplica basicamente à lacuna entre o nível 1 e o nível 2 na hierarquia de sete níveis?

*Wilber*: Eu penso assim. Ele descreve as complexidades das perturbações materiais que permitem que a vida, ou prana, emerja através da – mas não da – matéria. São equações realmente empolgantes, porém não cobrem, fácil ou claramente, os níveis mais elevados, 3 a 7.

*RV*: Por que não? Certamente elas têm alguma aplicabilidade geral...

*Wilber*: Bem, certamente é verdade que existem leis analógicas em todos os níveis de hierarquia, como dissemos anteriormente. A questão não é se a transformação ocorre em todos os níveis, porque ocorre; a questão é qual nível de organização estrutural essas equações realmente descrevem? Penso que é bastante bem aceito que essas equações lidam principalmente com energias termodinâmicas e entropia, não com informações simbólicas e muito menos com *insights* transfísicos e transmentais. Estruturas termodinâmicas dissipativas parecem representar melhor transformações biomateriais, ou níveis 1 e 2. Assim, elas são *exemplos* de transformações gerais, mas não paradigmáticas entre elas. Elas são um subconjunto de transformações evolucionárias, e não o tipo ou exemplar único. Conforme já afirmei, elas são reflexos descendentes, ou versões reduzidas, das transformações que ocorrem nos níveis mais elevados, e, portanto, naturalmente, todas elas têm certas semelhanças, assim como o elétron e a vontade humana são "indeterminados". Mas tentar usar a manifestação de nível inferior do princípio geral para explicar o protótipo de nível superior desse mesmo princípio é o que tentamos evitar. Desse modo, acho que o trabalho de Prigogine é muito importante, não porque possa afirmar que provou as leis da transformação psicológica ou espiritual, mas porque ele demonstrou que o processo de transformação se estende por toda a hierarquia até os níveis mais baixos. Esse processo aparece de uma forma extremamente reduzida, como seria de se esperar, mas aparece.

*RV*: Então, estruturas dissipativas termodinâmicas seriam degeneradas em relação a transformações mais elevadas?

*Wilber*: Sim. Com respeito à interface cérebro-mente, se as estruturas dissipativas se aplicarem aos níveis 1 e 2, segue que elas se aplicam ao cérebro ou substrato biofísico da mente, assumindo assim a importância limitada, mas definida, que já discutimos.

*RV*: Mas existem formas de explorar e verificar qualquer um dos modos mais elevados, uma vez que eles não são empíricos?

*Wilber*: Sim, claro. Há investigação fenomenológica e sua verificação em uma comunidade de intérpretes intersubjetivos – exatamente como você e eu estamos fazendo agora. Existe prática contemplativa e sua verificação por uma comunidade de meditadores transubjetivos – como acontece, por exemplo, entre o mestre Zen e o aluno [cf. cap. 2].

*RV*: Mas, usando a fenomenologia e a hermenêutica como exemplo, a mera interpretação não tornaria a verdade uma questão extremamente subjetiva?

*Wilber*: Depende do calibre da comunidade de intérpretes. Filosofia, psicologia e fenomenologia reais – não behaviorismo e positivismo, esses são temas empíricos, não racionais – dependem em grande parte da qualidade da comunidade de intérpretes. Bons intérpretes, bons pensadores, fundamentam uma boa fenomenologia. Eles descobrem as verdades que se aplicam ao domínio subjetivo e, nesse sentido, as verdades são verdades subjetivas. Mas isso não significa mero capricho individual. Antes de tudo, uma má interpretação simplesmente não se ajusta ao consenso subjetivo geral. Ela é rejeitada por uma realidade que é subjetiva, mas muito verdadeira e muito legítima, assim como um fato empírico ruim é rejeitado por outros fatos. Segundo, uma verdade fenomenológica, para ser reconhecida como verdade, deve ser *testada* em uma comunidade de intérpretes afins, assim como um fato empírico, pelas suas características, deve ser testado pela semelhança com outros fatos. Não é mero pensamento positivo e licença subjetiva. O teste hermenêutico é tão rigoroso e exigente quanto o teste empírico, mas é claro que o teste empírico é mais fácil porque é realizado por um sujeito sobre um objeto, enquanto a fenomenologia é realizada por um sujeito sobre outro ou com outros sujeitos. Muito mais difícil.

*RV*: Não foi isso que ajudou tanto o reducionismo? Todo mundo almeja a elegância metodológica da física...

*Wilber*: Acho que sim. Somos atraídos a pensar que a física tem o método, em vez de ver que a física está trabalhando com o nível mais simples de organização estrutural e, portanto, produz verdades relativamente simples e facilmente reproduzíveis.

*RV*: Mas você não está fazendo um tipo de reducionismo reverso? Quero dizer, quando olhamos para o mundo subatômico, ele é tão complexo quanto o mundo biológico ou o mundo simbólico humano.

*Wilber*: Bem, ele é complexo, mas não tão complexo quanto os níveis mais elevados, pela simples razão de que um ser humano contém elétrons, mas elétrons não contêm seres humanos. Assim, todas as complexidades do elétron estão contidas nos seres humanos, mas os humanos também contêm outras complexidades encontradas apenas neles – culpa, ansiedade, desespero, desejo.

*RV*: Sim, entendo. Então devemos dar ênfase igual ou maior à fenomenologia racional e à hermenêutica e assim por diante?

*Wilber*: Sim, certamente, mas a hermenêutica sozinha não é a resposta definitiva. Veja, assim como o empirismo quer reduzir o símbolo à sensação, a hermenêutica deseja reduzir o espírito a símbolo. Ela procura afirmar que Deus é uma mera ideia, ou somente uma ideia, na comunidade de intérpretes intersubjetivos. Ela se recusa a incluir em sua metodologia a prática da contemplação – modo 1 – e, portanto, deixa de ver que Deus pode ser verificado como uma realidade transcendental por uma comunidade de meditadores transubjetivos.

*RV*: Mesmo assim, no plano mental, várias comunidades de meditadores interpretam o espírito de maneira diferente. A mente é degenerada em relação ao espírito.

*Wilber*: Exatamente. Quando a mente fala de espírito, gera interpretações paradoxais ou contraditórias. É assim que deve ser. Mas o que é verificado na meditação em si não é uma interpretação particular do espírito, mas uma identidade direta e imediata com e como espírito, e essa ocasião não está sujeita à interpretação porque não é um evento simbólico ou mediato. No nível mental, no entanto, existem apenas interpretações do evento, a maioria paradoxais, e isso é inevitável. "Eles chamam de muito Aquele que é realmente Um."

*RV*: Existem muitos paradoxos na física moderna – que têm sido chamados de "*koans* quânticos" – e isso não sugere que a física esteja de alguma forma envolvida na realidade fundamental, na lógica mandálica?

*Wilber*: Sim, esse ponto foi muito levantado. Mas primeiro, só porque o Absoluto sempre gera paradoxo não significa que paradoxo sempre indique o Absoluto, ok? Além disso, pessoalmente acho que existem bem poucos paradoxos genuínos em qualquer ramo da ciência. Um paradoxo real, lembre-se, significa que duas ocasiões mutuamente contraditórias são conhecidas por ocorrer simultânea e igualmente. Por exemplo, se neste exato momento estivesse chovendo e não chovendo na minha casa, isso seria um verdadeiro paradoxo.

*RV*: E o que dizer das ondículas – uma partícula agindo como onda em uma situação e como partícula em outra?

*Wilber*: Bem, esse é o ponto; é uma onda em uma situação e uma partícula em outra. Em qualquer experimento, nunca age igual e absolutamente como uma onda perfeita e uma partícula perfeita simultaneamente. Oscila, ou alterna, suas verdades mutuamente exclusivas, e isso é complementaridade, não paradoxo real.

*RV*: Não existem paradoxos genuínos na ciência ou na filosofia?

*Wilber*: Eu não afirmaria isso com muita ênfase, mas acho seguro dizer que a maioria dos aparentes paradoxos são contradições comuns, o que significa simplesmente que você deu um passo confuso em algum ponto. Na pesquisa empírica, as contradições geralmente indicam que uma série de experimentos foi executada incorretamente. Normalmente isso é esclarecido com pesquisas mais refinadas. Na investigação racional-conceitual, o que parece ser um paradoxo geralmente resulta, como Russell e Whitehead demonstraram em *Principia Mathematica*, na violação da teoria dos tipos lógicos. Embora Spencer Brown tenha sugerido maneiras de reformular a teoria dos tipos, ela ainda é extremamente útil. Bateson quase baseou sua carreira inteira nela.

*RV*: Para ser franco, o que é isto?

*Wilber*: Essa teoria simplesmente afirma que uma classe não pode ser um membro de si mesma. Surgiu na tentativa de definir número como a classe de todas as classes semelhantes a uma determinada classe. Mas a ideia é muito simples: a classe de todas as cadeiras não é em si uma cadeira, a classe de todas as maçãs não é em si uma maçã, o alfabeto não é em si uma letra e assim por diante. De qualquer forma, se você viola a tipificação lógica de seus símbolos, gera um pseudoparadoxo. Não é um paradoxo real, porque se baseia apenas em semântica ruim. Por exemplo, se você pega uma palavra-símbolo, digamos "cadeira", e depois dá dois significados, cada um de um tipo lógico diferente, e cria uma frase usando essa palavra, poderá gerar um pseudoparadoxo. Você pode dizer: "essa cadeira não é uma cadeira". É uma cadeira em particular, mas não é uma cadeira universal, não a classe de todas as cadeiras. Quando os semanticistas afirmam – a famosa frase de Korzybski – "o que você diz que uma coisa é, ela não é!" – esse não é um paradoxo real. O que eles querem dizer é que "o que quer que você diga que uma coisa é" – ou seja, o nome que você lhe dá, o símbolo que você usa para descrevê-la – não deve ser confundido com a coisa propriamente dita. A primeira é a classe; a última, o membro, e a classe não é um membro de si mesma – isso é uma aplicação direta da tipificação lógica, e está por trás de grande parte da semântica moderna e das teorias de mapa/território. E diz que, quando gera o que parece ser um paradoxo, você está confundindo seus tipos lógicos.

*RV*: Estou me lembrando dessa teoria agora. Não foi assim que Russell resolveu o famoso paradoxo sobre o cretense que disse: "Tudo o que um cretense diz é mentira"? Uma vez que um cretense disse isso, ele estava dizendo a verdade ou mentindo?

*Wilber*: Sim, a ideia era que o cretense estava fazendo uma afirmação sobre afirmações, e isso é de um tipo lógico diferente das afirmações em geral, e, portanto, ele não estava se contradizendo. Você julga a afirmação e a meta-afirmação em seus próprios termos, decide em cada caso se é verdadeira ou falsa, e aí o paradoxo some. Veja, a teoria dos tipos lógicos é, na verdade, apenas uma maneira de agrupar classes e estabelecer uma hierarquia de abrangência crescente. Cada nível da Grande Cadeia, por exemplo, é de um tipo lógico mais elevado, mesmo que nem todos os níveis sejam realmente feitos de lógica. E, nesse sentido mais amplo, a teoria dos tipos lógicos – que alerta para não se confundir tipos – diz "não colapse a hierarquia".

*RV*: A teoria dos tipos também não levou à teoria do duplo vínculo da esquizofrenia?

*Wilber*: Na verdade, ela foi o cerne da maior parte da obra de Bateson. O que ocorre na esquizofrenia, segundo ele, é que duas mensagens de tipos lógicos diferentes se contradizem, e o sujeito, que considera as duas igualmente verdadeiras, oscila entre elas, até que se fragmenta, por assim dizer. Por não conseguir diferenciar facilmente tipos lógicos, ele considera as duas mensagens, que são simplesmente contraditórias, como igualmente verdadeiras ou paradoxais. Desse modo, não consegue chegar a um acordo entre ambas nem se desfazer de uma delas, porque agora elas são iguais, mas opostas.

*RV*: O sujeito está em um duplo vínculo?

*Wilber*: Ele se encontra em um duplo vínculo. Ele violou a tipificação lógica, que gerou um pseudoparadoxo que o deixa abalado. Isso ocorre em qualquer tipo de sistema de *feedback* de informações. Se você pega uma máquina que deve ligar em um determinado limite inferior e desligar em um determinado limite superior, e depois começa a aproximar esses limites, a máquina será desligada e ligada em intervalos cada vez mais curtos. Se você reduzir a diferença entre os limites, a máquina irá entender que deve desligar ao mesmo tempo em que deve ligar. Ela é pega em um "paradoxo" e, bem na frente dos seus olhos, começará a chacoalhar tremendamente até quebrar. De qualquer forma, estou dizendo que, assim como no pensamento esquizofrênico, e a menos que você esteja usando explicitamente a razão mandálica, o paradoxo geralmente significa que há uma contradição em algum lugar – indica pensamento descuidado, não razão transcendental. Na teoria e pesquisa empírico-analítica, bem como na teoria e pesquisa racional-fenomenológica, o que parece ser um paradoxo é geralmente uma indicação de patologia no seu sistema – algo deu errado em algum lugar. Em vez de dizer que estou trabalhando com o Tao, eu retorno e refaço minha trajetória.

*RV*: Anteriormente, você mencionou Whitehead e como, na sua opinião, ele não concordava exatamente com as teorias holográficas. Acho que o que você disse foi claro o suficiente, mas quanto mais penso nisso, mais confuso fica.

*Wilber*: Como assim?

*RV*: Pensa-se geralmente que a filosofia de Whitehead se encaixa nas teorias holográficas de, pelo menos, duas maneiras. Primeiro, ele disse que tudo no cosmos interage com todo o resto. E segundo, sua filosofia não se ajusta à noção, tornada famosa pelo princípio da incerteza de Heisenberg, de que o sujeito afeta o objeto quando o percebe? Ou você não concorda com Whitehead nisso?

*Wilber*: Bem, não, eu geralmente concordo com Whitehead, e ele discordou dessas duas ideias.

*RV*: Whitehead não disse que tudo apreende tudo o mais no cosmos?

*Wilber*: O que ele disse foi que uma coisa apreende tudo em seu universo real, e seu universo real consiste apenas de seus ancestrais, não de seus contemporâneos nem de seus descendentes.

*RV*: Não entendi.

*Wilber*: Whitehead sustentava que o universo consiste em uma série de ocasiões que surgem por alguns segundos e que então desaparecem na memória cósmica, por assim dizer – muito parecido com a noção de eventos momentâneos do Dharma do budismo Hinayana. De qualquer modo, cada entidade ou ocasião, à medida que ela surge, é considerada um sujeito, e esse sujeito apreende, ou está de alguma forma ciente de seus predecessores imediatos ou daquelas ocasiões que ajudaram a constituí-lo. Portanto, esses predecessores, ou ancestrais, são objetos do evento atual, o sujeito. À medida que esse sujeito passa, ele se torna objeto para seus descendentes, e assim por diante. Assim, cada sujeito apreende todos os seus ancestrais, até certo ponto, ainda que mínimos – mas observe que nenhum evento pode apreender seus descendentes, e nenhum evento pode apreender seus contemporâneos.

*RV*: Por que não?

*Wilber*: Porque os eventos que acabam de surgir não têm tempo, por assim dizer, para se conhecerem. Dois eventos verdadeiramente simultâneos não têm influência mútua no momento preciso de sua simultaneidade. Eles não tiveram chance de entrar no fluxo causal ou cármico. A influência que eles terão será na ocasião que os sucede imediatamente – essa influência é a causalidade no sistema de Whitehead. Se dois sujeitos estiverem na mesma vizinhança, as chances são altas de que ambos possam se tornar objetos para o mesmo sujeito posterior. Mas, caso contrário, nenhuma interação. E uma entidade não pode apreender seus descendentes mais do que Cristóvão Colombo poderia estar ciente de você ou de mim.

*RV*: Então, uma entidade apreende todos os seus ancestrais, mas não seus contemporâneos nem seus descendentes?

*Wilber*: Sim, essa é a visão de Whitehead.

*RV*: E você concorda com ela?

*Wilber*: Sim.

*RV*: Mas o que dizer da precognição? Ela não é um exemplo de uma ocasião presente apreendendo uma ocasião futura, ou um descendente?

*Wilber*: Veja, se a precognição fosse absolutamente real e absolutamente possível, todos os eventos já estariam absolutamente determinados para sempre. Assim, não existiria o livre-arbítrio, a criatividade real ou a emergência livre verdadeira, nem algo como o princípio da incerteza de Heisenberg. O universo seria, por todos os tempos e em todos os níveis, uma máquina determinística absoluta. Isso não me convence.

*RV*: Está bem. E quanto ao segundo ponto, a ideia de que a física supostamente provou que o sujeito, de várias formas, cria seu objeto?

*Wilber*: Você está perguntando se eu concordo ou se Whitehead concorda?

*RV*: Comece por Whitehead.

*Wilber*: Ele discorda completamente. E lembre-se de que Whitehead estava perfeitamente ciente da moderna mecânica quântica.

*RV*: Ele negava a mecânica quântica?

*Wilber*: Não, ele negava, ou pelo menos recusava-se a adotar, algumas das interpretações filosóficas terrivelmente ingênuas da MQ, como a de que o objeto é criado, ou mesmo alterado, quando apreendido por um sujeito.

*RV*: Qual era a ideia dele?

*Wilber*: À medida que cada ocasião acontece, à medida que se torna sujeito, ela apreende seus ancestrais ou objetos causais e, portanto, é alterada pelos objetos ou formada por seu passado imediato. Mas o objeto não é alterado e, de fato, não pode ser alterado, por seu sujeito ou por ser apreendido, porque o objeto agora existe apenas no passado ou como passado, e você não pode alterar o passado apenas pensando nele ou apreendendo-o. Novamente, é como dizer que o que Colombo fez pode afetá-lo, mas o que você faz agora não afeta Colombo. O argumento de Whitehead foi que, uma vez que todos os eventos surgem e desaparecem em uma corrente de fluxo, mudança ou tempo, então, essencialmente, o mesmo se aplica durante os milissegundos envolvidos.

*RV*: Você concorda?

*Wilber*: Sim, totalmente. Essa é simplesmente outra maneira de dizer que o sujeito contém o objeto, mas o objeto não contém o sujeito, e é basicamente outra maneira de dizer que realmente existem relacionamentos não mútuos ou não equivalentes. A hierarquia é, obviamente, a versão forte desse fato.

*RV*: Portanto, você não concorda com as teorias *new age* que afirmam que o cérebro humano, como sujeito, cria o mundo objetivo que ele percebe?

*Wilber*: Na verdade, ele pode criar ordem em seu mundo de percepção ou no mundo material de ruídos, mas não cria o mundo em si.

*RV*: Se o criasse, haveria uma regressão infinita?

*Wilber*: Sim. Esse ponto pode ser estabelecido com mais facilidade – o cérebro humano não evoluiu até 6 milhões de anos atrás, mas o cosmos tem 13 bilhões de anos. Havia muitas coisas antes que os cérebros existissem. Quanto ao chamado participante-observador na física, ou a necessidade de o objeto ser percebido pela mente para colapsar seu vetor de estado, a grande maioria dos físicos – incluindo o clássico artigo de David Bohm, de 1975, que destruiu perfeitamente as alegações grosseiras de Jack Sarfatti sobre o assunto – acha a ideia desnecessária ou completamente ridícula. Mas muitos teorizadores *new age* pensam que devem acreditar na ideia, porque confundem os eventos que ocorrem no nível meramente físico com o Tao completo; eles creem que, como a Natureza de Buda, ou Deus, é una com todas as coisas no ato de percepção-criação, a mente humana deve tentar fazer o mesmo com elétrons.

*RV*: E sobre tópicos relacionados, como a hipótese de Whorf-Sapir, a ideia de que a linguagem, ou a mente, cria o mundo e que diferentes idiomas criam, de fato, mundos diferentes? Parece haver muito apoio para ela.

*Wilber*: Existe uma verdade parcial nela, mas é muito confusa, porque mais uma vez falhamos em explicar o que queremos dizer com a expressão "o mundo". Estamos nos referindo ao mundo físico, ao mundo biológico, ao mundo sociológico, a quê? Porque, veja bem, creio que a hipótese de Whorf-Sapir está completamente errada quanto às esferas física, biológica e submental em geral. Não creio que a mente linguística crie pedras e árvores, embora, obviamente, crie as palavras com as quais representamos essas entidades. Um diamante cortará um pedaço de vidro, independentemente das palavras que usarmos para "diamante", "corte" e "vidro".

*RV*: Portanto, mesmo se não houvesse mentes humanas, ainda existiriam entidades físicas e biológicas...

*Wilber*: Sim. Mais uma vez lembro o fato óbvio de que esses níveis antecederam o cérebro ou a mente humana em bilhões de anos.

*RV*: Então, em que a hipótese de Whorf-Sapir é correta?

*Wilber*: Os símbolos não criam as esferas material ou biológica – níveis 1 e 2 – mas criam literalmente as esferas mentais – nível 3 e partes do nível 4. Porém, não é que haja somente esses níveis mentais mais elevados e que os símbolos os reflitam. Os níveis mentais mais elevados *são* símbolos. Eles são *compostos* de símbolos da mesma maneira que uma árvore é composta de madeira. Portanto, observe que temos esses dois domínios gerais sob discussão – o mental e o submental – e que símbolos desempenham um papel diferente em relação a ambos. Eles basicamente *refletem* o mundo submental, mas ajudam a criar o mundo mental. No primeiro caso, eles essencialmente *representam*; no segundo, eles também *apresentam*. Por exemplo, o símbolo "pedra" representa uma pedra existente independentemente do símbolo. Livre-se do símbolo, e a pedra, ou o que quer que seja, continua lá. A linguagem não cria esse mundo. Mas entidades como inveja, orgulho, poesia, justiça, compaixão, objetivos, valores, virtudes existem apenas em, e como, um fluxo de símbolos. Tire os símbolos e essas entidades desaparecem. Altere os símbolos e você mudará o sentido dessas entidades. Idiomas diferentes fazem exatamente isso; e é aí que os conceitos whorfianos encontram alguma aplicabilidade.

*RV*: Ora, a diferença entre os símbolos que representam os domínios submentais e os símbolos que criam os domínios mentais não é a mesma que a diferença entre os modos empírico-analíticos e os modos histórico-hermenêuticos?

*Wilber*: Exatamente – a mesma coisa. E é por isso que as metodologias, os interesses, as estruturas e os processos de verificação são tão diferentes nos dois modos. Veja, se você está trabalhando com o modo empírico-analítico, está basicamente operando com o modelo "espelho" da verdade – o modelo que ficou famoso com os positivistas, tal como a obra inicial de Wittgenstein. As proposições são verdadeiras se refletem os fatos corretamente – esse tipo de coisa. Uma proposição empírica é verdadeira se espelhar, retratar ou representar, com mais ou menos precisão, o mundo sensorial. Isso é tudo que ela deveria ser. Esse modelo é bom para a verdade empírica [para detalhes, cf. cap. 2]. Mas quando se trata do mundo puramente mental ou fenomenológico, o simples espelho ou apenas o modelo reflexivo não funciona mais. Em certo sentido, você ainda está fazendo um trabalho reflexivo – você entende, ainda está propondo mapas e modelos teóricos, como discutimos anteriormente; mas não está mais usando símbolos para representar ocasiões não simbólicas. Você está usando símbolos para observar outros símbolos, um processo que *cria* novos mundos com novas possibilidades e novas verdades, e essas verdades não são empíricas ou meramente sensoriais; portanto, um simples modelo de espelho não funciona mais. Ou podemos colocar a analogia assim: com proposições empíricas, você está tentando espelhar os domínios inferiores em símbolos para melhor compreendê-los. Mas no mundo mental, em que os símbolos olham para símbolos, é como usar um espelho para refletir outro espelho que reflete o reflexo e assim por diante, em um círculo de significado que você e eu cocriamos sempre que conversamos. Esse é o círculo hermenêutico. O eu só tem consciência de si próprio assumindo o papel do outro – mas o mesmo se aplica igualmente ao outro. Então, aqui estamos nós, dois espelhos em discussão, cocriando um ao outro na troca comunicativa. E a maneira como você encontra seu caminho nesse mundo, nesse círculo hermenêutico, é radicalmente diferente de soltar pedras e ver se elas caem com a mesma velocidade no vácuo, certo? No empirismo, os símbolos que você usa para representar o mundo simplesmente representam, mais ou menos, o mundo. Mas no mundo mental e linguístico os símbolos que você usa para representar esse mundo também estão envolvidos na criação desse mundo, e há uma grande diferença.

*RV*: O que acontece se você ignora essa diferença?

*Wilber*: Os fenomenologistas tentam transformar todas as verdades empíricas em meras cocriações subjetivas. Você entende, a mente humana ajuda a cocriar o pó e assim por diante, semelhantemente à versão estendida da hipótese de Whorf-Sapir. Os empiristas, por outro lado, tentam reduzir o círculo hermenêutico a meras transações sensoriais. Como não conseguem encontrar nenhum referente sensorial, proclamam que a mente é uma caixa-preta. Recusam-se a tentar mapear o círculo hermenêutico e se contentam em monitorar contrações musculares, como disse Tolman. A filosofia degenera no positivismo, e a psicologia degenera no behaviorismo.

*RV*: Então, um paradigma global...

*Wilber*: Um paradigma global, na minha opinião, teria de incluir todos os modos de conhecimento que discutimos e todas as metodologias correlatas. Incluiria investigações sensoriais e hipóteses e testes empírico-analíticos. Incluiria investigações e interpretações hermenêutico-históricas, análises e sínteses conceituais. Incluiria cartografias mandálicas dos domínios superiores, embora paradoxais em alguns pontos, e incluiria um convite real para a prática contemplativa. Além disso, o paradigma global, sua simples existência, exigiria uma postura social evolucionária, uma política social voltada a ajudar os seres humanos a evoluir através dos estágios da existência. Isso envolveria tanto as tentativas de ajudar a transformação vertical para níveis mais elevados quanto as tentativas de esclarecer as distorções e opressões que ocorreram horizontalmente nos níveis já existentes. O vertical está conectado a interesses soteriológicos; o horizontal, a interesses normativos ou emancipatórios, como Habermas usa o termo.

*RV*: Isso não poderia nos levar à engenharia social "nós sabemos o que é melhor para você"?

*Wilber*: Não, porque nesse paradigma a transcendência não pode ser forçada. Existem apenas *participantes* em emancipação. Você só pode forçar a escravidão; você não pode forçar uma pessoa a ser livre.

*RV*: Parece-me que sua maior preocupação com os paradigmas holográficos ou *new age* em geral é que a maioria dessas questões de metodologia e epistemologia são negligenciadas ou ignoradas. A hierarquia, como você diz, entra em colapso.

*Wilber*: O que acontece é que, quando a hierarquia é colapsada, você perde todas essas distinções relativas. As diferentes metodologias – sensorial, empírico-analítica, mental etc. – entram em colapso. E os diferentes interesses dos investigadores humanos – tecnológicos, morais, emancipatórios, soteriológicos – todos entram em colapso. E começa a surgir todo tipo de outros problemas. Esse foi o problema com o paradigma holográfico original. Como ele tinha apenas dois níveis, o domínio de frequência precisava ser o mesmo que o domínio implicado, e as informações lidas tinham de ser o domínio explicado. E as estruturas dissipativas tinham de ser o elo entre o domínio de frequência e as informações desdobradas – e assim por diante. Mas então, Bohm afirmou que o nível implicado não era o último; havia um domínio "além dos dois". Isso dá três domínios. Recentemente, ele falou de vários níveis do domínio implicado, o que nos dá talvez seis níveis no total. Ora, isso está muito mais próximo da filosofia perene. Meu sentimento é que, assim que começar a descrever esses domínios com mais detalhes, ele acabará descrevendo a Grande Cadeia tradicional. Ele já está falando de "subtotalidades relativamente independentes" – bem similar à definição de domínio ou nível de Huston Smith para a filosofia perene.

*RV*: Em sua última entrevista para *ReVision*, ele tendeu a incluir matéria e pensamento em um único domínio...

*Wilber*: Bem, acho que isso faz parte do problema que ele pode ter herdado de Krishnamurti. Uma vez que Krishnamurti está tão interessado na Luz, ele quase se recusa a discutir as sombras. Por isso, ele tende a cometer o colapso da hierarquia e agrupar coisas como matéria e símbolo.

*RV*: Como, no final das contas, todas as sombras são ilusórias, ele pensa que são igualmente ilusórias...

*Wilber*: Sim, isso é um colapso da hierarquia. Penso que Bohm entrou nessa filosofia bastante vaga e, portanto, tendeu a incluir matéria, prana e mente como partes mais ou menos equivalentes da esfera explicada. Ele, então, teve de olhar para a esfera implicada como algo que existia mais ou menos igualmente ao longo ou subjacente a coisas materiais e pensamentos mentais. Desse modo, ele se desviou da visão tradicional, que diria que o que está implicado na matéria é simplesmente *élan* vital, prana, a força da vida.

*RV*: Então, prana é a ordem implícita na qual a matéria está inserida?

*Wilber*: Eu acho que essa afirmação, tradicionalmente, estaria correta. Mas isso não exclui a possibilidade de a matéria surgir de um mar de energia física. Esse me parece ser o significado original da implicação física de Bohm ou, pelo menos, do potencial quântico. O que quero dizer é que tanto a matéria quanto o mar de energia física cristalizam-se a partir do prana. Nesse sentido, o prana está implicado na matéria.

*RV*: E prana é o quê? Ou como a mente se relaciona com o prana?

*Wilber*: Prana está implicado na matéria, mas explicado na mente; a mente está implicada no prana, mas explicada na alma; a alma está implicada na mente, mas explicada no espírito; e o espírito é a fonte e quididade de toda a sequência. (Há que se ter muito cuidado com a terminologia aqui – você pode quase reverter a sequência das palavras, dependendo da sua definição de "implicado". Se com implicado você quer dizer envolto como em "envelopado", o prana envolve ou implica a matéria, ou a contém. Isso pode parecer trivial, mas já vi muitos escritores usarem o conceito de Bohm com sentido diametralmente oposto. Estou usando implicado para significar o campo mais amplo do qual o explicado emerge.) De qualquer forma, na minha opinião, já que Bohm originalmente não distinguiu sistematicamente matéria, prana e mente, ele começou a procurar horizontalmente dimensões ocultas de implicação, deixando de ver que esses três domínios já são dimensões verticais de implicação, um em relação ao outro. Entretanto, penso que ele está analisando cuidadosamente o seu esquema, mas teremos de esperar para ver.

*RV*: Uma última pergunta. Qualquer um que o conhece sabe que você prefere trabalhar em sua própria obra em vez de criticar as obras de outras pessoas. O que o afastou dessa postura?

*Wilber*: Bem, espalhou-se rapidamente a noção de que tudo o que você precisa fazer para ser um místico é aprender uma nova visão de mundo mental. Se você realmente pensa que pode incluir o Tao absoluto em um novo paradigma – e obter qualquer outra coisa que não seja uma massa de contradições e paradoxos – você promove a ideia de que basta aprender o novo paradigma, seja ele qual for, para realmente transcender – transcender de verdade. De fato, eu realmente ouvi essa afirmação. Isso é um desastre. Então, naturalmente, você tende a apresentar seu ponto de vista. O fato de que a transformação espiritual leva anos de prática meditativa ou contemplativa, que requer purificação moral e física, que necessita ou é ajudada pelo contato direto com um adepto vivo em realização divina, que se relaciona a uma abertura direta do olho da contemplação e nada tem a ver com o simples aprendizado de outro paradigma mental – tudo isso estava sendo deixado de fora. Você sabe, nós passamos por tudo isso com Alan Watts. Deus sabe que ninguém fez mais pelos estudos místicos, especialmente o Zen, do que Alan, e não conheço uma única pessoa da minha geração, interessada em transcendência, que não tenha sido tocada profundamente por esse homem. Ninguém conseguiria escrever como Watts, ninguém. Mas eram apenas palavras. Somente no final de sua vida foi que ele começou a admitir secretamente que o cerne do Zen é, na verdade, o *zazen*. Mas a essa altura, a maioria das pessoas que começou com Alan estava com Suzuki Roshi ou Sazaki ou Soen ou Katagiri – isto é, elas estavam realmente praticando, realmente trabalhando sua transformação espiritual. Isso não é Zen Quadrado, como Alan finalmente admitiu. Assim, a única boa função de um livro sobre Zen deve ser persuadir o leitor a se envolver no *zazen* e incentivar os que já o praticam a continuar e aprofundar seus esforços. Do mesmo modo, o único objetivo importante de um livro sobre misticismo deve ser persuadir o leitor a se engajar na prática mística. É exatamente como um livro de receitas: você dá a receita, convida o leitor a executá-la e depois provar o resultado. Você não deve meramente aprender as receitas, memorizá-las e depois afirmar que é um cozinheiro. Mas é precisamente isso que muitos – não todos – proponentes do novo paradigma têm em mente. Como o próprio Watts diria, é como comer o cardápio em vez da refeição. O novo paradigma é apenas um novo cardápio, mas ninguém fala sobre a refeição, e isso é lamentável, você não acha?

# 7
# A falácia pré/trans

Vimos que um dos maiores obstáculos ao surgimento de um paradigma verdadeiramente abrangente ou integral é a tentativa de basear-se em apenas um dos vários modos de conhecimento disponíveis para a alma – uma tentativa conhecida como *erro de categoria*. Pois, agora, parece certo que, até que o espectro completo do conhecimento seja reconhecido, o espectro completo do ser – a visão de mundo abrangente – permanecerá igualmente oculto, obscurecido, ilusório.

Mas há outro obstáculo ao surgimento de uma visão de mundo abrangente e, diga-se de passagem, ele é o mais fascinante de todos. Em suas várias formas, esse obstáculo, essa falácia, infectou psicólogos de Freud a Jung, filósofos de Bergson a Nietzsche, sociólogos de Lévy-Bruhl a Auguste Comte; ele se esconde igualmente por trás das visões de mundo mitológicas e românticas, bem como por trás das visões racionais e científicas; existe até hoje tanto nas tentativas de defender o misticismo quanto nas tentativas de negá-lo. Até que esse obstáculo seja superado, até que essa importante falácia seja exposta, acredito que uma visão de mundo verdadeiramente abrangente continuará definitivamente nos escapando. Chamamos esse obstáculo de "falácia pré/trans"; este capítulo é uma tentativa de desvendá-lo.

A essência da falácia pré/trans é bem fácil de ser formulada. Começamos simplesmente *assumindo* que os seres humanos realmente têm acesso a três domínios gerais de ser e de conhecer – o sensorial, o mental e o espiritual. Esses três domínios podem ser apresentados de várias maneiras diferentes: subconsciente, autoconsciente e superconsciente; ou pré-racional, racional e transracional; ou pré-pessoal, pessoal e transpessoal. A questão, basicamente, é que, por exemplo, já que pré-racional e transracional são ambos, a seu modo, não racionais, então eles parecem bastante semelhantes, ou mesmo idênticos, aos olhos não treinados. Uma vez que essa confusão ocorra – a confusão entre "pré" e "trans" – uma de duas coisas ocorre inevitavelmente: os domínios transracionais são *reduzidos* ao *status* pré-racional ou os domínios pré-racionais são *elevados* à glória transracional. De qualquer modo, uma visão de mundo completa e global é dividida e dobrada no meio, com metade do mundo real ("pré" ou "trans") sendo profundamente maltratada e malcompreendida. E é *esse* mal-entendido que nos interessará neste capítulo.

## A natureza geral da falácia pré/trans

O conceito da falácia pré/trans – vamos chamá-la "FPT" para facilitar – advém tanto da filosofia do desenvolvimento, que é representada mais efetivamente por Hegel no Ocidente e Aurobindo no Oriente, quanto da psicologia do desenvolvimento, que é sintetizada por Baldwin e Piaget no Ocidente e pelo *Yoga Kundalini* no Oriente. Essa visão desenvolvimental-evolucionária sustenta que no *mundo de maya* todas as coisas existem no tempo; como o mundo do tempo é o mundo do fluxo, todas as coisas do mundo estão em constante mutação; mutação implica algum tipo de diferença de estado para estado, isto é, algum tipo de *desenvolvimento*; assim, todas as coisas neste mundo só podem ser concebidas como algo que se desenvolveu. O desenvolvimento pode ser para frente, para trás ou estacionário, mas ele nunca está totalmente ausente. Em resumo, *todos os fenômenos se desenvolvem*, e, assim, a fenomenologia verdadeira é sempre evolucionária, dinâmica ou desenvolvimental – esse foi, por exemplo, o legado da obra *Fenomenologia do espírito*, de Hegel.

De acordo com esse ponto de vista, qualquer fenômeno dado existe em, e como, uma corrente de desenvolvimento, e uma das melhores formas de entender a natureza do fenômeno é tentar reconstruir seu desenvolvimento – reconstituir sua história, mapear sua evolução, descobrir seu *contexto*, não só no espaço, mas também no tempo. Esse ponto é crucial em si mesmo, e retornaremos a ele diversas vezes. Mas, por enquanto, vamos seguir diretamente para o próximo ponto: se tentarmos visualizar o mundo em geral nesses termos desenvolvimentais, ele aparenta estar evoluindo em uma direção definida, isto é, em direção a níveis superiores de organização estrutural, maior holismo, integração, senso de percepção, consciência etc. Realmente, uma breve análise dos dados evolucionários até os dias de hoje – da matéria para as plantas, para os animais inferiores, para os mamíferos, para os seres humanos – revela um crescimento pronunciado rumo a uma maior complexidade e conscientização.

Muitos filósofos e psicólogos, deparando-se com esse fluxo evolucionário, concluíram que não só os fenômenos podem ser mais bem-entendidos como algo que se desenvolveu, mas também que o desenvolvimento em si mesmo está convergindo para o númeno. Todos estamos familiarizados com a concepção evolucionária do ponto ômega de Teillard de Chardin e com a tendência evolucionária para a supermente de Aurobindo, mas o mesmo conceito foi sustentado no Ocidente por filósofos como Aristóteles e Hegel. Hegel, por exemplo, afirmou que "O Absoluto é o Espírito [em] processo do seu próprio devir, o círculo que pressupõe seu fim como seu propósito e que tem seu fim no seu começo. Ele se torna concreto ou real somente pelo seu desenvolvimento..."[31]. O "fim" de que Hegel fala é similar à supermente e ao ponto ômega – é um estado de "conhecimento absoluto" no qual "O Espírito conhece a si mesmo na forma de Espírito".

Assim, a história (evolução) era, para Hegel, como também para a filosofia perene em geral, o processo de autorrealização do Espírito. Significativamente, ele sustentou que esse processo de desenvolvimento ocorre em três estágios principais: começa com a natureza, o domínio inferior – o domínio da matéria e das sensações e percepções corpóreas simples. Denominaremos esse domínio *pré-pessoal* ou *subconsciente*. Hegel fala costumeiramente da natureza subconsciente (i. é, do domínio pré-pessoal) como uma "queda" (*Abfall*) – mas não que a natureza esteja contra o *Espírito* ou divorciada do *Espírito*. Ao contrário, a natureza é simplesmente o "*Espírito* adormecido", ou "Deus em uma de suas formas". Mais especificamente, a natureza é o "*Espírito* autoalienado", ou a forma *inferior* do Espírito em seu retorno *ao* Espírito.

Na segunda fase do retorno do Espírito ao Espírito, ou da superação da autoalienação, o desenvolvimento se move da natureza (pré-pessoal) para o que Hegel chama de estágio autoconsciente. Esse é o estágio típico da percepção "egoica" ou mental – o domínio que denominaremos pessoal, mental e autoconsciente.

Finalmente, de acordo com Hegel, o desenvolvimento culmina no Absoluto, ou no Espírito descobrindo o Espírito como Espírito, um estágio/nível que chamaremos de transpessoal ou superconsciente.

Observemos, então, a sequência completa do desenvolvimento: da natureza para a humanidade, para a divindade; do subconsciente para o autoconsciente, para o superconsciente; do pré-pessoal para o pessoal, para o transpessoal. Isso está representado na Figura 1. Exatamente esses três principais estágios podem ser encontrados em Berdyaev e Aurobindo, e Baldwin aproxima-se muito deles com sua noção de pré-lógico, lógico e hiperlógico. Assim, essa concepção tem uma base extremamente abrangente.

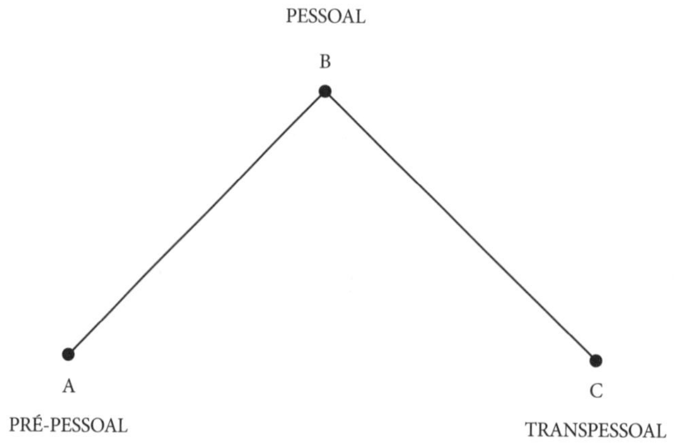


Figura 1

Necessitamos somente de mais uma ferramenta teórica. Se o movimento do inferior para o superior é evolução, então, o contrário, o movimento do superior para o inferior, é *involução* (*cf.* Fig. 2). A natureza torna-se uma "queda" ou "Deus adormecido" ou "Espírito autoalienado" por meio do processo anterior de involução, ou de descensão e "perda" do superior no inferior. Chame isso de *Big Bang*, quando a matéria – o domínio inferior – passou a existir a partir do vazio (*shunyata*).

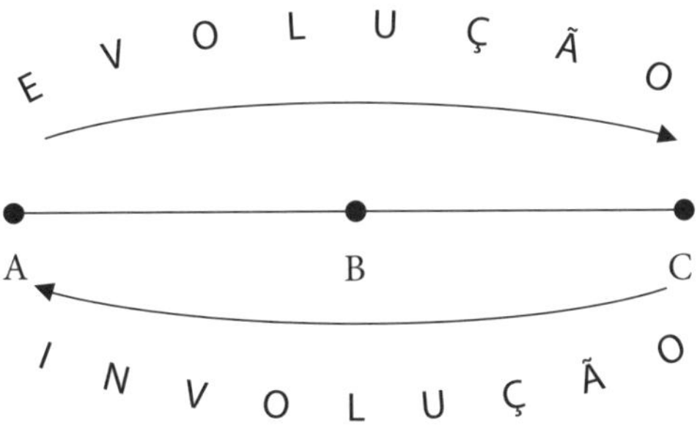


Figura 2

A evolução é a reversão subsequente à *Abfall*, o retorno do Espírito ao Espírito via desenvolvimento. Aurobindo escreveu extensivamente sobre esse tema, e não posso fazer nada mais do que recomendar seus textos. Entretanto, deve-se ressaltar que pode-se considerar a involução simbólica e metaforicamente, ou pode-se considerá-la literal ou metafisicamente, mas em nenhum caso ela deve ser confundida com qualquer movimento ou sequência de movimentos na *evolução*. Isso seria o mesmo que confundir crescimento com concepção. De qualquer modo, mesmo que rejeitemos totalmente as noções cosmológicas de involução de Hegel e Aurobindo, poderemos, certamente, falar de involução no sentido geral do movimento do superior para o inferior – nesse sentido, ela é simplesmente o fenômeno de regressão. Qualquer uma dessas interpretações será suficiente para este capítulo.

Retornemos agora ao processo global da *evolução*, ou crescimento e desenvolvimento em geral; aqui, é onde a FPT aparece (apresentarei, inicialmente, uma versão simplificada e a refinarei posteriormente).

Como o desenvolvimento se dá do pré-pessoal para o pessoal, para o transpessoal, e como tanto o pré-pessoal quanto o transpessoal são, cada um a seu modo, não pessoais, então pré-pessoal e transpessoal tendem a parecer similares, até mesmo idênticos, para o observador despreparado. Em outras palavras, as pessoas tendem a confundir as dimensões pré-pessoal e transpessoal – e aí está o cerne da FPT.

Essa falácia se apresenta sob duas formas principais: a redução do transpessoal ao pré-pessoal, que chamaremos de FPT-1, e a elevação do pré-pessoal ao transpessoal, ou FPT-2. Voltando à Figura 1, o ponto é que se a diferença sutil, porém drástica, entre A e C não for entendida, as duas extremidades do mapa de desenvolvimento de uma pessoa são colapsadas uma na outra. Na FPT-1, C é colapsado ou *reduzido* a A (e, então, C deixa de existir) – Figura 3. Na FPT-2, A é colapsado ou *elevado* a C (e, então, A deixa de existir) – Figura 4. Em vez de duas pernas para o desenvolvimento, passamos a ter um eixo único.

A Visão de Mundo da FPT-1

(VM-1)

Figura 3

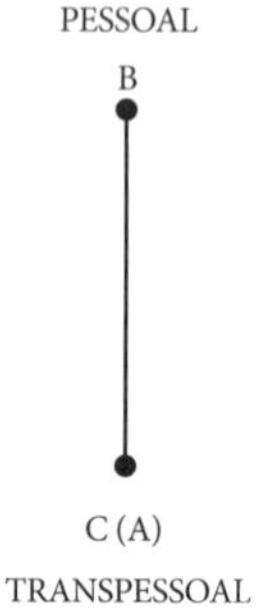

A Visão de Mundo da FPT-2

(VM-2)

Figura 4

Esse colapso cria instantaneamente duas visões de mundo opostas. Como o mundo real continua contendo A, B e C, a FPT-1 e a FPT-2 ainda abrangerão o espectro completo da existência, mas ambas, necessariamente, interpretarão o mundo à luz de suas respectivas deficiências. Assim, em relação às duas formas de FPT, foram geradas duas visões de mundo gerais – *reducionismo* e *elevacionismo* – precisamente como mostrado nas figuras 3 e 4.

Ora, ambas as visões de mundo reconhecem o domínio pessoal e, ainda mais, em ambas, o desenvolvimento é entendido como tendo *culminado* no domínio pessoal (isto porque o domínio pessoal é o ponto pivotante B, o único ponto que as duas visões têm em comum). A partir daí, elas divergem drasticamente, mas suas características podem ser inferidas com impressionante exatidão das figuras 3 e 4, respectivamente.

A visão de mundo 1 (VM-1) vê o desenvolvimento movendo-se de uma fonte pré-pessoal na natureza, através de uma série de avanços intermediários, até culminar no "ponto alto" da evolução: a racionalidade humana. Ela não reconhece fonte ou objetivo superiores de desenvolvimento e, veementemente, nega a necessidade de se mencionar esses supostos níveis "superiores". O homem é um ser racional, e a racionalidade é tudo que é necessário para compreender e ordenar o cosmos. Isso se parece muito com a ciência ortodoxa.

Por outro lado, a visão de mundo 2 (VM-2) vê o desenvolvimento movendo-se *a partir de* uma fonte espiritual ("no céu") até culminar em um "ponto inferior" de alienação: uma humanidade pecadora ou um ego individual e pessoal. A História, então, passa a ser a história de uma queda, não um movimento ascendente, e a humanidade (ou o ego pessoal) está no *limite* dessa queda, exatamente como mostrado na Figura 4. Isso se parece muito com a religião ortodoxa.

Ora, a parte difícil e intrincada é que, embora a falácia pré/trans em si seja um erro, as duas visões de mundo geradas pelas duas FPTs são metade verdadeiras e metade falaciosas – e *isto* é que dificulta o juízo sobre seus méritos relativos. Elas são verdadeiras quando tratam das metades do desenvolvimento que não exaltaram ou reduziram, e falaciosas quando tratam da metade que distorceram. Sendo mais específico:

Basicamente, podemos visualizar o desenvolvimento global em termos de: (1) sua natureza ou seus componentes – o que envolve aspectos pré-pessoais, pessoais e transpessoais – e (2) seu direcionamento, o que exige algum tipo de entendimento (implícito ou explícito) de evolução e involução. Assim, devemos esperar que cada uma dessas importantes, porém parciais, visões de mundo digam algo verdadeiro e falso sobre a natureza e o direcionamento do desenvolvimento. Isto é, cada uma dessas visões de mundo contém *duas* importantes verdades e *dois* grandes erros. Mais especificamente, reportando-nos à natureza e à direção: VM-1 está correta ao afirmar que: (1) possuímos um componente pré-pessoal, irracional e subconsciente, que realmente precede o pessoal e o racional na evolução, e (2) a direção da evolução real ou histórica é efetivamente do inferior para o superior. Ela está errada quando: (1) nega a existência de um componente transpessoal, e (2) nega que deva haver um movimento real de descensão do *Espírito*, uma *Abfall* involucionária a partir da união com, e como, a Divindade.

VM-2 está correta ao afirmar que (1) existe um componente transpessoal no cosmos e (2) há certo sentido em dizer que estamos todos "em pecado", ou vivendo alienados e separados de uma suprema identidade com o Espírito. Entretanto, está errada ao afirmar que (1) o ego individual, ou personalidade racional pensante, é o ápice da alienação do Espírito, e ao sustentar que (2) um Éden genuíno *precedeu* o ego em *evolução*.

Esses dois últimos pontos talvez mereçam um esclarecimento. VM-2 sustenta, de forma monolítica, que o ego racional é o ápice da alienação do Espírito e que, desse modo, a *evolução* antes do ego era um Jardim do Éden livre do pecado original. Portanto, correlatamente, o surgimento do ego (Adão) é, em termos práticos, sinônimo do surgimento do pecado original.

Porém, essa é simplesmente a visão de mundo da FPT-2. De fato, como Hegel e Aurobindo demonstraram, a *alienação original*, ou o ápice da alienação, começa com a natureza material. A natureza, ou o mundo pré-pessoal, já é o Espírito autoalienado, sem qualquer participação do ego; e mais, a natureza é o *maior* ponto de alienação do Espírito. VM-2 perde esse detalhe crucial, porque ela só percebe claramente o movimento de C para B e não capta a existência da perna B para A, que constitui o verdadeiro limite de separação espiritual. O ego (B) é simplesmente a primeira estrutura suficientemente desenvolvida para *reconhecer* autoconscientemente que o mundo já é um decaimento do *Espírito*. O que aconteceu no Jardim do Éden histórico há algumas centenas de milhares de anos não foi a incitação do pecado original (ou separação original do *Espírito*), mas a apreensão original de uma separação original já ocorrida. O fato de que, agora, o ego pode *escolher* entre seguir em direção ao Espírito ou negá-lo, simplesmente reforça a ilusão de que a existência do ego, sozinha, é a incitadora de toda a alienação do cosmos.

Em outras palavras, VM-2 confunde a queda verdadeira, que ocorre na involução, com uma suposta queda que teria ocorrido na evolução. E é forçada a agir dessa maneira simplesmente porque só reconhece claramente o eixo entre B e C e, desse modo, falha em reconhecer precisamente a queda *prévia* para o ponto mais baixo A. Assim, a aparência é que, com o surgimento evolutivo do ego, o Espírito atinge o zênite da alienação, quando, de fato, com o surgimento do ego, o Espírito está a meio-caminho de volta para casa: ele saiu da subconsciência pré-pessoal da natureza para a autoconsciência pessoal do Espírito. O fato de que o ego, na metade do caminho de volta ao Espírito, é a primeira estrutura suficientemente inteligente para *perceber* o estado decaído de existência, faz parecer, incorretamente, que ele foi a causa da doença, quando, na realidade, está a meio-caminho da cura.

Assim, o ego é, certamente, parte do mundo decaído ou alienado, e como primeiro reconhecedor dessa alienação, sofre duplamente. Esse novo sofrimento faz com que o ego pense que, já que ele não sofria no passado, a situação anterior deveria ser uma bênção transpessoal, quando, na verdade, foi apenas uma ignorância pré-pessoal. A Natureza está adormecida no pecado, e Deus está acordado sem pecado – mas os seres humanos estão no meio: acordados *com* pecado. Ou: a Natureza é a imperfeição inconsciente, Deus é a perfeição consciente, mas a pobre humanidade é a imperfeição consciente. Ora, os seres humanos podem agir "pecaminosamente" escolhendo ir contra o Espírito, ou podem agir "moralmente" escolhendo o Espírito, mas essa escolha, apesar de crucial, ainda repousa em um mar de alienações anteriores. Não é por escolher erradamente que as mulheres e homens geram alienação; mas sim, por escolher corretamente, que ajudam a superá-la.

A falha em captar esse ponto não só desvaloriza o lugar do ego, como também eleva e romantiza a natureza. Em vez de a natureza ser vista como imperfeição inconsciente, ela é vista como perfeição inconsciente, como se fosse possível a perfeição fora da realização do Eu Superior. Assim, os estágios iniciais da evolução – pré-pessoais, subumanos, subconscientes – parecem constituir-se em algum tipo de céu transpessoal, quando nada mais são do que forças físicas e impulsos animais.

Desse modo, nasceram os mitos do Éden, que, infelizmente, não foram considerados uma alegoria de uma queda prévia constituindo a involução, mas sim, como uma história literal do que aconteceu na *evolução* recente da Terra. Naturalmente, os cientistas, que estão corretos ao considerar a perna A-B do processo evolutivo, afirmaram, com satisfação, que quem precedeu os seres humanos não foram anjos e sim macacos, enquanto a maioria das religiões ortodoxas iniciou uma longa série de retiradas indignas e apologias ridículas, tentando impor a aceitação da metade *errada* da sua, em outros aspectos aceitável, visão de mundo, como questão de fé absoluta.

Ora, essa é uma introdução geral e simples à FPT e suas duas formas básicas de visões de mundo. No restante do capítulo, examinaremos como essas duas formas de FPT apareceram, e continuam aparecendo, nas teorias psicológicas, antropológicas e sociológicas. Mas quero deixar muito claro o que pretendo atingir, e o que não pretendo, com a discussão a seguir. Como esta é uma apresentação introdutória, normalmente darei um (ou ocasionalmente dois) exemplos *gerais* de cada FPT que discutiremos, evitando, sempre que possível, detalhes técnicos. Isso não significa que eles sejam os únicos exemplos, ou os mais significativos, mas apenas que são os mais adequados à nossa discussão. O fato de que um teorizador particular seja mencionado explicitamente como seguindo uma FPT em uma determinada circunstância não significa necessariamente que ela ou ele cometa a falácia em todas as outras circunstâncias. Além disso, não pretendo inferir que várias teorias sempre se enquadrem em uma ou outra dessas duas visões de mundo (embora isso ocorra frequentemente) – há algumas variações menores dessa falácia, com combinações e misturas ocasionais entre suas duas formas. Finalmente, muitos teorizadores importantes evitam completamente, ou ao menos quase totalmente, o colapso da FPT. Além dos já mencionados Aurobindo, Baldwin, Hegel e Berdyaev, gostaria de incluir Maslow e Assagioli entre os muitos teorizadores transpessoais que, na minha opinião, não cometem falácias pré/trans significativas. Meu principal objetivo é, simplesmente, usar diferentes exemplos para sugerir como a falácia pré/trans pode estar por trás de várias teorias, pessoais e transpessoais, e como poderemos começar a reparar seus desbalanceamentos.

## Exemplos de FPT em teorias psicológicas

Em *The Atman Project*, considerei cerca de doze variáveis e descrevi como o desenvolvimento psicológico humano se move pelos três domínios gerais, no que concerne a cada variável. Essas variáveis incluíam tempo, espaço, lógica abstrata, ego, autocontrole, socialização, moralidade convencional, diferenciação sujeito/objeto, noção de unidade ou totalidade, mentalidade verbal, clareza de percepção, angústia/culpa, terror da morte. O ponto era que, em geral, o desenvolvimento tende a se dar, por exemplo, dos modos pré-lógico para o lógico para o translógico (cf. Baldwin); da moralidade pré-convencional para a convencional para a pós-convencional (cf. Kohlberg); da diferenciação pré-sujeito/objeto para a diferenciação sujeito/objeto, para a diferenciação transujeito/objeto; do id pré-egoico para o ego pessoal para o espírito transpessoal e assim por diante com todas as variáveis.

A conclusão foi que, a não ser que fique perfeitamente entendido como a pré-temporalidade se diferencia da transtemporalidade, como a impulsividade pré-egoica se diferencia da espontaneidade transegoica, como a ignorância pré-pessoal difere da inocência transpessoal, como o impulso pré-verbal difere do *insight* transverbal, como a fusão pré-pessoal diferencia-se da união transpessoal, e assim por diante para cada variável concebível, a FPT entra em ação por meio de uma de suas duas formas conhecidas.

No que diz respeito ao desenvolvimento psicológico humano, os dois maiores exemplos da FPT-1 e FPT-2 são, respectivamente, Freud e Jung (embora, como veremos, eles não esgotem o campo). Freud reconheceu corretamente o id pré-pessoal (A) e o ego pessoal (B), mas reduziu todas as experiências espirituais e transpessoais (C) ao nível pré-pessoal; *insights* transtemporais são explicados como impulsos pré-temporais do id; o *samadhi* transujeito/objeto é visto como uma regressão ao narcisismo pré-sujeito/objeto; a união transpessoal é interpretada como fusão pré-pessoal. Freud segue a VM-1 (Figura 3) em todos os aspectos. Obviamente, a VM-1 não está confinada a Freud. Ela se encontra na padronizada e inquestionável ortodoxia ocidental – em Piaget, Sullivan, Adler, Arieti.

Na minha opinião, Jung erra consistentemente na direção oposta. Ele reconhece corretamente, e de maneira muito explícita, a dimensão transpessoal ou numênica, mas, amiúde, a funde ou a confunde com estruturas pré-pessoais. Para Jung, só há dois importantes domínios: o pessoal e o coletivo – e, como Assagioli ressaltou, Jung tende a obscurecer as vastas e profundas diferenças entre o inconsciente coletivo *inferior* e o inconsciente coletivo *superior*; isto é, os domínios do coletivo pré-pessoal e do coletivo transpessoal. Assim, não só Jung, ocasionalmente, acaba glorificando certas formas míticas infantis de pensamento, como também, frequentemente, dá um tratamento regressivo ao *Espírito*. Desse modo, ele e seus seguidores tendem a reconhecer somente dois domínios principais – o ego e o Self – e o desenvolvimento humano é visto como ocorrendo ao longo do eixo ego-Self, que é desenhado precisamente como na Figura 4, com o Self na parte inferior e o ego no topo. Isso é pura VM-2 e, como veremos, ela é geralmente aceita por muitos psicólogos transpessoais, mesmo aqueles que rejeitam Jung.

Aliás, os junguianos reconhecem que o desenvolvimento ocorre em duas principais fases: o desenvolvimento e depois a transcendência do ego. Até aí, tudo bem. Entretanto, como trabalham mais ou menos com apenas uma única perna *real* do desenvolvimento (B-C), são forçados a considerar que esse eixo simples tem uma dupla função. Em vez de perceber o desenvolvimento como indo de A para B para C, eles o veem como indo de C para B e, depois, *de volta* para C. Não do inconsciente pré-pessoal para o pessoal, para o transpessoal. Não do pré-ego para o ego, para o Self transegoico, mas do Self para o ego, e de volta ao Self. Em vez da Figura 1, têm em mente a Figura 5 que, por conveniência, representam exatamente como a Figura 4. (O fato de a Fig. 5 possuir duas pernas não esconde sua essência de FPT-2.)

Nesses tipos de teorias, o domínio pré-pessoal, *como* domínio pré-pessoal, parece ser deixado de lado. Entretanto, o que realmente ocorre, por trás dos cenários teóricos, é simplesmente que o domínio pré-pessoal é elevado ao *status* de quase transpessoal. Entre diversos outros resultados (que investigaremos a seguir), ele pode parecer, subsequentemente, como um tipo infantil de Jardim do Éden psicológico. Todos concordamos que a infância está livre de certas ansiedades conceituais, mas essa "liberdade" não é devida, na minha opinião, à proteção transpessoal, e sim à ignorância pré-pessoal, um ponto em que Maslow se mostrou igualmente insistente.

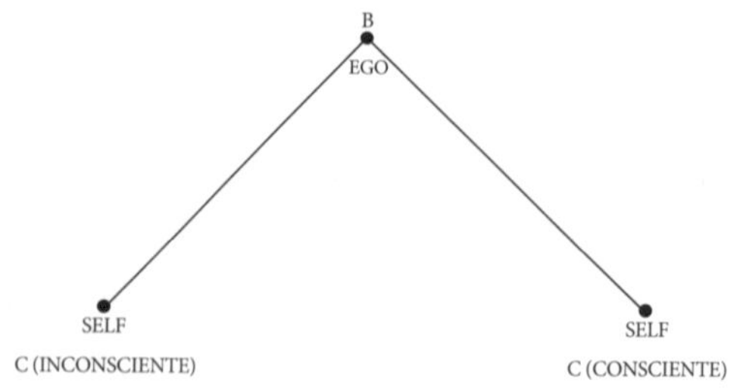


Figura 5

Com efeito, essas teorias postulam um tipo de inversão de rota tipo U bem no meio do caminho do desenvolvimento – um simples e previsível resultado da FPT-2. Mas essa inversão parece também ser reforçada pelo seguinte equívoco relacionado. Em vez de ver que a involução vai de C para B para A, e a evolução vai de A para B para C (Fig. 2), considera-se A para B como involução (ou o movimento de "maior" alienação – chamado "alienação do Self" na teoria junguiana) e B para C como o "único" movimento de evolução. Consequentemente, elas omitem ou negam que A para B é a *primeira* parte da evolução, e que, à medida que a involução ou alienação acontecem, é A, e não B, que está mais distanciado do Self (ou do Espírito). Assim, na genuína VM-2, o ego-mente aparece, erroneamente, como o ponto mais elevado de alienação, e não como o ponto mais elevado do reconhecimento autoconsciente de uma alienação já ocorrida e o ponto médio de *retorno* ao Self, ou de superação dessa alienação.

Na minha opinião, além de Jung e seus seguidores, essa FPT-2 e sua visão de mundo são encontradas, embora em diferentes formas exteriores e em diversos graus, em um grande (mas certamente não total) número de psicólogos transpessoais, nas obras imensamente influentes de Norman O. Brown, em *The Unsconcious as Infinite Sets* de Matte Blanco, em meus primeiros livros, *The Spectrum of Consciousness* e (em menor grau) *No Boundary*[20], em Welwood, Alan Watts, aspectos de Bergson, Wordsworth e em praticamente todos os psicólogos e filósofos românticos. Como se entende que o Espírito está além do ego, mas como os domínios não egoicos não são claramente diferenciados em pré-egoico e transegoico, o resultado é uma desvalorização generalizada do ego e/ou elevação do pré-ego. Talvez seja necessário nos lembrarmos, como explica Meher Baba:

> A consciência humana não passaria de um repositório das impressões acumuladas de variadas experiências, se não contivesse também o princípio da *integração centrada no ego*. O processo [que é ego] implica capacidade de manter diferentes experiências juntas como partes de uma unidade e capacidade de avaliá-las por relações mútuas. A integração dos opostos da experiência é uma condição da emancipação da consciência do poder das compulsões e repulsões

20 Respectivamente, *O espectro da consciência* e *A consciência sem fronteiras* nas edições brasileiras [N.T.].

> [pré-pessoais] que tendem a dominá-la: e *as primeiras tentativas de garantir essa integração são através da formação do ego.*
> O papel desempenhado pelo ego na vida humana pode ser comparado à função do lastro em um navio. O lastro evita que o navio oscile muito; sem ele, é provável que o navio fique muito leve e instável e corra o risco de emborcar. A energia psíquica seria contida nos labirintos da experiência dual e seria desperdiçada se não houvesse nenhum núcleo provisório para unir as tendências ativas nascidas dos instintos relativamente independentes herdados da consciência animal [pré-pessoal]. A formação do ego serve ao propósito de dar uma certa estabilidade aos processos conscientes e assegura um equilíbrio operacional que contribui para a vida organizada[69].

Portanto, conclui Baba, "seria um erro imaginar que, como o ego surge apenas para desaparecer, ele não satisfaça nenhuma necessidade na longa jornada da alma. Embora o ego não seja permanente, pois pode ser transcendido e superado pelo esforço espiritual [perna B a C], a fase da formação do ego [A a B] deve ser considerada necessária por enquanto".

O equívoco da FPT-2, que desvaloriza o ego e eleva o pré-ego, toma proporções alarmantes quando desemboca em algumas formas (certamente, não todas) de psicoterapias "*avant-garde*" ou de "potencial humano" ou "humanísticas/transpessoais". Colocado de maneira simples, o problema é que muitas pessoas, talvez a maioria, que procuram ou necessitam de terapia, estão sofrendo em grande parte de fixações, dissociações e obsessões *pré-pessoais*, e não têm a força do ego para transcender essas raivas, impulsos e tendências subumanas que ameaçam sua própria existência. Tratando-se com terapeutas que sigam puramente a VM-2, elas são convidadas a "desapegar-se" da estrutura de conceitualização e integração egoicas, que elas necessitam criar e fortalecer desesperadamente. Esses terapeutas negligenciam o fato fundamental de que, ao desvalorizar os domínios do ego e valorizar os do pré-ego – tais como corpo, impressões, impulsos, sensações, imediatismo experiencial – *chacras 1-3* – estão, na verdade, defendendo domínios que são mais egocêntricos e narcisísticos do que o ego, domínios esses que (se não forem transcendidos) constituem grande parte do problema que eles procuram resolver.

Há uma passagem maravilhosa em *Franny e Zooey*, de Salinger, que resume essa questão. Franny, sentindo-se profundamente atraída pelas práticas contemplativas (transpessoais e místicas), decide que toda a miséria do mundo, em essência, é culpa do ego, e que o ego, consequentemente, deve desaparecer. Alguém comenta sarcasticamente, mas com fidelidade, seu ponto de vista: "Tudo é ego, ego, ego e a única coisa inteligente que uma garota pode fazer é andar por aí ... e implorar a Deus por uma pequena experiência mística que a torne simpática e feliz". Finalmente, Zooey reage: "Você continua falando sobre ego. Meu Deus, caberia ao próprio Cristo decidir o que é ego e o que não é. [...] Mas não fique bradando sobre egos em geral. Na minha opinião, se você realmente quer saber, metade da maldade do mundo é despertada por pessoas que não estão usando seus verdadeiros egos. Considere seu Professor Tupper. Pelo que você conta sobre ele, eu apostaria que essa coisa que ele está usando, essa coisa que você acha que é o ego dele, não é absolutamente o ego dele, mas outra faculdade muito mais suja e muito menos *básica*".

Baldwin, que habilmente evitou a FPT, elegantemente ressaltou que, no estágio mais elevado do crescimento (B a C), "a consciência consegue libertar-se da lógica da mesma forma como antes [A a B] ela se esforçou para proteger a emancipação proveniente da lógica". O ponto, claro, é que alguém pode realmente se libertar da lógica do ego, mas, se e somente se, *em primeiro lugar*, franquear, liberar e estabelecer a lógica do ego. A maioria, a grande maioria, de problemas patológicos comuns deriva de um insucesso no desenvolvimento, que impede a mudança consciente de modos autocentrados, infantis e pré-pessoais para estruturas do ego racionais, integrativas e conscienciosas. A maioria dos neuróticos sofre não por falta de transcendência do ego, mas pela falta anterior de estima pelo ego, e a terapia deve ser, antes de tudo, a *facilitadora da forte estima pelo ego* para depois – mas somente depois – ser a facilitadora da transcendência do ego.

Na minha opinião, a psicologia junguiana evita tais problemas terapêuticos, se não teóricos, da VM-2 simplesmente porque enfatiza que primeiro deve-se fortalecer o ego para *depois* transcendê-lo. Entretanto, esse é o *insight* crucial que está faltando em muitas terapias de potencial humano, aquelas que, considerando que o ego é o ápice da patologia da alienação, acabam por fortalecer os modos que são a verdadeira causa do problema, enquanto denigrem a única estrutura capaz de solucioná-los.

## FPT em sociologia e antropologia

Em *Up from Eden*, estendi e esclareci a discussão sobre FPT (em modos que examinaremos em breve) e tentei indicar algumas das maneiras pelas quais ambas as formas de FPT parecem ter contaminado teorias sociológicas e antropológicas.

Já mencionamos brevemente as duas formas, conforme aparecem nas teorias antropológicas. VM-1 concebe a base da teoria evolucionária geral darwiniana que, corretamente, vê a evolução se movendo do inferior para o superior, e nos lembra, como Darwin disse, que "o homem ainda tem em sua estrutura corporal o selo indelével de sua origem humilde". Mas a rigorosa teoria da seleção natural, uma genuína VM-1, sofre por não reconhecer o papel desempenhado pelo Espírito na evolução. Consequentemente, tenta derivar o mais alto *a partir do* mais baixo, em vez de derivá-lo do Espírito, e se recusa a aceitar estágios *mais elevados* de evolução. A antropologia ocidental ortodoxa padrão é, obviamente, VM-1.

Ela tem como imagem oposta ou especular o *corpus* do Éden – o Éden interpretado como evolução literal em vez de involução prévia. Desse ângulo da VM-2, o Éden é visto, não como um estado de ignorância e imersão pré-pessoal na natureza autoalienada, mas como algum tipo de céu transpessoal genuíno na Terra. A necessária ascensão do ego autoconsciente é, então, interpretada erroneamente como uma queda de um estado celestial e espiritual, quando, na verdade, é simplesmente um ponto inquieto no meio do caminho de volta do domínio inferior de autoalienação e subconsciência para um verdadeiro paraíso superconsciente no Espírito realizado. Essa teoria da VM-2 não se limita a um mito religioso; existe toda uma escola de antropologia muito influente que assume essa queda como verdade. Consequentemente, impregna o que costuma ser um rito primitivo e bárbaro de estágios pré-egoicos de todo tipo de simbolismo transegoico e vislumbra *insights* profundamente místicos em cruéis rituais de carnificina. Ela condena a ascensão da inteligência moderna, difama o uso da lógica e faz com que tudo pareça crível, elevando cada baboseira inarticulada do selvagem a um *status* transcendental, de modo que o pobre ego-mente, em comparação, pareça o diabo encarnado. Desde suas formas mais diluídas e seculares, como a antropologia romântica de Rousseau (a ideia do "selvagem nobre"), a suas formas mais religiosas, que veem a mitologia do sacrifício da Idade do Bronze como a Era de Ouro da Transcendência, até teorias de decadência absoluta, como as de Klagess, que consideram a ascensão da razão como um erro fundamental no cosmos, toda essa antropologia da VM-2 – que coloca o ego-mente atual no final de um longo deslizamento ladeira abaixo, um deslizamento cujos resultados superam quaisquer avanços correspondentes – tem sido imensamente influente em suas várias formas.

Aliás, como observa Berdyaev, Max Scheler "estabeleceu quatro tipos de teoria antropológica: (1) a judaico-cristão – a criação dos seres humanos por Deus e a queda; (2) a antiga concepção grega de homens e mulheres como portadores da razão; (3) a visão da ciência natural de homens e mulheres como produtos da evolução...; (4) a teoria da decadência, que considera o nascimento da consciência e da razão como retrocesso biológico, enfraquecimento da vida [e criação da angústia]"[9]. A teoria global que apresentamos aqui, escoimando o que sugere ser elementos de FPT em cada visão, tenta possibilitar uma síntese geral delas. Já examinamos o que, na minha opinião, constitui as metades verdadeira e falsa das três primeiras teorias. Simplesmente acrescento que, até abrimos espaço para a teoria da decadência, se for entendido que a evolução inicial da humanidade (A a B) realmente envolve um aumento de culpa, ansiedade e angústia, *não* porque os seres humanos se tornem fundamentalmente mais fracos na natureza, mas porque se tornam mais complexos, com responsabilidades crescentes na consciência (como foi cuidadosamente explicado em *Up from Eden*). Com essas correções da FPT em mente, eu não apenas concordo com cada uma dessas teorias, como as endosso totalmente.

Chegamos agora a teorias sociológicas, especificamente as que abordam a "Nova Era". Por um lado, há autores, como Christopher Lasch e Peter Marin, que mostram claramente que grande parte da chamada Nova Era está realmente contaminada por, se não baseada em, regressão narcísica e fixação autocentrada. Pessoalmente, concordo com grande parte de suas análises e, consequentemente, acho que os transpessoalistas precisarão ser muito diretos, muito rápidos e evidenciar a mais rigorosa discriminação e clareza intelectuais, se quiserem evitar que suas teorias caiam no esquecimento.

Infelizmente, como a maioria dos seguidores da VM-1, Lasch e outros jogam fora o bebê junto com a água do banho. Depois de rastrear a excitação pré-pessoal do narcisismo *new age*, eles também são forçados (explícita ou implicitamente) a incluir no amontoado patológico todas as experiências transpessoais, simplesmente porque não têm como distinguir a diferença entre regressão pré-pessoal e progressão transpessoal. Eles assumem, assim, que toda vez que surge uma consciência não exclusivamente ligada à história, ego, tempo ou lógica, a pessoa envolvida deve estar regredindo para mundos pré-sociais e pré-egoicos, ignorando o fato de que a pessoa possa, talvez, estar contatando verdades transegoicas e transtemporais. Esses críticos seriam forçados, por seu próprio raciocínio, a concluir que Cristo devia ter alucinações, que Lao Tzu era psicótico, Buda esquizofrênico, o mesmo acontecendo com Platão, Hegel, Aurobindo e outros.

Os entusiastas da Nova Era, como Roszak – ou qualquer um dos que sugeriram que estamos, ou em breve estaremos, experimentando o esverdear da América, a nova revolução cultural, uma grande onda transpessoal – em geral parecem errar na direção oposta (FPT-2). Na pressa compreensível de ir além do ego, frequentemente deixam de especificar claramente para qual direção esse movimento está ou deveria estar indo. Duas coisas tendem a acontecer: eles elevam a licenciosidade pré-egoica ao *status* de liberdade transegoica (como fizeram os "vagabundos do dharma") ou simplesmente denigrem o papel da mente, do ego, do processo secundário e da lógica, e, em seu lugar, argumentam em favor de um modo chamado simplesmente de "não egoico", "não vinculado a papéis", "não lógico", e assim por diante. Nesses casos, esse "não egoísmo" geralmente esconde uma mistura e confusão de fantasia pré-egoica com visão transegoica, de sensações pré-conceituais com *insights* transconceituais, de desejos pré-pessoais com crescimento transpessoal, de exultação pré-egoica com liberação transegoica. Jack Crittenden, em uma longa e ponderada crítica dessa postura, concluiu: "Parece que Roszak, juntamente com muitos outros cronistas da Era Aquariana, interpreta erroneamente licenciosidade do ego como se fosse transcendência do ego"[32].

Talvez o problema seja que esses cronistas percebam corretamente que a evolução futura envolve uma ressurreição consciente do Espírito, mas eles confundem essa percepção com o pensamento de que quase qualquer modo que não seja mental-egoico deva ser transcendente. E assim, ao olhar em volta para a atual situação social e mundial e ver a desintegração generalizada da lógica, tendem a concluir que a iminente transformação espiritual está próxima, ignorando os indicadores extraordinariamente ameaçadores de que o que está a mão pode ser o holocausto pré-pessoal, não a iluminação transpessoal. Seus escritos tendem a ver toda desintegração social como "criativa" e toda patologia como causa de júbilo. Repetimos que a metade verdadeira, os aspectos genuínos de seus escritos, é extremamente importante; mas, tomada pelo valor nominal, ela não consegue discriminar a transcendência do ego da aniquilação do ego. Assim, além de interpretar erroneamente as tendências sociológicas atuais, eles frequentemente recomendam um curso de ação que é, na verdade, uma mistura de altos e baixos: inadvertidamente, defendem ora progressão, ora regressão, ora a Nova Era, ora a Idade das Trevas, ora avanço, ora colapso.

Sempre que um tipo Lasch se encontra com um tipo Roszak, sai faísca. Os *new agers* negam que seu movimento seja tingido pelo narcisismo com a mesma veemência que Lasch e outros negam que tenham um viés antiespiritual. Cada um tende a afirmar simplesmente que o outro é fundamentalmente preconceituoso em sua visão de mundo ou que é vítima de velhos paradigmas. Estou tentando sugerir que ambos podem estar parcialmente certos (e parcialmente errados) e que ambos precisam se desvencilhar de quaisquer FPTs que ocultem para, depois, se integrarem de maneira sadia. Isso é extremamente urgente, dadas as turbulências sociais atuais, uma vez que as translações mental-egoicas padrões estão começando a falhar e a sociedade em geral está passando por transformações significativas. Mas em que direção? Transegoica, pré-egoica ou uma mistura exótica de ambas? A menos que identifiquemos a natureza da doença, é aconselhável ter muito cuidado com as curas que anunciamos.

## Transcendência, repressão e regressão

O curso do desenvolvimento é definido em cada etapa pelo aumento da diferenciação, integração e transcendência. Não é que a transcendência por si só ocorra apenas nos domínios mais elevados – embora certamente ocorra lá de forma sublime –, mas que cada estágio de crescimento, por mais baixo que seja, em certa medida *transcende seu predecessor*, por definição e de fato. Assim, por exemplo, a mente transcende e anima o corpo, bem como o Espírito transcende e inspira a mente.

Porém, isso sobrecarrega cada estágio sucessivo de desenvolvimento, pois ele não apenas deve transcender ou diferenciar-se claramente de seu antecessor mais baixo, mas também *integrar e incluir* esse nível mais baixo em sua própria totalidade mais elevada e com maior organização estrutural. Como disse Hegel, "superar é, ao mesmo tempo, negar e preservar" – isto é, transcender e incluir; transcender e negar a parcialidade do nível inferior, mas incluir e preservar suas estruturas e funções essenciais. Por exemplo, transcender a mente no Espírito não é perder a mente ou destruir a mente, mas apenas incluir a mente na totalidade de ordem superior do superconsciente. O que é negado é a exclusividade da mente; o que é preservado é a capacidade da mente.

Um dos principais temas de *The Atman Project* é que, se o desenvolvimento aborta a qualquer momento, então, em vez de diferenciação, haverá dissociação, em vez de transcendência, repressão. O estágio superior não transcende e inclui o inferior, ele o dissocia e o reprime (ou aspectos dele). O componente dissociado – agora apartado da varredura consciente do desenvolvimento e da estruturação em andamento – envia seus derivados perturbadores sob a forma de símbolos e sintomas patológicos. Nesses casos, como Freud demonstrou, a terapia envolve, em certo sentido, uma reintegração dos aspectos dissociados, uma recordação de componentes anteriormente desmembrados.

Isso se torna especialmente óbvio se observarmos as transições gerais do domínio pré-pessoal para o pessoal, que era a especialidade de Freud. A mensagem essencial de Freud foi que o domínio pessoal – mente, ego, lógica – pode reprimir, e o faz com muita frequência, o domínio pré-pessoal – id, emoção, sexo, natureza. O famoso complexo de Édipo – uma revolta contra o pai (lei e cultura) e o retorno incestuoso à mãe (sexualidade e natureza) – representa simplesmente uma falha na transformação do pré-pessoal para o pessoal, com consequente fixação, dissociação e patologia.

Quando esse entendimento genérico começou a chegar ao público em geral, ele pareceu reforçar a antirracionalidade e a regressão romântica, em decorrência de um simples mal-entendido. Indivíduos em geral pensavam erroneamente que abstinência (ou disciplina) do emocional-sexual era o mesmo que repressão do emocional-sexual. Assim, a sabedoria comum começou a recomendar como "saudável" a satisfação completa e a indulgência excessiva da liberação emocional-sexual. No espaço de algumas décadas, grandes blocos da cultura ocidental trocaram a repressão do sexo por fixação e obsessão pelo sexo. A mesma dissociação entre mente e corpo estava em ação, mas os indivíduos agora exploravam o lado do corpo da divisão, no qual, previamente, eles tiveram pelo menos a virtude, embora mal-orientada, de se apegar ao lado da mente. A cultura *repressiva* foi substituída pela cultura *regressiva*, e o culto de Narciso passou a imperar por toda parte.

Nas mãos de intelectuais como Wilhelm Reich, a regressão da mente para o corpo ganhou um álibi. Reich começou com a ideia extremamente importante de que a estrutura de caráter mental-egoica era responsável pela repressão em grande escala da libido-corpo (ou orgônio). O problema fundamental, disse Reich, era curar a divisão entre mente e corpo, ressuscitando assim um organismo psicofísico total. Até aqui, tudo bem. O problema, porém, foi que Reich começou a "curar" cada vez mais a divisão entre corpo e mente, patrocinando *somente* o corpo e suas energias orgônicas. Ele deixou de dizer que o corpo não reprimido pela mente é superior ao corpo reprimido pela mente e passou a afirmar que o corpo é superior à mente, ponto-final. Essa é, de fato, uma versão psicológica moderna dos mitos do Éden: culpe a repressão do inferior, não por algo que o superior possa ou não ter feito, mas pela *própria existência* do superior – depois, jogue fora o superior; isto é, cure a repressão com regressão.

Mas Reich, e especialmente seus seguidores modernos, cobriram seus rastros renomeando o nível do corpo. Eles o chamaram de "corpo-mente". Ora, na minha opinião, existe de fato um nível corpo-mente, porque há uma progressão no desenvolvimento do corpo para a mente com uma possibilidade adicional e consequente de integrar mente e corpo em uma totalidade de ordem superior de união corpo-mente (o centauro), ou seja, a progressão do desenvolvimento é do corpo para a mente para o corpo-mente. No entanto, os neorreichianos (entre muitos outros) frequentemente colapsam os níveis do corpo e do corpo-mente e se referem ambiguamente a "*o* corpo-mente". Em vez de corpo, mente e corpo-mente, eles têm apenas mente e corpo-mente. O corpo enquanto corpo parece ficar de fora, exceto que, no estilo neorreichiano, o que eles querem dizer com "corpo-mente" geralmente acaba sendo o corpo pré-verbal por si só e, portanto, o que realmente fica de fora é a união real da mente verbal e do corpo sensível -- a verdadeira união corpo-mente (centáurica). Além disso, uma vez que o que eles chamam de "corpo-mente" é considerado uma "realidade mais elevada" do que a mente, o que eles fizeram foi colocar a mente de volta no degrau mais baixo da escada, elevando o corpo pré-verbal a um *status* exagerado e dando a esse corpo um nome da *novilíngua* que faz com que a questão inteira pareça holística.

Essa minifalácia pré/trans (e a razão de ser uma FPT será explicada em breve) pode ser encontrada mesmo nos trabalhos de psicólogos tão sensíveis como Carl Rogers. De acordo com Rogers, existem dois grandes domínios da consciência, o eu conceitual e o eu experiencial. O domínio experiencial é chamado de percepção organísmica, experiência organísmica ou fluxo psicofisiológico contínuo. A implicação é que o domínio psicofísico é, de fato, uma integração corpo-mente (centáurica). Mas Rogers frequentemente usa o termo para caracterizar o que reconheceríamos apenas como corpo, ou experiência de sensação e valoração emocional. Assim, ele afirma que, tradicionalmente, sua teoria do fluxo psicofisiológico estava realmente "enfatizando principalmente o componente emocional-experiencial do ser". Sua teoria foi assim amplamente vista como semelhante à conscientização sensorial, significado percebido pelos sentidos, terapia experiencial, consciência baseada no corpo e assim por diante. Mas, ultimamente, ele começou a enfatizar que o fluxo experiencial ou a percepção organísmica é realmente "mais do que conscientização sensorial aumentada dos estados corporais internos e das atividades do sistema límbico. É a integração dessa consciência [corporal] com a consciência daquelas funções representadas pelo neocórtex (mente)"[101].

Meu ponto é que não se pode ter as duas coisas. Não se pode usar um conceito psicofísico ou de união corpo-mente para se referir à "sabedoria inerente do corpo" e depois afirmar que ele é também, e de fato, uma integração total da mente lógica e da sensação corporal. E se o conceito significa, na verdade, integrar a capacidade em geral, há motivos para atribuir essa função mais à mente do que ao corpo sub-humano, como disse Meher Baba.

Rogers é muito cuidadoso ao tentar evitar tais ambiguidades e, na maioria das vezes, ele consegue. Mas nas mãos de psicólogos menos capazes, sua teoria frequentemente tende a apoiar e a incentivar a elevação do corpo ao corpo-mente, pulando a mente. Em vez de sensação corporal, *insight* mental e integração corpo-mente, existe apenas a "experiência do corpo-mente" *versus* a lógica mental – e aí está a mini-FPT que tende a denegrir a comunicação linguística e a desvalorizar as próprias estruturas que permitem que mulheres e homens transcendam os impulsos narcísicos e corporais.

(Devo dizer que sou um firme defensor das terapias orientadas para o corpo e as recomendo, juntamente com dieta e exercício, como o primeiro passo de qualquer terapia global [especialmente *Yoga*, Rolfing, focalização, Alexander]. Em geral, parece que todos perdemos contato com o corpo e devemos começar a reconstruir a base. Mas uma coisa é recontatar o corpo para reintegrá-lo, outra é recontatar o corpo e permanecer lá. A menos que as sensações corporais liberadas sejam elevadas e passem a fazer parte do fluxo superior de *troca comunicativa* e *compartilhamento intersubjetivo*, elas apenas reforçam a sensação do eu isolado. Pois é *apenas* a mente, por meio de troca simbólica no discurso comunicativo, que alcança o vínculo intersubjetivo e interpessoal. O corpo como corpo é meramente autorreferencial; ele não consegue assumir o papel do outro e, portanto, não pode entrar em comunhão. Ele apenas sente e se emociona com sua própria autoexistência separada. O corpo é meramente subjetivo; a mente é intersubjetiva; o espírito é transubjetivo – e quanto mais baixo você desce nessa escada, mais narcisista e egocêntrico se torna. Na terapia, é necessário reverter essa tendência e, portanto, começamos de baixo com terapias corporais. Mas certamente não ficamos lá e não elevamos contrações musculares acima dos *insights* mentais.)

Minha intenção em trazer tudo isso à tona é meramente sugerir o que historicamente aconteceu quando uma genuína orientação transpessoal foi introduzida nessa noção humanística predominante, que distinguia e reconhecia basicamente apenas um "corpo-mente" e uma mente, com a mente no nível mais baixo ou, no mínimo, em um degrau inferior. Como a mente era retratada como o nível mais baixo ou mais alienado, e como o "corpo-mente" (entenda-se corpo) era considerado mais elevado, imaginava-se que a supermente ou a grande mente situava-se além do "corpo-mente". Eis o esquema:

supermente
"corpo-mente"
mente

Minha sugestão é que o esquema deveria ser:

supermente
corpo-mente
mente
corpo

## A matriz primária

Começando com as especulações iniciais de Freud e culminando com teorizadores e pesquisadores como Hartmann, Klein, Jacobson, Spitz e Mahler, tornou-se cada vez mais óbvio que os estágios iniciais do desenvolvimento infantil são de fusão narcísica: o bebê não diferencia claramente o eu do outro, sujeito de objeto, dentro de fora; ao contrário, vive em uma matriz primária na qual tais distinções ainda estão amplamente ausentes (o pleroma).

Surge o problema metapsicológico: Como interpretar a matriz primária? Que significado pode ter? Que papel pode desempenhar no desenvolvimento subsequente?

Em certo sentido, os junguianos apresentaram a primeira metateoria real: a matriz primária representa a unidade original, primordial e abrangente do ego e do Self. Na verdade, eles sugeriram que a matriz primária é o Self primário (ou, tecnicamente, uma identidade inconsciente com o Self), a totalidade unificada no início, antes do desenvolvimento do ego separado. Ora, dissemos que as próprias especulações de Freud conduziram a esse tipo de eu original da matriz primária, e, portanto, não surpreende que o pensamento junguiano moderno já tenha se juntado em parte a muitas escolas neofreudianas, especialmente a kleiniana britânica, a de relação com o objeto norte-americana e a certos psicólogos do ego. Em essência, seu ponto central de concordância é apresentado popularmente por Brown da seguinte forma: "Freud diz não apenas que o sentimento do ego humano já, uma vez, abraçou o mundo inteiro [o eu da matriz primária], mas também que Eros leva o ego a recuperar esse sentimento. No narcisismo primitivo [matriz original], *o eu é um com um mundo de amor e prazer*; portanto, o objetivo final do ego humano é restabelecer o que Freud chama de 'narcisismo ilimitado' e se sentir novamente uno com o mundo inteiro em amor e prazer"[26].

Já estamos com um problema, porque a frase "o eu é um com um mundo de amor e prazer" dá à matriz primária uma conotação de totalidade quase universal. Mas certamente o bebê não poderia ser um com o *mundo inteiro*. O bebê não é um com o mundo mental, o mundo social, o mundo pessoal, o mundo sutil, o mundo simbólico, o mundo linguístico, o mundo comunicativo – porque, na verdade, nenhum deles já existe ou emergiu para ele. Os bebês não são um com esses níveis, eles são perfeitamente ignorantes deles. Poder-se-ia também afirmar que um cachorro é um com a Organização das Nações Unidas porque não apresenta conflito em relação a ela. Em vez disso, os bebês são basicamente um, ou estão fundidos, apenas com o ambiente material e a mãe biológica – eles não conseguem distinguir seu corpo físico do ambiente físico – nenhum nível superior entra nesse estado de fusão primitivo (pleromático). Ele é pré-pessoal, não pessoal *ou* transpessoal.

Portanto, é uma grande ambiguidade referir-se a esse estado inicial de fusão como uma "unidade com o mundo inteiro", se por "mundo inteiro" nos referimos a algo além da fusão biomaterial primitiva. E mais, na minha opinião, essa matriz de fusão primitiva simplesmente não pode ser equiparada ao Self ou à identidade com o Self. Mas aí está exatamente o problema com a visão junguiana (e neojunguiana), que sustenta que esse estado inicial era uma identificação com o Self, *uma identificação que é subsequentemente perdida no desenvolvimento e depois recuperada na iluminação* (precisamente como ilustrado na Fig. 5, e aqui esse argumento se junta à nossa discussão preliminar da teoria da VM-2). Pois o Self é a totalidade das estruturas psicológicas, não a estrutura psicológica mais baixa; a totalidade ainda não se manifesta no bebê e é impossível ser realmente um com apenas um potencial, do mesmo modo que você não consegue comer uma maçã em potencial. Ou, se você adota a visão metaforicamente e diz que o Self está sempre presente, mesmo que não seja percebido (ou esteja inconsciente), também deve admitir que todos os níveis, antes da iluminação, são um com o Self de forma inconsciente, mas então não faz sentido dizer que esse estado é perdido no desenvolvimento subsequente. De qualquer modo, a visão é falaciosa.

Ora, o que se perde no desenvolvimento subsequente é a ignorância relativamente abençoada da fusão subconsciente, pré-pessoal e biomaterial, ou seja, o bebê rompe uma identidade, não com o Self, mas com a matriz pré-pessoal (o pleroma). Além disso, é precisamente o ego pessoal que tem consciência, força e poder para romper e transcender essa fusão primitiva, e assim se mover, não para longe do Self, mas para a metade do caminho de volta ao Self.

Que papel, então, se houver algum, o Self desempenha no desenvolvimento? Podemos começar concordando com o Vedanta que todos os níveis e estágios são um com o Self, mas, antes da iluminação, essa unidade é inconsciente (ou não realizada). O estado pré-pessoal – como no subconsciente de Aurobindo e na natureza de Hegel – também é, essencialmente, um com o Self, mas como é o estado de "Deus em sua alteridade", a ignorância (*avidya*) ou inconsciência está em seu limite extremo e, portanto, a consciência está muito pouco desenvolvida ou ausente por completo (esta é a matriz primária). Com o próximo estágio principal, o ego pessoal eleva-se da esfera pré-pessoal, sacode alguma medida de inconsciência e desperta como uma entidade autoconsciente e autorreflexiva. O ego, em essência, também é um com o Self de uma forma ainda não realizada, mas, pelo menos, começa a despertar conscientemente para o Self em meia-medida (em contraste com o estágio pré-pessoal, que conscientemente não realizou nada).

O ego, então, não está mais protegido pela ignorância, mas ainda não está salvo pelo Self, e, *portanto*, sozinho em todos os estágios, experiencia culpa, angústia e desespero. Porém, repetindo, essa angústia, à medida que aparece na evolução, não é um sinal de alienação ou desintegração do Self, mas o sintoma de que a cura para a doença da alienação do Self está em andamento, pela metade. Na evolução, a perda da ignorância pré-pessoal realmente introduz angústia, mas essa angústia não é um sintoma de uma unidade ego-Self recém-rompida, mas de uma transcendência do sono ego-animal recém-ocorrida. A maioria dos teorizadores da VM-2, uma vez que confundem pré-ego e transego, tende a assumir o surgimento do ego e da angústia como indicadores de uma queda a partir do Self, quando, na verdade, na evolução, isso significa uma ascensão a partir do subconsciente. Não é uma decadência genuína, apenas aparenta ser. E embora eu atribua muita importância e crie abundante espaço teórico para os sentimentos emergentes de angústia, decadência, arrependimento e culpa provenientes do desenvolvimento, não os interpreto seguindo o alinhamento da FPT-2.

De qualquer modo, no principal estágio final, a consciência individual se volta para o *Self*, agora de uma forma totalmente consciente e realizada, de modo que o Espírito se conhece como Espírito em Espírito, com a subsequente e derradeira superação da angústia e alienação.

Uma vez que o Self é tanto o *fundamento* de cada etapa do desenvolvimento quanto o *objetivo* de cada etapa do desenvolvimento, é perfeitamente aceitável dizer que o Self está presente o tempo todo, "guiando", "puxando" e "direcionando" o desenvolvimento, de forma que cada estágio de desenvolvimento se aproxima cada vez mais da realização do Self (como quando Jantsch caracterizou a evolução como "autorrealização através da autotranscendência"). O que parece objetável é confundir a perna transpessoal com a perna pré-pessoal e atribuir à matriz pré-pessoal um *status* engrandecido de identidade com o Self, *status* que é *simultaneamente negado* à estrutura mais elevada do ego-mente; *em seguida*, para dourar a pílula, se diz que essa primeira identificação com o Self é inconsciente, embora se negue até mesmo essa condição ao ego-mente. Isso não passa de um ataque cruel e denegridor ao ego, alimentado pelo FPT-2.

Mas nossos problemas teóricos com a matriz primária não terminaram, porque ainda temos que examinar a FPT-1. Para começar, exatamente onde os junguianos colocam o Self inconsciente, os freudianos ortodoxos colocam o id inconsciente. De qualquer forma, nesse sentido, os freudianos parecem corretos (o desenvolvimento vai do id para o ego para o Self), pois já esperamos que os freudianos tenham uma visão mais precisa das pernas pré-pessoal e pessoal. Na minha opinião, existe um Self transpessoal (Jung), mas a matriz primária é pré-pessoal (Freud). O problema surge quando os freudianos são confrontados com um evento verdadeiramente transpessoal e realmente místico, pois são forçados a explicá-lo como regressão à matriz primária ou regressão/fixação ao narcisismo primário e valoração onipotente (cf. Ferenczi). Ora, com certeza acredito que exista tal regressão, em formas úteis – chamadas de regressão a serviço do ego, em que o ego pode ocasionalmente relaxar seu crescimento ascendente, voltando aos níveis mais baixos, reunindo forças para avançar novamente – e em formas patológicas – regressão/fixação leve em sintomas neuróticos e regressão/fixação em larga escala em reações psicóticas. Mas o Self transpessoal – e a genuína união mística – estão *precisamente* na direção oposta. Como *The Atman Project* tentou sugerir, o misticismo não é regressão a serviço do ego, mas evolução em transcendência do ego.

Mas – e sem tirar a responsabilidade dos freudianos – o problema imediato foi que, para piorar, muitos transpessoalistas, liderados por vários junguianos, combateram essa metade errada da VM-1 freudiana com a metade errada da VM-2. Em vez de trabalharem com a outra extremidade do espectro, eles começaram a brigar com os freudianos pelo controle do mesmo território inferior – a matriz primária. O problema foi (e ainda é) que muitos transpessoalistas veem a matriz primária e desejam usá-la como base de operações para a *unio mystica*, ou unidade transcendente (negligenciando o fato de que a matriz primária é pré-sujeito/objeto, não transujeito/objeto, e fusão pré-pessoal, não união transpessoal). Eles, portanto, estavam perfeitamente dispostos, e mesmo ansiosos, para usar o conceito *freudiano* de regressão a serviço do ego a fim de explicar, e até validar, a experiência mística. Prince e Savage fizeram exatamente isso, e o artigo clássico de Deikman sobre o misticismo explica isso como uma desautomatização – "uma mudança para uma estrutura *mais baixa na hierarquia*"[84], um movimento para baixo "em direção à desdiferenciação", uma alteração "em direção ao pensamento primitivo" – ou seja, regressão. E ele sustenta o argumento confundindo união transpessoal com fusão pré-pessoal. Mas observe que sua explicação não pretende denegrir o misticismo; é uma tentativa de validá-lo, fundamentá-lo, explicá-lo em termos "reais" – e atualmente é amplamente aceita por transpessoalistas como *a* explicação da união mística.

Podemos notar as mesmas dificuldades da "matriz primária" percorrendo várias teorias antropológicas e sociológicas, porque a pesquisa antropológica moderna (de Lévy-Bruhl a Gebser a Cassirer) estabeleceu como altamente provável o fato de mulheres e homens primitivos viverem em um tipo de *participation mystique*, uma vaga indissociação do eu e do grupo, do eu e da natureza, do eu e dos animais (daí o totemismo, o eu do clã, rituais de parentesco etc.). A *participation mystique* pode, é claro, soar muito transcendente, holística, holográfica ou qualquer outra coisa, até que você examine cuidadosamente as evidências. Logo se torna óbvio que os paleo-humanos não transcenderam sujeito e objeto; eles simplesmente não conseguiam diferenciá-los. A *participation mystique* não é uma capacidade; é uma incapacidade. Na verdade, a *participation mystique* é um paralelo filogenético quase exato da matriz primária ontogenética – é um estado de fusão pré-pessoal e pré-racional, do qual mulheres e homens subsequentes, sob a forma de ego-mente, conseguiram finalmente evoluir.

Mas você já pode adivinhar quais usos teóricos foram feitos desse conceito. Por um lado, os teorizadores da VM-1 – que estão corretos ao retratar a *participation mystique* como um estado pré-diferenciado – consideram qualquer estado de *genuína* transcendência e afirmam ser um retrocesso à fusão primitiva dos paleo-humanos. Essas "críticas" podem ser apresentadas com terrível certeza do que acontecerá a alguém em "estados transpessoais", simplesmente porque o que *ocorreu* nas esferas *pré-pessoais* da *participation mystique* foi muitas vezes horripilante – sacrifícios humanos, festins cruentos, orgias canibalescas e suicídios/regicídios em massa.

Jonestown, por exemplo, é provavelmente um modelo perfeito de regressão grupal à *participation mystique* ou dissolução egoica e fusão no eu clânico, com subsequente obediência sem vontade própria ao "mestre" totêmico, com obsessões emocional-sexuais, rituais sádicos e sacrifícios humanos em massa. Os antropólogos e sociólogos da VM-1 têm razão em apontar isso. O problema é que eles são forçados a aplicar análises semelhantes a comunidades transpessoais lideradas por mestres espirituais verdadeiros. Como eles, teoricamente, não conseguem dizer a diferença entre uma comunidade transpessoal ou *sangha* e um clã ou culto pré-pessoal, esses teorizadores estão convencidos de que todas as comunidades contemplativas de mestre-discípulos estão sempre à beira de Jonestown.

Apenas para garantir, eles consultam um psiquiatra – que, como provável subscritor da VM-1, não consegue distinguir o desamparo e a dependência pré-pessoais de uma figura paterna da entrega e submissão transpessoais a um mestre espiritual – e o psiquiatra assegura ao sociólogo que todos esses devotos são, de fato, histéricos em massa, com personalidades *borderline* e autoestima perigosamente baixa. Em suas tentativas compreensíveis, e talvez justificáveis, de nos salvar de Jim Jones e do Reverendo Sun Myung Moon, esses teorizadores chegam muito perto de nos salvar de Sócrates, Cristo e Buda.

Voltando ao outro lado da falácia antropológica: os teorizadores da VM-2 concordam que existe (ou existiu) uma *participation mystique* entre os paleo-humanos, mas eles a usam para reforçar sua visão do Éden passado. Não precisamos entrar em detalhes, pois já discutimos a antropologia da VM-2. Basta dizer que esses antropólogos elevam a *participation mystique* a um *status* quase transcendental e insinuam que os terríveis rituais que frequentemente a acompanham têm significado místico – assassinar ritualmente uma vítima sacrificial é "realmente" uma característica do "eu transcendente" ("que cuida *daquele* ego"). Na forma pura da VM-2, a *participation mystique*, como a matriz primária, é elevada da fusão pré-pessoal à união transpessoal (ou união transpessoal inconsciente, nas versões mais sofisticadas da Fig. 5).

Transfira toda essa discussão para o campo da patologia, e não será surpresa que, onde os psicólogos da VM-2 veem o Eu supremo, os psicólogos da VM-1 veem a patologia suprema. Os primeiros tendem a considerar todos os psicóticos como meio-santos, enquanto os últimos consideram todos os santos como meio-psicóticos. (Exemplos, respectivamente: *Love's Body*, de Norman O. Brown e *Mysticism: Spiritual Quest or Psychic Disorder?*, do Group for the Advancement of Psychiatry.) Parece que até que ambos os lados parem de brigar um com o outro com a metade incorreta de suas FPTs e respectivas visões de mundo, santos reais e psicóticos reais continuarão sendo desvirtuados e, portanto, vitimizados.

Uma última observação: existe não só uma diferença entre "pré" e "trans", mas também entre "pré" e "des"; isto é, despessoal não deve ser confundido com pré-pessoal ou transpessoal. Por exemplo, ao dizer que o psicótico genuíno regride para um estágio pré-pessoal, o que eu concordo que é em parte o que acontece, não sugere que o estágio pré-pessoal seja uma doença esquizofrênica. Como Bleuler indicou há muito tempo, o esquizofrênico, de certa forma, regride ao nível da criança, digamos de 3 anos, mas a criança de 3 anos não é nem um pouco esquizofrênica. A idade de 3 anos não é uma doença. Os níveis mais baixos são pré-pessoais, mas o esquizofrênico é *des*pessoal – e há aqui uma grande diferença. No topo do movimento regressivo em si, a ruína despessoal carrega consigo os fragmentos em cascata de estruturas superiores que se desintegraram desastrosamente. Sob todos os aspectos, é um pesadelo de desestruturação e decaimento. E se o despessoal não pode ser confundido com o pré-pessoal, muito menos ainda pode ser chamado para explicar o transpessoal. Mas quando ocorre a FPT, faz-se essa confusão em uma das duas direções básicas: os psicóticos despessoais são considerados santos e os santos transpessoais são considerados psicóticos.

Em síntese: nosso mapa de desenvolvimento mais refinado pode ser apresentado como na Figura 6 e, então, podemos resumir nossa discussão muito rapidamente. Na minha opinião, Freud está mais ou menos correto em sua articulação de 1, 2 e 3, mas ele nega a existência de 4 e colapsa 5 em 1 – e isso resulta perfeitamente na VM-1 da Figura 3.

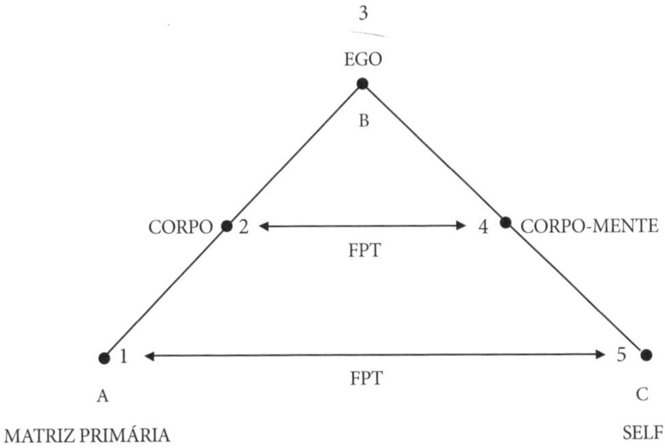


Figura 6

Por outro lado: Jung acredita claramente em, e muitas vezes elucida, o ponto 5, mas, em geral, eleva ou confunde o ponto 1 com ele, gerando assim a VM-2 da Figura 4. E essa VM-2 foi fortalecida pela mini-FPT humanística: eles articulam bem a união corpo-mente, existencial, integrada, ponto 4, mas, sob a confluência neorreichiana, normalmente elevam ou confundem o ponto 2 com ele. Nesse lado, a confluência neorreichiana une-se à confluência da matriz primária junguiana para apresentar uma teoria quase invencível da VM-2, enquanto, no outro lado, a pesquisa freudiana inicial, hoje, culminou e uniu-se à extremamente influente e difundida escola ortodoxa da psicologia do ego, gerando uma VM-1 perfeitamente entrincheirada.

## Freud, eros e tânatos

Assim como numerosos teorizadores – pró e contra – usaram avidamente a noção freudiana de regressão a serviço do ego para explicar (ou contestar) a *natureza* do misticismo, muitos teorizadores – novamente pró e contra – foram atraídos pelo conceito freudiano de tânatos (ou algo semelhante) como uma possível explicação para a *dinâmica* do misticismo. O ponto de partida é que, como é sabido, a experiência mística envolve "transcendência do ego" ou "morte do ego" – isto é, aparentemente alguma variedade de elementos de tânatos. A partir daí, os teorizadores alinham-se em lados opostos do mesmo conceito: se você é a favor da transcendência, interpreta tânatos como um impulso de capitulação do ego para atingir a unidade no Espírito; se você é contra a transcendência, interpreta tânatos como um impulso para abdicar do ego e regredir ao id mórbido. Norman O. Brown, Charles Garfield, Ronald Laing e talvez a maioria dos psicólogos transpessoais se alinhariam no primeiro lado; Freud, Ferenczi, Ernest Becker e a ortodoxia, no segundo.

Por ora, você pode esperar que eu afirme que ambos os lados estão meio-certos e meio-errados, e isto é verdade. Porém, nesse caso, a discussão torna-se extremamente complexa, pois não apenas precisamos extrair possíveis elementos de FPT desses conceitos, mas também atravessar um pântano de confusão semântica, principalmente sobre a palavra "morte", mas também, e consequentemente, sobre a palavra "vida", pois ambos os termos são usados para significar algo muito, muito bom e algo muito, muito ruim. No mínimo, somos confrontados com a distinção entre (1) morte no mau sentido (destruição prematura e inútil ou simples degeneração) e (2) morte no bom sentido (ligada à "morte do ego" na transcendência); e, consequentemente, a diferença entre (3) vida no bom sentido (promovendo unidade e vitalidade) e (4) vida no mau sentido (recusando-se a renunciar à "vida" do antigo a fim de abrir espaço para o novo). Como veremos, esses quatro significados foram usados indiscriminadamente pelos teorizadores modernos, resultando em quase completa confusão.

Talvez possamos começar a resolver melhor as coisas descrevendo alguns dos fatores dinâmicos reais do desenvolvimento estrutural sem especificar suas possíveis conotações de vida e morte. Feito isso, podemos lhes atribuir várias tonalidades de significado de vida e morte – tanto no que chamamos de sentido "bom" quanto "mau" – e usar essa atribuição para analisar as várias teorias de transcendência da morte.

Para começar, já vimos que existem duas "direções" principais do movimento da consciência: a primeira é ascendente, progressiva, evolucionária; a segunda é descendente, regressiva, involucionária. O movimento evolucionário é marcado por uma série de estruturas que exibem holismo, transcendência, integração e unidade cada vez maiores. O movimento involucionário é simplesmente uma mudança na direção oposta – é um movimento de *descensão* na hierarquia aninhada e, portanto, é marcado pelo aumento da alienação, fragmentação, falta de unidade e desintegração. Enquanto o objetivo da evolução é a ressurreição da Unidade suprema no Espírito, o objetivo da involução é o retorno à unidade mais baixa de todas – simples matéria, *insenciência* física, pó.

Ora, não apenas os indivíduos se movem verticalmente para mudar de nível (ou seja, evoluem ou envolvem), como também se movem horizontalmente no âmbito dos níveis. Chamamos o primeiro movimento de *transformação*, o último, de *translação*. Embora seja aceitável ver a translação ou movimentos horizontais como derivados tangenciais de fatores transformativos (i. é, como resultantes de impulsos evolucionários e involucionários), seria útil também se pudéssemos especificar as forças translativas em seus próprios termos; ou seja, o que, em geral, impulsiona a translação horizontal?

Sem excluir outros e mais complexos elementos, podemos, por uma questão de simplicidade, mencionar duas principais forças dialéticas da translação. Pois, em relação a qualquer estrutura, um indivíduo basicamente tem duas opções: *preservar* a estrutura ou *alterá-la*. A primeira, o fator de preservação, busca consolidar, proteger e fortalecer os elementos da atual estrutura ou nível de consciência. Isso é semelhante à noção de assimilação de Piaget e ao conceito psicanalítico de regulação aloplástica – a estrutura permanece essencialmente inalterada e o ambiente é adaptado a ela.

Contra esse fator de preservação, surge a possibilidade de alterar, reorganizar ou mudar a própria estrutura atual. Isso é semelhante à acomodação de Piaget e à regulação autoplástica psicanalítica – a estrutura deve mudar para se adequar ao ambiente. Podemos, no sentido mais geral, chamá-lo de fator de liberação, já que alguma configuração atual está sendo liberada e subsequentemente alterada, ou mesmo abandonada por completo. O ponto principal é que, *no âmbito* de um determinado nível, as ações do indivíduo são uma dialética de preservar, atuar e manter a estrutura, por um lado, e alterar, reorganizar ou liberar a estrutura, por outro. Podemos representar nossas duas forças translativas (horizontais) e as duas forças transformativas (verticais) da seguinte forma:

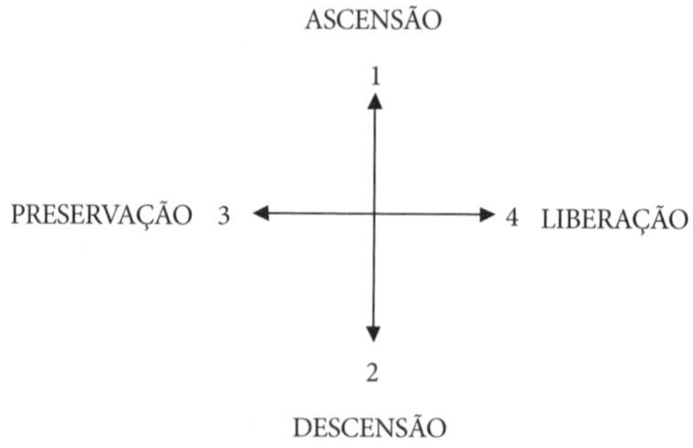


Com esse diagrama como pano de fundo, podemos agora reexaminar as várias teorias de vida-morte-transcendência, começando por Freud. Em *An Outline of Psychoanalysis*[46], Freud apresenta uma clássica (e definitiva) afirmação de sua teoria da pulsão. "Após longas hesitações e vacilações", ele começa, "decidimos assumir a existência de apenas dois instintos básicos, *Eros* e o *instinto destrutivo*. [...] O objetivo do primeiro desses instintos básicos é estabelecer unidades cada vez maiores [...] – enfim, unir". Qualificaremos isso em um momento, mas até agora esse instinto é o que chamamos de fator de ascensão – a evolução para unidades e totalidades cada vez mais elevadas, pulsão n. 1.

Freud continua: "O objetivo do segundo é, ao contrário, desfazer conexões e, assim, destruir coisas. No caso do instinto destrutivo, podemos supor que seu objetivo final é levar o que está vivo a um estado inorgânico. Por esse motivo, também o chamamos de *instinto de morte*". Freud, é claro, foi severamente criticado por todo mundo, inclusive pelos seus próprios seguidores, por propor o instinto de morte (tânatos), mas, claramente, ele é exatamente o que temos em mente com o fator de descensão (n. 2), ou pulsão involucionária. É simplesmente o impulso de passar para um nível mais baixo na hierarquia, e seu objetivo final, como dissemos anteriormente, é, portanto, a matéria não senciente. Neste sentido, é um instinto de morte, uma pulsão de morte, um masoquismo primordial. Não é medo da morte, mas impulso em direção a ela.

Ora, não concordo com tudo o que Freud disse sobre esse instinto (ou sua contraparte), nem suas declarações esgotam a dinâmica teórica da morte, mas, até agora e no âmbito apenas das definições que dei, concordo completamente com as avaliações de Freud sobre os dois: Eros e o instinto de morte (tânatos).

Entretanto, devo dizer que rejeito inteiramente a noção de que eros é gerado somente no *soma* e, consequentemente, deslocado para a mente. Na minha opinião, *cada* nível é definido por suas próprias tendências unitivas no arco da evolução e, de fato, os níveis mais elevados (como a mente) possuem mais holismo e pulsão holística – mais eros – do que os mais baixos (como a libido). Por exemplo, o eros biológico ou sexo corporal só pode formar uma união com dois corpos por vez, enquanto o eros mental pode unir povos inteiros em uma comunhão de discurso, e o eros espiritual pode unir todo o universo manifesto em unidade radical. Não compartilho nada do reducionismo biológico, sexual e libidinal de Freud. A transcendência do espírito não pode ser reduzida ao id nem ao ego-mente.

Observe também que, como Freud está trabalhando na VM-1, ele vê corretamente que o objetivo da involução é o retorno ao nível mais baixo de todos (matéria inanimada), mas ele se recusa a ver que o objetivo da evolução é a ressurreição da unidade suprema no Espírito. "Se assumirmos", diz ele, "que os seres vivos vieram mais tarde do que os seres inanimados, e surgiram deles, então o instinto de morte se encaixa na fórmula que propusemos no sentido de que os instintos tendem a retornar a um estado anterior. No caso de Eros (ou o instinto de amor), não podemos aplicar esta fórmula. Fazê-lo pressuporia que a substância viva já foi uma unidade que mais tarde foi dilacerada e agora está se esforçando para voltar a se unir"[46]. É claro que, para a filosofia perene, foi *exatamente* isso que aconteceu – todas as coisas foram "separadas" da unidade do

Espírito durante a *involução* prévia, e a evolução, impulsionada pelo amor (n. 1), está agora reunindo e remembrando todos os elementos em uma ascensão *de volta* à unidade do Espírito. Essa, por exemplo, era precisamente a visão de Platão. ("Tornar-se um em vez de dois [é] a própria expressão de necessidade da humanidade. E a razão é que a natureza humana foi originalmente o Uno, nós éramos um todo, e o desejo e a busca do todo se chama amor.") Aliás, com essa passagem, Freud estava exatamente tentando negar *O banquete*, de Platão. Escusado dizer que estou do lado de Platão.

De qualquer modo, essa discussão geral nos dá o significado da morte no mau sentido – uma pulsão em direção a menos unidade via contração e fragmentação – e o significado da vida no bom sentido – ascensão para unidades superiores por intermédio do amor e da expansão. Esses são os fatores n. 1 e n. 2 em nosso diagrama.

O que precisamos agora é entender o sentido de quando a morte pode ser boa e a vida ruim. Pois vimos, em primeiro lugar, que o que despertou tanto interesse em tânatos ou instinto de morte de Freud é que a transcendência parece envolver algum tipo de morte do ego, e essa morte deve ser "boa" de alguma forma. Que tipo de morte é boa?

Para começar, a morte do ego como transcendência real não tem absolutamente nada a ver com o tânatos de Freud. Em vez disso, a transcendência real exige a morte da estrutura presente, no sentido de que a estrutura deve ser *liberada* ou deixada de lado, a fim de abrir espaço para a unidade de ordem superior da estrutura seguinte. O *fator de liberação* nesse caso é realmente um tipo de *morte*; é uma morte real para uma identidade exclusiva com uma estrutura inferior, a fim de despertar, via expansão do amor ou transcendência, para uma vida e unidade de ordem superior. Nesse sentido, essa morte e transcendência ocorrem em todos os estágios do crescimento, da matéria para o corpo, mente, corpo-mente e espírito. Aceita-se a morte e a liberação (n. 4) do estágio mais baixo, a fim de encontrar a vida e a unidade do próximo estágio mais elevado e assim por diante, até que as paradas para crescimento ou preservação (n. 3) cessem, ou o Espírito real seja ressuscitado na Grande Morte da transcendência final e da unidade suprema.

Essa é a morte no sentido "bom" – o fator de liberação (n. 4) permitindo a ascensão subsequente. O inverso é simplesmente a recusa em liberar e transcender, e esse é o fator de preservação (n. 3) que tenha ficado resistente, estéril e dominador. Desiste-se da transformação e procura-se meramente preservar a atual estrutura de consciência. E embora a preservação tenha suas funções importantes, nesse caso serve apenas à estagnação e a vida se torna rígida – e, finalmente, este é o nosso último fator: vida no sentido "ruim". Esse é o fator que os budistas têm em mente quando falam em apego, obstinação, permanência, fixação e inflexibilidade.

Já que estabelecemos dois significados importantes, porém diferentes, para vida e morte, vamos distingui-los com letras iniciais maiúsculas e minúscula da seguinte forma:

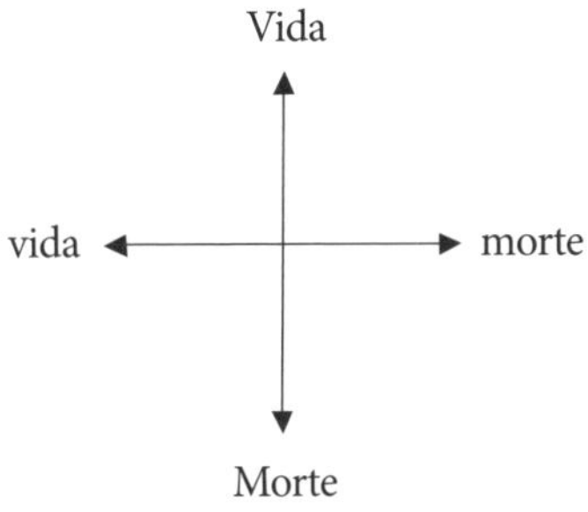


Agora, estamos em posição de desenredar facilmente as várias teorias sobre vida-morte-transcendência. Para começar, os fatores "bons", aqueles que promovem crescimento, unidade e transcendência, são Vida e morte. Os fatores "ruins", aqueles que impedem o crescimento e a transcendência, e até mesmo estimulam o inverso, são vida e Morte. Você já pode vislumbrar os problemas semânticos, pois esses vários significados simplesmente não são diferenciados na maioria das teorias modernas, e as confusões semânticas se insinuam profundamente nas teorias atuais, produzindo várias contradições. Darei apenas dois exemplos importantes.

1) Já mencionamos que o budismo sustenta que o apego, a obstinação e o desejo de permanência (*trishna/svabha*) são as raízes do sofrimento, simplesmente porque esses fatores impedem o crescimento, e é somente o crescimento que leva ao Espírito (*dharmakaya*), que pode acabar com o sofri-

mento (*dukhka*). Portanto, o crescimento recomenda a negação da vida e o abraço da morte do eu (*anatta*). Isso levou a todo tipo de acusação de que o budismo é, por um lado, contra a vida, contra o amor, contra o propósito e, por outro, é obcecado pela morte, niilista e necromaníaco.

Mas, é claro, quando os budistas dizem que a causa do sofrimento é o desejo de vida, eles repudiam não a Vida, mas a vida. Eles negam não o amor, a abertura, o crescimento e a transcendência, mas o apego ao *status quo*, a obstinação, a fixação e o medo da mudança (*anicca*). Por outro lado, a morte do eu recomendada não é a Morte, mas a morte, não a regressão, mas a liberação, não a involução, mas a harmonização.

Talvez essa confusão tenha começado com Schopenhauer que, nobremente, se esforçou em interpretar os *Upanishads* e os *Sutras Prajnaparamita* para o Ocidente, mas que, ao tentar argumentar a favor da morte, sempre soou como Morte e ao sempre negar a vida deu a entender que ele odiava a Vida. De qualquer forma, é uma confusão tão profundamente arraigada quanto injusta.

2) Chegamos agora às teorias modernas sobre morte e transcendência, notadamente as de teorizadores como Brown, Laing, Garfield. Pois, em meio às conceituações extremamente significativas que esses pesquisadores propõem, parece haver uma FPT na forma de uma persistente ambiguidade sobre a natureza da própria morte do ego. Simplificando, *eles nem sempre ou claramente distinguem entre a morte do ego que leva à transcendência e a morte do ego que leva à regressão.* O ego morre em cada caso, mas quão diferentes são as mortes! E esses teorizadores raramente as distinguem – confundem ou juntam morte e Morte, fatores n. 4 e n. 2.

Garfield, por exemplo, sugere que "se a pulsão de alterar intencionalmente a consciência possui um elemento tanatomimético, como sugerido por Robert Kastenbaum e Ruth Aisenberg, pode ser que essa hipotética pulsão à tanatomimese (e seu núcleo experiencial, perda de ego ou experiência de morte do ego) também seja inata"[52]. Como isso não distingue entre morte do ego que leva à transcendência e morte do ego que leva à dissolução regressiva (ou seja, n. 4 e n. 2), Garfield segue diretamente a linha de adotar o tânatos de Freud (n. 2) – a pulsão de Morte material – na tentativa de explicar a pulsão de Vida transcendente: "Na verdade", diz ele, "a descrição de Freud sobre a ação de tânatos, o instinto de morte, aproxima-se de, se não duplica, relatos fenomenológicos do conceito oriental do estado mais elevado de consciência, isto é, satori, nirvana etc."[52] Isso está incorreto tanto no lado de Freud quanto no lado oriental.

Contudo, essa falácia - ou pelo menos ambiguidade teórica - ganhou ampla aceitação entre transpessoalistas, em grande parte, suponho, porque se encaixa tão bem com outra crença amplamente adotada na VM-2, a saber, que a matriz primária - o estado de fusão primitivo e pré-pessoal - é um tipo de união transpessoal. Visto que o tânatos de Freud realmente tem como objetivo a matriz primária de destruição pré-pessoal, e como essa matriz é confundida com o Self, parece que o tânatos de Freud tem como objetivo a morte do ego em transcendência, enquanto, na verdade, seu objetivo é a dissolução do ego em regressão.

Na minha opinião, o que esses teorizadores transpessoais pretendem dizer é que a união mística exige não a Morte do ego, mas a morte do ego - a morte e a transcendência, a morte e a liberação (n. 4) da mente do ego-mente, a fim de desvelar a superior Vida e Unidade do Espírito. Que a morte seja verdadeiramente experienciada como uma morte, é de fato uma morte e, portanto, naturalmente parece uma morte. Porém, ela, simplesmente, não é a Morte. No entanto, como estão agora, sem essa distinção elementar, as teorias atuais representam um casamento realmente bizarro:

A metade *errada* da VM-1 (seu reducionismo: "misticismo é de fato apenas regressão tanatomimética a serviço do ego") juntou-se à metade *correta* da VM-2 (existe um Self transcendente), com o ainda mais bizarro, mas oposto, corolário de que a metade *correta* da VM-1 (em regressão total o ego se dissolve novamente em fusão pré-pessoal) está sendo usada para explicar a metade *incorreta* da VM-2 (a matriz oceânica é o Self). Em resumo, como a metade falsa do freudianismo uniu-se à metade verdadeira do transpessoalismo, a metade verdadeira do primeiro foi usada para explicar a metade falsa do último.

Como uma reviravolta irônica em toda essa confusão de FPT, eis um último exemplo: Freud - precisamente como descrito anteriormente no exemplo budista - equivocou-se completamente sobre o nirvana ser a extinção da Vida, em vez de extinção da vida. Nirvana, para Freud, era a completa dissolução, o retorno ao pó. Portanto, Freud se refere explicitamente ao tânatos – que visa ao pó, por assim dizer – como o *princípio do nirvana*. Ora, Garfield (e muitos outros), partindo do ângulo perfeitamente oposto e tentando explicar corretamente o nirvana como um estado verdadeiramente transcendente, depara-se com os conceitos de Freud. O resultado é irônico. Pois, na minha opinião, Garfield está certo sobre a existência de um nirvana transcendente, mas errado sobre o tânatos de Freud; Freud está certo sobre tânatos, mas errado sobre o nirvana. Consequentemente, devido a essa sobreposição quase perfeita dos dois erros, ambos podem usar a *mesma* frase ("tânatos leva ao nirvana") para descrever suas visões de mundo fundamentalmente diferentes.

Quanto à pulsão de morte, Jung criticou tânatos, dizendo que os humanos na verdade possuem fobos, um medo da morte, não uma pulsão para a morte. Na minha opinião, ambos são verdadeiros. Fobos está relacionado à morte (n. 4) – é o *medo da liberação*, ou o medo de morrer para uma estrutura específica, e esse fobos permanece enquanto a vida (n. 3) da estrutura não se render em sua exclusividade. Tanto fobos quanto tânatos estão presentes na psique, mas fobos, definitivamente, desempenha o papel mais decisivo. Mas agora o auge da confusão – a maioria dos neofreudianos que tentam usar o conceito de tânatos de Freud realmente o usam significando fobos. Assim, se quiser usar os importantes *insights* desses teorizadores, você acaba escolhendo a palavra tânatos para exprimir fobos – como eu, ocasionalmente, fiz em *The Atman Project*. E assim segue o prometido pesadelo semântico. Talvez, no entanto, se você simplesmente se lembrar dos quatro fatores dinâmicos reais, independentemente de seus nomes arbitrários, será capaz de descobrir o que os vários teorizadores realmente querem dizer.

Devo concluir enfatizando o significado da verdadeira metade das novas teorias transpessoais, como as de Brown, Garfield e Laing. Pois seu significado coletivo é que o crescimento superior é conseguido somente com a morte do ego, uma noção que, quase pela primeira vez na história, nos dá uma sensação genuína da importância e posição da morte no esquema geral da Vida. Meu único argumento é que devemos distinguir entre a morte do ego (n. 4) que leva à transcendência e a Morte do ego (n. 2) que leva à regressão. Desse modo, podemos defender morte e liberação, não Morte e regressão, e insistir na rendição da vida e do apego, não da Vida e do amor.

## Um refinamento

Nesta última seção sobre a natureza teórica da FPT, desejo descrever brevemente os refinamentos apresentados em *Up from Eden*. O ponto essencial é que, embora falemos da FPT como uma confusão entre "pré" e "trans" em torno de um pivô central, não significa que haja apenas três estruturas envolvidas. Falar em desenvolvimento como passar do pré-ego para o ego e para o transego, por exemplo, não significa que haja realmente apenas três estágios de crescimento. Na verdade, há uma dúzia (ou mais) de importantes estágios de estrutura, e pode-se cometer a falácia pré/trans em relação a qualquer um deles. A questão é que, com referência a qualquer estrutura X, é fácil confundir uma estrutura pré-X com uma estrutura trans-X (ou vice-versa). Já examinamos a confusão neorreichiana do estágio do corpo (que precede à mente) com o estágio do corpo-mente do corpo (que sucede à mente). Isso é tanto uma FPT quanto a confusão entre id e Deus; menos visível talvez, mas, mesmo assim, FPT.

Em *Up from Eden*, examinei nove principais estruturas de consciência, a fim de descobrir como podem ter sido submetidas (no contexto do desenvolvimento histórico e das teorias atuais) à FPT-1 ou à FPT-2. Os estágios de estrutura examinados, em ordem de desenvolvimento filogenético e ontogenético, foram:

1) Matéria – ou fusão material, o estágio mais baixo de organização estrutural, recapitulado nos humanos via matriz primária ou pleroma.

2) Corpo – inteligência sensório-motora simples e impulsos emocional-sexuais.

3) Mágico – o primeiro modo cognitivo simbólico, o processo primário, que confunde dentro e fora, todo e parte, sujeito e predicado, imagem e realidade.

4) Mítico – pensamento representacional mais elevado, mas ainda incapaz de discernimento operacional formal; ainda antropomórfico; mistura de lógica com magia prévia.

5) Mental-racional – racionalidade egoica e lógica operacional formal.

6) Corpo-mente – integração da mente formal e verbal com o corpo emocional; o centauro.

7) Psíquico – capacidade psíquica real ou o início dos modos transpessoais.

8) Sutil ou arquetípico – lar de arquétipos, ou padrões de manifestação exemplares e transindividuais.

9) Causal – unidade suprema no Espírito único.

Minhas conclusões foram, quase sem exceção, que alguma estrutura inferior, como a mágica, foi e ainda é confundida com alguma estrutura superior de aparência semelhante, como a psíquica, e então a primeira é elevada à segunda ou a segunda é reduzida à primeira. Em outras palavras, falácia pré/trans. Essas confusões de FPT estão resumidas na Figura 7. Já vimos exemplos de FPT matriz primária-Espírito e de FPT corpo/corpo-mente. Quanto às outras, alguns breves comentários:

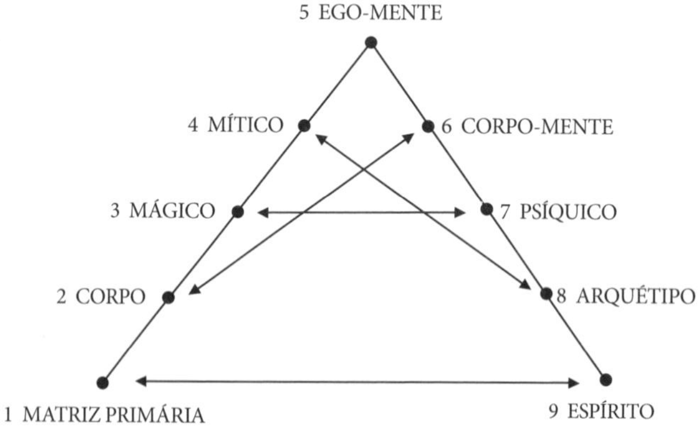


Figura 7

Mágico, ou crença irrestrita e não refinada na ação a distância, caracteriza ontogeneticamente o pensamento de crianças de 2 a 4 anos, principalmente porque elas ainda não conseguem distinguir imagem de realidade ou símbolo de coisa; portanto, acreditam que manipular um é manipular o outro. Esse modo pode parecer muito holístico, holográfico e tudo mais, até você realmente descobrir os detalhes reais do caso. Então, você percebe que a mágica não une sujeito e objeto, ela os funde e os confunde; e não integra holograficamente todo e parte, simplesmente não consegue diferenciá-los em primeiro lugar. Estou confiante de que o mais simples estudo de qualquer bom psicólogo do desenvolvimento, de Werner a Arieti a Piaget, desiludirá qualquer pessoa da noção de que a magia infantil é algum tipo de exposição holográfica celestial.

No entanto, o mágico quase sempre é confundido com o psíquico, ou a exposição *real* de algum tipo de visão transcendental baseada *não* na fusão de sujeito e objeto, mas na transcendência inicial de sujeito e objeto. Essa FPT, é claro, segue os dois sentidos: os freudianos afirmam que tudo o que é psíquico é realmente mágico, e os parapsicólogos, ocasionalmente, montam elaborados experimentos de laboratório na tentativa de provar que o mágico é, de fato, psíquico.

Parece existir uma confusão semelhante em relação a mito e arquétipo, e aqui Jung aparentemente se mostra como o principal culpado. É bem difícil localizar Jung aqui embaixo, porque ele acabou usando a palavra "arquétipo" de várias maneiras diferentes. Mas sua definição clássica de um arquétipo é uma imagem ou forma mítico-arcaica herdada coletivamente. Infelizmente, porém, o nível arcaico-mítico está no lado pré-pessoal, ou pelo menos pré-racional, da classificação do desenvolvimento. Aparentemente, o fato de certas imagens arcaico-míticas serem *herdadas coletivamente* confundiu Jung, que considerou que elas estivessem *localizadas transpessoalmente*, quando são apenas parte do inconsciente coletivo inferior, pré-pessoal. Todos nós herdamos coletivamente dez dedos nos pés, mas isso não significa que, se eu os experienciar diretamente, estou tendo uma experiência transpessoal. Além disso, quando Jung localiza explicitamente os "arquétipos" como a contraparte exata dos instintos do corpo biológico, sua posição é óbvia. A esse respeito, observe que Freud declarou explicitamente que concordava com a noção de Jung de uma herança filogenética, mas que ela era, em todos os aspectos, um legado pré-racional (*não* transracional). Aliás, aqui Freud parece estar na metade correta de sua VM-1.

Na minha opinião, Jung, corretamente, tentava dizer que existem importantes domínios da consciência além do ego racional; infelizmente, como explicamos anteriormente, ele não conseguiu distinguir claramente os domínios pré-egoicos – que contêm magia pueril e mito infantil – dos domínios transegoicos – que contêm arquétipos psíquicos genuínos. Assim, tendo caído na VM-2, creio que Jung passou grande parte de sua vida tentando elevar imagens míticas primitivas a arquétipos sutis.

Arquétipos, como usados por Platão, Santo Agostinho e pelos sistemas budista-hindus, referem-se às primeiras formas de manifestação que emergem do Espírito causal no curso da criação do universo, ou seja, no curso da involução, ou da emergência do inferior a partir do superior, os arquétipos são as *primeiras formas criadas*, sobre as quais *toda a criação subsequente é modelada* (do grego *archetypon*, que significa "aquilo que foi criado como um padrão, molde ou modelo"). Assim, os arquétipos estão, ou têm sua localização formal, na região sutil (nível n. 8 na Fig. 7).

Consequentemente, o arquétipo tem dois significados relacionados, mas um pouco diferentes. Primeiro, os arquétipos são padrões de existência exemplares e transindividuais, situados nos limites superiores do espectro. Mas, segundo, cada estrutura em cada nível inferior (de 1 a 7) que pode estar presente coletivamente, pode ser considerada arquetípica ou determinada arquetipicamente. As estruturas inferiores em si não são *os* arquétipos, mas são dadas de forma arquetípica ou coletiva. Assim, a estrutura profunda do corpo humano é arquetípica, assim como a estrutura profunda da matéria, magia, mito, mente, psique. Mas experienciar os arquétipos significa experienciar o nível 8, e não, como dissemos, experienciar o dedo do pé arquetípico, e muito menos experienciar algum tipo de imagem arcaica-mítica. Não nego que, de vez em quando, algum *insight* espiritual possa ser expresso em imagens míticas; nego que elas sejam sua fonte. Portanto, imagens míticas não são *os* arquétipos; quanto a serem arquetípicas, como são *todas* as outras estruturas profundas, não há nada de especial ou preeminentemente arquetípico nas imagens míticas – em ambos os casos, o uso de Jung do termo arquétipo é incorreto, na minha opinião. Podemos facilmente concordar com Jung quando ele afirma, com maior precisão, que o ego e todas as outras principais formas psicológicas são *arquetípicas*, pois, de fato, elas são, mas, sempre na próxima respiração, ele volta a afirmar que, por arquetípico, ele quer dizer mítico, e lá vamos nós novamente.

Uma vez que Jung confundiu imagens míticas com arquétipos transpessoais, ele pôde afirmar que "os arquétipos" foram herdados da evolução *real* passada – eles vivem em nós como um reflexo da forma real das cognições de ontem. E embora seja verdade que herdamos as estruturas de desenvolvimento passadas, essas estruturas estão no lado do macaco, e não no lado do anjo, da divisão. Mas, para Jung, os arquétipos passaram a significar a herança coletiva dos *estágios iniciais da evolução*, enquanto, na verdade, os arquétipos se referem a estruturas no extremo oposto do espectro. Em resumo, Jung colocou os arquétipos no início da evolução, enquanto eles existem de fato no início da involução. Se tivesse evitado essa confusão, ele poderia ter visto que a ascensão da consciência foi atraída *para* os arquétipos *pelos* próprios arquétipos. Isso os removeria da extremidade errada do espectro, na qual eles foram forçados (sem sucesso) a lutar com a herança arcaica de Freud. Também teria tornado Jung um firme aliado de Platão, Plotino e outros. Afinal, isso teria aliviado Jung e seus seguidores da situação extremamente desconfortável de ter que considerar os arquétipos tanto muito primitivos quanto muito divinos. Os terapeutas junguianos são forçados, alternadamente, a cultuar os arquétipos e tremer em sua presença, simplesmente porque seus "arquétipos" – sendo, na verdade, uma mistura de arquétipos reais e formas míticas muito primitivas – oscilam entre a glória transracional e o caos pré-racional. Nesse ponto, creio eu, as teorias de Jung precisam urgentemente ser revisadas.

Finalmente, nem preciso mencionar a falácia inversa: analistas e psicólogos ortodoxos geralmente pegam qualquer material verdadeiramente arquetípico e o apresentam como exemplo perfeito de cognição infantil mítica (ou mágica) regressiva.

## Precauções

Gostaria de concluir este capítulo apontando alguns dos erros típicos que são frequentemente cometidos quando se começa a aplicar a FPT ao entendimento de várias teorias. Uma vez que a forma geral de deslindar uma FPT é passar de um bipolo como

para um tripolo como

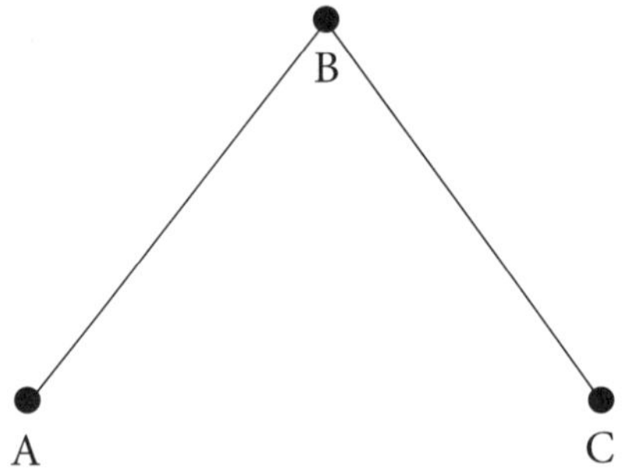


é importante lembrar que nem todo bipolo oculta uma FPT com necessidade de ser revelada. Certos bipolos fundamentais, como yin/yang, céu/terra, luz/escuridão, esquerda/direita, ativo/passivo, repouso/movimento, um/muitos, bem/mal – sejam eles quais forem – não são exemplos de bipolos-FPT. São dualidades inerentes à *maya*; eles são transcendidos, não abandonando um dos polos, mas unindo, integrando e transcendendo ambos, igualmente, no Tao. Assim, ego/não ego é um bipolo-FPT, yin/yang não; racional/místico é um bipolo-FPT, ativo/passivo não.

O problema, no entanto, é que alguns teorizadores usam bipolos reais ou estruturais para apoiar e sustentar suas próprias versões de um bipolo-FPT. Por exemplo, no cérebro, os hemisférios esquerdo/direito são um bipolo estrutural. Nós não lidamos com eles como um bipolo-FPT e tentamos introduzir três "hemisférios". Os hemisférios esquerdo (HE) e direito (HD) são suficientemente reais. Infelizmente, muitos pesquisadores, como Ornstein, pegam um bipolo-FPT, como pessoal/transpessoal ou racional/místico ou egoico/não egoico e tentam enfiar esse falso bipolo nos hemisférios estruturais. O resultado, claro, é que o HE esquerdo representa lógica, ego, tempo e linguagem, e o HD, tudo que é não lógico, não egoico, místico e assim por diante. Isso leva Ornstein e outros ao desastre de defender modos não lógicos sem especificar se eles são pré-lógicos ou translógicos. Pior, faz parecer que não há diferença entre pré-lógico, pré-egoico, pré-pessoal e translógico, transegoico, transpessoal, porque existem apenas dois hemisférios e somente um deles está em uso. Uma vez que um hemisfério é definitivamente lógico, o outro deve ser não lógico – não há espaço para pré e trans. Isso resulta precisamente porque força-se um bipolo-FPT em uma estrutura bipolar real.

Mas, então, o que o HE e o HD poderiam representar, se não dois modos diferentes de conhecimento, denominados racional e místico? Podemos começar observando que, no curso do desenvolvimento cognitivo humano, o indivíduo progride e tem acesso a pelo menos meia dúzia de modos ou níveis de conhecimento importantes, diferentes, perfeitamente distinguíveis. Para facilitar a argumentação, usaremos simplesmente os quatro estágios principais de Piaget – sensório-motor, pré-operacional, operacional concreto, operacional formal – e adicionaremos dois estágios mais elevados – digamos, os níveis psíquico e sutil – para incluir modos transcendentes. Como temos pelo menos esses seis modos principais de conhecimento, mas apenas dois hemisférios, não parece óbvio que os dois hemisférios não representam dois modos de conhecimento – pois, na verdade, existem pelo menos seis – mas sim, dois aspectos diferentes de cada modo de conhecimento, ou seja, dois componentes presentes em cada uma das seis estruturas de conhecimento?

Sugiro que o HE simplesmente se especializa no componente lógico-digital-sequencial de qualquer modo de conhecimento, e o HD se especializa no componente espacial-analógico-padrão. Mas *cada* modo de conhecimento (com a possível exceção dos mais baixos e dos mais elevados, que discutiremos a seguir) contém esses dois componentes necessários. Como o estudo de referência de Foulkes, *A Grammar of Dreams*, demonstrou, até os sonhos têm uma lógica, ou um desdobramento sequencial, quadro a quadro. Há um tempo do sonho (HE) tanto quanto um espaço do sonho (HD). Reciprocamente, até a lógica matemática (HE) utiliza imagens e reconhecimento de padrões (HD). Isso também se encaixa perfeitamente nos estudos de Piaget, que demonstraram que tanto a lógica (HE) quanto a fantasia (HD) da cognição seguem as mesmas estruturas profundas básicas do nível de cognição determinado. Portanto, HE e HD são simplesmente dois aspectos de cada nível, e não dois níveis diferentes.

Finalmente, se você olhar para qualquer diagrama de *chacras* do *Yoga*, verá exatamente o que estou sugerindo: existem seis estruturas principais (*chacras*) de conhecimento-consciência, *cada* uma das quais com um componente esquerdo e direito, ou *ida* e *pingala*. Esses dois componentes existem *igualmente* em cada modo de conhecimento, dos modos corporais aos modos mentais do psíquico e sutil. Em seguida, na testa e na coroa, eles se fundem e *ambos* desaparecem na mais elevada transcendência. Não é que o HE seja egoico-racional e o HD seja não egoico-místico e sim que o HE e o HD estão presentes em todos os seis estágios de conhecimento, e que os dois estágios mais baixos são pré-egoicos, os dois do meio, egoicos e os dois superiores, transegoicos. O HE e o HD não têm, basicamente, nada a ver com isso.

Minha nota final de advertência é que, por exemplo, quando dizemos que ego/não ego é um bipolo-FTP e que existem realmente duas formas diferentes de não ego (pré e trans), fazemos essa afirmação apenas por conveniência semântica. Na minha opinião, nunca A e C *parecem* similares, porque eles seriam, real e estruturalmente similares *somente em um sentido vago*. A tem mais em comum com B do que com C, e C tem mais em comum com B do que com A.

Se me permitem concluir com uma nota pessoal, eu diria que, se ocasionalmente pareci duro em minhas críticas às teorias que considero falaciosas, isso ocorre, em quase todos os casos, pelo fato de eu ter abraçado essas falácias com entusiasmo, especialmente em sua forma da VM-2. E, como Husserl observou na virada do século, a pessoa é mais veemente contra os erros que cometeu recentemente. Nas minhas tentativas subsequentes de aproveitar a metade verdadeira de cada importante visão de mundo e sua FPT, percebo que corro o risco de ser renegado por ambos os lados, enquadrando-me, afinal, no epigrama de Shaw ("ele não tem inimigos, mas é intensamente detestado por todos os amigos"). Não obstante, para que o verdadeiro casamento entre ciência e religião – VM-1 e VM-2 – seja realizado em um sentido que não seja espúrio ou vazio, se quisermos ter um paradigma verdadeiramente abrangente, meu melhor juízo é que absolutamente nenhum outro rumo está disponível. Devemos considerar o que é verdadeiro em ambas as visões e descartar o que é falacioso, ou continuaremos a tentar integrar as meias-verdades embaralhadas de cada uma.

# 8 Legitimidade, autenticidade e autoridade nas novas religiões

## Uma abordagem desenvolvimental-estrutural

Em geral, os novos movimentos religiosos na América do Norte são singularmente problemáticos. Talvez nenhum outro fenômeno tenha causado tanto comentário público, comoção ou confusão. Os Moonies, "lavagem cerebral", Jonestown, cultos, Cientologia, desprogramação, Jesus Freaks, os Meninos de Deus, Hare Krishnas, Synanon – a lista em si parece uma sequência de tudo que pode ser sinistro.

Por um lado, é certamente verdade que um grande número dos "novos movimentos religiosos" é – pelo menos em retrospectiva – desastroso, e Jonestown é paradigmático. No entanto, por outro lado, alguns deles parecem – pelo menos em teoria – genuinamente benéficos, até iluminadores. O melhor do Vajrayana, Zen, Taoismo e Vedanta, por exemplo, agraciou civilizações magníficas e aparentemente simbolizou o ápice do espírito idealista humano, e não há razão para supor que uma infusão desse espírito não possa ressonar e enriquecer nossos próprios conhecimentos mais elevados. Heidegger, por exemplo, afirmou que "se eu entendi Suzuki, o erudito do Zen, é isso que tenho tentado dizer em todos os meus escritos"[6]; e já vimos que a própria busca por um novo e mais abrangente paradigma foi gerada, em grande medida, pelas afirmações de conhecimento do misticismo transcendental, predominantemente na forma oriental.

Parece que nem todas as "novas religiões" são meras platitudes sofomaníacas ou cultismos entorpecentes. O grande problema, claro, é como saber a diferença, ou seja, como conceber qualquer tipo de escala ou critério crível para diferenciar os "movimentos religiosos" mais válidos dos menos válidos ou até prejudiciais. Isso é ainda mais urgente para aqueles que estão se esforçando para apresentar um paradigma "novo e superior" ou abrangente, simplesmente porque uma porção considerável das afirmações transcendentais do novo paradigma é motivada por, ou mesmo baseada em, algumas das novas religiões especificamente místicas, e é melhor estarmos capacitados a oferecer critérios confiáveis para diferenciar "algumas" selecionadas (e. g., o Zen) de todo o restante (e. g., Charles Manson). Para os estudiosos do Zen, essa pode parecer uma equação escandalosamente iníqua, mas o fato simples é que o público em geral – e muitos intelectuais influentes – simplesmente já agrupou, sob o rótulo único de "essas novas religiões", todos os esforços que são não ortodoxos em suas alegações religiosas. O ônus de "desagrupar" ou diferenciar, de fato, propostas tão diferentes, recai agora, injustamente, sobre os estudiosos genuinamente transcendentais.

Em um campo tão complexo e problemático, mesmo uma escala bem genérica e um tanto imprecisa seria melhor que nenhuma, desde que a própria escala pudesse ser verificada externamente em seus contornos gerais, de acordo com os critérios pertinentes das ciências psicológicas e sociológicas modernas. Reconhecendo essas amplas limitações, acredito que existem várias dessas escalas. Na verdade, ao longo deste livro, trabalhamos com um desses modelos (tentativo) de visão geral – uma visão desenvolvimental e estrutural do "espectro da consciência" global. As partes inferiores e intermediárias desse modelo são baseadas nos trabalhos de Piaget, Werner, Arieti, Kohlberg, Loevinger, Erikson, Freud e assim por diante; as porções mais elevadas são baseadas na *philosophia perennis*. Mas o ponto importante é que a existência de cada um dos estágios/níveis desse modelo está aberta à investigação injuntiva e verificação (ou rejeição). E é essa verificabilidade externa – se ela de fato se mostrar sólida – que confere a esse tipo de modelo de visão global seu *status potencialmente crível* e, portanto, permite que, dentro de amplos limites, atue como uma escala para a *adjudicação* de qualquer envolvimento psicossocial específico, inclusive "envolvimento religioso".

Ora, por "adjudicação" refiro-me precisamente ao seguinte: não temos dificuldade em dizer, por exemplo, que uma pessoa no desenvolvimento moral do estágio 5 (*à la* Kohlberg) está em um estágio *mais elevado* do que alguém no estágio 2. Também não temos dificuldade em afirmar que uma pessoa no operacional formal (*à la* Piaget) está em um estágio *superior* ao de uma pessoa no pré-operacional. Nem em dizer que a estrutura do ego consciencioso é *superior* à estrutura do ego conformista (Loevinger). Nem em usar uma dúzia de estágios descritos abertamente pelos desenvolvimentais como constituindo ocasiões sucessivamente mais elevadas. Assim, com um modelo *geral* de desenvolvimento psicossocial – um que incluísse não apenas os estágios inferiores e intermediários de Kohlberg, Piaget, Loevinger e outros, mas também os níveis e estágios superiores de ocasiões sutis e causais – estaríamos mais capacitados a julgar – adjudicar – o *grau* relativo de *maturidade* ou *autenticidade* de qualquer produção psicossocial, moral, cognitiva, egoica ou, no presente caso, religiosa (e "religiosa nova").

Apresentamos esse modelo resumido geral nos capítulos 3 e 4; nós o usaremos novamente no próximo capítulo. Para os propósitos deste, simplesmente trabalharemos com sete de seus principais níveis. São eles:

1) *Arcaico*. Inclui o corpo material, sensações, percepções e emoções. Ele é, aproximadamente, equivalente, por exemplo, à inteligência sensório-motora de Piaget, às necessidades fisiológicas de Maslow, aos estágios autístico e simbiótico de Loevinger, ao primeiro e segundo chacras, o *annamayakosha* (alimento físico) e *pranamayakosha* (*élan* vital).

2) *Mágico*. Inclui imagens e símbolos simples, e os primeiros conceitos rudimentares, ou as primeiras e mais baixas produções mentais, que são "mágicas" no sentido de que exibem condensação, deslocamento, "onipotência de pensamento", e assim por diante. Esse é o processo primário de Freud, o paleológico de Arieti, o pensamento pré-operacional de Piaget; o terceiro chacra. *Correlaciona-se* (como explicado no próximo capítulo) à moralidade pré-convencional de Kohlberg, aos estágios impulsivo e autoprotetor de Loevinger, às necessidades de segurança de Maslow, e assim por diante.

3) *Mítico*. Este estágio é mais avançado que o mágico, mas ainda não é capaz de uma racionalidade clara ou de raciocínio hipotético-dedutivo, um estágio que Gebser denominou explicitamente de "mítico". Ele é, essencial-

mente, o pensamento operacional concreto de Piaget; o quarto chacra; o começo do *manomayakosha* (Vedanta) e do *manovijnana* (Mahayana). *Correlaciona-se* aos estágios conformista e consciencioso-conformista de Loevinger, às necessidades de pertencimento de Maslow, aos estágios convencionais de Kohlberg, e assim por diante.

4) *Racional.* Este é o pensamento operacional formal de Piaget, o raciocínio proposicional ou hipotético-dedutivo; o quinto chacra; a culminância do *manomayakosha* e *manovijnana. Correlaciona-se* aos estágios consciencioso e individualista de Loevinger, à moralidade pós-convencional de Kohlberg, às necessidades de autoestima de Maslow, e assim por diante.

5) *Psíquico.* Aqui estou incluindo o centauro e o sutil inferior como um único nível geral. "Psíquico" não significa necessariamente "paranormal", embora alguns textos sugiram que certos eventos paranormais possam ocorrer, mais provavelmente, nele. Em vez disso, refere-se à "psique" como um nível mais elevado de desenvolvimento do que a mente racional em si (e. g., Aurobindo, Free John). Sua estrutura cognitiva tem sido chamada de "visão lógica" ou lógica integrativa; o sexto chacra; o começo dos *manas* (Mahayana) e o *vijnanamayakosha* (Vedanta). *Correlaciona-se* aos estágios autônomo e integrado de Loevinger, às necessidades de autorrealização de Maslow, ao estágio integrado de Broughton, e assim por diante.

6) *Sutil.* Este é, basicamente, o nível arquetípico, o nível da "mente iluminada" (Aurobindo); a culminância dos *manas* e o *vijnanamayakosha*; uma estrutura verdadeiramente transracional (não pré-racional e não antirracional); intuição em seu sentido mais elevado e mais sóbrio; não emocionalismo ou mera percepção corporal; lar das formas platônicas; *bija-mantra*, *vasanas*; início do sétimo chacra (e subchacras); princípio das necessidades de autotranscendência de Maslow, e assim por diante.

7) *Causal.* Ou essência não manifesta e quididade de todos os níveis; o limite de crescimento e desenvolvimento; "Espírito" no sentido mais elevado, não como uma Pessoa Grande, mas como "Essência do Ser" (Tillich), "Substância Eterna" (Spinoza), *Geist* (Hegel); sétimo chacra e além; *anandamayakosha* (Vedanta), *alayavijnana* (Mahayana), *Keter* (Cabala), e assim por diante.

Como vimos, esses sete estágios de desenvolvimento estrutural podem ser reduzidos ainda mais a *três domínios gerais*: o pré-racional (subconsciente), o racional (autoconsciente) e o transracional (superconsciente) conforme o diagrama a seguir.

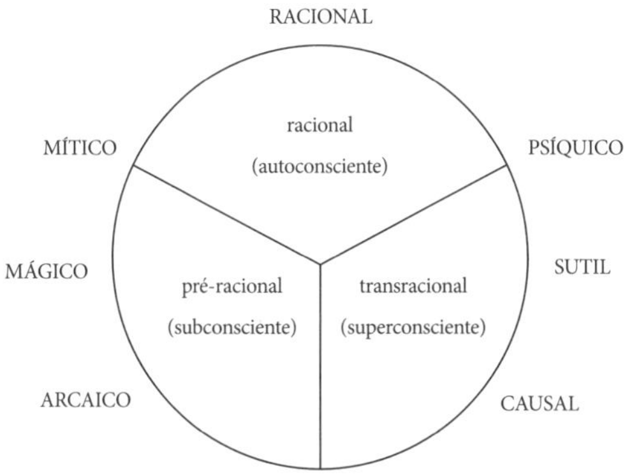


## A falácia pré/trans

No capítulo anterior, vimos que um dos grandes problemas para a descoberta de um modelo de desenvolvimento global é que, embora o domínio racional ou autoconsciente seja quase universalmente aceito, os outros dois são quase universalmente confundidos. Isto é, já que os domínios pré-racional e transracional são, a seu modo, não racionais, eles parecem semelhantes ou mesmo idênticos aos olhos não treinados. Essa confusão, geralmente, leva a um de dois erros opostos: ou o transracional é *reduzido* ao pré-racional (e. g., Freud), ou o pré-racional é *elevado* ao transracional (e. g., Jung).

Chamamos qualquer uma dessas confusões de "falácia pré/trans", e a falácia pré/trans, na minha opinião, localiza-se precisamente no centro da controvérsia sobre "as novas religiões" – *porque*, sugerirei, cerca de metade das novas religiões é pré-racional e cerca de metade é transracional, e *essa* é a estranha mistura de "doces ou travessuras" que torna toda essa questão tão extraordinariamente difícil de ser resolvida.

Mas seja o que for que decidirmos sobre esse ponto em particular – nós o desenvolveremos a seguir –, eu gostaria de lembrar ao leitor que este modelo geral – que simplificamos como pré-racional, racional e transracional, ou pré-pessoal, pessoal e transpessoal, ou subconsciente, autoconsciente e superconsciente – baseia-se em critérios *estruturais* e *desenvolvimentais* potencialmente abertos à verificação externa e experimental (como são, p. ex., os trabalhos de Piaget ou Kohlberg). O modelo é oferecido hipotética e experimentalmente, não dogmática e conclusivamente. Mas, se ele se provar sólido, seremos capazes de tirar certas conclusões significativas sobre a natureza das "novas religiões", para não mencionar a das "antigas".

## *Legitimidade* versus *autenticidade*

Lembre-se de que a forma básica de definição de cada nível é sua estrutura profunda, enquanto um elemento ou componente específico é uma estrutura superficial. Chamamos uma mudança na estrutura profunda de *transformação*; uma mudança na estrutura superficial, de *translação*. Em seguida, apresentamos uma ideia simples: chamamos de *legítima* qualquer instituição psicossocial que valide ou facilite a translação; e de *autêntica* qualquer outra que valide ou facilite a transformação.

*Legitimidade*, como definida, é uma escala *horizontal*. É uma medida do grau de integração, organização, significado, coerência e estabilidade de, ou no âmbito de, um determinado nível de adaptação ou desenvolvimento estrutural. Uma das maiores necessidades dos indivíduos – uma necessidade abrangente – é encontrar legitimidade no atual nível de desenvolvimento, qualquer que seja ele. Por exemplo, pessoas no nível mágico-protetor buscam legitimidade, ou existência abençoada, via segurança ou necessidades de autoproteção (pré-convencional) de sua visão de mundo animista e narcísica. Pessoas no nível mítico-associativo (convencional) buscam legitimidade por meio de pertencimento conformista, tentando ser aceitas pelo grupo. Pessoas no nível racional (pós-convencional) buscam legitimidade via necessidades conscienciosas ou de autoestima: elas só conseguem legitimar sua existência seguindo sua própria consciência e interagindo com instituições sociais de estrutura semelhante. Uma das grandes tarefas de qualquer sociedade é proporcionar a seus membros uma visão de mundo legítima e legitimadora, capaz de validar a existência no nível médio expectável de desenvolvimento estrutural alcançado por eles. (Em nossa sociedade, o nível médio expectável é, aproximadamente, o mítico-racional.)

*Autenticidade* é uma escala *vertical*. É uma medida do grau de transformação oferecido por qualquer instituição psicossocial específica. Toda sociedade tem de agir como um *marca-passo* de transformação até seu nível médio expectável de adaptação estrutural e, portanto, deve prover modos autênticos de transformação até, e inclusive, esse nível (geralmente, essa tarefa recai sobre sistemas familiares, educacionais e, ocasionalmente, religiosos). Em nossa sociedade, por exemplo, tentamos deslocar ou desenvolver os indivíduos até o nível racional ou, pelo menos, até o mítico-racional. Aqueles que estão no nível arcaico geralmente precisam ser disciplinados, e os que se encontram no nível mágico são rotulados como psicóticos e, consequentemente, isolados. Mas por volta do estágio mítico-racional, a força da nossa sociedade, como marca-passo de transformação autêntica (ou crescimento vertical), desaparece e qualquer crescimento mais elevado ou autenticidade deve ocorrer por conta própria do indivíduo ou em microcomunidades de pessoas afins. De qualquer modo, é esse poder e grau de transformação que chamamos de autenticidade.

Qualquer religião, como qualquer outra produção psicossocial, pode ser julgada com base em sua legitimidade e autenticidade, ou seja, ela busca apenas confirmar, validar e moralizar uma pessoa em seu estágio atual de adaptação ou procura transformar a pessoa para níveis genuinamente mais elevados de crescimento e desenvolvimento? Ela meramente ajuda a pessoa a *transladar-se* melhor ou a *transformar-se* significativamente? Ora, *ambas as escalas são importantes*. Mesmo as religiões autênticas (i. é, aquelas que se envolvem explicitamente com os domínios transracionais, transpessoais e superconscientes) devem ser legítimas em seus próprios níveis; e até mesmo uma religião legítima, mas não muito autêntica (e. g., o protestantismo exotérico, a religião civil, o xintoísmo laico) pode servir como uma força estabilizadora e organizadora em seu próprio nível. Só que, da mesma forma que pré-racional e transracional, legitimidade e autenticidade são muitas vezes, até usualmente, confundidas (especialmente pelos sociólogos da religião). Entre outras coisas, isso faz parecer que um candidato a uma autenticidade mais elevada não seja diferente de um candidato a uma legitimidade mais robusta. Confunde-se completamente duas escalas independentes, e isso – aliado à falácia pré/trans – dá a entender que todas as "novas religiões" são essencialmente idênticas em sua motivação. Na recente série de seminários da *Graduate Theological Union* (que discutiremos em breve), Dick Anthony, um influente sociólogo da religião, respondeu a essas distinções, fazendo o seguinte sumário muito importante e sucinto:

> Este é um tema que surge várias vezes. Precisamos distinguir entre critérios transpessoais, em outras palavras, entre grupos que são autenticamente espirituais em algum sentido transpessoal e grupos que não o são e, em seguida, noutra dimensão, entre grupos que são de algum modo legítimos, como seitas religiosas civis ou grupos religiosos convencionais, ou o que seja; e os grupos podem se desviar de maneira negativa ao longo de qualquer uma dessas dimensões. E as dimensões interagem, de forma que se obtém uma espécie de tabela com quatro células. E quando tentamos ajustar as coisas seguindo algum critério unidimensional de valor, tudo desmorona[55].

As duas últimas seções podem ser resumidas em uma frase: são essas duas confusões – pré e trans, legítimo e autêntico – que atrapalham o estudo das novas religiões (bem como a emergência de um novo paradigma). Tentarei agora analisar as novas religiões sem essas confusões.

## Os critérios

Nossa metodologia é simples: tomamos o movimento sociorreligioso específico, examinamos suas declarações, ações e sistemas de crenças e os sujeitamos a (1) uma *análise do desenvolvimento estrutural* para determinar seu grau de autenticidade ou maturidade vertical; e a (2) uma *análise funcional-superficial* para determinar seu tipo e grau de legitimidade ou integração e estabilidade horizontal.

Primeiro, sua autenticidade. Ele é *arcaico*, com momentos de indissociação eu-outro, narcisismo primário, fusão primitiva, necessidades orais, talvez até impulsos canibais ou assassinos (homicidas ou suicidas)? Ou é *mágico*, com rituais de "onipotência de pensamento" (e. g., vodu, bruxaria), impulsos emocional-sexuais, crenças mágicas, confusão eu-clã (totemismo)? Ou é *mítico*, com intensas necessidades conformistas, uma visão de mundo de Pais

Cósmicos, figura autoritária "representativa" dos Pais, ritual mítico, ênfase em pertencer ao grupo (estar salvo) *versus* não pertencer ao grupo (estar condenado) e falta de justificação racional? Ou parece conter aspirações verdadeiramente transcendentais – aspirações que são definidas não pelo dogmatismo pré-racional, mas por suas injunções transracionais? É psíquico, sutil ou mesmo causal – estes são caracterizados por estudo e disciplina genuínos, com o objetivo de efetivar transformações autênticas e por meio de formas que podem ser determinadas imparcialmente por rigorosa análise estrutural do desenvolvimento?

Em resumo, no que diz respeito à autenticidade, o grupo em questão é pré-racional (arcaico, mágico, mítico) ou transracional (psíquico, sutil, causal)?

Segundo, analisamos as produções psicossociais do movimento para determinar seu tipo e grau de legitimidade, ou seja, estamos buscando o grau de integração, engajamento significativo, propósito e estabilidade oferecidos no nível particular, característico do grau de autenticidade do grupo. Como e por que, dentro de seu nível geral de estrutura de crenças, o grupo obtém sua legitimidade? Como ele valida sua existência? Que sanções são usadas? Quão coerentes e organizadas são elas? Mais importante ainda, a legitimidade é conferida pela sociedade inteira, pela tradição ou por uma única pessoa? Isto é, no âmbito do nível determinado de adaptação estrutural, quem ou o que tem o poder final de afirmar que você está bem?

No geral, então, uma vez que determinamos o nível de autenticidade do grupo, ou seu grau vertical de maturidade e desenvolvimento, tentamos determinar seu tipo e grau de legitimidade, ou sua escala horizontal de significado e estabilidade integrativos. E são especialmente essas duas escalas que podem nos ajudar a separar as várias vertentes das "novas religiões". Mas há outra escala ou fator que também é importante: o tipo e o grau de *autoridade* evidenciado pelo(s) líder(es) do grupo.

## Autoridade

Vou encurtar e simplificar drasticamente essa discussão, abordando a autoridade de um ângulo quase oposto ao normalmente assumido: não discutirei o que constitui "má" autoridade – dinâmica fascista, personalidades autoritárias, subserviência do grupo a projeções do superego e hipnose de transferência –, mas o que constitui "boa" autoridade; isto é, sob que circunstâncias a maioria das pessoas concordaria que uma autoridade é necessária? O que é uma autoridade benigna, útil e não problemática?

Um tipo de autoridade benigna é a "autoridade funcional", a pessoa que, por treinamento especial, está autorizada a executar determinadas tarefas e funções; por exemplo, encanadores, médicos, advogados. Esse tipo de autoridade não é problemático, porque a sujeição a ela é voluntária. Mas existem até certos tipos de sujeição *involuntária* à autoridade que geralmente também são considerados não problemáticos – a aplicação da lei, por exemplo. Mas o melhor exemplo é, provavelmente, a educação obrigatória, porque sua existência se baseia em um argumento desenvolvimentais e na necessidade da sociedade de agir como um marca-passo do desenvolvimento até, pelo menos, certo nível médio de adaptação expectável.

A autoridade benigna nessa situação é, obviamente, o professor. E ele tem uma forma peculiar de autoridade. Se, por exemplo, um aluno perguntar, em relação a uma tarefa específica: "Mas por que tenho que fazer dessa maneira?", a autoridade final do professor é: "Porque eu estou dizendo que é assim. Depois de aprender a fazer dessa maneira – depois de se formar – você pode fazer como quiser. Mas a experiência nos mostrou que essa é a melhor maneira de aprender essa tarefa, e é assim que você fará na minha classe, se quiser passar".

Ora, mesmo que seja uma autoridade compulsória, ela é vista como benigna, não problemática e necessária, porque (1) afeta o desenvolvimento e (2) é *temporária ou específica de fase*. Isto é, a autoridade do professor sobre o aluno é passageira; ela desaparece efetivamente quando o grau de compreensão do aluno se aproxima do grau do professor (supostamente simbolizado pela formatura). Nesse ponto, o aluno pode se tornar um professor – e pode até discordar de seus professores prévios.

A autoridade específica de fase parece inevitável em qualquer processo de educação (desenvolvimento). Mesmo no ensino superior ou não obrigatório, a lacuna entre a compreensão de um tópico do professor e do aluno confere ao professor uma autoridade específica de fase que só é anulada quando, e se, essa lacuna for suficientemente preenchida. Nesse ponto, professor e aluno tornam-se mais ou menos iguais; antes desse ponto, a autoridade específica de fase parece ser inescapável.

Ora, não podemos concluir com base nesses exemplos que toda autoridade funcional e específica de fase seja benigna e não problemática. Mas podemos concluir que a autoridade que não é funcional ou específica de fase pode muito bem ser problemática, porque as únicas razões principais que restam para a sua existência são aquelas que tendem a cair na categoria de "má" autoridade – autoridade que não serve a uma função (objetiva) necessária ou a um crescimento de fase (subjetivo) específico, e sim, que repousa em certas dinâmicas psicológicas de "senhor-escravo" (Hegel), "poder sobre" (Fromm), "projeção do superego" (Freud), "hipnose de transferência" (Ferenczi), "mentalidade de rebanho" (Hegel/Berdyaev), "praga emocional" (Reich), e assim por diante.

Para esta apresentação, escolhi o atalho de não tentar explicar a natureza de todas essas várias concepções de "má" autoridade; em vez disso, simplesmente sugeri duas características principais da "boa" autoridade (funcional e/ou específica de fase), e concluí: se a autoridade em questão não exibe nenhuma dessas características "boas", a chance é que ela seja, ou se torne, problemática. (E o leitor pode preencher a natureza do "problema" usando a teoria que desejar.)

Se tomarmos cada uma das dimensões ou variáveis que discutimos – autenticidade, legitimidade e autoridade – e examinarmos suas manifestações "más", chegaremos a uma lista experimental de fatores problemáticos; quanto mais um grupo os contém, mais problemático ele provavelmente é (ou se tornará): (1) envolvendo-se com um domínio pré-racional, (2) envolvendo-se com uma figura de autoridade "permanente", e (3) envolvendo-se com uma legitimidade de grupo fraturada, isolada e/ou de fonte única.

## Alguns exemplos concretos

Em uma recente série de seminários da *Graduate Theological Union*, que culminou em um projeto de pesquisa de um ano, cerca de doze "novos movimentos religiosos" foram cuidadosamente examinados (inclusive com entrevistas aprofundadas com seus proponentes). Desses, aproximadamente três em cada quatro foram considerados – por estudiosos ortodoxos e transpessoais – como problemáticos, ou pelo menos, por terem degenerado para um *status* problemático. Isso incluiu movimentos como Jonestown, Synanon, uma infeliz reviravolta na Psicossíntese e a Igreja da Unificação (Moonies).

O que emerge dessas transcrições é um *padrão geral de grupos problemáticos*, e esse padrão se correlaciona, inconfundivelmente, com os três critérios "maus" sugeridos anteriormente. O paradigma para isso, claro, foi Jonestown. Ele era (1) pré-racional (no final, afundando da necessidade de pertencimento mítico para rituais mágico-sexuais até o sacrifício arcaico); (2) era liderado por uma autoridade permanente e não específica de fase (o "pai" Jim Jones, assim chamado); e (3) sua legitimidade – o próprio bem-estar de cada membro – repousava sobre uma única pessoa (legitimidade isolada).

Mas um padrão semelhante pode ser observado na maioria dos outros grupos problemáticos, mesmo aqueles subsistindo em circunstâncias completamente diferentes (embora poucos tenham degenerado até o grau final de Jonestown). Um exemplo infeliz é a situação atípica que surgiu em uma escola específica da Psicossíntese. Digo "atípica" porque a Psicossíntese propriamente dita é, em geral, um ensino bastante sofisticado e autêntico, e o que aconteceu com uma de suas escolas simplesmente não serve como indicativo para seu potencial teórico.

Esse grupo em particular começou como uma comunidade preocupada de indivíduos – praticamente todos parecendo estar em, ou próximos de, um nível racional de adaptação estrutural – aparentemente interessados em buscar um autêntico crescimento e desenvolvimento transracional. Por uma série de eventos que podem ser acessados apenas nas transcrições originais (e bastante amedrontadoras), a transformação ascendente começou a azedar. O que se seguiu foi uma regressão grupal clássica para domínios pré-racionais, uma regressão que quase terminou em uma Jonestown.

Podemos acompanhar essa regressão usando praticamente qualquer um dos esquemas de desenvolvimento que discutimos – Piaget, Kohlberg, Loevinger, Maslow, nosso próprio modelo de visão global. Os indivíduos, aparentemente, iniciaram no estágio de autoestima (consciencioso), interessados nos domínios mais elevados de autorrealização e autotranscendência. Quando esse desenvolvimento ascendente começou a azedar, os indivíduos não apenas fracassaram em suas próprias necessidades de autoestima, como, visivelmente, começaram a regredir para modos de pertencimento conformista. A individualidade foi afastada; o "ego do grupo" passou a exigir lealdade. No lugar da individualidade racional e da investigação lógica, surgiram a associação mítica e o "muro do terror" que exigiam e obrigavam a lealdade ao grupo. A *conformidade* com a visão de mundo específica passou a ser agora o árbitro da *legitimidade*: deixar o grupo era "morrer". (Isso é ainda mais extraordinário, porque as pessoas assim envolvidas eram extremamente instruídas – médicos, advogados e outros profissionais.) A mudança em direção aos domínios pré-racionais estava em andamento; ninguém foi encorajado, ou mesmo autorizado, a questionar racionalmente os ensinamentos. O critério n. 1 – pré-racionalidade – já se mostrava evidente.

Pior ainda, a arbitragem do "ensinamento" logo se concentrou em um *único* indivíduo, uma situação que representava o abandono da autoridade de fase temporária em favor de uma autoridade *permanente* para todos os fins práticos (critério n. 2). Essa pessoa, vamos chamá-la de Smith, era vista como o líder exclusivo e permanente da organização. No final, Smith começou a ser percebido (por ele e por todos os outros) como o privilegiado portador de *legitimidade*: Smith, e somente Smith, tinha o poder definitivo de dizer se suas ações eram ou não corretas (critério n. 3). Tão flagrante era esse poder, que Smith passava horas – literalmente horas – "processando" indivíduos, pessoalmente ou por telefone, dizendo-lhes exatamente o que pensar, sentir e fazer para ficar bem, ser legítimo e ser validado. E, dada a regressão do grupo às intensas necessidades de conformidade, praticamente ninguém se opôs.

A situação agravou-se tanto por parte do senhor quanto do escravo. O pertencimento mítico e a submissão do grupo logo regrediram ao estágio mágico de sistemas do processo primário de cognição e referência ilusória. Forças invisíveis – descritas vivamente – estavam "lá fora esperando para pegá-los"; senhor e escravo tornaram-se, literal e clinicamente, paranoicos (como aconteceu, p. ex., com Jim Jones). Se circunstâncias alheias não tivessem interrompido esse padrão, ele poderia ter terminado em sacrifício arcaico, masoquista e literal: já que o mundo não nos entende, uma vez que eles estão dispostos a nos pegar, vamos nos antecipar como afirmação heroica.

Embora nem todos os grupos problemáticos sigam exatamente esse padrão genérico, ou pelo menos não cheguem a tais extremos, acredito que o próprio padrão é suficientemente comum para ser considerado essencialmente paradigmático. Costumo referir-me a esse padrão como "culto clânico e mestre totêmico". "Culto clânico" refere-se à ausência completa de necessidades de autoestima, conscienciosas ou pós-convencionais, com consequente mentalidade de rebanho. "Mestre totêmico" refere-se à figura permanente de autoridade que geralmente toca o rebanho. "Totêmico" enfatiza as conotações mágico-míticas atribuídas a essa figura paterna, e "mestre" enfatiza o extraordinário poder de legitimação implícito nesse indivíduo (por razões psicodinâmicas). Assim, Jim Jones era o mestre totêmico ou pai temporal de toda a sua comunidade. Ele não representava o "eu eterno" de cada indivíduo, como ocorre com um autêntico guru. Em vez disso, ele era visto como o pai temporal, e até biológico, do grupo – uma crença aparentemente sustentada por rituais bizarros (mágicos) de fertilidade sexual. Não "nosso Pai, que está no Céu", mas "nosso pai, que está ao lado". Porém, independentemente das práticas sexuais reais (elas parecem bastante raras), o mestre totêmico é visto de alguma forma como o pai temporal de todo o grupo, literal ou figurativamente. Ele está *totemicamente* "dentro" do grupo e o grupo está "dentro" dele, mágica ou miticamente. Não é por acaso que Jones, Moon e Manson costumavam ser chamados de "pai" (*não* significando padre), e que mais de um mestre totêmico considerou *Führer* e *Vater* como sinônimos.

Esse parece ser o padrão geral de grupos especialmente problemáticos: engajados em domínios pré-racionais, liderados por uma autoridade permanente e não específica de fase, e baseados em legitimidade isolada, separativa ou clânica: o culto clânico e o mestre totêmico. Por mais que as especificidades variem – e variam imensamente –, acredito que essa seja a única e mais simples generalização que consegue resumir adequadamente as seitas especialmente problemáticas das "novas religiões".

## Um esquema corroborativo

Nesta seção, gostaria de mencionar muito brevemente o trabalho de Dick Anthony e Tom Robbins, porque eles categorizaram as novas religiões de acordo com três dimensões (não desenvolvimentais), e elas sustentam tangencialmente meus próprios critérios. Essas dimensões são: (1) carismática/técnica, (2) um nível/dois níveis, e (3) monística/dualística.

A dimensão monística/dualística refere-se ao fato de um grupo acreditar que todos os indivíduos são, em última instância, unos com a Divindade (independentemente da crença particular), ou se apenas um selecionado "grupo fechado" pode alcançar um *status* elevado. A religião de um nível tende a olhar para o nível manifesto ou presentemente disponível (geralmente material) como a arena da salvação, enquanto a religião de dois níveis tende a ver a liberação ocorrendo em um domínio transtemporal. A religião carismática tende a se concentrar na personalidade do líder do grupo, enquanto a religião técnica tende a se concentrar em certas técnicas e práticas (ou tradições) impessoais.

Essas três dimensões não julgam – elas simplesmente categorizam, em termos perfeitamente aceitáveis para os vários grupos, os *tipos* de mapas cognitivos ou sistemas de crenças adotados por cada grupo. É um simples esquema classificatório (cf. Fig. 8). Além desse esquema, Robbins e Anthony tentaram identificar as células que parecem ser problemáticas. Eis o que eles encontraram na média (há exceções):

Grupos negativos ou problemáticos tendem a ser de um nível, enquanto grupos positivos tendem a ser de dois níveis. Grupos carismáticos tendem a ser mais problemáticos do que grupos técnicos. E grupos dualísticos tendem a ser mais problemáticos do que grupos monísticos.

MONÍSTICO

| | TÉCNICO | CARISMÁTICO |
|---|---|---|
| Um nível | EST (Erhard Seminars Training)<br>Cientologia<br>Circle of Gold | Família de Charles Manson<br>Messiah's World Crusade<br>Om cult |
| Dois níveis | Hinduísmo Vedanta<br>Yoga Integral<br>Zen-budismo | Meher Baba<br>Muktananda<br>Bubba (Da) Free John |

DUALÍSTICO

| | TÉCNICO | CARISMÁTICO |
|---|---|---|
| Um nível | Pensamento Positivo<br>Robert Schuller<br>Church of Hakeen | Igreja da Unificação (Moonies)<br>Templo do Povo (Jonestown)<br>Synanon |
| Dois níveis | Grupos de Renovação Carismáticos Católicos<br>Grupos Neopentecostais | Movimento de Jesus<br>Christ Commune<br>Christian Liberation Front |

(Adaptado com permissão de D. Anthony)

Ora, o que eu sugiro é que os critérios estrutural-desenvolvimentais que esboçamos formam a subestrutura das conclusões apresentadas por Anthony e Robbins. Assim, os grupos dualísticos tendem a ser mais problemáticos do que os grupos monísticos, porque promovem a noção pseudoestrutural de que apenas *algumas* pessoas são qualificadas (ou podem evoluir) para o nível mais elevado. Isso leva a uma ênfase extrema em quem pertence ao grupo *versus* quem não pertence, o que por si só convida à regressão pré-racional e ao envolvimento conformista, exclusivo ou exagerado, com o culto, com a legitimação separada e separativa. As religiões monísticas, por outro lado, reconhecem diferenças temporárias no desenvolvimento, mas enfatizam a potencial igualdade ou unidade em Deus.

As religiões de um nível tendem a ser mais problemáticas do que as religiões de dois níveis simplesmente porque desconsideram o crescimento e o desenvolvimento verticais e, portanto, estão sempre abertas a reinterpretar o seu próprio nível (embora medíocre) de adaptação estrutural como *o* nível mais elevado (enquanto sejam adotados plenamente apenas seus atuais critérios de *legitimidade* – uma técnica aperfeiçoada por EST). A genuína autenticidade é abandonada em favor da legitimidade robusta, e o atual nível de desenvolvimento, por mais intermediário que seja, torna-se a arena da salvação final. A religião de dois níveis, por outro lado, é de dois níveis porque se recusa a equiparar o nível atual ao último (exceto em um sentido paradoxal) e, assim, mantém aberta a possibilidade, na verdade a necessidade, de maior crescimento e desenvolvimento.

A religião carismática é mais problemática do que a religião técnica (ou tradicional) porque depende necessariamente da autoridade de uma única pessoa. Se a pessoa provar ser menos do que genuína, as religiões carismáticas podem degenerar em autoridade única e legitimidade isolada – com todos os problemas inerentes. A religião técnica, por outro lado, assume como lastro uma técnica impessoal ou uma tradição histórica, contrabalançando assim os caprichos possivelmente idiossincráticos de qualquer mestre potencialmente totêmico.

Se considerarmos o polo mais problemático de cada uma dessas três dimensões, e os juntarmos, chegaremos à pior combinação possível para uma "nova religião": um nível/carismática/dualística; a segunda pior é um nível/carismática/monística. Vimos que a religião de um nível tende ao separatismo ritual, e a carismática pode tender à autoridade única e permanente. Em resumo, as piores combinações possíveis seguem exatamente o padrão geral do "culto clânico e mestre totêmico". E se você observar essas duas células na Figura 8, encontrará de fato os cultos desastrosos: Manson, Jonestown, Synanon, Moonies.

Reciprocamente, no outro extremo, completamente oposto nas três dimensões, estão as religiões monísticas/dois níveis/técnicas – Yoga Integral (Aurobindo), meditação budista, Vedanta etc. – precisamente as "novas religiões" que estão na vanguarda do novo e transcendental paradigma.

## O grupo não problemático

De acordo com Anthony e Robbins, o grupo não problemático provavelmente será monístico, de dois níveis e técnico. Ou, mais realistamente, poderíamos recomendar dois desses três: se o movimento é carismático, espero que seja monístico e de dois níveis; se dualístico, espero que seja técnico e de dois níveis, e assim por diante.

Em termos de critérios estrutural-desenvolvimentais, podemos sugerir o seguinte. Um grupo autêntico e positivo provavelmente:

1) *Será transracional, não pré-racional.* Especificamente, ele utilizará ensinamentos e disciplinas que envolvam níveis mais elevados, sutis e/ou causais de adaptação estrutural, e não engajamentos pré-racionais ou irracio-

nais. Essas disciplinas, geralmente, envolvem prática, concentração e vontade sustentadas; elas se apoiam explicitamente em um fundamento moral, que geralmente inclui relações alimentares e sexuais apropriadas; e são pelo menos tão difíceis de dominar e concluir quanto, digamos, um doutorado.

Infelizmente, a maioria dos sociólogos ortodoxos parece esforçar-se para ver *todas* as "novas religiões" como nada além do que a busca de uma nova legitimidade motivada pelo colapso das religiões tradicionais, ortodoxas ou civis, e nem sequer consideram que algumas das novas religiões – expressamente as transracionais – também estão em busca de uma *autenticidade* mais elevada, uma autenticidade *nunca* oferecida pelas antigas religiões. Diga o que quiser, o protestantismo exotérico nunca ofereceu uma experiência generalizada, autêntica, mística, transcendental e superconsciente. Ofereceu, na melhor das hipóteses, uma robusta legitimidade no nível *mítico*. Algumas das novas religiões estão, explícita e estruturalmente, em busca dessa dimensão autêntica, não meramente legítima (e. g., Zen, Vedanta, Raja Yoga, Vajrayana etc.).

Por outro lado, essas disciplinas autênticas não devem ser confundidas com a infinidade de movimentos "místicos *pop*" e "quase terapêuticos". A descontraída e feliz localização do Condado de Marin é exatamente o que essas disciplinas autênticas não são; Beat Zen, vagabundos do dharma, siga o aqui/agora – isso, também, é exatamente o que essas disciplinas não são. Na verdade, praticamente todas as abordagens do Beat Zen são baseadas na falácia pré/trans. Como Serial disse de maneira tão extravagante: "Naqueles dias de consciência elevada, todos sabiam que a mente racional era uma bagunça; a coisa realmente autêntica a fazer era agir com base em seus impulsos". É claro que esse é exatamente o clima pré-racional que distorceu os ensinamentos místicos e orientais e, infelizmente, essa abordagem pré-racional está por trás de talvez 50% dos movimentos humanísticos, transpessoais e de "potencial humano" – sem mencionar as "novas religiões" tão dubiamente aliadas a eles. Pior ainda, esse misticismo *pop*, Beat Zen, foi usado por mais de um culto religioso para racionalizar suas monstruosidades. ("Como tudo é um", disse Charles Manson, "nada é errado".)

2) *Ancorará a legitimidade em uma tradição.* A legitimidade oferecida por uma tradição – cristianismo, sufismo, budismo – tende a ser menos proble-

mática do que a legitimidade oferecida por uma única pessoa (líder), simplesmente porque é menos passível de dominação e distorção permanentes, isoladas e de figura de autoridade única. Se, por exemplo, você é um professor de meditação budista, é infinitamente mais difícil proclamar-se autoridade permanente e único árbitro da legitimidade, porque há por trás de você, como lastro, 2.500 anos de ensino corretivo. Em outras palavras, a *linhagem* é uma das maiores salvaguardas contra a legitimidade fraudulenta.

3) *Terá uma autoridade específica de fase.* É do conhecimento geral que, praticamente, todas as tradições orientais ou místicas autênticas sustentam que o guru é representativo da própria natureza mais elevada e, uma vez que essa natureza seja realizada, a autoridade formal e a função do guru se encerram. O guru é guia, professor ou médico, não rei, presidente ou mestre totêmico.

Portanto, o buscador deve ficar atento a qualquer movimento religioso encabeçado por uma autoridade permanente. Ou – dito de outra forma – ser cauteloso com qualquer autoridade que não possa, pelo menos em princípio, ser substituída. Até mesmo os dalai-lamas e os papas podem ser substituídos por seus sucessores; mas não havia, e não poderia haver, nenhum substituto para Jim Jones ou Charles Manson; quando morrem, seus movimentos geralmente terminam ou fracassam. Ou líderes religiosos estão aí para levá-lo ao nível de compreensão deles – nesse caso, sua autoridade é temporária – ou existem para mantê-lo em seu lugar, que, por definição, está abaixo deles. A lista de líderes de cultos desastrosos é uma relação de "autoridades" permanentes, não substituíveis e não específicas de fase.

Quanto à relação entre a autoridade dos "bons" gurus e seus discípulos, fui participante/observador em quase uma dúzia de novos movimentos religiosos não problemáticos, budistas, hinduístas e taoistas. Em nenhum desses grupos fui submetido a um grau severo de pressão autoritária (disciplina, sim; pressão, não). Na verdade, a pressão autoritária nesses grupos nunca se igualou à que vivenciei na pós-graduação em bioquímica. Os mestres nesses grupos eram vistos como grandes professores, não grandes papais, e sua autoridade era sempre a de um médico interessado, não de um chefe totêmico.

Existe outra forma de exprimir como é uma autoridade não problemática, ou seja, um grupo positivo:

4) não *é liderado por um mestre perfeito.* A perfeição existe apenas na essência transcendental, não na existência manifesta, e mesmo assim muitos devotos consideram seu mestre "perfeito" em todos os aspectos, o guru supremo. Isso quase sempre é um sinal problemático, porque o devoto, confundindo essência com existência, é levado a *projetar* suas próprias fantasias arcaicas, narcísicas e onipotentes no guru "perfeito". Todos os tipos de cognições arcaicas e mágicas do processo primário são reativadas; o guru pode fazer qualquer coisa; quão maravilhoso é o guru; na verdade, quão maravilhoso devo ser eu para estar entre os escolhidos. É uma posição extremamente narcisista.

Mas, claro, o guru, eventualmente, mostra seu lado humano (Graças a Deus!), e o devoto fica arrasado, desiludido, angustiado. O devoto, então, ou o abandona, porque o guru não pode mais sustentar o *glamour* narcísico do devoto, ou tenta racionalizar as ações do guru. "Bêbado? O mestre está bêbado? Bem, você entende, ele está enfatizando os males do álcool pelo exemplo." O caso notório que envolveu Trungpa – ele despiu um aluno e abusou verbalmente dele – recebeu todos os tipos de explicações elevadas de seus seguidores, nenhum dos quais chegou à correta: Trungpa cometeu um erro ultrajante, indesculpável e completamente estúpido, ponto-final.

Bons mestres podem realmente ser divinos, mas também são humanos. Diz-se que até mesmo Cristo era uma pessoa (Jesus) com duas naturezas (humana e divina). Além disso, o fato de um guru ter sido completamente educado em alma e espírito não significa que ele ou ela tenha sido completamente educado em corpo e mente. Ainda não vi um guru correr uma milha em quatro minutos com seu "corpo perfeito" ou explicar a teoria especial da relatividade de Einstein com sua "mente perfeita". O Mestre Perfeito não poderá aparecer até que a humanidade da qual ele ou ela faz parte – até que, de fato, toda manifestação – tenha evoluído para o estado mais elevado e perfeito. Até então, a Perfeição reside apenas na transcendência, não na manifestação; portanto, cuidado com o "mestre perfeito".

Há um corolário para isso; um grupo positivo:

5) não *se propõe a salvar o mundo.* Tem sido frequentemente assinalado que uma porcentagem bastante alta dos participantes de grupos problemáticos entrou, inicialmente, com impulsos aparentemente muito altruístas e idealistas, desejando ajudar as pessoas e melhorar o mundo. Mas esse "idea-

lismo", na verdade, tem uma estrutura muito semelhante à do "mestre perfeito" – arcaica e narcisista. O ímpeto subjacente é "eu e o grupo vamos mudar o mundo", ênfase em mim. Além disso, seu cerne narcísico é evidenciado na arrogância da própria postura: temos o único (ou o melhor) caminho e mudaremos o mundo, isto é, imporemos nossas ideias aos pobres ignorantes por aí. Ora, eles podem não *falar* dessa maneira (eu disse isso de forma bem grosseira); mas eles devem, de fato, se sentir mais ou menos assim – como você pode presumir ajudar alguém, especialmente sem ser solicitado, a menos que assuma que eles precisam de ajuda (i. é, sejam inferiores) e que você é capaz de provê-la?

Em geral, esse "altruísmo" narcisista apresenta-se como um zelo missionário e uma fúria proselitista que nenhum "idealismo" altissonante consegue disfarçar. Essa determinação obsessiva está sempre aberta a ocasiões problemáticas, entre as quais o fato de que, se você conhece *o* caminho, os fins justificarão praticamente todos os meios, inclusive a guerra santa. E a guerra santa, claro, não é pecado, não é assassinato, porque as pessoas que você está matando para salvar não são realmente pessoas – são infiéis.

Em menor escala, em grupos problemáticos de novas religiões, a dinâmica psicológica é a mesma, apenas suavizada. Mas qualquer grupo "que queira salvar o mundo" é potencialmente problemático, porque repousa sobre uma base arcaicamente narcísica que parece "altruísta" ou "idealista", mas, na verdade, é bastante egocêntrica, bem primitiva e muito capaz de chegar a fins primitivos por meios primitivos.

# 9
# Estrutura, estágio e o eu

Parte da busca por um paradigma abrangente ou integral inclui a tentativa de comparar e contrastar diferentes mapas ou modelos de consciência, orientais e ocidentais, ortodoxos e transpessoais, humanísticos e místicos. Mas o que praticamente todos esses modelos e avaliações tendem a ignorar – e o que, até o momento, nossos próprios mapas mandálicos (e. g., cap. 3) não mencionaram explicitamente – é que há uma profunda diferença entre níveis ou estruturas de consciência e estágios ou fases de consciência. Os primeiros são, em essência, componentes permanentes, duradouros e básicos da consciência; os últimos são fases temporárias, de transição ou de modificação da consciência. Exatamente o que isso significa – e por que essa distinção parece tão importante – é o tópico deste capítulo.

## Introdução

Um dos fatos mais simples da ontogenia humana parece ser o seguinte: à medida que várias estruturas, processos e funções emergem no curso do desenvolvimento, alguns *permanecem* existindo, outros *passam*. Por exemplo, a necessidade de alimento – a estrutura alimentar oral/anal – surge nos estágios bem iniciais do desenvolvimento; o mesmo ocorre com o estágio oral do desenvolvimento psicossexual. A necessidade de alimento permanece; o estágio oral passa (exceto no caso de fixação/repressão). Nunca se supera a necessidade de alimento; idealmente, supera-se o estágio oral.

Esse não é de modo algum um exemplo isolado; na verdade, de uma forma aproximada, parece que cerca de metade do desenvolvimento permanece existindo (mesmo que modificado) e cerca de metade é perdido ou passa. No desenvolvimento cognitivo, por exemplo, uma vez que uma capacidade emerge e amadurece – seja uma imagem, um símbolo, um conceito ou uma regra – em geral, ela é mantida; as estruturas cognitivas superiores, na maioria das vezes, absorvem e incorporam as inferiores. No desenvolvimento moral, contudo, os estágios superiores *substituem* mais do que incluem os inferiores. As estruturas inferiores, em essência, parecem ser dissolvidas ou negadas. As estruturas do desenvolvimento cognitivo podem ser chamadas de *estruturas básicas*; as do desenvolvimento moral, de *estruturas de transição ou substituição*.

Fazendo uma analogia simples de como as estruturas básicas e de transição podem operar no desenvolvimento, considere o crescimento dos Estados Unidos com a anexação de novos territórios. O Havaí, por exemplo, costumava ser uma nação soberana e autônoma. Ele possuía seu próprio senso de "individualidade" – ou nacionalidade – e suas próprias estruturas geográficas básicas (terras, rios, montanhas etc.). Quando os Estados Unidos anexaram o Havaí e o transformaram em um Estado, duas coisas fundamentais aconteceram: a geografia básica do Havaí permaneceu inalterada e foi simplesmente incorporada como parte dos Estados Unidos; entretanto, a nacionalidade do Havaí – sua existência como nação exclusiva – foi simples e completamente dissolvida. Foi substituída pela nacionalidade dos Estados Unidos. A partir de então, o Havaí não pôde mais declarar guerra a outros países, assinar tratados, envolver-se em relações internacionais, e assim por diante.

Nessa analogia, existem três fenômenos fundamentais: as *estruturas* geográficas básicas, a *função* de nacionalidade e os *estágios* de substituição de identidades nacionais vigentes. Estou sugerindo que fenômenos semelhantes ocorram no crescimento e desenvolvimento humanos. As *estruturas básicas* da ontogenia humana são como as características geográficas básicas – mesmo quando o crescimento inclui mais e mais territórios, os antigos não são abandonados, mas integrados. O *sistema do eu* na ontogenia humana é como a nacionalidade – ele parece incluir funções básicas como mecanismos de defesa ("guerra"), senso de identidade, relações interpessoais, e assim por diante. E os efetivos *estágios de desenvolvimento do eu* são como os estágios do crescimento da nacionalidade – à medida que um novo emerge, ele nega, dissolve e substitui o antigo (exceto quando há fixação/repressão).

Essas distinções parecem ser importantes por várias razões, que sugerirei ao longo desta apresentação. Por exemplo, argumentarei que os chacras do Yoga são estruturas básicas, mas que as necessidades hierárquicas de Maslow são estruturas de substituição, e tentar compará-las leva a dificuldades teóricas. Assim, a dinâmica psicológica das estruturas básicas e de substituição parece ser fundamentalmente diferente, um fator de importância aparentemente decisivo na psicopatologia. Essa teoria também leva a sugerir uma maneira bastante clara de ajustar os conceitos orientais de níveis de consciência aos conceitos ocidentais de estágios de desenvolvimento. Finalmente, essa abordagem global apresenta implicações específicas para a psicologia do desenvolvimento em geral e para a psicologia meditativo-transpessoal em particular.

Os psicólogos do desenvolvimento enfrentam duas tarefas fundamentais. A primeira é determinar, com a maior precisão possível, os dados do ciclo de vida humano (desenvolvimento ontogenético) – em particular, a sequência cronológica da emergência das várias estruturas, sistemas e processos psicológicos. A segunda é sugerir (e depois testar) conexões hipotéticas que podem explicar essa ordem temporal. Uma abordagem teórica para esses problemas que achei útil é diferenciar entre pelo menos duas amplas categorias de fenômenos psicológicos do desenvolvimento, cada uma possuindo dois subconjuntos (cf. Piaget[93] e, especialmente, Flavell[41]):

*Estruturas de transição* nas quais **A** e **B** parecem ser fenômenos de desenvolvimento diferentes) – **A** precede **B**, mas "desaparece" após o surgimento de **B**.

*Preliminar* – **A** é uma versão preliminar de **B**. Nesse caso, **A** constitui apenas os primeiros passos do "aprendizado" no aperfeiçoamento de **B**, e **A** desaparece quando **B** está aperfeiçoado (ou **A** cede lugar a **B**).

*Substituição* – **A** não é uma mera versão preliminar de **B**; **B** é de uma ordem de resposta significativamente diferente que substitui ou fundamentalmente supre **A**. Para todos os efeitos práticos, **A** é perdido e **B** assume seu lugar.

*Estruturas básicas* – **A** precede **B**, mas permanece existindo depois que **B** surge.

*Incorporação* – **A** é incorporado a **B**. Uma vez que **A** está mais ou menos desenvolvido, serve como ingrediente, subparte ou elemento de **B** (quando **B** surge). **A** permanece praticamente intacto, mesmo após incorporado a **B**.

*Mediação* – **A** medeia **B**. A relação de **A** para **B** é a de meios para fins. **A** não é, em essência, uma versão preliminar de **B**, nem é necessariamente incorporado por **B** ou simplesmente substituído por **B**. **A** medeia o surgimento e o desenvolvimento de **B** sem que ele próprio se envolva além desse ponto. **A** continua existindo.

Essa lista não é exaustiva. Além disso, deve-se enfatizar que "definições e distinções exatas entre [os quatro tipos de relação listados anteriormente] permanecem vagas e incertas e, consequentemente, também a atribuição de instâncias a cada uma" (Flavell)[41].

No mínimo, parece que existem diferenças claras entre estruturas básicas e estruturas de transição. Essa distinção pode parecer bastante elementar, mas como Flavell[41] ressalta: "Surpreendentemente, tem sido dada pouca atenção a esse aspecto do problema na literatura". Isso é ainda mais admirável, uma vez que o interesse em "estágios de crescimento", hierarquias de "necessidades", "transições", estágios de autodesenvolvimento etc. parece estar aumentando rapidamente, especialmente na psicologia humanística e transpessoal. No entanto, o argumento de Flavell, do qual eu compartilho, é que as concepções de desenvolvimento humano que não permitem, pelo menos implicitamente, essas diferenças elementares podem ser seriamente limitadas.

Nesta apresentação, pretendo focar as diferenças fundamentais entre estruturas básicas e estruturas de transição e mostrar que elas enfatizam dois tipos ou sequências fundamentalmente diferentes de crescimento e desenvolvimento humano. Em particular, sugerirei que fenômenos psicológicos como sensação, percepção, emoção, cognição, arquétipo etc. são estruturas básicas da consciência, enquanto senso moral, modos do eu, hierarquia de necessidades de Maslow etc. são estruturas de transição-substituição na consciência. Tentar igualar esses dois diferentes padrões de crescimento leva a graves dificuldades conceituais; porém, sugerirei que os dois estão intimamente relacionados, pois o primeiro serve como substrato de desenvolvimento para o segundo.

Como exemplo introdutório dessas diferenças, podemos apontar o trabalho de Piaget e Kohlberg. Piaget[9] demonstrou que o desenvolvimento cognitivo ocorre por meio de quatro principais estágios/estruturas: sensório-motor, pensamento pré-operacional ("preop"), pensamento operacional concreto ("opcon") e pensamento operacional formal ("opform"). Significativamente, cada uma dessas estruturas cognitivas é necessária e contribui ativamente para as operações de sua sucessora. Assim, a cognição sensório-motora fornece os dados brutos para o pensamento *preop* e pensamento *opcon*, que, por sua vez, provê o material para a lógica *opform*. A questão é que, embora a inteligência sensório-motora surja e esteja provisoriamente bem desenvolvida aos 2 anos de idade, ela não deixa de ser ativa ou importante, continuando a existir e funcionar. Além de suas próprias e adequadas atividades, ela também contribui e é incorporada às estruturas mais elevadas da consciência. Esse é um bom exemplo do que todas as estruturas básicas têm em comum: uma vez emersas, elas "permanecem".

Os estudos de Kohlberg, por outro lado, são, principalmente, exemplos de estágios específicos de estruturas de substituição. Kohlberg[74] demonstrou que o senso de moralidade de um indivíduo se desenvolve por meio de (pelo menos) seis estágios principais. O mais importante é que, uma vez que uma pessoa atinge um estágio específico – digamos o 5 – *praticamente cessam todas as respostas características dos estágios inferiores* – nesse caso, os estágios 1 a 4 (apenas 25% de respostas do estágio 4, praticamente 0% de respostas dos estágios 1, 2 ou 3). Embora cada estágio júnior seja necessário para o desenvolvimento de seu sênior, os estágios juniores não são incorporados pelos estágios seniores; ao invés, são quase totalmente substituídos por eles (um ponto claramente sugerido por Flavell[41]). Esse é um bom exemplo de estruturas de transição-substituição: a mais baixa é precursora da mais elevada, mas não é um ingrediente dela – emerge apenas para ser substituída, não incorporada.

Em certo sentido, então, as estruturas básicas são estágios de desenvolvimento que nunca são abandonados; as estruturas de transição são estágios que *são* abandonados; as primeiras são estágios que *permanecem como estruturas*; as segundas, estruturas que servem *basicamente como estágios. Ambas* exibem atributos de estrutura *e* estágio, mas com diferente ênfase. Por esse motivo, usualmente me referirei às primeiras como *estruturas* básicas (embora elas também surjam em estágios), e às segundas como *estágios* de transição (embora também sejam estruturas temporárias).

Desse modo, esta apresentação está dividida em quatro seções. As duas primeiras tratam das estruturas básicas da consciência e de seu desenvolvimento – corpo, mente, sutil, causal, e assim por diante. A quarta lida com os principais estágios de substituição da consciência – estágios morais, estágios de senso do eu, a hierarquia de necessidades de Maslow, e assim por diante. A terceira seção, "O sistema do eu", discute o que proponho como elo teórico entre elas.

## As estruturas básicas da consciência

A Figura 9 é uma apresentação esquemática de algumas das estruturas básicas da consciência. Esse esquema, que vai até a visão-lógica, apoia-se explicitamente nas obras de Piaget, Werner, Arieti e Baldwin, entre outros. Os níveis mais elevados – que aqui condensei, a partir de cinco ou seis níveis, em dois domínios gerais, o sutil e o causal – baseiam-se amplamente nos sistemas psicológicos hinduístas e budistas e, especialmente, em seus intérpretes modernos, como Aurobindo, Guénon, Smith, Free John (cf. Wilber[136]).

Esse esquema sugere que há desenvolvimento vertical *entre* níveis, bem como desenvolvimento horizontal *no âmbito de* cada nível (o primeiro, chamamos de *transformação*; o último, de *translação*). Além disso, cada nível ou estrutura básica parece ter uma idade de emergência, ou ponto de *partida* cronológico, bem circunscrita, mas nenhum ponto-*final* de desenvolvimento necessariamente restrito. Assim, por exemplo, o pensamento *opform* (a mente formal-reflexiva) geralmente surge por volta dos 12 anos, mas pode continuar sendo desenvolvido e exercitado por toda a vida. A questão importante não é tanto quando se pode dizer que o nível está "aperfeiçoado", mas sim que, raramente, ele aparece de alguma forma antes do início da adolescência. É o ponto emergente, e não o ponto-final, que mais nos ajuda a localizar um processo na hierarquia da organização estrutural (embora esse não seja, de modo algum, o único critério; ver Wilber[139]). Portanto, no esquema da Figura 9, apresentei, em seus pontos de ramificação ou diferenciação, algumas idades geralmente aceitas da emergência inicial das várias estruturas.

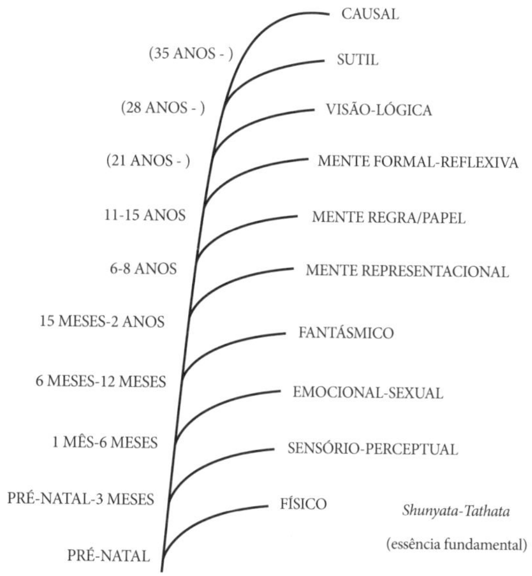


Figura 9. A Hierarquia Nidiforme de Estruturas Básicas de Consciência

(As idades dos três níveis mais elevados são definidas entre parênteses porque ainda não parecem ser coletivamente determinadas. Piaget demonstrou que, salvo anormalidade, a maioria dos indivíduos alcançará uma capacidade para consciência *opform*. Mas hoje os indivíduos não se desenvolvem automaticamente além desse ponto para as regiões transpessoais de transcendência sutil, causal ou suprema. Minha conjectura para explicar isso é que a humanidade como um todo, no período atual da história, evoluiu *coletivamente* até o nível de pensamento *opform* e, portanto, é mais ou menos garantido que todo indivíduo contemporâneo se desenvolva até esse nível. Além desse nível, no entanto, "você está por sua conta". É concebível que, à medida que mais pessoas se esforcem e alcancem níveis mais elevados, da mesma forma que nossos ancestrais lutaram pela capacidade de raciocinar, esses níveis superiores sejam coletivamente legados à progênie subsequente. Enquanto isso, minhas datas iniciais de emergência, bastante arbitrárias, são sugeridas entre parênteses.)

Uma das vantagens desse tipo de esquema de árvore ramificada (proposto pela primeira vez por Werner) é que ele permite ver claramente o desenvolvimento cronológico e a ordenação hierárquica *entre* as estruturas básicas, sem, de forma alguma, negar o desenvolvimento contínuo e, em geral, paralelo *no âmbito* delas. Por exemplo, a mente reflexiva é de uma ordem superior de organização estrutural do que, digamos, a mente fantásmica ou de imagem simples, *e* a mente reflexiva sempre emerge *depois* da mente fantásmica – *mas* o nível fantásmico em si ainda pode exibir um desenvolvimento significativo, mesmo enquanto a mente reflexiva está emergindo e amadurecendo. Isso ocorre porque uma vez que uma estrutura básica surge, então, como foi sugerido anteriormente, ela permanece existindo *simultaneamente* com as estruturas superiores subsequentes; visto que permanece, ela pode ser, contínua e concomitantemente, desenvolvida e exercitada. Significativamente, esse *não* é o caso dos estágios de transição ou substituição. Pessoas no desenvolvimento moral de nível 5 não desenvolvem ao mesmo tempo sua capacidade de ser canalhas de nível 1. Esses estágios, sendo substituições, são mutuamente exclusivos.

Resta apresentar uma breve descrição das estruturas básicas em si mesmas, especialmente dos níveis intermediários, que até agora agrupamos (como "mente") ou não definimos com precisão.

1) *Físico*. O simples substrato físico do organismo (e. g., o primeiro *skandha* budista).

2) *Sensório-perceptual*. Aqui estou considerando sensação, o segundo *skandha*, e percepção, o terceiro, como um domínio geral; cognição sensório-motora típica.

3) *Emocional-sexual*. O invólucro de bioenergia, libido, *élan* vital ou prana (*pranamayakosha* no Vedanta, o quarto *skandha* no budismo etc.).

4) *Fantásmico*. O termo de Arieti para a mente inferior ou de imagem; a forma mais simples de "retrato" mental usando apenas imagens.

5) *Mente representacional.* É semelhante ao pensamento pré-operacional de Piaget. A mente representacional ou *preop* consegue formar símbolos e conceitos e, portanto, *representar* não apenas coisas, mas classes; porém, ainda não consegue *operar* ou coordenar essas representações. Assim, dando um exemplo simples, a mente representacional consegue contar objetos, mas não é capaz de multiplicar ou dividir facilmente – falta-lhe essa coordenação de *regras.* Outra característica marcante do pensamento representacional ou pré-operacional é que ele *não consegue assumir prontamente o papel do outro.* Em outras palavras, ainda é muito egocêntrico ou narcísico. Em uma clássica série de experimentos, Piaget expôs com precisão o cerne da consciência *preop*: em um experimento típico (estou simplificando bastante), Piaget colocava um objeto, verde de um lado e vermelho do outro, entre o pesquisador e a criança. Permitia-se à criança examinar o objeto e, em seguida, com o lado vermelho voltado para o experimentador e o verde voltado para a criança, perguntava-se a ela que cor o pesquisador (o outro) estava vendo naquele momento. A criança respondia "verde". O objeto era girado para que o verde estivesse agora voltado para o experimentador e o vermelho, para a criança, e fazia-se novamente a pergunta: que cor o pesquisador estava vendo agora? Resposta: "vermelho". Em outras palavras, em todos os casos, a criança imagina que os outros estão vendo exatamente o mesmo que ela; a criança não tem capacidade real de se colocar na posição do outro, de mudar cognitivamente os papéis, de assumir perspectivas diferentes. Como a mente ainda está "próxima do corpo", ela está vinculada a dados sensoriais ingênuos. O que ela *vê* é em grande parte o que ela *pensa*; daí a incapacidade de perspectivar; donde o egocentrismo.

6) *Mente regra/papel.* É semelhante ao pensamento operacional concreto de Piaget. O pensamento *opcon*, ao contrário de seu antecessor, o *preop* (mente representacional) é capaz de assumir o *papel* de outras pessoas e executar claramente as operações fundamentais, como multiplicação, divisão e inclusão de classes. É chamado de "operacional concreto" porque ainda está fortemente vinculado ao mundo físico-sensorial, imediato e denso. Consegue operar no mundo concreto, mas ainda não é capaz de operar no próprio pensamento. Um dos resultados disso é que o *opcon*, como seus predecessores, não é uma estrutura muito imaginativa ou verdadeiramente criativa; ainda

ligado em grande parte ao mundo concreto e óbvio, não consegue imaginar relações *possíveis* ou *hipotéticas*. Novamente, em uma série de experimentos extremamente reveladores, Piaget demonstrou que essa estrutura carece de entendimento de expressões "e se" e "como se", ou seja, o pensamento *opcon* não decifra afirmações como "*se* este for o caso, *então* é o caso" – não está preparado para compreender relações mais elaboradas e não óbvias.

7) *Mente formal-reflexiva*. É semelhante à consciência operacional formal de Piaget. É a primeira estrutura que consegue não apenas pensar sobre o mundo, mas pensar sobre o pensamento; portanto, é a primeira estrutura que é claramente autorreflexiva e introspectiva (embora isso tenha começado, de forma rudimentar, com a mente regra/papel). Como tal, o *opform* consegue *operar* não apenas sobre coisas concretas, mas sobre pensamentos subjetivos e, portanto, é a primeira estrutura capaz de imaginar *possibilidades* não óbvias. Entre outras coisas, isso significa que é capaz de raciocínio hipotético-dedutivo ou proposicional ("se *a*, então *b*"), o que lhe permite apreender *relações* mais elevadas ou noéticas. Assim, longe de ser uma estrutura "aridamente abstrata", com pouca ou nenhuma criatividade, é, de fato, a primeira estrutura de cognição verdadeiramente criativa ou imaginativa, como demonstraram claramente os estudos de Piaget. Na verdade – e Piaget é bem explícito sobre isso –, esse é o primeiro estágio em que um indivíduo pode se tornar, no verdadeiro e melhor sentido da palavra, um "sonhador" – apto a imaginar possibilidades, não meras evidências sensoriais ou operações sensório-concretas. E isso leva diretamente à próxima estrutura:

8) *Visão-lógica*. Enquanto a mente formal-reflexiva estabelece relações mais elevadas e criativas, a visão-lógica estabelece *redes* dessas relações. O objetivo é colocar cada proposição ao lado de numerosas outras, de modo a poder ver ou "visionar" como a verdade ou falsidade de uma proposição afetaria a verdade ou falsidade das outras. Essa visão-lógica ou panorâmica apreende uma rede massiva de ideias, de que maneira se influenciam, quais são suas relações. É, portanto, o começo de uma capacidade de síntese verdadeiramente de ordem superior, de fazer conexões, relacionar verdades, coordenar ideias, integrar conceitos. Ela culmina no que Aurobindo chamou de "mente superior", que "consegue se expressar livremente por ideias únicas, mas seu movimento mais característico é uma ideação em massa, um sistema

ou totalidade de ver a verdade em uma única visão; as relações de ideia com ideia, de verdade com verdade [...] autopercebidas no todo integral[2]". Essa, obviamente, é uma estrutura altamente *integrativa*; na verdade, na minha opinião, é a mais elevada estrutura integrativa do domínio *pessoal*; além dela, há mais desenvolvimentos transpessoais.

9) *Sutil*. A região geral de padrões arquetípicos ou formas transindividuais. Já explicamos detalhadamente esse domínio no capítulo 3; o leitor é convidado a consultá-lo.

10) *Causal*. A fonte não manifesta ou essência transcendental de todas as estruturas menores. Novamente, uma análise detalhada é apresentada no capítulo 3.

11) *Supremo*. Passando completamente pelo estado de cessação ou absorção não manifesta, diz-se que a consciência finalmente desperta para sua morada absolutamente anterior e eterna como espírito, radiante e onipresente, um e muitos, único e tudo. Essa é a supermente de Aurobindo, consciência transcendental e inqualificável como tal. Estou usando o papel no qual a Figura 9 está desenhada para representar essa essência fundamental de quididade vazia (*shunyata-tathata*).

Essas são algumas das estruturas básicas da consciência. No curso do desenvolvimento, uma vez que seus fundamentos emergem, permanecem em existência, não apenas cumprindo suas próprias funções e realizando suas próprias tarefas, mas também contribuindo, ou mesmo atuando, como ingredientes de suas estruturas seniores. Embora elas possam continuar crescendo, nunca o fazem em excesso.

## Alguns aspectos transicionais associados às estruturas básicas

Dissemos que as estruturas básicas da consciência, embora definidas como essencialmente duradouras, emergem em *estágios* e, portanto, esperamos que cada estrutura básica apresente certos fenômenos temporários ou específicos de fase associados a ela. E esse realmente parece ser o caso.

Uma vez que as estruturas básicas são essencialmente cognitivas, os aspectos temporários ou específicos de fase dessas estruturas básicas dizem respeito apenas a mudanças nos mapas cognitivos ou nas visões de mundo que ocorrem à medida que estruturas sucessivamente novas e mais elevadas emergem. Darei alguns exemplos que, com certeza, soarão familiares:

Chamamos a visão de mundo dos níveis mais baixos – matéria, sensação e percepção (tratadas juntas) – de "arcaica", "pleromática", "ourobórica", e assim por diante. Essa visão de mundo (tão primitiva que dificilmente merece o nome) é amplamente indiferenciada, global, fundida – é a aparência do mundo quando se tem apenas estruturas físicas e sensório-perceptuais. Quando as estruturas superiores emergem, a visão de mundo arcaica é perdida ou abandonada, mas a capacidade de sensação e percepção não são. A última é uma estrutura básica e duradoura, a primeira é apenas o mapa cognitivo de transição ou específico de fase associado a ela.

Chamamos a visão de mundo do nível emocional-sexual de "tifônica". É mais diferenciada do que a arcaica e mais estável corporalmente, mas ainda é uma visão de mundo amplamente pré-mental, ligada e confinada à sensação presente, capaz de buscar apenas liberação e descarga imediatas. Quando emergem estruturas mais elevadas, o mundo *exclusivamente* sensorial desaparece; já as sensações não.

Chamamos a visão de mundo do fantásmico e do *preop* inicial de "mágica". Mágica é simplesmente a aparência do mundo quando se tem *apenas* imagens e símbolos, não conceitos, regras, operações formais ou visão. Como no mundo do sonho, as imagens fantásmicas exibem condensação e deslocamento mágicos, realização de desejos e liberação. À medida que emergem estruturas mais elevadas, a visão de mundo mágica em si é abandonada, mas as imagens e os símbolos permanecem como importantes estruturas básicas.

A visão de mundo do *preop* final e do *opcon* inicial é chamada de "mítica". Mito é como o mundo se apresenta quando se tem conceitos e regras, mas não operações formais ou capacidade racional. Quando os níveis mais elevados emergem, a visão de mundo mítica em si desaparece e é substituída, mas o *opcon* e a regra/papel permanecem como importantes estruturas básicas. Da mesma forma, à medida que o desenvolvimento prossegue para os domínios transracionais, a visão de mundo exclusivamente racional – a aparência do mundo quando se tem somente o *opform* – é substituída por visões de mundo psíquica e sutil, mas a capacidade de raciocinar permanece, e assim por diante.

Logo, a visão de mundo arcaico-tifônica (a aparência do mundo quando se tem apenas o sensório-motor) é substituída pela mágica (a aparência do mundo quando se tem só o *preop*) que, por sua vez, é substituída pela mítica (a aparência do mundo quando se tem somente o *opcon*), que é substituída pela racional (o modo como o mundo aparece para o *opform*), e assim por diante. As visões de mundo exclusivas – arcaica, tifônica, mágica, mítica etc. – são sucessivamente abandonadas e substituídas, mas as estruturas básicas em si – *preop*, *opcon*, *opform* etc. – permanecem existindo, funcional e necessariamente, na consciência. Isso não quer dizer que as visões de mundo antigas não possam, em alguns casos, ser reativadas. Todas as visões de mundo prévias estão disponíveis em várias circunstâncias, mas são essencialmente contextualizadas pelas estruturas mais elevadas.

## O sistema do eu

Talvez a característica mais marcante das estruturas básicas da consciência, pelo menos como as apresentei, seja a de que cada uma delas é *desprovida de eu*. Isto é, você não pode apontar para nenhum ramo da árvore estrutural da Figura 9 e dizer: *aqui* está o ego, ou existe o senso do eu, ou há o sentimento pessoal de "qualificação do eu". Sugiro que a razão é que cada uma dessas estruturas básicas seja inerentemente despojada de senso de eu, *mas* que, no decorrer do desenvolvimento, surja um sistema do eu que tome como substratos sucessivos as estruturas básicas da consciência. Em certo sentido, as estruturas básicas formam degraus de uma escada na qual o sistema do eu sobe: matéria, corpo, mente, sutil, causal, até o espírito (gerando certos estágios de transição do eu ao longo do processo, como veremos).

Mas, por ora, nosso argumento é que não se pode afirmar que nenhum degrau da escada, nem qualquer combinação deles, constitua um eu inerente. Isto é muito semelhante à noção budista dos cinco *skandhas* – *grosso modo*, o corpo físico, sensação-percepção, emoção-impulso, cognição inferior e cognição superior. Diz-se que cada um deles é *anatta*, ou sem eu, mas cada um (temporária e inevitavelmente) serve como um substrato do senso do eu. Quando o senso do eu passa através e além das estruturas dos *skandhas* e, assim, deixa de existir em si mesmo, o resultado é o *nirvana* ou radiância destituída de eu, em que os *skandhas* ainda podem continuar funcionando, mas sem as distorções da personalização. Essencialmente, a mesma ideia é encontrada na psicologia dos *chacras* do Yoga, nos *invólucros* do Vedanta e nos *vijnanas* do Mahayana – cada sistema sustenta que existem várias estruturas básicas, invólucros ou chacras, que são, fundamentalmente, desprovidos de um senso de eu separado, evidenciado, por exemplo, pelo fato de o sábio iluminado *ter acesso a todas as* estruturas básicas – a saber, físicas, emocionais, mentais, sutis –, mas não estar exclusivamente identificado ou vinculado a elas; existem estruturas *de* consciência, mas nenhum eu separado *na* consciência. Isso sugere que o sistema do eu, no final das contas ilusório, serve a uma função absolutamente necessária, embora intermediária; ou seja, é o veículo de desenvolvimento, crescimento e transcendência – ou, voltando à nossa metáfora simplista, o eu é aquele que sobe os degraus da escada da organização estrutural, uma subida destinada a liberá-lo de si mesmo, "para que o julgamento final chegue e não me encontre aniquilado", disse Blake, "e eu fique preso e seja entregue nas mãos de minha própria individualidade".

Portanto, o sistema do eu, mesmo que em última análise seja ilusório, é intermediariamente necessário, adequado e funcional, e isso nos leva ao tópico em geral conhecido como psicologia do eu (uma expressão amplamente usada por Maslow para descrever seus esforços). Na verdade, foi apenas nas últimas décadas que a psicologia do eu – o estudo do que é o eu, quais são suas funções e constituintes, por quais desenvolvimentos ele passa – começou a receber séria atenção. ("Somente nos últimos vinte anos houve uma mudança na psicologia, de volta à consciência do eu do sujeito"[20].) Liderados por teorizadores como Hartmann, Sullivan, G.H. Mead, Erikson, Rogers, Fairbairn, Kohut, Loevinger, Maslow e Branden, o estudo da natureza e função do sistema do eu tornou-se, recentemente, de suma importância. Na realidade, o significado da psicologia do eu pode ser ressaltado pelo fato de que já foi feita a afirmação de que "Kohut e Chicago são equivalentes modernos de Freud e Viena"[20] – Kohut sendo o autor do livro de referência *The Restoration of the Self.*

Tudo o que desejo fazer nesta seção é sugerir, com base nos teorizadores mencionados no parágrafo anterior, quais parecem ser algumas das principais características do sistema do eu. Podemos começar observando que mesmo psicólogos-filósofos antieu como Hume e James achavam que o senso do eu estava ligado à memória ou à capacidade de conectar e organizar este momento em torno do momento anterior; isto é, a *apropriação* do momento *precedente* pelo posterior. Para James, o eu mais íntimo – "o Eu dos eus" – consistia em "sucessivos atos de apropriação, mantidos pelo tempo que se conseguisse sustentá-los"[66].

Essa definição – o eu como lócus de apropriação – pode, é claro, ser usada de modo perverso para explicar o eu, negando-o (como Hume e James acabaram fazendo). A ideia é que, como o eu é "meramente" o ato de apropriação nesse momento do momento anterior, não existe eu, apenas um "fluxo de consciência", evidenciado pelo fato de que o eu nunca se vê como sujeito, mas sempre e apenas como um fluxo de objetos.

Entretanto, o problema com essa teoria é que o próprio ato de apropriação não entra inteiramente no fluxo – e, portanto, o eu também não. Simplificando, o fato de o eu não poder se ver não significa necessariamente que não exista um eu, da mesma forma que o fato de o olho não se ver não significa que não haja olho. O eu, como observador intermediário do fluxo, não é necessariamente parte do fluxo, pelo menos não tão inteiramente quanto Hume supunha. Como apropriador do fluxo, o eu é constituído por funções *diferentes* do fluxo, e essas funções são um campo legítimo de estudo e pesquisa. Assim, como Brandt ressalta, foi somente após essa lacuna (ou beco sem saída) na abordagem de Hume-James se tornar evidente que o estudo da psicologia do eu pôde prosseguir com seriedade[20].

Portanto, uma das características do eu poderia ser a capacidade de se apropriar e organizar o fluxo de eventos psicológicos de maneira significativa e coerente. Isso não é muito diferente do ponto de vista psicanalítico moderno que define o eu como "o processo de organização". Começando com *O Ego e o Id* de Freud, e passando por Heinz Hartmann, Edith Jacobson, Fairbairn, Spitz, Mahler, Kohut, Blanck e Blanck, a ideia do eu como *organizador ativo da realidade psicológica* ganhou cada vez mais credibilidade. Brandt resume essa visão geral: "O eu [não é meramente] uma síntese das partes ou subestruturas psíquicas subjacentes [i. é, não apenas uma soma dos fluxos], mas um princípio *organizador independente*, um 'quadro de referência' para medir as atividades ou estados dessas subestruturas"[20]. Assim, de acordo com tudo o que foi citado, nossa primeira característica pode ser que o eu seja o executor da organização, integração e coordenação psicológicas.

Da mesma maneira e pelas mesmas razões, o eu pode ser visto como o *lócus de identificação*. Essa talvez seja a definição ou característica mais convincente do sistema do eu, pois ele, ao apropriar e organizar o fluxo de eventos estruturais, cria para si uma identidade seletiva em meio a essas ocasiões. Isso parece perfeitamente normal e necessário – precisamos apenas pensar nos resultados desastrosos da incapacidade de formar uma autoidentidade estável (e. g., a "crise de identidade" de Erikson) ou o colapso de autoidentidade nas psicoses e neuroses *borderline* (cf. Kernberg). Como uma generalização simples, falarei do eu como o lócus de identificação, bem como o centro do senso de identidade – a apreensão intuitiva do "eu" proximal que se correlaciona com o ato de apropriação.

Finalmente, pode-se pensar o eu como o navegador do desenvolvimento, pois em qualquer ponto da escada das estruturas básicas (exceto as duas extremidades), o eu é confrontado com vários "puxões direcionais" diferentes. Por um lado, ele pode (sem limites) optar por permanecer no seu nível atual de organização estrutural ou pode decidir liberar seu nível atual em favor de outro. Se ele liberar seu nível atual, poderá subir ou descer na hierarquia. Assim, em um determinado nível, o eu é confrontado com preservação *versus* negação, manutenção *versus* liberação, viver esse nível *versus* morrer para esse nível, identificar-se com ele *versus* desidentificar-se dele. *Entre* os níveis, o eu é confrontado com ascensão *versus* descensão, subindo na hierarquia para níveis de organização e integração estrutural crescentes ou descendo para estruturas menos organizadas e integradoras. Já discutimos esses fatores no capítulo 7. Por conveniência, reproduzo o diagrama já apresentado lá.

O eu está localizado, por assim dizer, no centro do diagrama. Ele deve equilibrar os dois dilemas – preservação/liberação e ascensão/descensão – e navegar em seu curso de desenvolvimento nesses quatro pontos cardeais. O eu não apenas flutua no fluxo da consciência – para o bem ou para o mal, empurra e puxa, agarra e solta, ascende e descende, preserva e libera. A forma como ele, como "navegador", lida com as tensões e dilemas funcionais resultantes parece ser uma grande parte da história do desenvolvimento e da patologia do eu.

Ora, *se* o eu é, de fato, o lócus de organização, identificação e navegação, podemos esperar que ocorra o seguinte no curso do seu desenvolvimento: à medida que cada uma das estruturas básicas começa a emergir e se desenvolver cronologicamente, o eu *apropria-se* dessas estruturas ou *identifica-se* com elas (o eu como lócus de identificação). Uma vez identificado com uma estrutura, o eu, ou o impulso de preservação do eu (n. 3), procura consolidar e integrar o complexo do eu global resultante (eu mais estrutura básica apropriada; a propósito, observe que a visão de mundo do eu será a da estrutura básica apropriada – arcaica ou mágica ou mítica etc.). Essa identificação, consolidação e preservação inicial é normal, necessária e adequada.

*Se*, no entanto, o eu *como* eu deve *ascender* na hierarquia da organização estrutural – para crescer – então, afinal, ele deve *liberar* ou negar sua identificação *exclusiva* com o nível (ou níveis) mais baixo, a fim de permitir uma identificação mais alta com níveis seniores de organização estrutural. Ele deve aceitar a "morte", negação ou liberação (n. 4) do nível inferior – deve *desidentificar-se* ou *desapegar-se* de um envolvimento exclusivo com aquele nível – para ascender (n. 1) a uma maior vida, unidade e integração do próximo nível (ou níveis) mais elevado de organização estrutural. Uma vez no novo nível, o eu procura então consolidar, fortalecer e preservar o complexo do eu *desse* nível (via fator n. 3), até que seja novamente forte o suficiente para aceitar a morte desse nível, liberá-lo ou negá-lo e, assim, ascender ao próximo nível de desenvolvimento.

Desse modo, aparentemente, tanto a preservação quanto a negação, ou a vida e a morte, têm importantes tarefas *específicas de fase* a serem realizadas. É pelo impulso de preservação que um determinado nível é apropriado, desenvolvido, consolidado e integrado – somente tornando um nível "seu" é que o eu pode organizá-lo intimamente. Entretanto, uma vez que essa tarefa seja cumprida, é somente pela negação que o eu consegue morrer para sua identificação exclusiva com esse nível e, assim, ascender para a próxima integração mais elevada. A patologia parece se desenvolver quando uma (ou ambas) dessas tarefas específicas de fase é malnavegada. Por exemplo, a *fixação* pode ser vista como *preservação mórbida* – uma falha em liberar, negar ou morrer para um determinado nível; o indivíduo permanece obcecado com gratificações que, de outra forma, deveria ter "superado". Por outro lado, a *repressão* pode ser vista como um tipo de *negação mórbida* – uma morte prematura; ocorre a desidentificação de um componente antes de ele estar adequadamente integrado, apropriado e consolidado; o componente é cindido da personalidade. O necessário processo de desidentificação transforma-se em uma dissociação meramente perversa.

No desenvolvimento normal, a tarefa específica de fase de desidentificação de um determinado nível parece ter uma função extremamente importante – a saber, desnudar esse nível do eu (uma vez que o eu é o lócus de identificação). Essa desidentificação específica de fase não destrói o nível ou estrutura básica em si, mas apenas o libera de ser o substrato intermediário necessário do senso de eu separado e o faz retornar ao seu estado anterior de *anatta*, ou função e serviço despojada de eu. Voltando à nossa metáfora da escada: em cada estágio de crescimento, à medida que o eu passa do degrau mais baixo para o mais alto, os degraus da escada não são destruídos, deformados ou descartados. O que é destruído é o apego exclusivo do eu a esse degrau.

Estamos agora em posição de examinar essas estruturas do eu que são negadas ou liberadas – elas são, como dissemos, exemplos de estruturas de transição-substituição. O que examinaremos particularmente são os vários *estágios do eu* construídos por uma série de *identificações exclusivas* com os níveis hierárquicos de organização estrutural ou estruturas básicas. Como veremos, essas "estruturas de exclusividade" duram enquanto durar o vínculo do eu com a estrutura básica específica. Uma vez que a identificação seja liberada, a estrutura de exclusividade é destruída.

## Os estágios do eu da consciência

A sugestão global desta seção é que, se considerarmos a hierarquia nidiforme de estruturas básicas (apresentada na Fig. 9) e, em seguida, sujeitarmos cada nível à influência de um sistema do eu (cujas características resumi anteriormente), gerar-se-ão as características básicas dos estágios de desenvolvimento apresentados descritos por pesquisadores como Maslow, Loevinger e Kohlberg. É quase um processo de simples mapeamento matemático – por exemplo, se o eu é a sede de identificação, como ele seria se estivesse identificado com o nível emocional-sexual? Com a mente regra/papel? Com a mente formal-reflexiva? Com o sutil? Como tentarei demonstrar, ao fazer essa pergunta para cada uma das estruturas básicas, podemos gerar – exatamente na mesma ordem e com descrições bastante semelhantes – os estágios de desenvolvimento moral de Kohlberg, o desenvolvimento do ego de Loevinger e a hierarquia de necessidades de Maslow (citando apenas os três exemplos que escolhi para esta apresentação).

Eu sugiro: (1) que os estágios hierárquicos elencados por Loevinger, Kohlberg e Maslow (também por Erikson, Peck, Bull, Selman, Broughton etc.) referem-se a vários aspectos de estruturas de transição-substituição *essencialmente similares* e (2) que esses tipos particulares de estruturas de transição-substituição são gerados fundamentalmente pela enzima do sistema do eu que atua no substrato da estrutura básica. Uma vez que são gerados quando o lócus de identificação do eu se concentra mais ou menos exclusivamente em estruturas básicas sucessivas, eles também podem ser chamados de "estruturas de exclusividade".

A sugestão n. 1 é apresentada em sua forma forte por Loevinger: "Existe apenas uma fonte principal para todas as concepções de desenvolvimento moral e do ego [do eu], uma linha de realidade a qual todas as concepções têm acesso variado"[78]. Porém, na minha opinião, há muito espaço aqui para amplitude, e eu (neste estágio de nosso conhecimento) prefiro desenvolver minha posição com o argumento mais fraco de similaridade. Kohlberg, por exemplo, acha que o desenvolvimento do eu é um pouco anterior ao desenvolvimento moral, e Selman acha que o desenvolvimento interpessoal é uma estrutura profunda contra a qual a moralização ocorre como estrutura superficial (pontos de vista com os quais estou inclinado a concordar).

Além dessas diferenças (menores), também existem variações na abrangência das diversas teorias de estágios do eu que estamos correlacionando. Assim, para cada um dos estágios de Maslow, Loevinger possui dois (bem como Kohlberg, até certo ponto). Pode ser que Loevinger esteja apresentando subestágios; pode ser que Maslow, inadvertidamente, esteja colapsando diferentes estágios – mas essa não é a nossa preocupação no momento. Em todos esses casos – a relação entre o eu e o senso moral, o número e os tipos de estágios e subestágios etc. –, somente pesquisas futuras decidirão as questões. Precisamos apenas das semelhanças fundamentais já reconhecidas entre essas teorias para apresentar nosso argumento geral; à medida que esses sistemas forem refinados, também poderemos refinar nosso esquema.

As correlações entre as estruturas básicas da consciência e os estágios hierárquicos de Maslow, Loevinger e Kohlberg foram contempladas na Figura 10. As correlações entre Maslow, Loevinger e Kohlberg são basicamente as dadas pela própria Loevinger; além disso, as correlações entre as estruturas básicas (cognitivas) piagetianas e os estágios de Kohlberg e Loevinger são as sugeridas por Breger e Habermas – desse modo, essas correlações não são apenas minhas próprias leituras dos dados. No entanto, até que as técnicas de pesquisa sejam refinadas, essas autoridades geralmente reconhecem que tais correlações estão abertas a erros de ± um estágio (p. ex., alguns teorizadores colocam o estágio moral 2 sob o *opcon* e o estágio 4 sob o *opform* etc.; essas são distinções muito importantes, mas, novamente, bastante incidentais para as nossas conclusões gerais).

Como os níveis inferiores e superiores são mais controversos (mais difíceis de pesquisar e interpretar), iniciarei minha discussão sobre as correlações pelo meio – com a mente representacional.

| *Estruturas básicas* | *Maslow (Necessidades)* | *Loevinger (Senso do Eu)* | *Kohlberg (Senso moral)* | |
|---|---|---|---|---|
| Físico | | Autístico | | |
| Sensório-perceptual | | Simbiótico | ________ | |
| | (Fisiológicas) | | | |
| emotivo | | Impulsivo inicial | ________ | |
| Fantásmico | | | | |
| Mente representacional | Segurança | Impulsivo | I. Pré-converncional | 1. Punição/obediência |
| | | Autoprotetor | | 2. Hedonismo ingênuo |
| Mente regra/papel | Pertencimento | Conformista | II. Convencional | 3. Aprovação de outros |
| | | Consciencioso-conformista | | 4. Lei e ordem |
| Mente reflexiva | Autoestima | Consciencioso | III. Pós-convencional | 5. Direitos individuais |
| | | Individualista | | 6. Princípios de consciência individuais |
| Visão-lógica | Autorrealização | Autônomo | ________ | |
| | | Integrado | ________ | |
| Sutil | Autotranscendência | ________ | ________ | |
| Casual | " | ________ | ________ | |
| Supremo | " | ________ | ________ | |

Figura 10. Correlações entre Estruturas básicas e Vários aspectos dos estágios do Eu (Maslow, Loevinger e Kohlberg)

A mente representacional, que emerge por volta dos 2 anos de idade e predomina na consciência até os 7 anos, é capaz de estar *ciente* de outros, mas não de assumir o *papel* de outros. Um eu identificado com a mente representacional seria capaz de reagir a outros, mas não agir em conformidade consciente *com* outros; nesse sentido, seria uma estrutura bastante egocêntrica ou narcísica, consciente de sua própria existência tênue e vulnerável, mas incapaz de compreender completamente outros que podem ameaçá-la, com uma consequente preocupação, acima de tudo, com sua própria proteção. Na minha opinião, esses são as necessidades de segurança de Maslow e o estágio autoprotetor de Loevinger.

Além disso, como a mente representacional ainda está "próxima do corpo" (resumo do pensamento *preop* de Piaget) – ou ainda parcialmente identificada e envolvida com impulsos emocional-sexuais – essa estrutura geral, especialmente em seu desenvolvimento inicial, exibiria o estágio de "impulsividade" de Loevinger. Os estágios impulsivo e autoprotetor correspondem aos dois primeiros estágios de desenvolvimento moral de Kohlberg – punição/obediência (estágio1) e hedonismo ingênuo (estágio 2). O ponto é que, como a mente representacional ainda está próxima do corpo, o eu identificado com essa mente está da mesma forma perto dele e, portanto, amplamente influenciado *por* ele – por preocupações com dor e castigo corporais (estágio 1) ou prazer hedonista físico (estágio 2). Com pouca ou nenhuma compreensão real de outros, esse estágio global é corretamente considerado autoprotetor (Loevinger), narcísico (Freud), egocêntrico (Piaget), pré-convencional (Kohlberg) e vinculado à segurança (Maslow).

Com a emergência da mente regra/papel, surge a capacidade de assumir o papel ou a perspectiva de outros. O eu identificado com mente regra/papel estaria, portanto, profundamente sintonizado com as opiniões e papéis dos outros e com seu próprio papel no meio deles. Além disso, uma vez que a mente regra/papel ainda não é capaz de alcançar o pensamento operacional formal, o eu não teria capacidade interior para facilmente avaliar os papéis verdadeiros e os falsos (ou fraudulentos) – tenderia, portanto, a apenas se *conformar* ao papel que lhe foi atribuído, especialmente por figuras de autoridade. Na minha opinião, esses são as necessidades de pertencimento de Maslow, o estágio conformista (e consciencioso-conformista) de Loevinger e o estágio global da moralidade *convencional* (conformista) de Kohlberg.

O eu identificado com a mente regra/papel escapa, até certo ponto, do aprisionamento narcísico em seu próprio ser e começa a adentrar a comunidade de outros pontos de vista. Inicialmente, no entanto, é "capturado" por esses pontos de vista – daí a conformidade. E o eu realmente procuraria ativamente essa conformidade, porque esse é agora o seu lócus de identificação, preservação e vida – perder conformidade é "morrer". Perder a face, ser um estranho, não pertencer – eis o terror do eu identificado com a mente regra/papel.

Na adolescência, a mente formal-reflexiva começa a emergir. Esse nível é, como vimos, a primeira estrutura claramente capaz de autorreflexão e introspecção sustentadas. O eu identificado com a mente reflexiva estaria, assim, envolvido em modos de consciência e comportamento conscienciosos e autoquestionadores. Teria a capacidade de questionar costumes convencionais (algo que a mente regra-papel não conseguiria fazer facilmente) e, portanto, estaria envolvido em decisões morais pós-convencionais. Não mais vinculado a necessidades de conformidade, o eu teria de confiar mais em sua própria consciência ou em sua capacidade interior de refletir formalmente e estabelecer racionalmente o que poderia ser o bem, o verdadeiro e o belo. Acima de tudo, teria de realizar – ou pelo menos tentar – essa tarefa, já que agora está *identificado* com os processos de autorreflexão. Sua "vida" é hoje um processo de autorreflexão no meio de outras pessoas autorreflexivas, e como ele logra essa conquista de autorreflexão determina, em grande parte, seus próprios sentimentos de valor.

Na minha opinião, esses são, exatamente: o estágio de autoestima de Maslow, os estágios consciencioso e individualista de Loevinger e a moralidade pós-convencional de Kohlberg. Segundo Kohlberg, o nível pós-convencional consiste no estágio de moralidade por "direitos individuais" (estágio 5) e a moralidade de "princípios de consciência individuais" (estágio 6), que são quase exatamente os estágios consciencioso e individualista de Loevinger, respectivamente.

Agora, voltamo-nos para alguns dos níveis de desenvolvimento mais elevados e, claro, aqui nossos dados começam a escassear rapidamente, embora ainda reste o suficiente para concluir nossos pontos gerais. Se o desenvolvimento de estruturas básicas continua além da mente formal-reflexiva, então, eu suponho, a próxima estrutura básica importante é a visão-lógica, que foi postulada como o *mais alto nível de consciência pessoal-integrativa*. Espera-se, assim, que o eu identificado com esse nível tente conquistar os mais elevados potenciais pessoais, bem como integrar firmemente aqueles que já desenvolveu (denominamos o senso do eu nesse estágio de "centáurico"). Na minha opinião, esse é o estágio de autorrealização de Maslow e também os estágios autônomo/integrado de Loevinger. (Uma vez que os estudos de Kohlberg "param" nesse ponto, cf. Loevinger[78], Breger[21]; não é que a sensibilidade moral se esgote nesse estágio, mas que uma cuidadosa pesquisa sobre moralização ainda não foi realizada além dele, uma situação que, acredito, será sanada em breve.)

Além da visão-lógica, estão os vários níveis de organização estrutural transpessoais – que, como um todo, obviamente se referem à autotranscendência de Maslow (uma região geralmente ignorada ou negada pelos psicólogos ortodoxos). O problema com a equilibrada apresentação de Maslow até esse ponto, no entanto, é que ela se dissipa muito rapidamente. Embora de importância pioneira em seus dias, a categoria única de Maslow ("autotranscendência") contraria o fato cada vez mais óbvio de que, provavelmente, existem tantos estágios distintos de desenvolvimento além da autoestima quanto os estágios que conduzem a ela. O domínio transpessoal está longe de ser uma estrutura única – ele abriga, na minha opinião, pelo menos cinco níveis, talvez até doze ou mais (cf. Brown, Goleman). Eu simplesmente considerei a mais elevada necessidade de Maslow (autotranscendência) para concluir nossas correlações. À medida que a pesquisa for expandida e refinada, acho que a existência desses doze ou mais níveis transpessoais superiores – suas características, seu desenvolvimento e seus correlatos morais (como o voto do *bodhisattva*) – tornar-se-ão mais óbvios.

Quanto aos níveis mais baixos, não acho necessário – ou mesmo possível – apresentar meu caso com tanta força como fiz para os domínios intermediários. A razão é óbvia: os níveis inferiores (até o fantásmico inclusive) são pré-verbais; portanto, é extremamente difícil conduzir a pesquisa e ainda mais difícil interpretá-la e, de maneira alguma, desejo sustentar minha posição em especulações não controladas sobre os primeiros um ou dois anos da infância. Direi simplesmente que, na minha opinião, os estudos de Piaget, Mahler, Spitz, Jacobson e Fairbairn são definitivamente favoráveis à teoria que estou expondo aqui. Quanto aos níveis mais baixos de Loevinger (autístico, simbiótico e impulsivo inicial), simplesmente os listei ao lado do que acredito ser as correlações cruciais com as estruturas básicas da consciência. (Kohlberg não apresentou correlações aqui porque trabalhava única e deliberadamente com relatos verbais, e esses estágios iniciais são inteiramente pré-verbais.) De qualquer forma, tanto os estágios mais baixos quanto os mais altos aguardam, especificamente, pesquisas adicionais.

## Discussão

Talvez agora possamos entender melhor por que os estágios morais do eu também podem ser chamados de "estágios de exclusividade" e como e por que diferem fundamentalmente das estruturas básicas nas quais repousam. Tomemos como exemplo os estágios de conformidade – minha sugestão é que a real *necessidade de conformidade* (p. ex., Maslow/Loevinger) seja gerada em grande parte pelo *apego* à mente regra/papel. Uma vez que o apego é interrompido (por negação ou desidentificação específica de fase), o mesmo ocorre com a pulsão por conformidade. Mas a mente regra/papel – como estrutura básica – *não* é rompida; ela pode e continua a funcionar, pelo menos como Arieti a descreve, tanto na coleta de seus próprios dados de processamento de informações/regras quanto servindo como ingrediente operante da mente formal-reflexiva. E observe: uma pessoa na estrutura mente regra/papel (excetuando a patologia) tem *acesso perfeito e usa todas as estruturas básicas inferiores precedentes* – acesso simultâneo ao corpo físico, sensações, percepções, sentimentos, imagens e símbolos representacionais (palavras). *No entanto*, uma pessoa no nível correlato de estágio do eu – neste exemplo, uma pessoa nos estágios de conformidade – *não* tem acesso ou não usa e exercita simultaneamente os estágios do eu inferiores (porque, basicamente, eles não existem mais). Alguém que se esforça para ser conformista, não se esforça, simultânea e igualmente, para ser um impulsivo independente. Como Loevinger e Kohlberg demonstraram, uma pessoa em um dado estágio de desenvolvimento do eu ou moral raramente dá respostas dos estágios inferiores (e quanto mais baixo ou mais remoto o estágio, menor a probabilidade de resposta).

Entretanto, sugerir que as estruturas básicas são suportes de raiz de vários estágios de transição do eu não implica que estes não sejam submetidos a operações intermediárias. Essa certamente parece ser a visão de Habermas, Selman e Kohlberg, os quais tendem a considerar estruturas cognitivas básicas separadas da moralização por operações interpessoais do eu. Habermas, por exemplo, sugere que uma única estrutura cognitiva de base, quando submetida a diferentes graus de "competência interativa", suporta duas subclasses de resposta moral (as correlações de Habermas das estruturas cognitivas de base de Piaget com as respostas morais de Kohlberg são exatamente como apresentadas na Fig. 10). Além disso, esse grau de "competência interativa" está diretamente relacionado ao "núcleo de formação da identidade" (nosso lócus de identificação do sistema do eu). Eu mesmo já argumentei há pouco que entre as estruturas básicas, por um lado, e os estágios morais do eu, por outro, jaz o sistema do eu e suas operações de transcrição. Se esse processo de transcrição ocorre em um ou dois estágios – na verdade, três ou quatro – é um ponto extremamente importante, mas que é incidental para nossa tese geral. Neste momento, considero a discussão de Habermas e suas correlações como as mais convincentes e, portanto, são as que segui aqui.

Finalmente, uma observação sobre a hierarquia de necessidades de Maslow. Na minha opinião, a hierarquia de Maslow é quase inteiramente de estágios do eu, não de estruturas básicas de consciência. Digo isso porque: (1) ela se encaixa quase perfeitamente nos outros esquemas de desenvolvimento de estágios do eu, como já vimos (e como Loevinger enfatizou); e (2) encaixa-se muito mal nos mapas tradicionais de estruturas básicas (ou níveis de consciência).

Tomemos, por exemplo, os *koshas* ou invólucros da consciência do Vedanta – em ordem de estruturação ascendente, eles são: o *annamayakosha* ou nível físico (alimentar); o *pranamayakosha* ou nível emocional-sexual; o *manomayakosha* ou nível da mente; o *vijnanamayakosha* ou nível de intuição; e o *anandamayakosha*, ou nível de *enstasis* transcendental (além do qual reside o ser desprovido de eu do espírito supremo, ou *sahaj Brahman*). *Nenhum* desses níveis representa diretamente um senso de eu – eles são primeiro e acima de tudo níveis de consciência, não modos do eu ou de necessidades do eu. Os *koshas* do Vedanta são, na minha opinião, exemplos perfeitos de estruturas básicas (não de estágios do eu). Eles se correlacionam com precisão, embora de maneira condensada, com o esquema apresentado na Figura 8, não na Figura 10. Gostaria de enfatizar que o mesmo parece ser verdade em relação aos *chacras* do Yoga (hinduísta e budista), aos *vijnanas* do Mahayana, aos níveis de Aurobindo, às hierarquias místicas cristãs e outros.

As tradições perenes certamente estão cientes de vários fenômenos de estágios de transição ou temporários de fase, incluindo visões de mundo transicionais *e* estágios do eu. A meditação, em especial, é geralmente vista como o desdobramento de níveis ou estruturas básicas da consciência mais elevados, mas um desdobramento que é acompanhado por todos os tipos de eventos e estágios temporários de fase (considerando também o fato de que estágios mais elevados frequentemente abarcam retornos em espiral e recapitulações de níveis mais baixos, em todos os tipos de padrões e combinações complexas – cf., p. ex., o excelente relato de Brown e Engler[24]; cf. tb. cap. 4 desta obra). O que quero dizer é que, ao tentar integrar e sintetizar abordagens orientais e ocidentais (bem como várias abordagens ocidentais em si), as diferenças entre estruturas básicas e estágios de transição devem ser lembradas, para que não acabemos comparando maçãs e laranjas. Vi, por exemplo, provavelmente meia dúzia de tentativas de equiparar a hierarquia de Maslow com os *chacras* do Yoga, e eles simplesmente não são o mesmo fenômeno, por mais estreitamente correlacionados que estejam.

Sugiro que a hierarquia de Maslow seja basicamente um dos estágios transicionais do eu. A única exceção são as necessidades fisiológicas de Maslow, seu nível mais baixo, que coloquei entre parênteses na Figura 10. Nunca se supera a necessidade fisiológica de alimento, ar etc. Em outras palavras, as necessidades fisiológicas não são estágios do eu ou estágios de transição em si; nem são prepotentes (abrindo espaço para necessidades mais sutis: a necessidade de ar nunca é substituída, p. ex., pela necessidade de pertencimento). Assim, na minha opinião, as necessidades fisiológicas de Maslow são as únicas estruturas básicas em sua hierarquia; portanto, devem ser substituídas (*à la* Loevinger) por algo como as necessidades simbióticas ou impulsivas (com as necessidades fisiológicas voltadas para a hierarquia das estruturas básicas). A lista de Maslow seria então, consistentemente, uma hierarquia de autoestágios – autoimpulsividade, autossegurança, autopertencimento, autoestima, autorrealização, autotranscendência – e não estruturas físicas, emocionais, mentais, sutis e causais.

Uma última razão pela qual é importante distinguir estruturas básicas de estágios do eu é que os dois não necessariamente – nem mesmo usualmente – seguem o mesmo cronograma de desenvolvimento. Eles emergem na mesma ordem, mas não essencialmente ao mesmo tempo. Voltando uma última vez à analogia da nossa escada, a emergência das estruturas básicas pode estar muito à frente da vontade do eu de "subi-las". Isso, claro, levanta muitas questões intrigantes, mas são questões já enfrentadas por psicólogos do desenvolvimento ortodoxos, pois há muito se reconhece que as estruturas cognitivas são necessárias, mas não suficientes, para a moral e o desenvolvimento do eu. Por exemplo, um indivíduo pode estar na estrutura básica *op-con* e exibir um senso moral dela ou de qualquer outra estrutura abaixo (mas nunca acima). Por esse motivo, os tempos reais de emergência das estruturas básicas (até o *opform*, inclusive) são amplamente *dependentes da idade* e relativamente fixos (como evidenciado, p. ex., pelas estruturas cognitivas de Piaget e conforme indicado na Fig. 9), mas a emergência dos estágios do eu é relativamente independente da idade (como Loevinger e Kohlberg explicaram em seus estágios-estruturas). A hipótese de que as estruturas básicas sirvam de substrato para os estágios do eu é compatível com esses dados.

Em resumo, essas distinções têm implicações importantes para a psicologia do desenvolvimento ortodoxa, porque, embora bem elementares, foram amplamente ignoradas, como lamentou Flavell. Mas elas também são relevantes para os cientistas, filósofos e psicólogos que estão em busca de um novo e mais elevado paradigma transcendental, para que meros estágios não sejam confundidos com estruturas ontológicas (ou vice-versa). A dinâmica, o cronograma, as características – tudo isso é diferente no desenvolvimento das estruturas básicas e no desenvolvimento do senso do eu por intermédio dessas estruturas. E enquanto o primeiro é o substrato para o último, os dois constituem diferentes vertentes do desenvolvimento[21].

21 Cf. *Integral Psychology* para as mais recentes elaborações deste modelo (KW).

# 10
# O estado de consciência supremo

Ao longo deste volume, indicamos que o Absoluto é tanto o estado mais elevado de ser quanto a essência de cada ser; é o objetivo da evolução e o fundamento da evolução; o estágio mais alto do desenvolvimento e a realidade ou quididade de *todos* os estágios de desenvolvimento; a mais elevada de todas as condições e a Condição de todas as condições; o degrau mais alto da escada *e* a madeira da qual a escada é feita. Qualquer coisa menos que esse *paradoxo* gera, por um lado, reducionismo panteísta ou, por outro, transcendentalismo descontrolado e radical. O fracasso em captar esse paradoxo do conhecimento levou mais de um teorizador moderno – em busca do novo paradigma – a colapsar e equiparar o Espírito a quaisquer descobertas meramente "holísticas" da física, biologia ou psicologia – uma confusão da soma das sombras dentro da caverna com a Luz fora dela. Consequentemente, como um contraponto a esse generalizado reducionismo panteísta moderno, neste livro enfatizei amplamente o aspecto desenvolvimental, transcendental e de "degrau mais alto" do Espírito.

Mas, na verdade, o outro lado do paradoxo não deve ser esquecido no processo. Se o Espírito é completamente transcendente, também é completamente imanente. Estou firmemente convencido de que, se surgir um novo e abrangente paradigma, esse paradoxo será o seu cerne. Uma vez que, até aqui, enfatizei o aspecto transcendental ou de "degrau mais alto", não consigo pensar em melhor maneira de concluir este livro do que enfatizar de forma sustentada o aspecto imanente ou onipresente.

## Um sem um segundo

No *Chandogya Upanishad*, *Brahman* – a realidade absoluta, o estado de consciência supremo – é descrito em termos flagrantemente simples e diretos: o Absoluto é "Um sem um Segundo"[62]. Esse inspirado texto dos *Upanishads* não descreve o supremo como criador, controlador, soberano ou senhor de um Segundo; nem fala de Um oposto a um Segundo, nem de Um fora de um Segundo, nem acima ou além de um Segundo – mas de Um sem um Segundo. Em outras palavras, o Absoluto é aquilo que não tem nada fora dele, nada separado dele, nada além dele, um fato expresso em Isaías como "Eu sou o Senhor, e não há mais nada". Tudo isso significa que não há realmente nada fora de *Brahman*, nada fora do Absoluto. Nas palavras de um antigo mestre Zen:

> Todos os budas e todos os seres sencientes não são senão a Mente Única, além da qual nada há. Acima, abaixo e ao seu redor, tudo existe espontaneamente, pois não há lugar algum fora da Mente de Buda[15].

Obviamente, se houvesse algo fora do Absoluto, isto imediatamente lhe imporia uma limitação, pois o Absoluto seria Um fora de um Segundo em vez de Um sem um Segundo. E, portanto, é nesse sentido que *Brahman*, a Mente de Buda, a Divindade é chamada de absolutamente abrangente, inclusiva e onipresente. Quando os *Upanishads* dizem "Todo o mundo é *Brahman*" e "Isto também é *Brahman*"; quando o *Sutra Lankavatara* proclama que "O mundo nada mais é que Mente" e "Tudo é Mente"; quando o *Despertar da fé* do *Mahayana* afirma que "Todas as coisas são apenas a Mente Única"; quando os textos do *Taoismo* insistem em que "Não há nada fora do Tao; você não pode se desviar dele" – bem, eles querem dizer exatamente isso. Citando os apócrifos *Atos de Pedro*:

> Tu és percebido apenas pelo espírito, tu és para mim pai, tu minha mãe, tu meu irmão, tu meu amigo, tu meu escravo, tu meu mordomo: tu és Tudo e Tudo está em ti: e tu ÉS, e nada mais há que SEJA, salvo somente ti[65].

Isto é verdade porque, como Cristo disse no Evangelho de São Tomé:

> Eu sou a Luz que está acima de todos, eu sou o Todo, o Todo veio de mim e o Todo cumpriu-se em mim. Corte uma lasca de madeira, Eu estou lá; levante a pedra e você me encontrará lá[57].

Ora, a afirmação de que o mundo inteiro é realmente *Brahman* geralmente dispara, em mentes excessivamente imaginativas, fantasias tais como uma gosma uniforme, onipresente, sem características, porém divina; a evaporação instantânea e total de toda diversidade e multiplicidade, deixando para trás um Vácuo celestial, imaculado, embora amorfo, Onisciente e Onimisericordioso. Nós chafurdamos em tais frenesis mentais somente porque supomos que a afirmação "Tudo é *Brahman*" seja uma proposição lógica, contendo algum tipo de informação mental sobre o universo e, assim tomados, conseguimos imaginar seu significado apenas como a redução de toda a multiplicidade a um mingau uniforme, homogêneo e imutável.

Mas "Tudo é *Brahman*" não deve ser confundido com uma conclusão filosófica, uma teoria lógica ou uma explicação meramente verbal da realidade, pois os sábios de todos os tempos e lugares sustentaram unanimemente que o Absoluto é, na verdade, inefável, indizível, está completamente além de palavras, símbolos e lógica. E não porque seja por demais misterioso, sublime ou complexo para ser expresso por palavras, mas porque é muito simples e óbvio, próximo demais para ser pego na rede de símbolos e signos. Já que não há nada fora dele, não há como defini-lo ou classificá-lo. Como observou João Escoto (Erígena), "Deus não se conhece, não sabe o que Ele é, porque Ele não é *algo*; em certo sentido, Ele é incompreensível para si mesmo e para qualquer intelecto". Ou como explica Shankara, o Mestre do Hinduísmo Vedanta:

> Ora, não há classe à qual *Brahman* pertença, nem espécie comum. Assim, não pode ser expresso por palavras que significam uma categoria de coisas. Nem pode ser indicado por qualidade, pois é sem qualidades; nem ainda por atividade, porque é sem atividades – "em repouso, sem partes ou atividades", de acordo com as Escrituras. Tampouco pode ser denotado pelo relacionamento, pois é "sem um Segundo" e não é o objeto de nada além de seu próprio Ser. Portanto, não pode ser definido por palavra ou ideia; como diz a Escritura, é o Único "diante de quem as palavras recuam"[119].

Este, na verdade, também é o cerne da filosofia de Wittgenstein; ou seja, não podemos fazer nenhuma declaração válida sobre a Realidade como um todo, porque não há lugar fora dela onde possamos assumir uma posição para descrevê-la. Em outras palavras, "só poderíamos dizer coisas sobre o mundo como um todo se pudéssemos sair dele, quer dizer, se ele deixasse de ser para nós o mundo inteiro... (Mas) para nós, ele não pode ter um limite, pois não há nada fora dele"[141]. E não tendo limite, sem fronteiras - sendo Um sem um Segundo - não pode ser definido ou classificado. Você consegue definir e classificar, por exemplo, um "peixe", porque existem coisas que não são peixes, como pedras, árvores e jacarés; e traçando uma linha mental entre o que é peixe e o que não é peixe, você é capaz de defini-lo e classificá-lo. Mas você não consegue definir ou dizer "o que" *Brahman* é, pois não há nada que Ele não seja - sendo Um sem um Segundo, não há nada fora dele e, portanto, nenhum lugar para traçar a linha classificatória.

Por isso, o Absoluto, o mundo real tal como ele é, também é chamado de Vacuidade pura, pois todas as definições, proposições e declarações sobre a realidade são vazias e sem sentido. Mesmo afirmações como "a Realidade é o Ilimitado" não são suficientes, pois o "ilimitado" exclui o que é "limitado". Afinal, o Absoluto é Vazio de todas as elaborações conceituais, e até a palavra "vazio", se considerada uma ideia lógica, deve ter sua validade negada. Nas palavras de Nagarjuna:

> Não pode ser chamado de vazio ou não vazio,
> Ou ambos ou nenhum;
> Mas, para distingui-lo,
> É chamado de "o Vazio"[123].

Uma vez que todas as proposições sobre a realidade são vazias e inválidas, o mesmo, claro, vale para a afirmação "Tudo é *Brahman*", se essa afirmação for tomada como uma proposição lógica. Se, por exemplo, *Brahman* fosse considerado como um fato concreto e categórico *entre outros fatos*, "Tudo é *Brahman*" seria o mais absoluto absurdo: como qualquer lógico nos explicará, predicar algo de tudo é predicar nada.

Mas *Brahman* não é um fato entre outros fatos, mas o Fato de todos os fatos. "Tudo é *Brahman*" não é uma proposição meramente lógica; é mais uma revelação experiencial ou contemplativa e, embora a lógica da afirmação seja admissivelmente falha, a experiência em si não é. E a experiência *Tudo é Brahman* deixa bem claro que não há uma única coisa fora do Absoluto, mesmo que, quando traduzida em palavras, se chegue ao absurdo. Mas, como diria Wittgenstein, conquanto não se consiga *falar* dele, Ele pode ser *revelado*.

Ora, a percepção de que não há nada fora de *Brahman* implica também que não há nada *contrário* a Ele; isto é, o Absoluto é aquilo que não tem oposto. Assim, Ele também é chamado de Não Dual, Não Dois, Sem Oposto. Citando o terceiro Patriarca do Zen:

> Todas as formas de dualismo
> São ignorantemente inventadas pela própria mente.
> São como visões e flores no ar:
> Por que nos preocuparmos em mantê-las?
> Quando o dualismo não mais se sustenta,
> Até a Unidade em si não subsiste como tal.
> A Mente Verdadeira não está dividida –
> Quando uma identificação direta é solicitada,
> Só podemos dizer: "Não Dois!"[115]

Mas, como Sengcan ressalta, "Não Dois" não significa apenas Um, pois a Unidade pura é bem dualista, excluindo, como o faz, seu oposto, a Multiplicidade. O singular Um opõe-se ao plural Muitos, enquanto o Não Dual integra os dois. "Um sem um Segundo" significa "Um sem um Oposto", não Um oposto a Muitos. Assim, como já sugerimos, não devemos imaginar o Absoluto como excluindo a diversidade, como se fosse um mingau monístico indiferenciado, pois *Brahman* abraça tanto a unidade quanto a multiplicidade.

A importância do que foi dito até agora é que, como não há realmente nada fora do Não Dual, não há nenhum ponto no espaço ou no tempo em que o Absoluto não esteja. E não é que uma *parte* do Absoluto esteja presente em todas as coisas – como no panteísmo –, pois isso é introduzir um limite na infinitude, atribuindo a cada coisa um pedaço diferente da torta infinita. Ao contrário, o Absoluto *inteiro* está completa e totalmente presente em cada ponto do espaço e do tempo, pela simples razão de que não se pode ter um infinito diferente em cada ponto. O Absoluto, como disse São Boaventura, é "uma esfera cujo centro está em toda parte e cuja circunferência está em lugar algum", de modo que, nas palavras de Plotino, "enquanto está em lugar algum, em lugar algum não está".

No entanto, observe que o Absoluto pode estar inteiramente presente em cada ponto do espaço somente se Ele próprio não tiver espaço. Assim como, para usar o exemplo de Eckhart, seus olhos conseguem ver coisas que são da cor vermelha apenas porque seus olhos não têm cor vermelha ou são "sem vermelho", também o Absoluto pode abraçar todo o espaço porque Ele em si não tem espaço ou é "sem espaço".

Desse modo, o infinito não é um ponto ou um espaço – mesmo um espaço muito grande – ou uma dimensão entre outros pontos, espaços e dimensões; ao contrário, ele é sem ponto, sem espaço, sem dimensão – não um entre muitos, mas Um sem um Segundo. Assim, a *totalidade* do infinito pode estar presente em todos os pontos do espaço; por ser ele próprio sem espaço, não compete com o espaço e, portanto, é livre para abraçá-lo completamente, assim como a água, sem forma e amorfa, pode encher recipientes de todas as configurações e formas. E uma vez que o infinito está presente na sua totalidade em todos os pontos do espaço, *tudo* do infinito está totalmente presente AQUI. Na verdade, para os olhos do infinito, não existe um lugar como *este aqui* (já que, de maneira grosseira, se você for a algum outro lugar *lá*, ainda encontrará apenas o mesmo infinito *daqui*, pois não há um infinito diferente em cada lugar).

E o mesmo acontece com o tempo. O Absoluto pode estar presente em sua totalidade em todos os momentos somente se for atemporal. E o que é atemporal é eterno, pois, como Wittgenstein indicou corretamente, a eternidade "não é uma duração temporal infinita, mas uma atemporalidade"; ou seja, *toda* a eternidade não é um tempo perpétuo, mas um momento sem tempo. Assim, sendo atemporal, toda a eternidade está total e completamente presente em cada momento – e, portanto, toda a eternidade já está presente exatamente AGORA. Para os olhos da Eternidade, não há, *então*, nem passado nem futuro.

Ponto sem dimensão ou extensão, Momento sem data ou duração – isto é o Absoluto. E embora Ele esteja em qualquer lugar específico, não há lugar em que Ele não esteja. Este é simplesmente o significado de onipresença – o Absoluto está presente simultaneamente em todos os lugares e em todos os momentos em sua inteireza. "Quem não vê a Deus em todos os lugares, não o vê verdadeiramente em lugar algum."

Tudo isto dito, não é difícil entender por que todas as tradições metafísicas afirmam universalmente que o Absoluto é literalmente Inatingível, pois, se fosse possível a uma pessoa *atingir* o Absoluto, isso implicaria passar de um ponto em que o Absoluto não está para um ponto em que Ele está – mas não há um ponto em que Ele não esteja. Em outras palavras, é impossível atingi-lo porque é impossível escapar dele em primeiro lugar. E, portanto, é importante perceber que, como o Absoluto já é um com tudo em todos os lugares, não podemos de maneira alguma produzir ou atingir nossa união com Ele. Não importa o que façamos ou não, tentemos praticar ou não, nunca conseguiremos atingi-lo. Nas palavras de Shankara:

> Como *Brahman* constitui o Eu de uma pessoa, Ele não é algo a ser atingido por essa pessoa. E mesmo que *Brahman* fosse completamente diferente do Eu de uma pessoa, ainda assim não seria algo a ser atingido; pois, como Ele é onipresente, faz parte de sua natureza que esteja sempre presente para todos[119].

Ou leia atentamente o seguinte texto do grande mestre Zen Huang Po:

> Que não haja nada que possa ser atingido não é conversa fiada; é a verdade. Você sempre foi um com o Buda; portanto, não finja que pode atingir essa unidade por meio de diferentes práticas. Se, neste exato momento, você pudesse se convencer de sua inatingibilidade, tendo certeza de que absolutamente nada pode ser atingido, você já teria a *Mente Bodhi*. Difícil é o significado deste ditado! É para ensiná-lo a evitar buscar a budidade, já que qualquer busca está fadada ao fracasso[15].

Ou, apenas para enfatizar a questão, considere as palavras de Sri Ramana Maharshi:

> Não há como atingir o Eu. Se fosse para se atingir o Eu, isso significaria que o Eu não estaria aqui e agora, mas que ainda precisaria ser atingido. O que é atingido de novo também será perdido. Assim, será impermanente. Não vale a pena lutar pelo que não é permanente. Então eu afirmo que o Eu não é atingido. Você é o Eu; você já é Ele[95].

Portanto, o Absoluto, a Mente de Buda, o Eu real não pode ser atingido. Atingir a união com o Absoluto implica reunir duas coisas e, no entanto, em toda a realidade existe somente Um sem um Segundo. A tentativa de unir a alma e Deus simplesmente perpetua a ilusão de que os dois estão separados. Como as citações anteriores deixam claro, o Eu já está presente e nós já somos Ele.

Ora, às vezes, diz-se que, embora já sejamos de fato um com o Absoluto, a maioria de nós não percebe que é assim; que, embora a união com Deus não possa ser atingida, *o conhecimento dessa união pode ser*; que, embora não possamos produzir a Identidade Suprema, podemos percebê-la. E essa percepção, o atingimento do conhecimento de nossa Identidade Suprema, é dita em toda parte ser o próprio Estado de Consciência Supremo, iluminação, *satori*, *moksha*, *wu*, desprendimento, liberação.

Certamente, há algum grau de verdade na afirmação de que somos todos Budas, mas não sabemos, e que devemos, portanto, atingir esse conhecimento para a liberação completa. Contudo, com um olhar mais atento, isso não é totalmente satisfatório, pois, pela verdade da não dualidade, conhecer Deus é ser Deus: os dois não são absolutamente separados. Portanto, não há uma coisa chamada Deus e outra chamada conhecimento de Deus. Ao contrário, o conhecimento é apenas um dos nomes de Deus. E, se não conseguimos atingir Deus, também não conseguimos atingir o conhecimento de Deus – uma vez que os dois são, na verdade, um e o mesmo. Em outras palavras: como o Estado de Consciência Supremo é *Brahman*, e como *Brahman* não pode ser atingido, o Estado de Consciência Supremo também não pode.

Se essa conclusão lhe parecer estranha, siga em frente e suponha, ao contrário, que o Estado de Consciência Supremo pode ser alcançado, atingido ou penetrado. O que isso implicaria? Somente que esse estado de consciência em que você *entrou* teria necessariamente um começo no tempo; que esse estado de consciência não seria, portanto, atemporal e eterno; e que, em resumo, esse estado de consciência não é precisamente o Estado de Consciência Supremo. Não se pode entrar no Estado de Consciência Supremo, porque ele é atemporal, sem começo ou fim; reciprocamente, qualquer estado de consciência em que você consiga entrar não será o Estado de Consciência Supremo.

Hsuan-tse ouviu falar de um mestre de meditação chamado Chih-huang e, quando foi visitá-lo, Chih-huang estava meditando.

"O que você está fazendo?", perguntou Hsuan-tse.

"Estou entrando em *samadhi*, o estado de consciência supremo."

"Você fala em *entrar*, mas como você entra em *samadhi* – com uma mente com pensamentos ou com uma mente sem pensamentos? Se você responder 'com uma mente sem pensamentos', todos os seres não sencientes, como plantas ou tijolos, poderiam atingir *samadhi*; se você responder 'com uma mente com pensamentos', todos os seres sencientes poderiam atingi-lo."

"Bem", respondeu Chih-huang, "não estou consciente de ter ou não pensamentos."

O veredicto de Hsuan-tse foi rápido. "Se você tem consciência disso, na verdade está em *samadhi* o tempo todo; por que, então, você fala em entrar ou sair dele? Se, no entanto, ocorre uma entrada ou saída, não é o Grande *Samadhi*"[115].

Então, o que significa que você não consegue entrar no Estado de Consciência Supremo? O que significa que nunca, sob nenhuma circunstância, a qualquer momento, por meio de qualquer esforço, você consegue entrar no Estado de Consciência Supremo? Apenas que o Estado de Consciência Supremo já está completa e integralmente presente. E isso significa que o Estado de Consciência Supremo não é de modo algum diferente do seu estado de consciência comum ou de qualquer outro estado de consciência que você possa vivenciar neste ou em qualquer outro momento. "Sua mente comum, exatamente isto é o Tao", diz Nansen. Qualquer que seja o estado que você esteja agora, independentemente do que você pensa sobre ele e independentemente de sua natureza, é exatamente isto. Portanto, você não consegue entrar nele, porque sempre esteve nele desde o começo.

Claro, isso deveria ser óbvio o tempo todo. Uma vez que o Estado de Consciência Supremo é *Brahman*, e como *Brahman* é totalmente inclusivo, o Estado de Consciência Supremo é igualmente inclusivo, ou seja, o Estado de Consciência Supremo não é um estado entre outros estados, mas o estado que inclui todos os estados.

Isto significa, enfaticamente, que o Estado de Consciência Supremo não é um estado alterado de consciência, pois – sendo Um sem um Segundo – não há alternativa a Ele. O Estado de Consciência Supremo é perfeitamente compatível com qualquer estado de consciência, natural ou alterado, e não existe estado de consciência separado ou fora dele. Como explica René Guénon: "O estado de *Yogi* não é análogo a nenhum estado específico, pois abrange todos os estados possíveis, da mesma forma que o princípio abrange todas as suas consequências"[56].

Tudo isso aponta inevitavelmente para o fato de que você não apenas já é um com o Absoluto, mas também sabe que é. Como Huang Po disse: "A Natureza de Buda e sua percepção dela são a mesma coisa". E já que, como vimos, a Natureza de Buda está sempre presente, o mesmo ocorre com a sua percepção dela. Se você sustenta que é Buda, mas não o conhece, introduz necessariamente um dualismo muito sutil entre a Natureza de Buda e sua percepção dela, imaginando que a primeira é, enquanto a segunda ainda está por vir, e isto não é possível. Sinceramente, uma vez que não podemos produzir o Absoluto, não podemos produzir o conhecimento do Absoluto. Ambos já estão presentes.

> Um monge perguntou a Rekison Roshi: "Qual a diferença entre 'apreender um som e o som ser emitido'?" Rekison pegou algumas brasas, acendeu a lenha, e perguntou: "Você ouve isso?" "Ouço", respondeu o monge. "Quem não é emitido?", retrucou Rekison[16].

O fato de o Estado de Consciência Supremo não ser um estado à parte ou de alguma forma diferente do Estado de Consciência Presente é o ponto que muitas pessoas parecem não compreender. Por isso, elas, erroneamente, procuram projetar para si um estado de consciência "superior", radicalmente diferente de seu estado de consciência atual, no qual imaginam que a Identidade Suprema possa ser percebida. Algumas imaginam que esse estado particular e exclusivo de consciência "superior" esteja conectado a padrões específicos de ondas cerebrais, tais como ondas predominantes alfa de alta amplitude. Outras sustentam que o sistema neurológico de um indivíduo deve sofrer várias mudanças, evoluindo por assim dizer para um ponto em que esse estado de consciência "superior" possa finalmente emergir. Algumas até acreditam que o estresse fisiológico precisa ser removido por meio de técnicas meditativas para que, em seguida, resulte o estado de consciência "superior". Mas toda essa conversa ignora completamente o fato inescapável de que *qualquer* estado de consciência em que se possa entrar, ou que emerja após várias práticas, precisa ter um começo no tempo e, portanto, não é e nunca poderá ser o eterno e atemporal Estado de Consciência Supremo.

Além disso, imaginar que podem ser tomadas certas providências para realizar o Estado de Consciência Supremo e alcançar a liberação é realmente tornar o Estado Supremo um *efeito*. Assim dizendo, acreditar que certos estágios ou vários passos ou práticas particulares podem levar à liberação é, inevitavelmente, fazer da liberação o *resultado* desses passos, a *consequência* desses estágios, o *efeito* dessas causas. No entanto, há muito tempo, Shankara observou o absurdo completo de tal ideia:

> Se *Brahman* fosse representado como suplemento de certas ações, e a liberação fosse assumida como o efeito dessas ações, ela seria temporal e teria de ser considerada meramente como algo que mantém uma posição preeminente entre os frutos descritos de ações temporais em seus vários graus.

> Mas, já que a liberação se mostra como sendo da natureza do Eu eternamente livre, ela não pode ser impregnada com a imperfeição da temporalidade. Por outro lado, aqueles que consideram a liberação como sendo o efeito de algo afirmam que ela depende da ação da mente, da fala ou do corpo. Da mesma forma, aqueles que a consideram ser uma mera modificação. A não eternidade da liberação é a consequência certa dessas duas opiniões; pois observamos na vida comum que coisas que são modificações, como leite azedo e similares, e coisas que são efeitos, como jarros etc., são não eternas[119].

E quanto à opinião de que todos nós temos a Natureza de Buda, mas ainda não sabemos? E que por meio de algum tipo de ação, como a meditação, podemos atingir esse conhecimento? Shankara é categórico:

> Poder-se-ia dizer que liberação seria uma qualidade do Eu que está meramente oculta e se manifesta no Eu purificado por alguma ação; tal como a qualidade da nitidez se manifesta em um espelho quando ele é limpo por meio da ação de polimento. Este argumento é inválido, retorquimos, porque o Eu não pode ser a morada de nenhuma ação. Pois uma ação não pode existir sem modificar o que ela habita. Mas se o Eu fosse modificado por uma ação, adviria dela sua não eternidade, um resultado completamente inaceitável[119].

Em resumo, uma vez que o Estado de Consciência Supremo é o seu Estado de Consciência Presente, obviamente não há como causar, produzir, afetar ou fabricar o que já é – e, se você pudesse, o resultado seria não eterno. Mas quando imaginamos que o Estado de Consciência Supremo é diferente do estado de consciência que vivenciamos agora, procuramos, sinceramente, maneiras de atingir esse estado de consciência "superior" supostamente diferente e milagroso, totalmente ignorantes do fato de que mesmo se alcançarmos esse estado de consciência "superior", ele não será o Estado Supremo, porque é resultado de certos passos e, portanto, tem um começo no tempo. E, mesmo assim, pensamos, algum conhecimento do Absoluto nos espera nesse estado superior de consciência particular. Mas, como Eckhart explicou veementemente, se imaginamos que Deus pode ser encontrado em um estado *particular* de consciência, então quando esse estado some, esse deus some com ele.

"Contrário à crença generalizada", escreve Alan Watts, "o conhecimento e a contemplação do infinito não são um estado de transe, porque, devido à verdade de que não há oposição entre o infinito e o finito, o conhecimento do infinito pode ser compatível com todos os possíveis estados de mente, sentimento e sensação. [Esse] conhecimento é um estado de consciência inclusivo, não exclusivo."[124]

Na verdade, é somente porque continuamos insistindo que o Estado de Consciência Supremo é diferente do Estado de Consciência Presente que se torna tão difícil admitir para nós mesmos que já conhecemos nossa Natureza de Buda. Imaginamos, por exemplo, que o *nirvana* é diferente do *samsara*, que a iluminação é diferente da ignorância, que *Brahman* é diferente de *maya* (ilusão). No entanto, Nagarjuna afirma claramente: "Não há diferença alguma entre *nirvana* e *samsara*; não há diferença alguma entre *samsara* e *nirvana*. Não há a menor diferença entre esses dois". E Hsuan-chueh começa assim sua celebrada *Canção de Realização do Tao*:

> Você não vê aquele descontraído Homem do Tao, que abandonou o aprendizado e não se esforça?
> Ele não evita pensamentos falsos, nem busca os verdadeiros,
> Pois a ignorância é, na realidade, a natureza de Buda,
> E esse corpo ilusório e mutável é o corpo da Verdade[115].

E o Vedanta puro nunca entendeu *maya* ou ilusão como diferente de *Brahman*, mas como algo que *Brahman* está fazendo. No entanto, procuramos escapar do *samsara* como se ele não fosse o *nirvana*; tentamos superar a ignorância como se ela não fosse a iluminação; nós nos esforçamos para acabar com *maya* como se não fosse *Brahman*. Fénelon, arcebispo de Cambrai, tem o único comentário aceitável sobre esse estado de coisas: "Não há ilusão mais perigosa do que as fantasias pelas quais as pessoas tentam evitar a ilusão".

Portanto, toda busca, espiritual ou não, é irrelevante; e ver o Estado de Consciência Supremo como um estado alterado de consciência específico é absolutamente inaceitável. Não estou negando que alguns estados alterados de consciência bem prodigiosos possam certamente ser atingidos – eles podem ser atingidos pela simples razão de serem parciais e exclusivos e, assim, poderem ser desenvolvidos e aperfeiçoados. Mas o que isso tem a ver com o oniabrangente Estado de Consciência Supremo? Você certamente pode treinar para entrar em estados alfa; pode desenvolver sua habilidade com um mantra; pode aprender a evitar que surjam pensamentos – mas apenas porque esses são estados de consciência exclusivos e parciais, separados de outros estados e, por esse mesmo motivo, serem passíveis de mais atenção e esforço seletivos do que os outros. Mas você não consegue treinar para entrar naquele estado de consciência que nunca abandonou e que inclui todos os possíveis estados de consciência. Simplesmente não há lugar fora do Estado de Consciência Supremo, onde você possa treinar para entrar nele. Ouça Huang Po mais uma vez:

> *Bodhi* (conhecimento da Natureza de Buda) não é um estado. O Buda não o atingiu. Ele não falta aos seres sencientes. Ele não pode ser alcançado com o corpo nem procurado com a mente. Todos os seres sencientes já são uma forma única com *Bodhi*. Se você souber positivamente que todos os seres sencientes já são um com *Bodhi*, deixará de pensar em *Bodhi* como algo a ser atingido.
>
> Você pode ter ouvido recentemente outros falando sobre essa "conquista da *Mente Bodhi*", mas isso pode ser considerado uma forma intelectual de afastar o Buda. Seguindo esse método, você apenas PARECE que atinge a budidade; se você passasse éon após éon nesse caminho, atingiria somente o *Sambhogakaya* (estados felizes) e o *Nirmanakaya* (estados transformados). Que ligação teria tudo isso com sua original e verdadeira Natureza de Buda?[15]

No entanto, ao ouvir isso, muitos de nós sentem que "Sim, eu entendo que, de alguma forma, eu já devo ser um com o Absoluto, porém ainda não o conheço!" Mas isso não é manifestamente verdadeiro. O próprio fato de você agora estar procurando Buda mostra que você já sabe que é Buda. "Consola-te", escreveu Pascal, "não me procurarias se não me encontrasses". E São Bernardo expressou o mesmo sentimento: "Ninguém é capaz de te procurar, a não ser que já o tenha encontrado primeiro". Ou, como disse Blyth: "Para sermos iluminados, precisamos, primeiro, estar iluminados".

Certamente, indivíduos podem sentir que, de fato, não o conhecem, apesar de todas as melhores garantias dos Mestres. E o motivo pelo qual Ele pode não parecer evidente para eles é a natureza um tanto peculiar desse conhecimento de *Bodhi* sempre presente; ou seja, ele é não dual. Uma pessoa parece não saber disso apenas porque está tão acostumada a ver as coisas de maneira dualista, onde ela se mantém como sujeito e olha para um objeto, mental ou físico, e sente que, sim, vê esse objeto com muita clareza, sendo "ela" e "esse objeto" duas coisas completamente diferentes. A pessoa, como sujeito, assume naturalmente que também pode ver *Brahman* da mesma maneira, como um objeto, lá fora, para observar e compreender. Parece, portanto, que ela, a que compreende, está apta a captar *Brahman*, aquilo que é compreendido. Mas *Brahman* não se separa entre captador e captado. Na realidade, existe apenas Um sem um Segundo e, mesmo assim, por hábito, a pessoa tenta separá-lo em dois, dividi-lo, para finalmente captá-lo e exclamar: "Aha! Agora eu o percebo!" Ela tenta fazer com que seja uma experiência percebida, entre outras experiências. Mas *Brahman* não é uma experiência particular, sendo Um sem um Segundo, e assim resta à pessoa agarrar fantasmas e apertar fumaça.

E é assim que todos nós, inevitavelmente, acabamos percebendo que simplesmente não podemos vê-lo, por mais que tentemos. *Mas o fato de que sempre não conseguimos vê-lo é a prova perfeita de que sempre o conhecemos.* Nas palavras do *Kena Upanishad*:

> Se você pensa que conhece bem *Brahman*, o que você sabe sobre a natureza dele é, na realidade, muito pouco; por essa razão, *Brahman* ainda deve ser considerado com mais atenção por você... Quem quer que entre nós compreenda as seguintes palavras: "Eu não o conheço, e ainda assim o conheço", na verdade tal homem o conhece. Quem pensa que *Brahman* não é compreendido, por ele *Brahman* é compreendido; mas quem pensa que *Brahman* é compreendido não o compreende. *Brahman* é desconhecido para aqueles que o conhecem e é conhecido para aqueles que absolutamente não o conhecem[62].

Isto é, o próprio estado de não conhecer *Brahman* é o Estado de Consciência Supremo, *e é exatamente assim como você se sente agora*. Diz um poema Zen:

> Quando você procura conhecê-lo, não consegue vê-lo.
> Você não pode segurá-lo,
> Mas você também não pode perdê-lo.
> Não sendo capaz de obtê-lo, você o obtém.
> Quando você está calado, Ele fala.
> Quando você fala, Ele silencia.
> O grande portal está completamente aberto para dar esmolas,
> E não há multidão bloqueando o caminho[123].

Já que você é *Brahman*, obviamente não consegue ver *Brahman*, do mesmo modo que, por exemplo, um olho não consegue se ver e um ouvido não consegue se ouvir. O *Brihadaranyaka Upanishad* diz: "Não podeis ver o vidente da visão, não podeis ouvir o ouvinte da audição, nem perceber o percebedor da percepção, nem conhecer o conhecedor do conhecimento". E o *Zenrin* apresenta de maneira simples: "Como uma espada que corta, mas não pode se cortar; como um olho que vê, mas não pode se ver". De fato, se seu olho tenta se ver, não vê absolutamente nada. Da mesma forma, o Vazio é o que agora você não vê quando tenta procurar *Brahman*. Esse Vazio é exatamente o que você sempre buscou e nunca encontrou nem viu. E esse não ver é Ele. E como você sempre não o vê, você sempre o conhece. Porque qualquer indivíduo, explica São Dionísio, "pelo próprio fato de não ver e não conhecer a Deus, realmente entende Aquele que está além da visão e do conhecimento; sabendo também que Ele está em todas as coisas que são sentidas e conhecidas".

Ao serenar sua consciência atual, você pode perceber alguma sensação no corpo, ou pode estar ciente dos pensamentos passando diante dos olhos da mente, ou pode estar vendo as nuvens flutuando. Mas há uma coisa que não pode ver: você não pode ver o Vidente. Você vê pensamentos, coisas, nuvens, montanhas, mas nunca o Vidente, nunca o Eu, nunca a Testemunha pura. Precisamente porque vê pensamentos, você não é um pensamento; precisamente porque vê coisas, você não é uma coisa – você é radicalmente livre de todos os objetos, de todas as visões, de todas as ondulações do fluxo.

Então, o que é essa Testemunha em você que está ciente de você? Quem está ciente de seus pensamentos, seus sentimentos, seu eu, agora? O que é essa pura consciência? Claro, você não pode ver esse Vidente! Tudo o que você vê são apenas mais objetos: vê pensamentos flutuando, nuvens flutuando, sensações flutuando. Mas o Vidente propriamente dito não é um objeto e, portanto, nunca pode ser visto.

E assim, por um momento, seja meramente o Vidente. Mantenha-se simplesmente como o Vidente, mantenha-se como a Testemunha, mantenha-se como aquilo que vê, mas não pode ser visto. Ao manter-se nesse vazio, nessa ausência, nessa clareira, nessa abertura, você começará a sentir uma vasta liberdade, uma ampla liberação das coisas vistas, uma extensa libertação da dor de ser um objeto. Você jazerá como Vacuidade, como o Invisível arcaico, como o Não Nascido primordial, flutuando na grande liberação

Quando você jaz como Vacuidade, entra em contato com sua Face Original, a face que você tinha antes do *Big Bang*. Essa grandiosa Vacuidade é o pano de fundo primordial que, sempre já, tem sido seu Verdadeiro Eu, um Eu nunca perdido e, portanto, nunca encontrado. Essa Vacuidade é o maravilhoso pano de fundo em que o universo inteiro surge momento a momento. E esse magnífico pano de fundo – qualquer que seja o nome – é Deus.

Aquilo que está ciente de você neste momento é Deus. Aquilo que é sua própria consciência mais profunda, exatamente agora, é Deus. Aquilo que vê, mas nunca é visto, é Deus. Essa Testemunha em você agora, sempre presente como pura Presença, é Deus. Essa imensa Liberdade, essa enorme Vacuidade, essa Pureza primordial, seu próprio estado de consciência atual, neste instante, é Deus. E assim, mais fundamentalmente e pela eternidade, é Deus quem fala com sua língua, ouve com seus ouvidos e vê com seus olhos, este Deus que está mais perto de você do que você de si mesmo, este Deus que nunca o abandonou e nunca poderia, este Deus que é cada respiração que você respira, a própria batida do seu coração terno, que contempla toda a majestade diante de seus olhos, mas nunca, nunca, é visto.

Ainda não o vê? Quão certo você já está. Pois todos e cada um de nós, "pelo simples fato de não ver e não conhecer Deus, realmente entende Aquele que está além da visão e do conhecimento; sabendo, também, que Ele está em todas as coisas que são sentidas e conhecidas".

# Epílogo

A possibilidade de um paradigma genuinamente integral é uma noção sedutora. Este livro, é claro, apresentou apenas alguns fragmentos de como pode ser esse paradigma. Em outros livros, tentei sugerir qual a forma que o paradigma pode assumir nos campos da antropologia e história, psicologia do desenvolvimento, sociologia e psicoterapias (cf. *A brief history of everything* para um resumo). Entretanto, o ponto fundamental desta obra não foi tanto o de apresentar um paradigma definitivo – estamos a décadas de distância disto – quanto o de ressaltar alguns dos principais obstáculos que estão impedindo sua emergência. E vimos cerca de meia dúzia deles: o erro de categoria, a falácia pré/trans, a confusão entre legitimidade e autenticidade, a confusão entre estrutura e estágio, o fracasso em perceber o paradoxo do espírito como objetivo e fundamento. Vale lembrar que agora há um número imenso de estudiosos talentosos trabalhando em, ou em direção a, um paradigma abrangente, e, no entanto, a maioria deles, na minha opinião, cai em uma ou mais dessas falácias. A mais comum parece ser pegar os resultados de uma ciência monológica (física, fisiologia, teoria de sistemas) e tentar esticá-los, por assim dizer, para cobrir o que, de fato, só pode ser coberto por ciências dialógicas e translógicas. Isto, obviamente, é um profundo erro de categoria. A próxima mais comum parece ser a falácia pré/trans – especialmente na psicologia e sociologia; e a seguinte, a confusão entre estrutura e estágio.

Mas, de qualquer modo, simplesmente apresentei o que me parecem ser algumas falácias ou erros, com a esperança de que a busca pelo novo paradigma possa avançar mais facilmente. Sugeri e esbocei como podem parecer os aspectos do novo paradigma. Contudo, o que eu mais quero deixar com o leitor não é uma visão final, mas informações úteis sobre como melhor alcançá-la; não um conhecimento definitivo, mas um saldo positivo na busca; não uma forma de parar, mas uma forma de continuar. E, na verdade, podemos, afinal, descobrir que o novo paradigma não passa da busca em si; que a única constante é a procura; que o Ser, como disse Hegel, é simplesmente o processo de seu próprio devir. Quando um famoso mestre Zen foi questionado sobre o significado e a natureza da realidade absoluta, ele respondeu apenas: "Continue andando".

# Referências


1. ARIETI, S. *The intrapsychic self*. Nova York: Basic Books, 1967.

2. AUROBINDO. *The Life Divine/The Synthesis of Yoga*. Pondicherry: Centenary Library, XVIII-XXI, n.d.

3. AYER, A. *Language, Truth and Logic*. Nova York: Dover, 1952.

4. BALDWIN, J. *Genetic Theory of Reality*. Nova York: Putnam, 1915.

5. BALDWIN, J. *Thought and Things*. Nova York: Arno Press, 1975.

6. BARRET, W. (ed.). *Zen Buddhism*: Selected Writings of D.T. Suzuki. Nova York: Anchor, 1956.

7. BATTISTA, J. "The Holographic Model, Holistic Paradigm, Information Theory and Consciousness". *ReVision*, vol. 1, n. 3/4, 1978.

8. BECKER, E. *The Denial of Death*. Nova York: Free Press, 1973.

9. BERDYAEV, N. *The Destiny of Man*. Nova York: Harper & Row, 1960.

10. BERSTEIN, J. "A Cosmic Flow". *American Scholar*, Winter-Spring 1979.

11. BEYNAM, L. "The Emergent Paradigm in Science". *ReVision*, vol. 1, n. 2, 1978.

12. BLAKE, W. *The Portable Blake*. A. Kazin (ed.). Nova York: Viking, 1968.

13. BLANCK, G. & BLANCK, R. *Ego Psychology*: Theory and Practice. Nova York: Columbia Univ. Press, 1974.

14. BLANCO, M. *The Unconscious as Infinite Sets*. Londres: Duckworth, 1975.

15. BLOFELD, J. *The Zen Teachings of Huang Po*. Nova York: Grove, 1958.

16. BLOFELD, J. *The Tantric Mysticism of Tibet*. Nova York: Dutton, 1970.

17. BOHM, D. "A Conversation with David Bohm". Conduzida por Renée Weber. *ReVision*, vol. 1, n. 3/4, 1978.

18. BOHM, D. & HILEY, B. "Some Remarks on Sarfatti's Proposed Connection between Quantum Phenomena and the Volitional Activity of the Observer- Participator". Pre-print, Dept. of Physics, Birkbeck College, Univ. of London, 1975.

19. BRANDEN, N. *The Psychology of Self-esteem.* Nova York: Bantam, 1971.

20. BRANDT, A. "Self-confrontations". *Psychology Today,* October 1980.

21. BREGER, L. *From Instinct to Identity.* Englewood Cliffs: Prentice-Hall, 1974.

22. BROUGHTON, J. *The Development of Natural Epistemology in Adolescence and Early Adulthood.* Doctoral dissertation, Harvard, 1975.

23. BROWN, D. "A Model for the Levels of Concentrative Meditation". *Internat. J. Clinical Exper. Hypnosis*, 25, 1977.

24. BROWN, D. & Engler, J. "A Rorschach Study of the Stages of Mindfulness Meditation". *Journal of Transpersonal Psychology*, vol. 12, n. 2, 1980.

25. BROWN, G. *Laws of Form.* Nova York: Julian, 1972.

26. BROWN, N.O. *Life Against Death.* Middletown: Wesleyan Univ. Press, 1959.

27. BUBBA, (Da) Free John. *The Paradox of Instruction.* San Francisco: Dawn Horse, 1977.

28. BULL, N. *Moral Judgment from Childhood to Adolescence.* Beverly Hills: Sage, 1969.

29. CAMPBELL, J. *The Masks of God.* 4 vols. Nova York: Viking, 1959-1968.

30. CAPRA, F. *The Tao of Physics.* Nova York: Bantam, 1977.

31. COPLESTON, F. *A History of Philosophy.* Nova York: Image, 1959.

32. CRITTENDEN, J. "A Review of Person/Planet". *ReVision*, vol. 2, n. 1, 1979.

33. DEAN, S. (ed.). *Psychiatry and Mysticism.* Chicago: Nelson-Hall, 1975.

34. DEIKMAN, A. "Deautomatization and the Mystic Experience". *Psychiatry*, vol. 29, 1966.

35. DESCARTES, R. *Rules for the Direction of the Mind.* Citado em Copleston (referência 31, acima).

36. DEUTSHE, E. *Advaita Vedanta.* Honolulu: East-West Center, 1969.

37. ERIKSON, E. *Childhood and Society.* Nova York: Norton, 1963.

38. FAIRBAIRN, W. *An Object Relations Theory of the Personality.* Nova York: Basic Books, 1954.

39. FENICHEL, O. *The Psychoanalytic Theory of Neurosis.* Nova York: Norton, 1945.

40. FEURSTEIN, G. *Textbook of Yoga.* Londres: Rider, 1975.

41. FLAVELL, J. "Concept Development". In: MUSSEN, P. (ed.). *Carmichael's Manual of Child Psychology*, vol. 1. Nova York: Wiley, 1970.

42. FLAVELL, J. & WOHLWILL, J. "Formal and Functional Aspects of Cognitive Development". In: ELKIND, D. & FLAVELL, J. (eds.). *Studies in Cognitive Development*: Essays in Honor of Jean Piaget. Nova York: Oxford Univ. Press, 1969.

43. FREUD, S. *Beyond the Pleasure Principle.* S.E. vol. 18. Londres: Hogarth, 1960.

44. FREUD, S. *The Ego and the Id.* S.E. vol. 19. Londres: Hogarth, 1961.

45. FREUD, S. *New Introductory Lectures.* S.E. vol. 22. Londres: Hogarth, 1962.

46. FREUD, S. *An Outline of Psychoanalysis.* Nova York: Norton, 1969.

47. FREUD, S. *A General Introduction to Psychoanalysis.* Nova York: Pocket, 1971.

48. FREY-ROHN, L. *From Freud to Jung.* Nova York: Dell, 1974.

49. FROMM, E. *Escape from Freedom.* Nova York: Farrar, Straus & Giroux, 1941.

50. GARD, R. *Buddhism.* Nova York: Brazillier, 1962.

51. GARDNER, M. "Quantum Theory and Quack Theory". *NYRB*, May 17, 1979.

52. GARFIELD, C. "Ego Functioning, Fear of Death, and Altered States of Consciousness". In: GARFIELD, C. (ed.). *Rediscovery of the Body.* Nova York: Dell, 1977.

53. GILSON, E. *The Unity of Philosophical Experience.* Londres: Sheed & Ward, 1938.

54. GOLEMAN, D. *The Varieties of Meditative Experience.* Nova York: Dutton, 1977.

55. *GTU research seminars*, 1980-1981. Jacob Needleman e Dick Anthony, coordenadores.

56. GUÉNON, R. *Man and His Becoming According to Vedanta*. Londres: Luzac, 1945.

57. GUILLAUMONT, P. (trad.). *The Gospel According to Thomas*. Nova York: Harper & Row,1959.

58. HALL, C. *A Primer of Jungian Psychology*. Nova York: Mentor, 1973.

59. HARTMANN, H. *Ego Psychology and the Problem of Adaptation*. Nova York: International Universities Press, 1958.

60. HEGEL, G. *The Phenomenology of Mind*. J. Baillie (trad.). Nova York, 1949.

61. HIXON, L. *Coming Home*. Nova York: Anchor, 1978.

62. HUME, R. *The Thirteen Principal Upanishads*. Londres: Oxford Univ. Press, 1974.

63. JACOBSON, E. *The Self and the Object World*. Nova York: International Universities Press, 1964

64. JAKOBSON, R. "Child Language Aphasia and Phonological Universals". In: GARDNER, H. *The Quest for Mind*. Nova York: Vintage,1974.

65. JAMES, M. *The Apocryphal New Testament*. Londres: Oxford, 1924.

66. JAMES, W. *Principles of Psychology*. 2 vols. Nova York: Dover, 1950.

67. JAMES, W. *The Writings of William James*. McDERMOTT, J. (ed.). Nova York: Random House, 1968.

68. JUNG, C. "The Psychological Foundations of Belief in Spirits". *Collected Works*, vol. 8. Princeton: Princeton Univ. Press.

69. KAPLAN, P. *Toward a Theology of Consciousness*. Doctoral dissertation, Harvard, 1976.

70. KERNBERG, O. "Borderline Personality Organization". *Journal of the American Psychoanalytic Association*, vol. 15, 1967.

71. KERNBERG, O. "Prognostic Considerations Regarding Borderline Personality Organization". *Journal of the American Psychoanalytic* Association, vol. 19, 1971.

72. KLEIN, M. *Psychoanalysis of Children*. Nova York, 1966.

73. KLEIN, M. *Narrative of a Child Analysis*. Londres: Hogarth, 1961.

74. KOHLBERG, L. *The Philosophy of Moral Development.* San Francisco: Harper & Row, 1981.

75. KOHUT, H. *The Restoration of the Self.* Nova York: International Universities Press, 1977.

76. LACAN, J. *The Language of the Self.* Baltimore: Johns Hopkins, 1968.

77. LASCH, C. *The Culture of Narcissism.* Nova York: Norton, 1979.

78. LOEVINGER, J. *Ego Development.* San Francisco: Jossey-Bass, 1976.

79. MAHLER, M. et al. *The Psychological Birth of the Human Infant.* Nova York: Basic Books, 1975.

80. MARIN, P. "The New Narcissism". *Harper's*, October 1975.

81. MASLOW, A. *Motivation and Personality.* Nova York: Harper & Row, 1954.

82. MASLOW, A. *Toward a Psychology of Being.* Nova York: Van Nostrand Reinhold, 1968.

83. MASLOW, A. *The Farther Reaches of Human Nature.* Nova York: Viking, 1971.

84. McCARTHY, T. *The Critical Theory of Jurgen Habermas.* Cambridge: MIT Press, 1978.

85. McPHERSON, T. "Religion as the Inexpressible." In: FLEW & MacLNTYRE (eds.), *New Essays in Philosophy of Religion.* Nova York: Macmillan, 1964.

86. MEAD, G. *Mind, Self, and Society.* Chicago: Univ. of Chicago Press, 1934.

87. OGILVY, J. *Many Dimensional Man.* Nova York: Oxford Univ. Press, 1977.

88. ORNSTEIN, R. *The Psychology of Consciousness.* San Francisco: Freeman, 1972.

89. OUSPENSKY, R. *A New Model of the Universe.* Nova York: Vintage, 1971.

90. PECK, R. & HAVIGHURST, R. *The Psychology of Character Development.* Nova York: Wiley, 1960.

91. PIAGET, J. *The Child's Conception of the World.* Nova York: Humanities Press, 1951.

92. PIAGET, J. *The Construction of Reality in the Child.* Nova York: Basic Books, 1954.

93. PIAGET, J. *The Essential Piaget*. Gruber e Voneche (eds.). Nova York: Basic Books, 1977.

94. PRINCE, R. & SAVAGE, C. "Mystical States and the Concept of Regression". *Psychedelic Review*, vol. 8, 1966.

95. RAMANA MAHARSHI. *The Collected Works of Ramana Maharshi*. A. Osborne (ed.). Londres: Rider, 1959.

96. RANDALL, J. & BUCHLER, J. *Philosophy*: An Introduction. Nova York: Harper & Row, 1971.

97. REICH, W. *Selected Writings*. Nova York: Farrar, Straus, & Giroux, 1973.

98. *ReVision*, vol.1, n. 3/4, 1978.

99. RIESMAN, D. *The Lonely Crowd*. Nova York: Doubleday, 1954.

100. ROGERS, C. *On Becoming a Person*. Boston: Houghton Mifflin, 1961.

101 ROGERS, C. & HOLDSTOCK, T. "Person-centered Theory". In: CORSINI, R. (ed.). *Current Personality Theories*. Itasca: Peacock, 1977.

102. ROSZAK, T. *Person/Planet*. Nova York: Anchor, 1978.

103 RUSSELL, B. *A History of Western Philosophy*. Nova York: Simon & Schuster, 1945.

104 SARFATTI, J. "Implications of Metaphysics for Psychoenergetic Systems". *Psychoenergetic Systems*, vol. 1, 1974.

105 SCHUMACHER, E. *A Guide for the Perplexed*. Nova York: Harper & Row, 1977.

106 SCHUON, F. *Logic and Transcendence*. Nova York: Harper & Row, 1975.

107. SCHUON, F. *The Transcendent Unity of Religions*. Nova York: Harper & Row, 1976.

108. SELMAN, R. & BYRNE, D. "A Structural Analysis of Levels of Role-taking in Middle Childhood". *Child Development*, vol. 45, 1974.

109. SHEPHERD, A. "A Scientist of the Invisible". In: J. White e S. Krippner (eds.). *Future Science*. Nova York: Anchor, 1977.

110. SMITH, H. *Forgotten Truth*. Nova York: Harper & Row, 1976.

111. SMUTS, J. *Holism and Evolution*. Nova York: Macmillan, 1926.

112. SULLIVAN, C.; GRANT, M. & GRANT, J. "The Development of Interpersonal Maturity: Applications to Delinquency". *Psychiatry*, vol. 20, 1957.

113. SULLIVAN, H. *The Interpersonal Theory of Psychiatry*. Nova York: Norton, 1953.

114. SUZUKI, D.T. *Studies in the Lankavatara Sutra*. Londres: Routledge & Kegan Paul, 1968.

115 SUZUKI, D.T. *Essays in Zen Buddhism*. Londres: Rider, 1970.

116. TAIMNI, I. *The Science of Yoga*. Wheaton: Quest, 1975.

117 TART, C. *States of Consciousness*. Nova York: Dutton, 1975.

118. TART, C. (ed.). *Transpersonal Psychologies*. Nova York: Harper & Row, 1975.

119. THIBAUT, G. (trad.). *The Vedanta Sutras of Badaryana*. Nova York: Dover, 1962.

120 VAN DER LEEUW, J. *The Conquest of Illusion*. Wheaton: Quest, 1968.

121. WACHSMUTH, G. "The Etheric Formative Forces". In: WHITE, J. & KRIPPNER, S. (eds.). *Future Science*. Nova York: Anchor, 1977.

120 WASHBURN, M. "Observations Relevant to a Unified Theory of Meditation". *Journal of Transpersonal Psychology*, vol. 10, n. 1, 1978.

123 WATTS, A. *The Way of Zen*. Nova York: Vintage, 1957.

124. WATTS, A. *The Supreme Identity*. Nova York: Vintage, 1972.

125. WELWOOD, J. "Self-knowledge as the Basis for an Integrative Psychology". *Journal of Transpersonal Psychology*, vol. II, n. 1, 1979.

126 WERNER, H. "The Concept of Development from a Comparative and Organismic Point of View". In: HARRIS (ed.). *The Concept of Development*. Mineápolis: Univ. of Minnesota Press, 1957.

127. WERNER, H. *Comparative Psychology of Mental Development*. Nova York: International Universities Press, 1964.

128. WESCOTT, R. *The Divine Animal*. Nova York: Funk & Wagnalls, 1969.

129 WHITEHEAD, A.N. *Science and the Modern World*. Nova York: Macmillan, 1967.

130 WHYTE, L. *The Next Development in Man*. Nova York: Mentor, 1950.

131. WILBER, K. "The Ultimate State of Consciousness". *Jasc*, vol. 2, n. 1, 1975-1976 (revisado como cap. 10 neste volume).

132. WILBER, K. *The Spectrum of Consciousness*. Wheaton: Quest, 1977.

133. WILBER, K. "A Developmental View of Consciousness". *Journal of Transpersonal Psychology*, vol. II, n. 1, 1979 (expandido e revisado como capítulos 3 e 4 neste volume).

134. WILBER, K. "Eye to Eye". *ReVision*, vol. 2, n. 1, 1979 (revisado como cap. 1 neste volume).

135. WILBER, K. *No Boundary*. Los Angeles: Center Press, 1979 (nova edição: Shambhala, 1981).

136 WILBER, K. *The Atman Project*. Wheaton: Quest, 1980.

137. WILBER, K. "The Pre/Trans Fallacy". *ReVision*, vol. 3, n. 2, 1980 (cap. 7 neste volume).

138 WILBER, K. *Up from Eden*. Nova York: Doubleday/Anchor, 1981.

139. WILBER, K. "Odyssey". *Journal of Humanistic Psychology*, vol. 22, n. 1, 1982.

140. WILBER, K. *A Sociable God*. Nova York: McGraw-Hill, 1982.

141 WITTGENSTEIN, L. *Tractatus logico philosophicus*. Londres: Routledge & Kegan Paul, 1969.

142. ZIMMER, H. *Philosophies of India*. Londres: Routledge & Kegan Paul, 1969.

## Leia também!

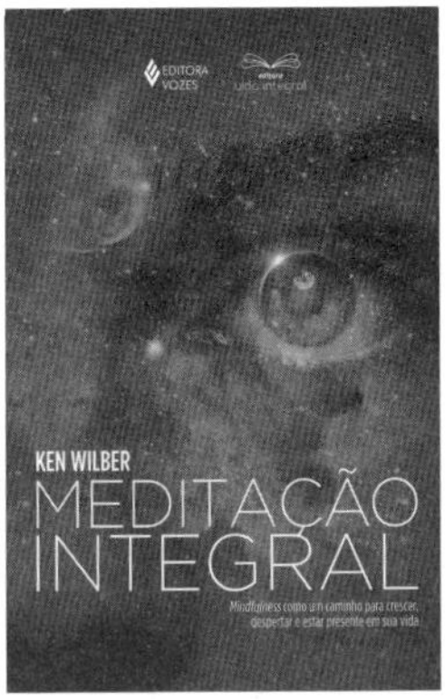

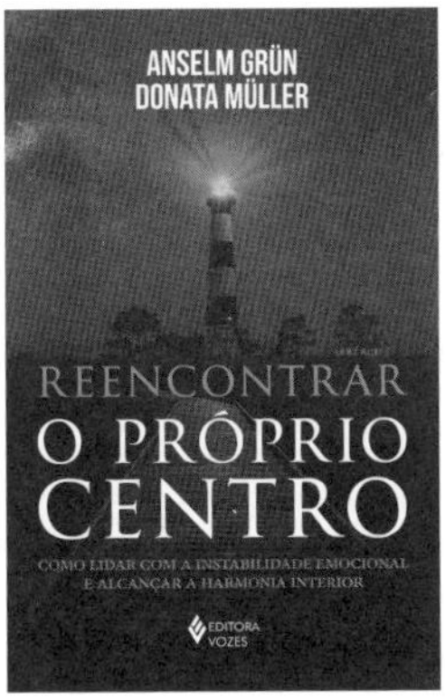

EDITORA
VOZES

**EDITORA VOZES LTDA.**
**Rua Frei Luís, 100 – Centro – Cep 25689-900 – Petrópolis, RJ**
**Tel.: (24) 2233-9000 – E-mail: vendas@vozes.com.br**